BULLETIN

DE LA

SOCIÉTÉ DES SCIENCES

HISTORIQUES & NATURELLES

DE LA CORSE

Xe ANNÉE

JUILLET-AOUT-SEPTEMBRE-OCTOBRE 1890

115e-116e-117e-118e FASCICULES

BASTIA

IMPRIMERIE & LIBRAIRIE OLLAGNIER

—

1890

SOMMAIRE

DES ARTICLES CONTENUS DANS LE PRÉSENT BULLETIN

Pages

Pièces et Documents divers pour servir à l'Histoire de la Corse pendant la Révolution Française, recueillis et publiés par M. l'Abbé LETTERON, professeur au Lycée 5-418

PIÈCES ET DOCUMENTS DIVERS

POUR SERVIR

A L'HISTOIRE DE LA CORSE

PENDANT

LA RÉVOLUTION FRANÇAISE

SOCIÉTÉ DES SCIENCES HISTORIQUES ET NATURELLES
DE LA CORSE

PIÈCES ET DOCUMENTS DIVERS

POUR SERVIR

A L'HISTOIRE DE LA CORSE

PENDANT

LA RÉVOLUTION FRANÇAISE

RECUEILLIS ET PUBLIÉS

PAR

M. l'Abbé LETTERON

PROFESSEUR AU LYCÉE

TOME I.

BASTIA

IMPRIMERIE ET LIBRAIRIE OLLAGNIER

1891

INTRODUCTION

Nous commençons aujourd'hui une série de publications relatives à l'histoire de la Corse pendant la révolution française. Les documents que comprend le présent volume commencent au mois de mai 1792 et vont jusqu'au mois de juin 1793 ; ils s'étendent donc depuis l'origine de l'expédition de Sardaigne jusqu'à l'époque où Paoli et ses amis, c'est-à-dire à peu près tous les Corses, irrités des procédés des commissaires envoyés dans leur île, entrèrent en lutte ouverte contre la Convention. Les documents que contiendra le second volume commenceront au mois de juin 1793 et iront jusqu'à la capitulation de Calvi, qui rendit les Anglais maîtres absolus de la Corse.

D'autres volumes comprendront les documents relatifs à l'occupation anglaise, c'est-à-dire, 1° la Correspondance de lord Elliot avec son gouvernement, correspondance dont M. Sébastien de Caraffa, jaloux de continuer d'illustres traditions de famille, achève en ce moment la traduction ;

2º les réponses du gouvernement anglais aux lettres du viceroi ; 3º les procès-verbaux des séances du parlement anglocorse ; 4º enfin d'autres documents que nous ne pouvons désigner maintenant d'une manière plus précise.

Toutes ces publications, nous osons l'assurer, seront d'un intérêt extrême pour quiconque voudra connaître à fond l'histoire de la Corse ; et comme presque tous les documents rapportés seront des documents officiels, ils fourniront une base solide et définitive à ceux qui se sentiraient le désir de retracer l'histoire particulière d'une époque si agitée. Nous ne savons si l'on accusera notre Société de s'arrêter bien longuement à accumuler des pièces relatives à des événements en somme assez récents. Mais l'on peut répondre que l'histoire de la Corse, dans les dix dernières années du 18e siècle, est loin d'être aussi connue qu'on se l'imagine ; que les événements mêmes les plus importants n'ont laissé dans les mémoires que des souvenirs fort vagues. Sans doute, chacun sait en bloc qu'il y a eu une expédition de Sardaigne à laquelle Napoléon prit part, que les Anglais ont occupé la Corse et que cette île leur fut reprise par un détachement de l'armée d'Italie, commandé par le général Gentili ; mais combien de personnes possèdent sur ces événements des notions, non pas complètes, mais simplement claires ?

Nous n'ignorons pas que Renucci a raconté tous ces faits dans sa *Storia di Corsica* ; nous reconnaissons même volontiers qu'on a dit beaucoup trop de mal de cet auteur, et nous déclarons en outre que son ouvrage est indispensable à ceux qui veulent connaître l'histoire de la Corse depuis la conquête française ; mais pourtant que d'inexactitudes dans son récit ! Prenons l'expédition de Sardaigne, par exemple, puisque c'est à cette expédition que se rapportent la plupart des documents contenus dans le présent volume. Suivant Renucci, ce seraient les mêmes Marseillais qui, après avoir tenté de s'emparer de force de la citadelle de Bastia, seraient allés massacrer plusieurs citoyens à Ajaccio ; Paoli aurait recommandé à Cesari de faire échouer l'expédition de Sardaigne, quand tout démontre que Paoli, en cette circonstance, servit la République Française avec la plus entière loyauté ; enfin Cesari, pour se conformer aux instructions de Paoli, aurait ordonné à ses troupes de lever le siège et d'abandonner une victoire assurée, tandis que la retraite fut imposée au malheureux chef par l'équipage mutiné de *La Fauvette*.

Nous aurions pu emprunter aux historiens italiens, et surtout à Giuseppe Manno (1), des renseignements complémentaires sur l'expédition de Sardaigne. Le lecteur aurait vu combien on s'abusait en France sur les dispositions des Sardes, avec quel dévouement ou plutôt avec quel enthousiasme les habitants de toute classe s'étaient préparés à résister à l'invasion. Mais il aurait fallu pour cela envisager l'expédition à un point de vue plus général, et oublier que notre but est de recueillir, non pas les documents qui concernent l'histoire générale de la patrie française, mais uniquement ceux qui intéressent l'histoire particulière de la Corse. Nous n'avons pas cru devoir nous permettre cette

---

(1) Storia moderna della Sardegna, in-12. — Firenze, FELICE LE MONNIER, 1858.

digression, et nous renvoyons aux historiens italiens le lecteur curieux de connaître les mesures qu'avaient prises les Sardes et les efforts qu'ils firent pour défendre leur île.

Tous les documents que l'on trouvera ici ont été tirés des Archives départementales d'Ajaccio, des Archives Nationales, et surtout des Archives du ministère de la guerre. Au lieu d'indiquer dans le texte la provenance de chaque document, nous l'avons indiquée dans la table.

Nous terminons en faisant un pressant appel à tous ceux qui possèdent des documents relatifs à l'époque dont nous nous occupons. Nous nous engageons à restituer scrupuleusement tous les documents qui nous seront communiqués.

L'Abbé Letteron.

PIÈCES & DOCUMENTS DIVERS

POUR SERVIR A L'HISTOIRE DE LA CORSE

pendant les années 1792-1794

Mémoire contenant des moyens contre le roi de Sardaigne.

Les dispositions de la Cour de Turin envers les Français libres sont suffisamment manifestées par les rassemblements de troupes ennemies qu'elle a réunies aux siennes sur les frontières de la Savoie du côté de la France, pour que l'on puisse, sans blesser le droit des gens, prévenir leurs mesures hostiles en employant sur le champ des moyens offensifs; mais si l'on croyait encore devoir se borner à demeurer sur la défensive, jusqu'à ce qu'il y eût des aggressions prononcées de la part du Roi de Sardaigne, il est une mesure essentielle que l'on paraît avoir oubliée jusqu'à présent et qu'il est d'autant plus instant de saisir qu'elle pourrait facilement échapper.

L'objet de ce mémoire est de la rappeler et d'y joindre quelques idées que l'on doit à une connaissance locale, et qui pourraient être utiles dans le cas où l'on se déciderait à agir d'une manière offensive.

La principauté de Monaco, enclavée dans les Etats de Piémont, a été mise en 1641 sous la protection de la France, avec la condition que le roi y entretiendrait une garnison de 500 hommes.

A cette époque la France avait besoin de la rade de Monaco pour donner un asile à ses galères ; elles faisaient des incursions contre les Espagnols qui inquiétaient les côtes, et la garnison servait à les renforcer.

Cette mesure a cessé d'être utile dès l'instant où la couronne d'Espagne a passé dans la maison de Bourbon, et cependant la France a continué d'entretenir à Monaco les 500 hommes de garnison, une compagnie de canonniers, un état-major composé du gouverneur, d'un lieutenant du roi, d'un major de place et d'un sous-aide major. Le prince de Monaco, qui en est gouverneur, a, en cette qualité, un traitement de 12.000 livres.

Indépendamment de cette garnison qui, sans aucune utilité, coûte beaucoup à la France, Monaco renferme une infinité de munitions de guerre qui nous appartiennent. Il y a environ soixante bouches à feu, les unes du calibre de 24 et de 36, les autres de 6 et de 4, et presque toutes en bronze. Il y a aussi des mortiers et des obusiers ; la place d'armes est remplie de bombes, de boulets et d'une quantité prodigieuse de mitraille et de fer coulé. Le commandant de l'artillerie d'Antibes en a tiré depuis quelque temps une petite quantité pour le service de l'armée du midi, et on a osé s'en plaindre, sans doute parce que cela contrariait d'autres projets. L'arsenal de Monaco contient environ 6.000 fusils, y compris ceux qu'on regarde comme hors de service, et ceux que le lieutenant de la place a fait passer à Menton sous le prétexte d'armer les habitants de Menton et de Roccabruna contre les incursions des Turcs ; il renferme aussi beaucoup de pistolets, de sabres, environ six milliers de poudre et de balles à cartouches.

La ville de Monaco, dont la population n'excède pas 600 personnes, est bâtie sur un rocher à une portée de fusil des montagnes du Piémont ; elle est tellement dominée de tous côtés qu'on peut l'ensevelir en roulant des pierres, sans qu'il existe pour elle aucun moyen possible de résister ou de se garantir.

Cette ville d'ailleurs n'a par elle-même aucune ressource ; elle tire de Nice, qui en est à deux lieues, les farines, le vin, les légumes, la viande et généralement tous les objets nécessaires à la vie.

Les ministres ont autorisé le gouverneur de cette place à déclarer qu'elle serait neutre. On l'a notifié au roi de Sardaigne qui n'a fait aucune réponse, probablement parce qu'il n'a pas voulu s'engager pour ne pas nuire aux vues intéressées qu'il peut avoir sur cette souveraineté.

En attendant, on lève à Nice deux légions au nom des princes français. Un chevalier de Costar, qui a passé l'hiver dernier à Monaco, a recruté à Menton en leur nom, et quelques jeunes gens en sont déjà partis. Des émigrés y arrivent tous les jours, et afin que la garnison ne se plaigne pas, on les fait passer à Menton qui n'est qu'à une lieue. Enfin on y a imprimé tous les ouvrages les plus contre-révolutionnaires aux frais du prince de Condé.

Ainsi, d'après les dispositions évidentes du Roi de Sardaigne, il est probable qu'aussitôt que toutes ses forces rassemblées lui permettront d'agir offensivement, il commencera par s'emparer de Monaco, où il est assuré de trouver une artillerie nombreuse et beaucoup de munitions, et où il n'a à craindre aucune résistance, soit parce qu'elle serait impossible, soit parce que l'on y est assez bien disposé à recevoir l'ennemi, si l'on doit en juger par l'état-major qui n'a jamais prêté aucun serment civique, et n'en a point fait prêter à la garnison, ce que le ministre de la guerre peut aisément constater.

La prise de Monaco ferait donc non seulement perdre à la France une artillerie, des munitions considérables de toute espèce et 500 hommes de garnison, qui seraient faits prisonniers, n'ayant pas la ressource de pouvoir faire une capitulation honorable, s'ils étaient attaqués ; tous objets bien précieux pour nos besoins actuels ; mais encore ces mêmes moyens augmenteraient les forces de nos ennemis et tourneraient contre nous.

C'est ce qu'il est nécessaire et bien urgent de prévenir et rien n'est plus facile.

D'abord, comme on vient de l'observer, la situation de Monaco rendrait impossible toute défense du côté de la terre ; ce n'est pas avec la garnison, les armes et les munitions qui y sont, ni avec tous autres moyens locaux que cette souveraineté peut ressentir réellement les effets de la protection de la France et être à l'abri de tout événement ; car, ou le Roi de Sardaigne respecte cette protection, et alors, il n'est aucun besoin de forces pour la garantir ; ou il ne la respecte pas, et alors toutes les forces françaises ne suffiraient pas pour la sauver.

Ainsi l'on peut retirer la garnison, les armes et les munitions de la ville de Monaco, sans pour cela la priver aucunement des effets de la protection que lui accorde la nation française, et il suffirait d'y laisser pour la forme quelques compagnies d'invalides ou quelques gardes nationales, sans que le prince de Monaco fût raisonnablement fondé à se plaindre.

Alors il faut le plus promptement et le plus secrètement possible donner des ordres à la marine de Toulon pour envoyer des bâtiments de transport à l'effet de retirer de Monaco les soldats, les armes, et tout ce qui peut être utile à la guerre, avant que le Roi de Sardaigne tente de s'en emparer, et faire soutenir cette expédition par une frégate bien armée pour détruire toute espèce de résistance que l'on pourrait éprouver.

Cette mesure est purement défensive et aucune puissance ne peut avoir droit de s'y opposer ou de s'en plaindre.

En considérant maintenant la nation française comme devant agir offensivement contre le Roi de Sardaigne, question que l'Assemblée nationale et le Conseil National exécutif sont seuls en état de discuter et de juger, il se présente deux moyens faciles et peu coûteux de lui porter un préjudice notable dans ses finances, qui tournerait à notre avantage.

Le premier consiste à attaquer la ville de Nice dont le port est sans défense. Cette ville est la rivale de Marseille pour le commerce du Levant ; elle est très riche, et depuis l'origine de la révolution, elle est devenue un des points de réunion les plus considérables des émigrés français.

Cinq vaisseaux qui sont tout prêts dans le port de Toulon, quelques chaloupes canonnières et un bombardement de quelques heures suffiraient pour mettre Nice à contribution d'armes et d'argent qui y sont en très grande abondance, en supposant que l'on ne pût pas s'emparer de la ville même, en faisant faire une double attaque par terre sur le Var, du côté de S. Laurent, et on pourrait ruiner sinon pour toujours, au moins pour longtemps son commerce immense, en coulant bas un vieux vaisseau du roi à l'entrée du port qui a peu de profondeur. On priverait par là le Roi de Sardaigne d'une de ses principales ressources, et le commerce de la ville de Marseille s'accroîtrait de toute la portion que Nice lui enlève.

Le second moyen paraît n'opposer guère plus de difficultés ; il consiste à faire faire une descente dans l'île de Sardaigne par les troupes et les gardes nationales de l'île de Corse qui se chargeraient de cette expédition avec transport, d'après la rivalité, la haine même, qui a de tout temps existé entre les habitants de ces deux îles.

Elles ne sont séparées l'une de l'autre que par un bras de mer de trois lieues ; rien ne s'opposerait à la descente, et il est aisé de calculer le fruit qu'on pourrait en retirer, si l'on considère que la Sardaigne fournit de superbes chevaux à toute l'Italie, et qu'elle renferme une prodigieuse quàntité de bœufs et d'autre bétail.

On pourrait donc, en faisant quelques sacrifices pour assurer cette expédition et lui donner la plus grande célérité, disposer secrètement beaucoup de bâtiments propres au transport des chevaux et des bœufs, et les faire monter par les gardes nationales du département du Var et des Bouches du Rhône, qui joignent à une bravoure et à un patriotisme éprouvés l'intérêt particulier de leur position. Ces bâtiments se rendraient en diligence dans le détroit des bouches de Bonifacio où ils recevraient les troupes et les gardes nationales de Corse. La descente s'effectuerait aussitôt, et il est probable qu'elle serait suivie d'un heureux succès, si le secret et l'activité des préparatifs, répondant à l'ardeur des soldats de la patrie, ne laissaient pas aux Sardes le temps de réunir des forces suffisantes à leur opposer.

Ce moyen procurerait une cavalerie imposante à notre armée du midi, et la pourvoirait en abondance de tous les bœufs nécessaires à sa subsistance.

Quelques notions sur l'île de Sardaigne propres à former un plan d'attaque. — 14 Mai 1792.

1º Il convient de commencer par s'emparer des îles de la Madeleine et celles adjacentes, appelées les Bouches de Bonifacio ; un fort, du canon et quelques troupes empêchent le passage de nos vaisseaux entre la Corse et la Sardaigne. Ces îles ne sont pas difficiles à conquérir, parce que les habitants, d'origine corse, seraient flattés d'être unis à cette île, et par suite à la France. — Il faudrait s'emparer en même temps de la demi-galère sarde qui séjourne dans un port de ces petites îles et de quelques autres petits bâtiments qui gardent les côtes de Sardaigne.

2º S'emparer en même temps d'un château appelé la Tour de Longo Sardo, situé vis à vis la ville de Bonifacio. Il y a du canon, et fort peu de troupes ; cet endroit assure le séjour de nos vaisseaux dans ce port et le débarquement de nos troupes, en cas de besoin.

3º Par des intelligences secrètes avec les habitants de la ville de Tempio, qui est située à dix lieues de la mer ; elle est munie d'une garnison peu nombreuse ; ce qu'il y a à craindre pour le succès de l'entreprise, ce sont les Sardes mêmes, que la politique de la Cour de Turin soudoie pour se les attacher ; mais il est aisé de les lui détacher par le même moyen, en formant d'abord des régiments sardes, dont les emplois seraient donnés aux individus qui se montreraient les plus disposés pour la France ; on suivrait la même méthode pour tous les villages qui l'entourent.

4º S'emparer aussi de ces deux petites villes situées, l'une sur la droite de Tempio, appelée Terranova, et l'autre sur la gauche, appelée Castel Sardo. Cette dernière est une place de guerre située sur un rocher et au bord de la mer. Il sera un peu difficile de la prendre, si l'on ne parvient pas à se ménager des intelligences dans la place ; mais dans ce cas, on peut la bombarder par la mer.

5º On marcherait ensuite en droiture à la ville de Sassari, très peuplée ; elle a un régiment de garnison en temps de paix ; mais le bourgeois est mécontent du gouvernement ; par ce moyen, il n'est pas difficile de s'y ménager ou y entretenir des intelligences. Il serait bon aussi de sonder leurs dispositions pour la révolution française, par une profusion de notre constitution en langue sarde. — Dans le cas où l'usage d'une force armée deviendrait nécessaire, elle doit être de 12.000 hommes, c'est-à-dire 6.000 hommes de troupes de ligne et 6.000 volontaires nationaux dont 2.000 Corses. En mettant le siège à cette ville, on s'emparerait de la moitié de la Sardaigne. D'ailleurs on y parviendrait encore par un blocus, parce que, tirant tous ses approvisionnements des campagnes voisines, il serait facile de lui couper les vivres, et notre armée en trouverait abondamment, étant maîtresse d'une campagne qui en a une grande quantité.

6° De là on marchera à Alghero, ville de guerre sur les bords de la mer ; quoique pas aussi peuplée que Sassari, elle est d'une prise plus difficile ; elle a toujours un régiment en garnison et est assez bien fortifiée ; mais on peut s'y faire un parti et lui couper les vivres qu'elle retire de la montagne.

7° Cette place prise, on est assuré de la conquête de la capitale, Cagliari ; il faudrait y marcher avec toute la troupe qu'on aurait à sa disposition, et avec les Sardes qu'on aurait pu gagner. Elle est la résidence du Vice-Roi. Il est très possible de s'y faire un parti avec de l'argent; alors qu'on serait parvenu à s'y loger, les autres villes de montagnes et les villages feraient peu de résistance, et dans un mois on pourrait occuper la Sardaigne.

8° Pour donner à ce plan toute son exécution, il faut faire passer rapidement en Corse les troupes nécessaires et les tenir prêtes à débarquer en Sardaigne, entretenir des vaisseaux vers les ports de Nice et de Livourne, pour empêcher le Roi de Sardaigne de porter secours à cette île, soit en troupes, soit en munitions. Ces mesures prises, une armée médiocre s'en rendrait maîtresse et trouverait les ressources nécessaires pour y subsister, et n'aurait besoin pour le reste d'autres impositions que celle qui existe du gouvernement sarde.

9° Il faudrait aussi pour préparer les effets de ce plan, envoyer dans la Sardaigne des citoyens affidés, connaissant bien le pays, les moyens de le préparer à une insurrection et ceux de la soutenir à notre avantage, en la combinant avec la force qu'on ferait marcher en temps utile.

Ainsi le Sr Constantini dont les connaissances du pays

sont très familières pour le long séjour qu'il y a fait, et dont le zèle et les vœux pour le succès de nos armes sont hors de doute par les sentiments vrais et énergiques de liberté et d'amour de la constitution, dont il fait profession, pourrait remplir dans cette contrée une mission très avantageuse dans la situation actuelle des choses.

Il offre de s'y consacrer entièrement, si le gouvernement veut le revêtir d'un caractère public.

Paris, le 14 mai 1772, l'an 4 de la liberté.

Signé : CONSTANTINI,
député extraordinaire de Bonifacio (1).

Bastia, le 6 juin 1792, l'an 4ᵉ de la liberté. (L'adresse n'est pas indiquée).

Monsieur, — J'ai eu l'honneur de vous faire connaître par ma lettre du 4 avril dernier le manque des soldats canonniers pour le service de l'artillerie dans les places de guerre et dépendances, afin d'envoyer dans ce département une augmentation de compagnies, ou du moins compléter celles qui se trouvent attachées à cette division. A ce manque je dois ajouter celui des munitions de guerre ; l'état ci-joint vous fera connaître que celles qui restent dans nos magasins sont insuffisantes pour fournir dans l'occasion au service des bouches à feu que j'ai fait monter dans les différentes places et postes maritimes, et aux quatre régiments de troupe de ligne, ainsi qu'aux quatre bataillons de gardes nationales.

---

(1) Constantini, était un électeur de Bonifacio qui avait habité la Sardaigne et était en relation d'affaires avec les villes principales de cette île.

J'ai envoyé les jours derniers M. de Villentrois, capitaine d'artillerie, à S. Florent, pour faire monter les canons qui se trouvent dans cette place, et aux tours de Fornali et la Mortella, qui protègent le mouillage de ce port. Il ira ensuite mettre en état les batteries de l'Isle Rousse, et de la tour de Pietra qui en dépend. J'ai cru, Monsieur, de ne pas devoir négliger ces précautions dans l'état de guerre où nous sommes, et solliciter les approvisionnements et les canons nécessaires pour le service de l'artillerie, auquel j'ai suppléé, en attendant, par 25 soldats de chaque bataillon de troupe de ligne et de volontaires nationaux, que j'ai fait instruire pour cet objet.

Le Maréchal de camp
employé dans la 23ᵉ division militaire,
A. ROSSI.

Saliceti au Ministre de la Guerre.

Corte, le 17 juin 1792, l'an 4 de la liberté.

Monsieur, — La position physique de ce département est sans doute très propre à la défense de la cause commune, dans le cas où la nation française eût à combattre les troupes du Roi de Sardaigne. Nous touchons presque à cette île que le Duc de Savoie regarde comme une des parties les plus précieuses de ses Etats. Il nous serait aisé d'y faire une descente, d'en chasser peut-être tout-à-fait les troupes du roi, ou de faire du moins une diversion puissante qui l'obligerait à détourner une grande partie de ses forces des autres frontières du royaume.

Je regarde l'exécution de ce projet, Monsieur, comme sujette à peu de difficultés, eu égard à la faiblesse des moyens de défense du Roi de Sardaigne et au peu d'attachement des naturels au gouvernement actuel. Je pense même que si l'on parvient à combler les deux ports de Cagliari et de Sassari, il serait difficile au tyran de la Sardaigne d'y rétablir son pouvoir.

D'après toutes ces considérations, animé du zèle le plus pur pour la défense de la constitution, je vous propose de donner les ordres nécessaires pour l'exécution du projet pour le succès duquel il ne nous faudrait que des munitions, quelques bâtiments de guerre, et quelques secours en argent ; pour tout le reste, comptez sur le courage et sur le patriotisme des citoyens de ce département.

Veuillez bien, Monsieur, soumettre à l'examen du roi mes vues sur la Sardaigne et faire passer en conséquence les ordres nécessaires pour leur exécution dans le cas qu'elles soient adoptées.

Le Procureur Général Syndic du département de Corse,
Saliceti.

Mémoire en réponse à la lettre de la Commission militaire du mois de juin (sans date de jour) signée par le président de ladite commission (Bigot).

La Commission demande :

1º L'état de situation dans lequel se trouvent les places, forts ou châteaux en première ligne ou de première classe situés dans la direction du Département de la Corse.

2º Une indication générale de l'état de force et de défense dans lequel se trouve chacune de ces places.

3º L'état des revêtements, parapets, palissadements, etc.

4º Quels sont les nouveaux ouvrages immédiatement relatifs à la défense, qui peuvent avoir été entrepris dans chaque place durant cette campagne.

5º Etat actuel de leur approvisionnement en bois de toute

espèce pour palissader etc., et sur quelles ressources on peut compter pour se les procurer dans le besoin.

6º Le nombre de troupes de ligne nécessaire pour la défense de chacune.

La réponse au premier article est que les cinq places sur les côtes doivent être considérées comme en première ligne, quoique deux seulement, Ajaccio et Bastia, soient dites de 1re classe dans l'état du classement des places de l'année dernière.

L'état ou situation de ces places est telle qu'elle doit être pour un pays où on ne peut craindre une attaque sérieuse de la part d'aucune puissance étrangère, ni même de ce qu'on appelle les émigrés, qu'une pareille conquête ne mènerait à rien. Ces places sont à l'abri d'une surprise, et de toute attaque de vive force dans leur état actuel, et au moyen de quelques dépenses de peu d'importance qu'on y a faites l'année dernière ou cette année.

2º Leur état de force et de défense est considérable par les seules difficultés d'un débarquement et du transport des munitions de guerre et de bouche nécessaires pour leur attaque dans un pays où on ne trouve aucune ressource dans aucun genre.

Il n'y a ni manœuvre d'eau, ni contre-mines, ni aucun ouvrage avancé.

3º Les revêtements, les parapets en général, sont en bon état. La citadelle seule d'Ajaccio a un mauvais chemin couvert auquel on a fait quelques réparations l'année dernière, comprises dans la somme de 13.911 fr., dépensée par extraordinaire ladite année dans cette place.

On a accordé, celle-ci également par extraordinaire, une somme de 12.000 fr. pour les bois nécessaires aux blindages et approvisionnements de cette place, ce qui est presque terminé ; et celle de 8.200 fr. pour rétablir les tours de Castelvecchio et de Capitello auxquelles on travaille.

4° On n'a fait aucun ouvrage nouveau dans aucune de ces places, à moins de regarder comme tel deux poternes percées dans les anciens revêtements à Bastia ; cette dépense monte à environ 5.000 fr.

5° Ajaccio était la seule place où les approvisionnements en bois pour palissades, ponts, etc., pussent avoir quelque utilité apparente ; on n'en a fait aucun autre ailleurs. En cas de besoin on trouverait dans l'Isle à grands frais et avec les plus grandes difficultés, le peu qui pourrait être nécessaire pour les autres places. Il faut que cette ressource soit bien faible et dispendieuse, puisque les entrepreneurs des fortifications, pour les moindres ouvrages, préfèrent de les faire venir d'Italie ou de France.

6° Mille hommes de troupe de ligne, y compris les canonniers avec 200 hommes de gardes nationales qui se trouvent dans la citadelle de Bastia, suffisent à sa défense ; la ville n'est susceptible d'aucune résistance.

S. Florent, ville et citadelle, ne sont susceptibles d'aucune défense.

Les batteries du poste de l'Isle-Rousse n'ont besoin que de 60 à 80 canonniers et des gardes nationales des environs.

Un bataillon de troupes de ligne, 70 canonniers et 150 gardes nationales qui se trouvent à Calvi, sont très suffisants pour sa défense.

1.200 hommes de troupes de ligne, y compris les canonniers et 300 gardes nationales, paraissent nécessaires à la défense d'Ajaccio.

On n'imagine pas qu'il vienne dans l'idée de personne de soutenir contre une attaque en règle, les tours détachées d'Ajaccio, pas plus que les fortins des environs de Bastia. Des gardes nationales suffiront jusqu'au moment où l'on paraîtrait disposé à les attaquer sérieusement.

Un bataillon de troupes de ligne, un de gardes nationales, et 50 canonniers sont nécessaires à la défense de Bonifacio, à cause du plateau du petit bois dont on peut se procurer la conservation pendant le siège.

Corte est une place de 3e classe qui n'a d'autre utilité que de maintenir les habitants de l'Isle dans la dépendance de la France. Le bataillon qui y est en garnison aujourd'hui y est absolument inutile, et n'a d'autres fonctions que de garder des prisonniers que le département tient continuellement dans le château.

Les Français ont établi les deux tours de Vivario et de Bocognano entre Corte et Ajaccio, pour assurer la communication entre ces deux villes. La garnison de chacun de ces postes en cas de guerre serait de 60 hommes. On y tient dans ce moment un très petit détachement commandé par un sergent ou un caporal.

Ces postes ont des emplacements préparés d'avance pour les munitions de guerre et de bouche.

On voit par ce calcul qu'il y a dans cette isle un tiers de troupes de plus qu'il n'est nécessaire pour sa conservation contre l'étranger, et pas la moitié de ce qu'il faudrait contre les habitants, s'ils étaient mal intentionnés, attendu l'habitude du port des armes, et de l'état de guerre où ils sont de temps immémorial.

Les mouvements de terre sont nuls dans un pays où tout est pierre ou rochers.

Les sommes qui ont été dépensées par extraordinaire dans toutes ces places, cette année-ci ou la précédente, l'ont donc été presque toutes en réparations qui auraient été faites successivement sans cela.

Il a été accordé l'année dernière à Ajaccio par extraordinaire une somme de 39.800 fr. pour être employée en diverses dispositions défensives. Sur cette somme 13.911l, 6s 8d seulement y ont été employés jusqu'au 31 décembre 1791. Des 25.888l 13s 4d restants, 14.500 ont été dépensés cette année sur les mêmes fonds extraordinaires de 1791 jusques au 1ᵉʳ juin 1792, et l'on continue d'exécuter les dites dispositions défensives, consistantes toutes en réparations, jusqu'à la concurrence de 11.388ˡ 13ˢ 4ᵈ qui restent à dépenser, ce qui formera un toisé particulier de 39.800 fr. à payer sur les fonds extraordinaires accordés en 1791, quoique l'exécution n'en soit fixée qu'en 1792.

Cette année il a été accordé par extraordinaire à Bastia en quatre articles. . . . . 14.650 fr.
 A Calvi en quatre articles . . 2.870 »
 A l'Isle-Rousse en un article . 3.000 »
 A Ajaccio en deux articles . . 20.200 »
 A Bonifacio en cinq articles. . 15.700 »
     En tout. . . 56.420 »

En sus des ouvrages ordinaires montant ensemble pour cette année à la somme de 16.450.

Cette lettre parle des fortifications et ne dit rien des munitions de guerre ni des vivres, premier besoin pour une défense.

Presque toutes les places ont des moyens de se conserver des munitions de guerre ; mais plusieurs, entr'autres la citadelle de Bastia, n'ont pas la certitude de quatre jours de subsistance. Les établissements en ce genre ont été faits dans des endroits incommodes, éloignés des emplacements où ils devraient être en cas de siège, et où rien n'est préparé pour les recevoir. Il y avait deux fours placés avantageusement dans le palais (ou plutôt le château) de la citadelle de Bastia, qui ont été démolis, il y a 12 à 15 ans, et qu'on ne saurait trop regretter. Si la citadelle se trouvait bloquée, au bout de 7 à 8 jours la place serait prise par famine, sans canon ni préparation de siège.

La Commission ne dit pas un mot des ports de l'Isle de Corse. Elle sera surprise d'apprendre que S. Florent et sa citadelle ne sont susceptibles d'aucune défense. Elle aura entendu dire peut-être, comme d'autres qui ne voient pas les choses de près, qu'il y a en cet endroit, ainsi qu'à Ajaccio, un port important ; on ne veut pas perdre l'occasion de la désabuser.

Des vaisseaux peuvent à la vérité mouiller dans le golfe de S. Florent ; mais il ne faut pas croire qu'ils y soient en sûreté contre tous les vents ; c'est seulement un golfe enfoncé.

A Ajaccio c'est encore pis ; il y a aussi une espèce d'anse au fond du golfe où des vaisseaux du dernier rang pourraient mouiller, mais comme ce golfe a 15 à 1.800 toises d'ouverture, ils n'y tiendront pas par tous les vents auxquels il est exposé.

Un vaisseau de guerre pourrait entrer dans le port de Bonifacio, mais il est si étroit qu'à peine pourrait-il y tourner. Sa position à l'extrémité de l'île, vis à vis la Sardaigne, en ôte toute l'importance.

Les frégates mouillent aussi à Portovecchio qu'on a abandonné, ainsi qu'à S. Florent ; l'air pestiféré qui règne dans ces deux endroits, est un obstacle à ce qu'on puisse en tirer aucun parti, sans des dépenses prodigieuses.

On peut donc dire que la Corse n'a point de port ; c'est cependant cet avantage des ports qu'on a toujours mis en avant pour persuader l'utilité de la possession de ce pays. On n'y a point celui d'en tirer des bois de construction ; on en est bien désabusé aujourd'hui. Les difficultés pour en extraire, même en petite quantité, sont si considérables que plusieurs entrepreneurs se sont déjà ruinés dans ces entreprises et qu'il est probable qu'on finira par y renoncer. D'ailleurs on trouverait toujours à les acheter, sans faire les frais de l'occupation de l'île.

On cite aussi le commerce des huiles, comme s'il n'existait pas auparavant.

On a encore mis en avant la crainte de voir quelque autre Puissance s'en mettre en possession. Nous demandons s'il y en a aucune d'assez mal conseillée, pour venir créer avec des frais énormes des établissements dans un pays dont on ne peut jamais rien tirer, à moins d'y établir des colonies qui étouffent les habitants actuels, dont l'inaptitude au travail ne peut être surmontée par aucun motif.

L'île serait peut-être entièrement inculte, s'il ne venait tous les ans huit à dix mille Lucquois et autres Italiens qui pendant 6 mois font tous les ouvrages de la culture, ceux de maçonnerie, de charpente etc., pour les particuliers un peu plus aisés, et qui reportent en Italie la plus grande partie du numéraire que les Français y versent annuellement.

Il serait donc temps d'examiner de quelle utilité ont été et peuvent être à l'avenir pour la France les sommes immenses qu'elle verse dans cette île depuis 30 ans. Personne n'ignore que tout le numéraire sorti de France par cette voie passe en Italie. Quelques prohibitions du nouveau régime sont insuffisantes pour opérer le changement nécessaire en cette partie. L'Italie fournit, par un trajet plus facile et à plus bas prix, à tous les besoins des habitants, même les comestibles pour les troupes. Croirait-on, si les moyens de s'en assurer n'existaient pas encore, que la France a dépensé depuis cette époque peut-être deux cents millions dans un pays presque sauvage, où il n'y a ni culture ni commerce, ni industrie, ni espérance d'en avoir? Il y a en France tant de témoins de ces vérités qu'inutilement voudrait-on les effacer.

L'île est susceptible d'être cultivée, d'avoir la même valeur qu'une grande partie de la Provence ; mais il n'est peut-être que trop vrai, comme n'a cessé de le dire un maréchal de France qui connaissait bien le pays pour y avoir commandé trois fois, qu'elle ne peut l'être qu'après l'extinction entière de la race existante.

L'industrie est ce qu'elle était à l'arrivée des Français ; pas un Corse n'est en état de fabriquer un couteau, hors ceux qui servent de poignards.

Quel est donc l'objet politique qui occasione une persévérance si extraordinaire ? Sans nous jeter dans cet examen, nous nous contentons de dire qu'un très grand nombre de personnes livrées par état à ce genre de spéculation, beaucoup de marins d'une réputation universellement reconnue, gémissent tous d'un abus aussi ruineux.

Ainsi on est réduit à demander, qui a donc pu jeter la France dans une erreur aussi fâcheuse ? Tout le monde sait que le premier envoi de troupes qui n'occupèrent que les places maritimes, n'eut lieu que pour éteindre une dette avec les Génois, que le gouvernement se défendait de solder par une suite du désordre des finances.

Quatre ans après, un ministre inappliqué, ne voyant rien au-dessus de sa puissance, se laissa persuader par des personnes plus occupées de leur intérêt que du bien public, qu'il ne fallait que le vouloir pour commander dans toute la Corse et occuper l'intérieur, qu'on le rendrait un pays cultivé, utile par ses productions et toute la suite du roman ; car alors les troupes étaient bouclées dans les places maritimes.

Les Corses ne tardèrent pas longtemps à l'en désabuser. Irrité de cette résistance, un premier envoi de 16 bataillons eut lieu. Le succès en fut pour quelques troupes l'infamie la plus complète, et dont il n'y avait pas encore eu d'exemple en ce pays.

L'affaire une fois embarquée, un homme sage eût été en arrière, mais ce n'était pas le talent de celui-ci. De là survint l'année ensuite l'envoi d'une armée entière avec des frais et une dépense énormes. Grâce aux soins du chef, une journée finit l'affaire, mais elle ne répara pas le mal de la dépense.

Depuis lors, chaque commandant, chaque intendant, chaque chef de corps dans sa partie, s'est étudié à faire verser des fonds dans ce gouffre, ils ont donné à qui mieux mieux de nouvelles idées de dépenses, et n'ont que trop bien réussi à les faire adopter. C'est ainsi qu'un numéraire immense a passé de France en Italie depuis 30 ans.

Qu'on mette à côté de ces dépenses, le petit revenu qu'on a pu tirer de l'île jusqu'ici, qui va diminuer chaque jour par l'abandon des employés français, et qui n'a lieu que par les sommes que la France y verse, et l'étonnement ne sera pas médiocre.

On peut assurer que jamais les impositions qu'on en pourra tirer ne suffiront aux frais de l'administration et de l'occupation de l'île.

On nous dirait inutilement que ces questions ne sont pas du ressort des fortifications ; elles le sont de tout citoyen, de tout honnête homme, et il est possible que MM. de la Commission militaire soient tentés de faire dans les bureaux soit des finances, soit de la guerre, le relevé des sommes qui ont passé dans ce pays depuis 1762, pour, d'après cette connaissance, soumettre à l'Assemblée l'examen de cette question.

A Bastia, le 24 juillet 1792, l'an 4e de la liberté.

Le Directeur des fortifications du Département de la Corse,
LAVARENNE.

*Considérations sur l'île de Sardaigne
et proposition de s'en emparer.*

Le gouvernement français, instruit de l'heureuse situation de la très importante île de Sardaigne, de la fertilité de son sol en tout ce qui est le plus utile et surtout en blé, de la richesse de ses mines et de ses pêches, de la multitude de ports, rades et golfes et autres excellents asiles que la marine militaire et marchande y trouve sur les côtes d'environ cent lieues de tour etc., etc.

Instruit aussi que l'extrême mécontentement des habitants de ladite île, qui germait depuis longtemps dans leur cœur contre le gouvernement piémontais, vient de les porter à en chasser entièrement les forces, les administrations et les autorités constituées qui le composaient, jusqu'au Vice-Roi qui en était le chef, et que, dans telles circonstances, il ne sera pas bien difficile à la République d'établir avec les Sardes des liaisons qui seraient réciproquement avantageuses aux deux nations etc., etc.

Considérant que l'état de guerre ouverte où la République française se trouve avec le prince de Piémont, roi de Sardaigne, lui donne le droit de diminuer les forces de ses ennemis par tous les moyens que la guerre autorise :

Que la République, en s'emparant de l'île de Sardaigne, assurerait à ses vaisseaux armés en guerre et à ses navires marchands des asiles sûrs dans les divers ports, rades et golfes qui l'entourent, qu'elle en priverait en même temps ses ennemis, et que ce double avantage serait de la plus grande importance pour sa navigation, son commerce et son approvisionnement en tout genre ;

Que quand même à l'époque de la paix, les circonstances ne permettraient point à la République de se maintenir dans l'île de Sardaigne, l'abandon même qu'elle en ferait pourrait former un objet de compensation avantageux dans le traité de paix à conclure etc., etc.

Son conseil exécutif arrête ce qui suit :

Article Premier.

Les ministres de la marine et de la guerre se concerteront ensemble sur les moyens les plus propres qu'il conviendra d'employer pour faire passer à Cagliari, ville capitale de l'île, et dans les autres principales villes maritimes, les forces précisément nécessaires pour pouvoir, d'accord avec ses habitants, les défendre contre toute attaque.

Article 2.

Il sera nommé un ou deux commissaires du pouvoir exécutif pour s'embarquer sur un des bâtiments de guerre de la République, qui transporterait quelque portion des dites forces, lequel serait chargé, avant qu'il fût question d'aucun débarquement de troupes françaises sur l'île, de tâcher d'entrer en négociation avec les principaux chefs de ses habitants pour convenir des conditions auxquelles la République leur accorderait sa protection et leur fournirait les forces nécessaires pour, de commun accord, en tout et partout, défendre leur pays contre les ennemis qui oseraient l'attaquer, et contribuer au bonheur de la nation sarde, en tout ce qui dépendrait d'elle.

Article 3.

Il sera donné au dit Commissaire les instructions les plus claires et les plus amples sur la conduite qu'il aurait à tenir dans ses négociations avec les susdits chefs des habitants de l'île et sur les engagements qu'il pourrait contracter avec eux.

Article 4.

Par les mêmes instructions ou par d'autres séparées, i sera prescrit au Commissaire l'étendue et les bornes du pouvoir dont il pourrait user dans l'occasion, soit envers les commandants, les chefs des forces et les fonctionnaires publics qui l'accompagneraient, soit envers les chefs et les autorités du pays.

Article 5.

Le traitement du dit Commissaire et de ses secrétaires sera fixé et il sera réglé de quelle manière il leur sera payé.

Article 6.

Pour assurer la communication nécessaire entre la France et l'île de Sardaigne, il sera établi, de la manière la plus convenable et la plus économique, des bateaux ou des tartanes qui partiront régulièrement, au moins de 15 en 15 jours, pour le transport des lettres et des passagers.

N. B. La prudence ne permet point de parler ici de divers moyens d'exécution qui doivent être très secrets, mais que l'on offre de communiquer à qui il appartiendra, dans le cas que le conseil juge convenable d'accueillir favorablement la proposition dont il s'agit.

(Sans date, mais fin septembre 1792).

Pour copie conforme à la copie conservée aux archives du ministère des affaires étrangères.

Pour le conseiller d'Etat,
directeur des archives et chancelleries absent,

Le Sous-Directeur,
Cte D'HAUTERIVE.

Paris, le 6 Octobre 1834.

Marius Peraldi, commissaire du gouvernement en Corse, à Servan, ministre de la guerre.

Toulon, 7 Octobre l'an 1er de la République Française (1792).

Citoyen Ministre, — Malgré toute ma sollicitude, je n'ai pu arriver à Toulon qu'hier. Le débordement de la Durance m'a retenu à Avignon pendant quatre jours. C'est dans cette ville que j'ai appris qu'à Marseille on faisait des préparatifs pour une descente en Sardaigne. Cette nouvelle m'a déterminé à en connaître la véritable direction pour concerter ceux qui doivent se faire en Corse.

Je me suis en conséquence rendu auprès des trois corps administratifs. Je leur ai communiqué l'objet de ma mission dans le département de la Corse, et j'ai eu la satisfaction de voir mes observations combinées avec celle des citoyens administrateurs. Ils m'ont dit que les préparatifs étaient dirigés pour Nice. Mais cette ville n'ayant fait aucune résistance à notre armée, ils avaient déterminé de proposer au conseil exécutif de diriger cet armement pour donner la liberté à la nation sarde.

Vous verrez, Monsieur, par l'état ci-joint, l'importance de cet armement. Rien n'a échappé à la prévoyance et au zèle des dignes et braves citoyens de cette ville, qui toujours acquièrent de nouveaux droits à la reconnaissance publique. Tout sera prêt à mettre à la voile à la fin du mois.

Il faut cependant remarquer que dans cette saison les orages de la mer sont très fréquents dans la Méditerranée. Par ce motif, j'ai proposé aux administrateurs de Marseille qu'il faudra fixer le relâche et l'entrepôt de l'armée dans la ville d'Ajaccio. Cette ville est fournie d'un port assez considérable et d'un mouillage sûr pour les vaisseaux de ligne. C'est là-bas que l'armement marseillais devrait relâcher pour s'unir aux Corses et y attendre le beau temps pour diriger la marche vers la Sardaigne. Là, le général de l'armée pourra arrêter son plan de campagne, savoir : ou de se porter sur les deux points de cette île, ou de faire une fausse attaque du côté de Bonifacio, et porter le front de l'armée vers la ville de Cagliari, et faire aller de concert les préparatifs des deux départements.

Aussitôt arrivé à Toulon, je me suis présenté devant le digne citoyen Pache qui a approuvé mes observations, de combiner et faire aller de concert les deux préparatifs de la Corse et de Marseille pour la descente en Sardaigne. Il m'a dit que huit chaloupes canonnières seraient bientôt prêtes, de même que quatre frégates qui ont été radoubées pour servir au défaut des bombardes. Il est entré dans mes vues de former l'équipage des chaloupes par des matelots corses qui ont beaucoup de connaissances des parages de l'île de

Sardaigne, et en conséquence je solliciterai à mon arrivée en Corse, l'envoi de la quantité de matelots pour équiper les chaloupes et une autre plus grande quantité pour monter sur nos vaisseaux de guerre. Il a donné les ordres au directeur des bateaux de poste d'en tenir un prêt au premier beau temps pour me conduire en Corse. Je ne l'attends que pour mettre à la voile.

C'est de là-bas que je ne perdrai pas un instant pour remplir vos instructions, et je mettrai toute la célérité à vous rendre compte du résultat de mes opérations. En attendant, je vous observerai qu'il serait indispensable d'envoyer quelques fonds au payeur principal de Corse, pour servir à l'achat des subsistances qui pourraient manquer dans ce département. Vous pourriez encore vous occuper d'arrêter l'état-major qui devra commander cette année. Je vous prie de vous assurer que la conversation que j'ai eue avec le patriote respectable, citoyen Pache, a redoublé mon courage et qu'il ne me reste plus aucun doute sur le succès heureux de notre descente en Sardaigne, et de la voir libre comme Nice et comme la Savoie dans peu de temps. C'est là mon vœu et pour le voir remplir, je ne cesserai d'y consacrer tout mon zèle et ma sollicitude.

Le citoyen MARIUS DE PERALDI.

Les trois corps administratifs réunis,
à la Convention Nationale.

Marseille, le 8 octobre 1792, l'an 1er de la République à 10 heures du soir.

Sur la demande d'Anselme, citoyens représentants, 6.000 hommes ont été levés pour le seconder dans l'expédition de Nice; cette troupe est dans ce moment sur pied, bientôt armée et équipée, prête à partir, et en partie dans nos murs ; les approvisionnements dont l'état est ci-joint, sont en grande partie embarqués. Le général a écrit aujourd'hui qu'il nous invite à licencier cette troupe ainsi qu'il conste par sa lettre dont copie est ci-jointe. Mais les corps administratifs réunis, jugeant qu'une grande expédition se prépare vers la Sardaigne, ainsi que nous l'a communiqué confidentiellement le citoyen Peraldi, commissaire nommé par le pouvoir exécutif, nous vous représentons que nous avons cru devoir ne pas déférer à la demande de licenciement faite par le général, attendu qu'à l'époque du 3 de ce mois où il a écrit, il ignorait peut-être les projets du pouvoir exécutif, et nous vous prions de nous marquer quelle destination peut être réservée à ces troupes ; vous observant au surplus qu'elles brûlent du désir de partir pour aller combattre les ennemis de la liberté partout où il s'en trouvera.

Les Administrateurs des trois corps administratifs réunis à Marseille,

Signé : Mouraille, maire de Marseille ; Villiard, président ; L. Granet, aîné, président en l'absence ; Auguste Mossey, officier municipal ; Venture, administrateur du district.

(En marge est écrit : Mention honorable et renvoi au ministre de la guerre. — 13 Octobre, premier de la République).

Signé : Camus.

Extrait d'une lettre de M. Naillac, ministre plénipotentiaire de France à Gênes, au Ministre des affaires étrangères, du 15 Octobre 1792.

Le vœu presque général de ce pays-ci est pour l'humiliation du roi de Sardaigne. On le regarde comme un prince faible que des rivalités ambitieuses parmi ses courtisans font mouvoir à leur gré ; et cependant on craint toujours les projets d'envahissement du cabinet de Turin, qui n'ont jamais cessé d'exister contre les intérêts et le territoire de la République. Les Génois, dont la fortune principale est dans les fonds ou le commerce de la France, autant par intérêt que par penchant, désirent le succès de nos armes, car ils sont convaincus que la banqueroute serait la suite nécessaire de nos malheurs.

On croit ici que l'escadre française ira s'emparer des blés de la Sardaigne qui ont été abondants cette année. Cette démarche serait d'autant plus utile à la France que les grains renchérissent tous les jours en Italie, de manière à donner des inquiétudes pour l'hiver.

Le Contre-Amiral Truguet au Ministre de la marine.

A bord du Tonnant, le 17 Octobre 1792, l'an 1er de la République Française.

Citoyen Ministre, — Je vais mettre à la voile avec l'escadre pour me rendre à Oneille dont le général d'Anselme envoie prendre possession. J'étais en premier lieu chargé de cette expédition avec les garnisons de mes vaisseaux ; mais aujourd'hui le général d'Anselme a jugé plus convenable de s'en rapporter à M. Lahoulière, maréchal de camp, qui passe sur l'escadre avec 1.100 hommes de troupes de débarquement.

Je vais entrer, citoyen, dans plusieurs détails que je vous ai annoncés dans ma dernière lettre. Il est de mon devoir de vous confier non seulement mes projets, mais encore toutes mes réformes, et cette confiance première aujourd'hui entre un ministre et un général employé est un des bienfaits de notre nouveau régime.

Mes premières instructions reçues à Paris me laissaient la liberté de me porter partout où je croirais la présence de l'escadre utile au commerce ou effrayante aux yeux de nos prétendus amis. Les dernières qui m'ont été adressées en date du 16 septembre me prescrivaient de seconder le général d'Anselme et de tout employer pour faciliter ses succès et obtenir la conquête du comté de Nice qui paraissait devoir par ses forteresses et ses batteries faire une vigoureuse résistance.

Vous savez combien je me suis dévoué à cette entreprise importante à laquelle tous les bâtiments à mes ordres, jusqu'au plus petit, ont été employés. Vous connaissez aussi l'effet heureux qu'a produit la présence d'une escadre formidable qui, par ses mouvements militaires sur les villes de Nice et de Villefranche, a porté le découragement parmi les Niçards, en rendant la barrière du Var, si précieuse à cette contrée, absolument inutile. Il est démontré qu'on ne reprendra jamais ces postes inexpugnables par la nature, armés de 250 pièces de canon, munis amplement de munitions de guerre et défendus par une armée nombreuse. Ce pays ainsi fortifié peut se défendre lui-même sans le secours de la mer, et à plus forte raison quand nous aurons dans la Méditerranée, n'importe où, une escadre supérieure à celle de nos ennemis, qui d'un moment à l'autre peut se transporter sur tous les points menacés de nos côtes.

J'ai donc proposé, pressé, immédiatement après cette reddition, de nous porter à l'instant sur la Sardaigne, moins par l'ambition d'étendre nos conquêtes, que pour nous assurer d'un grenier pour nos départements méridionaux et des ports de Cagliari et des îles de S. Pierre, très importants, puisqu'ils sont sur la route de nos vaisseaux qui trafiquent dans le Levant et dans lesquels ils sont très souvent forcés de relâcher.

Il est du droit de la guerre de poursuivre une puissance ennemie dans toutes ses possessions, quand on peut réunir d'ailleurs à la vengeance que commande la justice, un avantage bien réel pour le commerce et nos approvisionnements. Je vous l'ai mandé, citoyen ; la nécessité de s'assurer de la nouvelle conquête (sans doute fondée, puisqu'elle m'est présentée par un général consommé) ne me permet pas pour le moment de distraire d'ici aucune troupe. Cependant le temps se passe, l'hiver approche, et l'ennemi, revenu du premier moment de terreur peut se fortifier en Sardaigne. J'aurais désiré faire porter tout de suite sur Cagliari le convoi de 30 navires qu'on attend ici de jour en jour de Marseille et qui porte 8.000 hommes de troupes munis de tout. Mais ils paraissent encore nécessaires ou à la garde du comté de Nice ou à d'autres projets de conquête.

Voici actuellement, citoyen, ce que je pense sur ma position. L'expédition du général d'Anselme terminée à souhait, et celle que je vais entreprendre sur la principauté d'Oneille finie, je crois pouvoir revenir à mes premières instructions et chercher à employer l'escadre le plus utilement possible.

Je n'ai pas dû balancer à accepter la mission d'aller à Gênes après l'entreprise d'Oneille..... Quand j'aurai rempli cette mission qui tient peut-être au concert qui a dû s'établir dans nos opérations combinées, je crois, citoyen, que je deviens libre dans mes mouvements, et dès lors je ferai agir l'escadre et la porterai sur tous les points importants qu'il faut surveiller. Je me rendrai sur le champ à Cagliari, et [si], à cette époque, j'ai rallié à moi les galiotes à bombes que l'on arme à Toulon, il est possible que je me rende le maître, avec mes seuls moyens, de ce port important.

Je pourrai aussi me présenter devant Naples etc.

Je verrais avec peine, citoyen, une escadre aussi formidable que la nôtre, devenir peu utile, si elle était obligée d'attendre sur cette île l'exécution de divers projets qui ne seront peut-être point accueillis par le conseil exécutif, et dont l'attente nuirait à l'activité d'une escadre, dont l'inertie est fatale à la discipline et le séjour dans les rades funeste à la santé des équipages.

J'aurai l'honneur de vous écrire d'Oneille etc.

*Le Contre-Amiral commandant en chef
les forces navales dans la Méditerranée,*
Truguet.

*Mémoire pour servir d'instruction au Contre-Amiral Truguet,
commandant etc.*

Paris, le 25 Octobre, l'an 1er de la République (1792).

Le Conseil exécutif provisoire de la République française ayant décidé par son arrêté du 24 du présent mois que le ministre de la marine donnerait les ordres nécessaires tant au contre-amiral Truguet qu'au capitaine Latouche, pour l'exécution de l'entreprise qu'il projette, le ministre de la marine va lui détailler les devoirs qu'il aura à remplir.

Le contre-amiral Truguet demeurera chargé, de concert avec le général d'Anselme, de la délivrance de la Sardaigne, et pour le succès de cette entreprise, le conseil s'en référant aux instructions communes qu'il a adressées à ces deux généraux, pense que toutes les troupes de ligne, les bataillons marseillais, les bataillons corses, les bâtiments de transport, quelques frégates et vaisseaux suffiront pour délivrer cette île importante du joug de son tyran.

En conséquence, le conseil exécutif ordonne au contre-amiral Truguet de ne conserver avec lui, pour l'expédition de la Sardaigne, que le vaisseau Le Tonnant qu'il monte et Le Scipion que doit monter son frère.

Le contre-amiral remettra au capitaine Latouche le commandement des sept autres vaisseaux et le paquet ci-inclus qui contient le détail de la mission que ce capitaine aura à remplir. (1) Si, au moment où ces ordres parviendront au contre-amiral Truguet, les six vaisseaux qu'il attend de Brest, Lorient et Rochefort étaient arrivés, il gardera sous son commandement les vaisseaux Le Tonnant, Le Scipion et Le Généreux, capitaine Dubois, et il composerait le commandement du capitaine Latouche ainsi qu'il suit, savoir :

Le Languedoc, qu'il monte lui-même.
Le Commerce de Bordeaux, capitaine S. Julien.
La Liberté, capitaine Brueys.
Le Centaure, id. Missiessy Quiez.
L'Aridès, id. Vaultier.
L'Entreprenant, id. Thivat.
Le Patriote, id. Landais.
Le Léopard, id. Bourdon Gramont.
Le Thémistocle, id. Haumont.
L'Apollon, id. Trublet Villejega.
Le Duguay Trouin, id. Trogoff.
Le Vengeur, id. Kéréon. (12 vaisseaux.)

Le contre-amiral Truguet ajoutera à ces forces le nombre de frégates, corvettes ou avisos qui seront nécessaires au capitaine Latouche, tant pour assurer la marche de sa division que pour correspondre avec le contre-amiral Truguet. Ce général y ajoutera la moitié des bombardes destinées à la délivrance de la Sardaigne. Le contre-amiral Truguet a demandé au ministre de la marine le grade de contre-amiral pour le capitaine Latouche. Le ministre prendra cette demande dans la plus sérieuse considération ; il s'assure dès

---

(1) Les instructions contenues dans le paquet que le contre amiral Truguet devait ouvrir, après avoir *délivré* la Sardaigne, lui enjoignaient de tourner ses armes contre le pape qui « par *ses brefs imbéciles* avait voulu allumer en France la guerre civile et de religion, » et contre le Grand-Duc de Toscane qui avait reçu des navires russes dans ses ports.

lors que le contre-amiral verra avec plaisir confier à Latouche une expédition qui, quoique soutenue par un plus grand nombre de vaisseaux, n'est cependant que secondaire à la délivrance de la Sardaigne. Le capitaine Latouche devra se rallier au contre-amiral Truguet et reprendre ses ordres aussitôt après l'issue de son expédition.

C'est pourquoi le contre-amiral Truguet restera dépositaire d'un paquet qu'il n'ouvrira lui-même qu'après avoir assuré la délivrance de la Sardaigne et la prise de Cagliari. Ce paquet lui indiquera dans quels parages devra se faire sa jonction avec le capitaine Latouche et les mesures que les forces navales réunies aux ordres du contre-amiral Truguet devront prendre pour opérer leur retour à Toulon où elles trouveront un supplément de vivres et de nouveaux ordres.

Aussitôt que le contre-amiral Truguet aura reçu cette dépêche, il remettra au capitaine Latouche le paquet ci-inclus. Il confiera à son commandement les vaisseaux ci-dessus désignés ; il ordonnera à ce capitaine d'appareiller sur le champ avec toutes ses forces.

Le contre-amiral accélèrera le plus qu'il sera possible l'opération combinée avec le général d'Anselme, en faveur de la Sardaigne, opération à laquelle le conseil exécutif attache le plus grand intérêt sous tous les rapports.

Si, dans l'intervalle qui s'écoulera entre le départ du capitaine Latouche pour sa mission et celui du contre-amiral pour la Sardaigne, quelques-uns des six vaisseaux du renfort du Ponant arrivaient (ce qui rendrait leur jonction avec le capitaine Latouche impossible quant à présent) le contre-amiral les conduira en Sardaigne. Mais s'ils n'étaient pas arrivés, il partirait, en donnant les ordres nécessaires pour qu'ils puissent le rejoindre à Cagliari ou ailleurs.

Le Conseil, au surplus, s'en réfère aux mesures qu'il a précédemment adoptées et qu'il a fait connaître au contre-amiral pour la délivrance de la Sardaigne par ses instructions, tant connues que secrètes, pour ses opérations ultérieures. La patrie attend tout des talents, du civisme et de l'énergie de l'armée, de la flotte et de ses chefs, et la République a droit de compter sur de prompts et brillants succès.

Paris, le 25 Octobre, l'an 1er de la République, au nom et par ordre du Conseil exécutif provisoire de la République Française.

Le Ministre de la Marine.

Mémoire pour servir d'instructions communes au Lieutenant-Général d'Anselme et au Contre-Amiral Truguet pour l'expédition contre le roi de Sardaigne envoyé le 26 Octobre, l'an 1er de la République.

Le Conseil exécutif provisoire de la République Française ne voulant point laisser dans l'inaction les forces de terre et de mer que la République a confiées au général d'Anselme et au contre-amiral Truguet et le zèle ardent des citoyens corses pour la cause de la liberté, il va remettre à la disposition de ces deux chefs le choix de l'entreprise qu'ils auront à former d'un commun accord.

Le Conseil ne connaissant pas encore quels peuvent être leurs desseins ultérieurs contre Turin ou dans le continent, il ne leur prescrira rien d'impératif dans cette instruction ; il se bornera à leur faire connaître ce qu'il attend de leur ardeur, ce qu'il souhaite de leurs armées combinées.

Le Conseil voudrait que leur armée de terre et de mer se grossît de volontaires de Marseille et des bâtiments de transport sur lesquels ils doivent s'embarquer ; qu'elle mît à la voile du golfe Juan, et fît route vers l'île de Corse, en faisant recueillir à Bastia et Calvi par des frégates et des transports les troupes et les volontaires corses que ces deux endroits pourraient fournir contre les tyrans de la Sardaigne.

Les généraux descendraient à terre à Ajaccio et y feraient mouiller toute la flotte ; ils pourraient joindre à leur armée 3.000 hommes de troupes de ligne ou volontaires corses qui sont répandus dans cette île ; ils écriraient en conséquence au général Paoli et à l'ex-député Peraldi de faire marcher ces troupes vers le port d'Ajaccio où se ferait l'embarquement général. Dans le cas où les généraux se détermineront à donner suite aux desseins du Conseil exécutif contre les tyrans de Sardaigne, le général d'Anselme restera le maître d'indiquer et de nommer un officier sûr qu'il laisserait à Nice et Villefranche, s'il voulait marcher à la délivrance de la Sardaigne, ou à qui il remettrait le soin de conduire cette expédition, s'il jugeait sa présence plus utile dans le continent.

Le Conseil ne lui prescrira rien sur la manière d'attaquer la Sardaigne, ni sur les lieux où il devra débarquer : il s'en remet à cet égard aux mesures combinées entre les deux généraux et il ne doute point que le succès ne couronne cette entreprise.

Aussitôt qu'ils auront fait cesser toute résistance, ils traiteront les troupes sardes avec humanité et enverront sur le champ les prisonniers au port de Toulon ou Marseille dans des bâtiments de charge, sous une bonne escorte.

Ils annonceront aux habitants que les Français, libres du joug des rois, sont venus leur offrir leur amitié et les protéger dans l'établissement d'une forme de gouvernement qui soit fondée sur la justice et la raison et qui soit l'expression de leur volonté générale.

Les généraux s'empareront au nom de la République des caisses et deniers, des munitions de guerre et de bouche, vins, salaisons, blés, chevaux et bêtes à cornes appartenant au roi de Sardaigne, et ils feraient transporter sur les mêmes bâtiments qui apporteraient les prisonniers, celles de ces munitions, surtout les blés, qui ne seraient point nécessaires pour le besoin de leurs armées, sans exposer les habitants de ces contrées à souffrir aucune disette. S'ils remarquent dans cette île une surabondance de grains, le Conseil exécutif les charge particulièrement d'acheter des particuliers et de payer sur le champ au prix des précédens marchés des divers lieux, des quantités indéterminées de blés, le plus possible, qu'ils enverront également sous bonne escorte à Marseille et à Toulon.

Le Conseil enjoint aux généraux d'Anselme et Truguet, dans le cas où ils tenteront cette entreprise, de laisser dans le golfe Juan un vaisseau, une frégate et des avisos, pour qu'ils puissent promptement recevoir des ordres et avis ; d'écrire aux ministres de la marine et de la guerre avant leur départ d'Ajaccio, par un aviso qu'ils dépêcheront vers le golfe Juan et d'annoncer également par des bâtiments exprès la nouvelle de l'issue de cette entreprise.

Le Conseil approuve la bonne conduite, la prudence et valeur des armées de terre et de mer et de leurs généraux et officiers dans les opérations sur Nice et Villefranche ; il a vu avec plaisir qu'ils en ont été récompensés par l'enthousiasme des habitants de ces contrées qui ont subitement senti le désir de la liberté s'allumer dans leurs cœurs, à la douce voix des Français. Le Conseil recommande expressément aux généraux, officiers, matelots et soldats de traiter avec humanité les vaincus, de regarder les habitants sardes comme des frères et des amis ; de leur prodiguer la connaissance des principes régénérateurs de la liberté des peuples et d'empêcher que les temps qui vont séparer la destruction de la tyrannie de la création d'un gouvernement, fruit de la volonté générale des Sardes, que ces temps ne soient souillés par la discorde et l'anarchie.

Le Conseil s'en remet également aux généraux de terre et

de mer du soin de régler le départ de la flotte et des troupes et le retour dans les ports de France, parce qu'il est dans la ferme persuasion qu'ils feront tout pour la liberté des peuples, la gloire et le bonheur de la République française.

Réquisition du Contre-Amiral Truguet au Général Paoli.

De la fin d'Octobre ou du commencement de Novembre 1792.

Le contre-amiral Truguet commandant l'escadre de la République, chargé d'une expédition en Sardaigne, vient réclamer avec confiance le zèle et le patriotisme du citoyen général Paoli, dont il ne peut se passer pour le succès de cette entreprise. L'armée navale a besoin de l'influence d'un citoyen général si justement révéré par ses compatriotes et l'amiral de cette armée compte d'avance sur tous les secours qu'il pourra lui fournir. Il s'agit de terrasser le despotisme en Sardaigne, d'y faire triompher les principes sacrés de la liberté, et le général Paoli n'éprouvera que le regret de ne pouvoir lui-même à Cagliari planter le premier emblème de notre régénération.

Le contre-amiral le conjure au nom de la patrie d'interposer son influence et ses moyens personnels qu'il a si souvent et si utilement employés pour la cause de la liberté, afin que le rassemblement des troupes que la Corse peut fournir soit incessamment formé dans la ville d'Ajaccio. Il sera envoyé une frégate dans ce port pour les escorter et les conduire à la rade de S. Pierre.

Le contre-amiral Truguet se trouve heureux d'avoir une occasion de témoigner au citoyen général Paoli l'estime qu'il a toujours eue pour ses vertus, et l'admiration que lui a inspiré son amour ardent pour la liberté au milieu des plus grandes persécutions. Il ambitionne son estime et il s'efforcera de mériter l'amitié et la confiance des braves Corses qui vont être ses compagnons d'armes.

Préparatifs faits par la ville de Marseille pour l'expédition de Sardaigne.

Environ 10.000 gardes nationales armées et équipées, prêtes à marcher sous quinzaine.

33 navires frêtés et approvisionnés, avec tous ouvrages, cloisons et ustensiles nécessaires, de la portée ensemble de 6.014 tonneaux, prêts à embarquer 6.000 hommes avec les provisions pour deux mois consistant en :

4.500 quintaux biscuit, poids de marc, commandés et qui seront prêts dans quinze jours.
1.500 barriques de vin de trois milleroles l'une.
6.014 quintaux bois à brûler.
120 barils de farine.
360 quintaux foin.
600 moutons vivants.
50 milleroles huile fine.
7   id.   pour brûler.
11 quintaux chandelles.
7 quintaux sucre.
245 quintaux riz.
Légumes suffisants.
700 barils, bœuf et lard salé.
144 quintaux fromage.
260 quintaux morue salée.
160 livres moutarde.
50 milleroles vinaigre.
L'eau pour avitailler deux mois.

Munitions d'artillerie.

6 pièces de canon en fonte de 14.
       id.   id.   de 18 montées sur leurs affûts de campagne.
4 mortiers à bombes de 12 pouces montés sur leurs crapauds.
2 crapauds de rechange.
2.200 bombes.
4.000 boulets de 4.
2.000   id.   de 8.
2.000   id.   de 6.
1.000   id.   de 12.
2.000   id.   de 18.
2.000   id.   de 24.
1.000   id.   de 16.
3.000 crapes et boëtes à la suédoise.
3.000 cartouches à balle.
80.000 pierres à fusil.
10.000 étoupilles.
1.000 lances à feu.
100 porte-lances.
100 quintaux mitraille.
20.000 cartouches en papier de divers calibres.
12 chariots à bagages.
12   id.   à poids.
12 caissons.
600 tentes de dix hommes chaque avec leurs bois.
100 manteaux d'armes.
600 marmites pour dix hommes chaque.
600 gamelles.

600 bidons (le tout en fer blanc anglais).
6.000 petits bidons avec leurs banderolles.
500 quintaux poudre en barils.
900 gamelles.
900 bidons en bois.
600 serpes.
600 pioches.
600 pelles.
600 porte-coups.

*Lettre du Général d'Anselme au Général Paoli,
Commandant la 23e division en Corse.*

Le Conseil exécutif, mon cher collègue, ayant formé une armée séparée des troupes que je commande sous le nom d'armée d'Italie, vient de m'en nommer commandant en chef. J'ai vu avec plaisir que dans ce nouvel arrangement, le département de la Corse avait été compris dans le nombre de ceux confiés à mes soins. J'ai connu les Corses en combattant contre eux, et j'ai su les apprécier sur leurs qualités guerrières et d'hommes libres. Des citoyens pareils sont infiniment précieux dans la guerre que nous avons à soutenir. Vous croirez aisément qu'un des premiers soldats de la République française qui a professé bien avant la révolution les principes de la liberté, voit avec la plus vive satisfaction à la tête des Corses celui qui a été l'apôtre et le martyr de ces mêmes principes.
A Nice, le 8 Novembre 1792.

*Le Lieutenant-général commandant en chef
l'armée d'Italie,*
D'ANSELME.

Le Général d'Anselme au Ministre de la guerre.

Nice, le 8 Novembre 1792, l'an 1er de la République.

Citoyen Ministre, — J'ai reçu votre dépêche n° 5 en date du 31 octobre, contenant le duplicata des instructions relatives à l'expédition de Sardaigne dont j'avais reçu la première par la voie du citoyen Arena (1).

L'accroissement des troupes autrichiennes venant du Milanais dans le Piémont et leur avant-garde de 2.000 hommes qu'ils viennent de porter sur Saorgio, aux ordres du général Brintano, me mettra dans le cas de suspendre au moins pour quelque temps les dispositions relatives à l'attaque de la Sardaigne.

Je m'en réfère d'ailleurs à ce que j'ai eu l'honneur de vous mander à cet égard par ma dépêche en date du 31 octobre.

Le Comm. en chef de l'armée d'Italie,
D'ANSELME.

Arena au Ministre de la Guerre.

Nice, le 8 Novembre 1792.

Citoyen Ministre de la guerre, — J'ai rendu compte au Ministre des affaires étrangères des motifs qui engageaient le citoyen d'Anselme à différer l'expédition de la Sardaigne, et

---

(1) La dépêche du 31 octobre entre dans des explications plus détaillées sur les mouvements des troupes ennemies dans le nord de l'Italie. Elle ne contient rien de particulier pour la Corse.

j'ai donné en même temps une idée des projets de ce général.

On est assuré maintenant que les Autrichiens du Milanais se portent en Piémont au secours du roi de Sardaigne, et qu'ils ont le dessein de faire une tentative sur le comté de Nice.

Ainsi pour le moment, il faut se borner à observer leurs mouvements, à exercer nos troupes, à les discipliner, et à bien conserver cette partie, et il serait extrêmement dangereux d'affaiblir cette armée, ou d'en éloigner le général.

Vous connaissez son zèle, ses talents et son activité, et vous pouvez compter qu'il ne laissera échapper aucune occasion pour augmenter la réputation de nos armes.

Il vous adresse, Citoyen, l'état de ses besoins pour l'organisation de l'armée. Je suis bien convaincu que vous vous empresserez de lui faciliter les moyens de faire la guerre avec succès aux ennemis de la République.

ARENA,
Commissaire du gouvernement.

Le Général d'Anselme au Ministre de la Guerre.

Nice, le 9 Novembre 1792, l'an 1er de la République.

(Le reste de la lettre concerne uniquement l'armée d'Italie. Il n'y a que le passage suivant qui intéresse la Corse).

On doit considérer d'autre part que tout projet d'invasion en Sardaigne où il existe dans ce moment quatre bataillons de troupes de ligne, dans la ville ou la citadelle de Cagliari, poste très bien fortifié, exigerait au moins pendant deux mois, dans cette saison, l'absence de huit ou dix mille hommes du continent, car il faut peu compter sur les secours des Corses, cette île n'ayant dans ce moment que quatre bataillons de gardes nationales mal armées, et dont le général Paoli ne croirait certainement pas pouvoir se dégarnir en totalité. Il est probable que le roi de Sardaigne n'attend que l'instant de cette tentative pour nous attaquer dans le comté de Nice, ce qu'il pourrait faire avec des forces plus que doubles de celles que nous pourrons y laisser.

Conseil Exécutif. — Séance du 10 Novembre 1792.

Sur le rapport du ministre de la marine etc., le Conseil exécutif :

Arrête qu'il sera donné ordre au contre-amiral Truguet et au général d'Anselme de se concerter pour exécuter au plus tôt l'expédition projetée contre l'île de Sardaigne, et que les troupes disponibles qui se trouvent dans l'île de Corse seront également employées dans cette expédition.

En conséquence adopte les instructions présentées par le Ministre de la marine.

Le Conseil a nommé le citoyen Arena, ex-député du département de la Corse à l'Assemblée législative, à l'effet de se rendre incessamment à Nice près du général d'Anselme et l'accompagner ensuite dans son expédition en Sardaigne.

Lettre du Général d'Anselme à Paoli.

Le département de Corse, mon cher collègue, ayant été ajouté à ceux que je commande, il est absolument nécessaire que je connaisse sa position militaire et ses ressources dans ce genre, autant pour suppléer à ce qui pourrait être nécessaire à sa défense, que pour me servir de tous ses moyens dans les expéditions militaires que je pourrais entreprendre ; je vous prie en conséquence de m'adresser le plus promptement possible les rapports les plus détaillés.

1 Sur le nombre d'hommes armés qui existent actuellement en Corse tant en troupes de ligne qu'en gardes nationales.

2º Sur l'extension qu'on pourrait donner à la levée de ces gardes nationales en fixant le maximum.

3º Sur la quantité des troupes et gardes nationales absolument nécessaire à la défense de chaque place ou poste et en total à toute l'île.

4º Enfin un tableau de vos ressources en vivres, munitions de guerre, et bâtiments de transport.

Vous sentez, mon cher collègue, que le compte que je vous demande ne saurait être trop étendu pour me procurer une parfaite connaissance d'un pays que j'ai perdu de vue depuis vingt-trois ans.

A Nice, le 12 Novembre 1792, l'an 1er de la République.

Le Comm. en chef de l'armée d'Italie,
D'ANSELME.

Lettre du Général Paoli au Citoyen Général d'Anselme.

Vous aurez reconnu, mon cher collègue, par la lettre que j'ai eu l'honneur de vous écrire en date du 22 octobre le désir le plus fortement prononcé de concourir autant qu'il m'était possible à l'augmentation de l'armée dont vous avez le commandement.

C'est dans cette circonstance que le contre-amiral Truguet m'a requis formellement de réunir un détachement considérable à Ajaccio pour l'employer dans l'expédition de Sardaigne.

L'important de cette entreprise et le vif intérêt que je prends au succès des armes de la République, m'ont fait un devoir de répondre à la juste confiance du citoyen Truguet. J'ai donc rassemblé le plus grand nombre de troupes disponibles, et je n'attends que l'apparition de la flotte pour les faire embarquer au nombre de dix-huit cents au moins.

Le départ de cette troupe opère une diminution très sensible dans la garnison de la division que je commande, et c'est, comme vous observez avec raison, l'empire que la République s'est assuré dans la Méditerranée qui m'authorise à dégarnir les places importantes dont la défense m'est confiée : j'ajouterai même que le pouvoir exécutif m'avait fait indirectement pressentir le cas de cette réquisition par les instructions données à cet effet au commissaire Peraldi, et j'ai regardé comme un devoir plus absolu celui de suivre par préférence les intentions qu'il m'avait manifestées.

Par l'aperçu que je vous ai donné de la situation militaire de cette division, vous verrez qu'il m'est absolument impossible d'en tirer des nouveaux détachements indépendamment de ceux tirés pour la Sardaigne, et que je ne pourrais le faire sans compromettre ma responsabilité.

J'avais déjà communiqué à l'administration de ce département le projet de faire employer à l'expédition de la Sardaigne les gendarmes destinés à passer dans le continent, mais elle s'est refusée à toute détermination contraire à la loi qui donne à ces gendarmes une destination désignée et particulière.

Croyez, mon cher collègue, que c'est avec une peine bien sentie que je me vois forcé par la situation des choses à vous manifester que la manière efficace avec laquelle je me suis déjà préparé à répondre à la réquisition du contre-amiral Truguet, ne me laisse aucun moyen de vous procurer les forces que vous me demandez.

A Corte, le 13 Novembre 1792, l'an 1er de la République.

*Le Lieutenant-général
commandant la 23e division militaire,*
PASQUALE PAOLI.

Le citoyen Sémonville au citoyen général Paoli.

S. Florent, le 15 Novembre 1792, l'an 1er de la République.

Citoyen général, — Le contre-amiral Truguet s'adresse à vous avec confiance, pour obtenir de la juste influence que vous avez dans votre patrie des moyens d'étendre sur vos frontières l'empire de la liberté. L'escadre mouillée aujourd'hui à la Spezzia, va faire voile pour la Sardaigne ; elle a besoin pour assurer ses succès des braves concitoyens du général Paoli ; le contre-amiral sait comme tous les Français combien on est assuré de trouver dans les Corses d'ardents défenseurs de la liberté ; il veut les associer à la gloire que la marine française victorieuse de Nice et d'Oneille va recueillir à Cagliari. J'ai cru vous plaire, citoyen général, en me chargeant d'être auprès de vous l'interprète de cette demande ; j'ai cru servir ma patrie en présentant à celui qui depuis tant d'années a bravé le despotisme, une nouvelle occasion de déployer sa haine contre les tyrans. Veuillez, citoyen, accueillir les sollicitations pressantes du contre-amiral, veuillez les faire valoir auprès des administrateurs du département et m'instruire du résultat de ses délibérations et de vos soins ; retenu par des ordres que j'attends, j'ignore si je pourrai m'écarter soit de Bastia, soit de S. Florent, une corvette devant arriver d'un moment à l'autre presser mon départ pour Constantinople ; mon désir me porterait à Corte. Si j'y suis nécessaire pour quelques explications, j'y vole ; si au contraire les lettres du contre-amiral vous suffisent, citoyen, ainsi qu'au département, je quitterai la Corse avec le regret de n'avoir pas vu le créateur de sa liberté, mais avec la satisfaction de m'être retrouvé un moment au milieu de ses concitoyens, dont je ne me sépare que pour leur sacrifier toute ma vie.

Pour copie,

Pasquale de Paoli.

Paoli au Ministre de la guerre.

Corte, le 16 Nov. 1792.

Citoyen ministre de la guerre, — Je garde toujours ma chambre, la fièvre me reprenant de temps à autre et cela fait que je ne puis pas m'occuper du service comme je le voudrais.

Dans une précédente lettre à vos prédécesseurs, j'ai parlé de la faiblesse de nos garnisons et de la situation du pays ; il est assez fort pour sa défense dans l'intérieur, attendu sa position et l'énergie de ses habitants, mais avec peu de moyens de défense dans ses places de mer, et peu propres à porter hors de ses foyers.

Les citoyens de ce département sont presque tous propriétaires et pères de famille, répandus dans des petits villages : en les arrachant du peu de culture qu'ils y font, la famine en serait la suite.

J'avais aussi fait observer dans mes précédentes lettres la mauvaise organisation de nos gardes nationaux ; à peine on y est parvenu à faire partir quatre compagnies pour le camp du midi. C'est le citoyen Casalta qui doit les commander ; il est lieutenant-colonel, commandant du 4e bataillon et, en son absence, le citoyen Valentini, capitaine de grenadiers au dit bataillon.

Le citoyen Arena, qui était second lieutenant-colonel du 1er bataillon des volontaires nationaux, et Guasco capitaine au même bataillon, ont été accusés par leur chef de corps de fautes graves. Je leur avais ordonné les arrêts, mais ils m'ont demandé de les laisser partir comme volontaires pour les frontières, et j'ai jugé à propos de leur accorder leur demande attendu les circonstances et le peu d'expérience qu'ils avaient dans le service. J'aime à croire qu'ils effaceront leurs fautes passées par quelque belle action contre nos ennemis.

Le Lieutenant-général commandant la 23ᵉ division,
Pasquale de Paoli.

Truguet au Général d'Anselme à Nice.

A Gênes, le 16 Novembre 1792.

Je ne puis, mon cher général, par ce courrier-ci vous développer les diverses opérations et expéditions importantes qui sont confiées à la flotte *entière* ou *séparée* que je commande. Cela serait imprudent aujourd'hui et un aviso vous instruira de tout. Je me borne quant à présent à vous presser de m'envoyer sans perdre un instant les quatre galiotes à bombes et mon convoi de vivres à l'Especy (la Spezia) si par hasard et contre les ordres que j'ai envoyés à Toulon, les navires avaient relâché à Villefranche.

Il importe que tout cela soit réuni, et incessamment, à l'Especy, et vous serez instruit de mes manœuvres générales et particulières et surtout de celles qui exigent de nous une intelligence parfaite. Le succès de l'entreprise qui nous est confiée en dépend absolument. Il faut être marin pour attaquer certains points et vous m'avez déjà donné trop de marques de confiance pour que je puisse douter de celle que vous accorderez à ma prudence et à mon expérience pour l'emploi et la direction de l'escadre ainsi que des convois de troupes.

Nous réussirons, mon cher général, partout, si notre confiance est mutuelle, et si nous n'aspirons qu'au même but. Tout doit marcher de front ; vous saurez tout, mais il me faut absolument à l'Espécy les quatre galiotes à bombes ainsi que mon convoi de vivres.

Je vous embrasse, mon cher général, et je vous réponds que *ça ira*.

Le Contre-Amiral commandant etc.
Truguet.

Lettre du Citoyen Général d'Anselme au Citoyen Paoli, Lieutenant-général commandant la 23e division militaire

L'état politique et militaire de la France, mon cher collègue, me fait un devoir de chercher tous les moyens de porter mon armée à un point de force qui puisse la mettre à même d'entreprendre tout ce que la République exigera d'elle, sans diminuer le nombre de vos troupes de ligne dont la Corse n'a cependant pas besoin, puisque nous sommes maîtres de la mer. Je vous demanderai seulement de m'envoyer les 400 Suisses restants de Salis Grison que j'incorporerai avec les chasseurs corses pour les porter à deux bataillons, plus trois cents nationaux volontaires soldés, y compris la compagnie de grenadiers du 1er bataillon, ce qui me mettra à même, avec les deux cents que j'ai déjà, de former un bataillon, et enfin les soixante gendarmes qui auraient dû partir au terme de la loi et qui me seront infiniment utiles. Le tout armés et équipés.

J'attends avec impatience les différents états que je vous ai demandés par ma lettre du 12 de ce mois. — Nice, le 26 Novembre 1792.

Le Général de l'armée d'Italie,
Signé : D'Anselme.

Belleville à X...

A bord du Languedoc, le 26 Novembre 1792.

(Le nom du destinataire ne se trouve pas sur la copie de cette lettre).

(Au commencement de sa lettre, Belleville raconte que Truguet a fait au gouvernement génois des réquisitions qui ont été trouvés exagérées par le général D'Anselme et qu'il a perdu beaucoup de temps devant Gênes. Il continue ainsi) :

La vérité est que voilà 27 jours qu'il reste ici avec une division de la flotte, tandis que le reste demeure également oisif au golfe de la Spezia, que ce temps passé à aller au bal, aurait pu être employé d'une autre manière. On aurait pu enlever les 5 vaisseaux russes qui sont à Livourne, au lieu de faire danser les dames génoises, et au lieu de leur prendre les tétons, on aurait pu prendre la Sardaigne. Ç'aurait été presque aussi facile et beaucoup plus glorieux et surtout plus avantageux à la République. Qu'est-il arrivé de tout cela? On n'a rien fait, on m'a empêché de faire, et on se vante de l'expédition d'Oneille.

(La lettre se termine par une critique acerbe de l'expédition d'Oneille, et un éloge enthousiaste du capitaine Latouche, avec lequel il s'embarque).

Paoli au Général d'Anselme.

Citoyen Général, — Je vous avais déjà prévenu du départ de deux compagnies de gardes nationaux tirées de la division que je commande et destinées à rejoindre votre armée, lorsque vos lettres du 8 et 12 du présent mois me sont parvenues.

J'apprends avec plaisir que le Conseil exécutif vous ait confié le commandement de l'armée d'Italie et je désire avec ardeur que la liberté puisse une autre fois obtenir des temples et recevoir son culte au delà des Alpes. Je dois vous prévenir cependant que le ministre de la guerre ne m'a fait parvenir aucun avis à cet égard.

Vous me trouverez toujours disposé, mon cher collègue, à seconder de tout mon pouvoir les entreprises qui pourront contribuer à la gloire et au succès des armes de la République, mais je ne dois vous laisser ignorer la ténuité des moyens qui sont jusqu'à présent à ma disposition.

Je n'ai dans mon commandement que trois régiments incomplets de troupes de ligne, et quatre bataillons de gardes nationaux plus incomplets encore, dont un détachement a déjà rejoint votre armée, et un autre beaucoup plus considérable doit aller au secours de l'expédition en Sardaigne du contre-amiral Truguet.

Les artilleurs attachés à cette division sont en très petit nombre ; il n'existe aucun dépôt considérable de forces matérielles et les pièces dispersées dans les différents points maritimes n'ont ni affûts de siège ni de campagne ; le manque absolu d'ouvriers ne permet pas d'espérer un prompt établissement à cet égard. Le pouvoir exécutif est instruit de la faiblesse des forces militaires et des approvisionnements de cette division ; vous pourrez vous en convaincre par les renseignements de l'officier directeur de l'artillerie chargé de ma part de vous les transmettre.

La population de ce département n'est pas considérable ; elle a dû paraître telle aux anciens ennemis de la liberté par les efforts qu'elle a faits en les combattant. Cependant lorsqu'il s'agira de tenter des entreprises dignes de la grandeur et de la gloire de la République, j'ai trop souvent expérimenté la valeur de mes concitoyens pour attendre d'eux tous les sacrifices qu'il est beau de faire pour une si belle cause. C'est avec une satisfaction extrême que je rencontre en vous, mon cher collègue, un ancien ami de la liberté ; c'est le titre le plus honorable pour exiger l'estime des hommes ; j'ai combattu pour elle, je lui ai voué ma vie entière : mon plus grand bonheur est de voir le spectacle de son triomphe et d'y contribuer.

Pasquale de Paoli.

Projet d'une diversion dans l'île de Sardaigne.

Novembre (?) 1792.

Si le Conseil exécutif se propose de faire agir l'armée du midi contre le roi de Sardaigne, on pourrait lui proposer de tirer parti de la position de la Corse pour faire une diversion utile dans ses États, et surtout dans l'île de Sardaigne qui n'est séparée de la Corse que de deux lieues et demie.

Le peuple de cette île est très mécontent du gouvernement sarde. Le plus dur despotisme et l'esclavage l'opprirent, et plusieurs fois il a tenté de briser ses chaînes et de se rendre libre. Cette disposition de la part du peuple pourrait donner beaucoup d'appui et de succès à la diversion que l'on propose, surtout lorsque nos troupes lui annonceront qu'elles ne sont pas descendues dans leurs îles pour les conquérir, mais pour les rendre libres et pour les secourir dans la noble entreprise.

L'île de Sardaigne est ouverte par tous les côtés. Les villes les plus proches à la Corse sont Algheri, Sassari et Porto-Torres. Ces villes ne sont pas fortifiées pour faire une longue résistance. Il nous sera très facile de nous emparer de celle que nous préférerions. Pour y parvenir, voilà le projet et les moyens.

Nous avons en Corse quatre régiments de troupes de ligne et quatre bataillons de volontaires soldés, ce qui nous donne 6,000 hommes d'infanterie. On pourrait augmenter cette force par des compagnies franches levées dans ce département et les porter s'il est nécessaire à 8.000 hommes.

Cette armée est plus que suffisante pour s'emparer d'une desdites villes dont la population n'excède pas dix à douze mille âmes. Pour y parvenir et s'assurer du succès de la diversion, il est indispensable que de Toulon on fasse partir 4 bombardes, six chaloupes canonnières, une compagnie d'artillerie, un ou deux vaisseaux de ligne et quelques frégates, pour protéger le débarquement de l'armée et la communication avec la Corse.

Vous trouverez en Corse tous les bateaux de transport. Des magasins de fortifications vous pouvez tirer tous les approvisionnements de guerre et les vivres. La Corse peut fournir à la subsistance de l'armée.

Lorsque l'armée se sera emparée d'une ville, elle pourra tirer sa subsistance de l'île de Sardaigne. Il faudra alors éclairer le peuple, se l'attirer par la levée de quelques bataillons, se l'attacher par son propre intérêt et surtout par la délivrance des droits féodaux qui absorbent le fruit de leurs travaux.

Les dispositions du peuple pourront régler la marche de notre armée. Lorsqu'on les verra telles que l'on a droit d'espérer, elle ne doit pas se restreindre à la seule prise d'une ville, mais elle doit procéder à propager ses conquêtes. Cette diversion doit nécessairement déterminer le Roi de Sardaigne à pourvoir à la défense de cette île. Dès lors, il est obligé d'envoyer du continent une partie de son armée et dans ce cas nous aurons moins de résistance dans la Savoie, et notre armée de terre ne trouvera pas beaucoup d'obstacles à surmonter.

On pourrait engager M. Paoli à guider cette diversion,

en faisant commander l'armée par les officiers généraux qu'il plaira au Conseil exécutif de la nation de nommer. M. Paoli, dont l'amour de la liberté et de l'égalité l'a rendu si célèbre, pourrait être d'une grande utilité à notre diversion. Il a parmi les Sardes une grande réputation et sa présence dans leur île contribuerait beaucoup au succès de notre armée.

Si le Conseil exécutif adopte le projet, je m'offre au service de la patrie. Il pourrait demander à l'assemblée nationale de me laisser partir pour une mission aussi intéressante. Je me transporterais en Corse où je pourrais être rendu dans onze ou douze jours. A mon arrivée dans ce département, je me concerterai avec M. Paoli et avec le commandant des troupes de ligne pour la réussite de la descente dans l'île de Sardaigne. J'informerai aussitôt le Conseil exécutif de tout ce qui pourrait être nécessaire, afin qu'il puisse donner les ordres à Toulon de nous l'expédier.

En attendant, le Conseil exécutif pourrait ordonner à Toulon de préparer les bombardes, les chaloupes canonnières et les vaisseaux et de se tenir prêts à partir. Il est nécessaire que l'on conserve le secret. La ville d'Ajaccio devrait être le centre de notre expédition. On pourrait faire croire au public que l'envoi de l'armement naval est destiné à protéger la Corse.

M. DE PERALDI.

Le Général d'Anselme au Général Dhiller

Le 2 Décembre 1792.

Je vous préviens que j'adresse par ce courrier des ordres à la phalange marseillaise de partir de Brignoles le 5 du courant pour se rendre à Nice, et au bataillon de l'Union à Souliers, d'en partir également le 6 pour se rendre également à Nice. Je vous adresse de plus quatre ordres en blanc pour faire arriver quatre autres bataillons marseillais à Nice, le plus tôt possible. Vous voudrez bien en accélérer le départ par terre et prévenir pour les étapes aux lieux où ils doivent passer. Le bien du service exige leur prompte arrivée à Nice, ayant une prompte expédition à faire.

Le plus tôt que vous pourrez venir me rejoindre sera le meilleur.

Le Commissaire Maurice au Ministre de la guerre.

Marseille, le 6 Décembre 1792, l'an 1er de la République.

J'ai l'honneur de vous adresser ci-joint les pièces relatives aux premières opérations que vous m'avez chargé de faire à Marseille. Les corps administratifs de cette ville, assemblés extraordinairement depuis quelques jours pour la réélection de ses différents membres, m'ont empêché de vous les adresser comme je l'aurais voulu, c'est-à-dire par le dernier courrier.

Aussitôt à mon arrivée à Marseille, le 3 au soir, je me suis rendu à la municipalité pour lui faire connaitre les pouvoirs que vous m'aviez donnés et me concerter avec elle sur le moment et l'heure où je pourrais l'entretenir des objets de ma mission. Il fut convenu ce soir même que je me présenterais au conseil général qui devait s'assembler le lendemain 4 à midi ; je me suis rendu à l'heure fixée et après avoir donné au conseil connaissance de ma commission, il fut délibéré qu'il serait nommé des commissaires pris dans les différents corps administratifs et dans les sections pour me donner tous les renseignements que je demanderais. Quoique la réunion de ces commissaires ait été fixée pour le lendemain 5 à neuf heures du matin, à peine ai-je pu parvenir à en faire assembler la moitié à onze heures. Rendus enfin à la salle des travaux publics, je leur ai de nouveau fait part de l'objet qui les concernait et je les ai engagés de me donner connaissance de différents moyens que l'on avait employés pour seconder les agents du pouvoir exécutif, favoriser le succès des expéditions projetées et enfin me donner l'état actuel de leurs préparatifs, personnels et matériels.

Dans le nombre des pièces que j'ai l'honneur de vous adresser, suivant le détail d'autre part, vous y trouverez la copie de la première lettre de correspondance que le général d'Anselme a adressée aux trois corps administratifs réunis à Marseille. C'est d'après son contenu qu'ils ont dirigé leur conduite et pourvu à l'exécution de ses demandes.

Il est cependant un objet qui reste toujours en souffrance, c'est la quantité de 2.000 fusils que ces corps administratifs avaient chargé le citoyen Rabaud, négociant de leur ville, de commettre à Gênes; mais le gouvernement de la République ayant mis opposition au transport de ces armes, les corps administratifs de Marseille députèrent à S. Etienne un commissaire chargé d'y acheter les armes dont il est question. Vous verrez, Citoyen Ministre, par la lettre de ce commissaire au ministre de la guerre et celle de l'administration du district de Marseille que leurs efforts n'ont eu aucun succès et que même on n'a pas répondu à leur lettre (1).

Le Commissaire envoyé par le Ministre de la guerre à Marseille, Toulon et à l'armée d'Anselme,
MAURICE.

---

(1) Cette lettre est suivie d'un « Etat des munitions de guerre, voitures et attirails d'artillerie, embarqués par le comité militaire de Marseille sur l'escadre qui doit aller joindre le général d'Anselme et qui serviront aux 6.000 hommes levés dans le département des Bouches-du-Rhône. » — Nous jugeons inutile de rapporter ici cet état.

*Lettre du Contre-Amiral Truguet au citoyen Arena,
ex-député à l'Assemblée législative.*

A bord du Tonnant, en rade de la Spezia, le 6 Décembre 1792.

Le Conseil exécutif ayant destiné dix vaisseaux pour une expédition qui doit être prompte, je ne puis employer pour le moment à la conquête de la Sardaigne que deux ou trois vaisseaux de ligne, et c'est moi qui vais les conduire et en disposer, ainsi que je vais vous en instruire.

Je me suis rendu à la Spezia où j'ai donné des ordres pour l'emploi de nos forces, ainsi que le traçait le pouvoir exécutif, et je suis encore à attendre les deux dernières galiotes à bombes qui me sont si nécessaires, ainsi que les vivres qu'on doit nous envoyer.

Pressés d'agir et ne voulant apporter aucun retard aux ordres que j'ai reçus, je vais après-demain faire partir dix vaisseaux et deux galiotes à bombes que j'attends et deux frégates pour l'expédition d'Italie, et je me mettrai aussi en mouvement, quoique désolé de n'avoir ni galiotes à bombes, ni mes vivres ; nous avons partagé en frères tout ce que nous avions sur l'escadre.

Je vais me rendre le plus tôt possible au port d'Ajaccio, île de Corse, où le général Paoli et le citoyen Peraldi désirent que je me rende pour me concerter avec eux sur les troupes qu'ils vont me donner et qui vont se rassembler dans ce port. Ils vont y réunir pour le moment quinze cents hommes, en attendant ce qu'ils pourront y ajouter et qui peut monter à 3.000 hommes. Mais ces citoyens m'ayant écrit que les fonds manquaient à leur caisse militaire, et qu'ils ne pouvaient agir sans un secours d'argent, j'ai pris sur moi d'envoyer à Gênes pour y emprunter une somme suffisante pour cet objet si utile, et si je puis l'obtenir, je la verserai dans la caisse de ce département en observant toutes les lois des différentes responsabilités.

Je tâcherai à Ajaccio de suppléer avec mes vaisseaux au défaut de navires de transport, et c'est ce qui m'a déterminé à ne pas offrir les mêmes secours aux troupes qui me seront envoyées de Villefranche, lesquelles, arrivant de France sur des bâtiments bien munis de tout, peuvent s'en passer.

Quand le général de Nice aura conjointement avec les commissaires de la Convention nationale déterminé le nombre de troupes que l'on peut envoyer pour l'expédition de Sardaigne, nos frégates, ainsi que le vaisseau le *Commerce de Bordeaux* pourront les escorter jusqu'au port d'Ajaccio, où sera le rendez-vous des Français et des Corses. J'aurai d'autant plus besoin du *Commerce de Bordeaux* que la majeure partie de mon escadre est employée ailleurs et ne pourra me suivre en Sardaigne que dans quelques semaines au plus tôt, en supposant les vents toujours favorables. Il est donc bien important, citoyen, que l'on détache de l'armée de Nice le plus tôt possible les troupes que l'on destine à la conquête de la Sardaigne et qu'on choisisse les plus disciplinées, car nos succès dans cette île importante tiendront beaucoup à la bonne conduite de nos troupes que les prêtres fanatiques peignent sous les couleurs les plus atroces.

J'attendrai donc à Ajaccio le convoi de Villefranche et, d'après les renseignements que je recueillerai, j'irai prendre tout de suite possession de la rade et du fort de S. Pierre, en attendant le bombardement de Cagliari et l'attaque de ses remparts par mes vaisseaux, si de tels procédés deviennent indispensables. Je ne présume pas que dans la saison où nous sommes, on puisse envoyer assez de forces pour pénétrer dans les États de Gênes, dans le Piémont ou le Milanais. Il existe plus de 6.000 hommes sur Tortone et Alexandrie, et l'on peut estimer à 20.000 ceux que peuvent réunir le Piémont et le Milanais au secours de l'empereur. Je crois qu'on ne peut occuper Savone que lorsque nous serons en état de pénétrer, car sans cela les Piémontais et les Autrichiens profiteraient de cette prise de possession pour s'emparer à l'instant des villes frontières des États de Gênes. Ces considérations, l'état de nos forces à Nice, l'hiver qui rend pénible la marche des troupes dans des gorges et la necessité de s'emparer de la Sardaigne me persuadent que les troupes surabondantes à la conservation de Nice seront employées tout de suite à cette expédition également glorieuse et utile. Ces mêmes troupes pourront être en état d'agir en Italie, avant le mois d'avril.

Je vais donc les attendre à Ajaccio, ainsi que le vaisseau le *Commerce de Bordeaux*, et si cet envoi tardait un peu trop, je partirai avec les Corses et j'irai commencer à opérer, car la saison nous presse et surtout le désir de faire triompher la liberté chez le peuple sarde, également intéressant et malheureux.

La corvette qui vous porte cette dépêche attendra votre décision, celle du général et la sanction du Commissaire de la Convention nationale. Elle viendra me joindre à Ajaccio où j'attendrai avec un égal empressement votre arrivée, celle de nos troupes et la réunion des braves Corses.

Le Contre-Amiral commandant etc...,
TRUGUET.

P. S. — Si le général d'Anselme est destiné au commandement de l'armée des Pyrénées, comme on l'assure ici, vous voudrez remettre la lettre que je lui adresse à l'officier général qui l'aurait remplacé.

Vincent, ordonnateur civil de la marine,
au Ministre de la marine.

Toulon, le 9 Décembre 1792.

Citoyen Ministre, — Je fus requis hier par les corps administratifs de Toulon, de me trouver au département où ils étaient réunis pour donner des éclaircissements au citoyen

Maurice envoyé par le citoyen Pache, ministre de la guerre, qui paraît n'être pas instruit de la destination, ni comment ont été armés, et pourquoi sont venus en ce port les 35 bâtiments de transport qui doivent, dit-on, embarquer six mille hommes de troupe. Quant à ce qui regarde la marine, le commandant et moi lui avons dit que nous avions fourni tous les bâtiments et les ustensiles de guerre qu'avait demandés le général d'Anselme, sous la réquisition que nous en avaient faite les corps administratifs de Toulon. Le commissaire Maurice m'en a fait demander l'état que je lui fournirai. Quant aux vaisseaux de transport et aux six mille hommes d'embarquement, les corps administratifs lui ont dit qu'ils n'avaient appris que par la voix publique que ces bâtiments venaient à Toulon ; il paraît même que la municipalité de Marseille a désiré que personne autre qu'elle ne s'immisçât dans cette opération. Les corps administratifs ont dit qu'ils avaient donné avis au général d'Anselme de l'arrivée de ces bâtiments et des troupes, et qu'il ne leur avait pas répondu ce qu'ils devaient faire pour cette expédition. Il paraît certain, d'après tout cela, qu'il n'y a pas eu d'ensemble dans cette affaire, et qu'à présent la municipalité de Marseille, suivant ce qu'elle a dit au citoyen Maurice, n'a plus rien à faire, que cela regarde le département du Var qui n'a aucun ordre, ni le commandant, ni l'ordonnateur pour agir. J'ai instruit le citoyen Maurice que, si on avait voulu faire partir ces bâtiments, on ne l'aurait pas pu, le biscuit qui y a été embarqué s'étant trouvé gâté, ayant été embarqué sortant du four, au lieu de l'avoir laissé six semaines dans les étuves, comme il est d'usage. Des commissaires de Marseille sont venus vérifier le fait avec des boulangers que j'ai nommés à la réquisition des corps administratifs, et doivent, dit-on, en envoyer d'autre, ce qui demande beaucoup de temps.

On parle de faire passer par terre à Nice les 600 hommes et que les bâtiments aillent les y chercher. C'est un parti qu'on aurait dû prendre d'abord, parce que dans la saison rigoureuse où nous sommes, il ne serait pas impossible qu'ils fussent un mois à battre les mers à se fatiguer avant d'arriver à Nice. J'ai cru devoir vous rendre compte de tous ces faits maritimes qui sembleraient n'avoir pas dû être aussi étrangers à la marine, et qu'on paraît avoir affecté de soustraire à son inspection et à vos ordres.

Le Général d'Anselme au Ministre de la guerre.

Nice, le 10 Décembre 1792.

Citoyen Ministre, — J'ai l'honneur de vous adresser copie d'une lettre que le contre-amiral Truguet vient d'écrire au citoyen Arena, d'après laquelle il semble croire (sans que je sache sur quel fondement) que je ne commande plus l'armée d'Italie ; en conséquence il traite des détails de cette expédition avec le citoyen Arena. Cela ne m'empêchera pas de me prêter à tous les moyens que je pourrai lui fournir pour le seconder dans cette entreprise qu'il paraît vouloir diriger.

Je viens en conséquence d'expédier des ordres à Toulon et à Marseille pour que les troupes et les vaisseaux de transport que ces villes préparent depuis longtemps se rendent le plus promptement possible à Nice et à Villefranche où j'y réunirai d'autres troupes sous le commandement du citoyen Brunet, maréchal de camp, ne croyant pas pouvoir m'absenter de ma personne du comté de Nice, sans craindre de compromettre cette conquête pour les raisons que j'ai eu l'honneur de vous détailler dans mes dépêches précédentes, où je vous fais part que les ennemis peuvent avoir des moyens de nous y attaquer avec avantage ; mais quelque danger qu'il y ait à rester sur un théâtre où se réunissent toutes les intrigues des puissances d'Italie et des mécontents français, la gloire des armes de la République me fait une obligation de ne pas quitter Nice dans le moment où une infinité de circonstances y fournit de nouveaux aliments aux complots qui se dirigent principalement vers le chef de l'armée.

J'ai lieu de croire que le Conseil exécutif provisoire aura autorisé le ministre de la marine à donner les pouvoirs au contre-amiral Truguet pour prendre telle mesure qu'il jugera convenable pour diriger l'expédition de la Sardaigne, et comme je n'ai pas une autorité déterminée sur l'armée navale, je ne puis que me prêter aux vues du chef qui la commande, mais aussi je ne puis répondre de l'événement de cette expédition.

Le Général de l'armée d'Italie,
D'ANSELME.

Lettre du citoyen Maurice à son frère Audouin à Paris.

Toulon, le 10 Décembre 1792.

Vous serez sans doute étonné, mon cher Audouin, de me savoir encore à Toulon. Vous direz tout ce que vous voudrez, mais il est impossible d'aller plus vite en besogne. Partout les corps administratifs sont assemblés pour la nomination des nouveaux membres, et la difficulté de les rassembler pour les faire travailler à l'objet de ma mission est absolument extraordinaire. Le premier jour que je me suis présenté au département, les corps réunis étaient assemblés, et il me paraissait que je serais bientôt expédié; le deuxième jour devait être employé à me faire lecture et remise de toutes les pièces, mais je crois que le troisième se passera sans qu'il puisse m'être possible de rien obtenir. Je vois qu'il existe quelques machinations entre les départements des Bouches du Rhône et du Var et qu'il serait bien difficile d'approfondir; ils ne cessent de se renvoyer l'un à l'autre, tous deux veulent avoir raison, tous deux veulent avoir rempli l'objet qui leur a été demandé, et moi je crois que tous deux ont manqué dans le soin des premiers préparatifs et dans l'expédition des demandes qui leur avaient été faites ; je crois aussi que le général d'Anselme n'a pas été assez régulier dans ses ordres ; il résulte, mon cher ami, que, par l'indifférence et la négligence qu'ont mise les uns ou les autres à donner des ordres et une direction déterminée au transport de la flottille armée par les Marseillais pour l'armée d'Anselme, cette flottille est arrivée depuis un mois dans la rade de Toulon, sans que depuis cette époque elle ait pu savoir à quoi elle était destinée ; 35 bâtiments chargés de divers approvisionnements souffrent d'une manière incroyable ; la mortalité règne parmi les moutons, les foins manquent, personne n'a d'ordres à donner pour rémédier à cet inconvénient ; le biscuit que l'on avait embarqué à Marseille, s'est corrompu et gâté ; le remplacement de ce pain ne pourra avoir lieu que par une nouvelle fabrication et ne pourra par conséquent être complété et prêt à embarquer que dans six semaines au moins. Jugez du retard qu'éprouvera cette flottille en supposant que les intentions du général d'Anselme soient de leur donner une direction prochaine. Dans le cas contraire, il faut envisager l'énormité de la dépense qu'il faudra faire pour la garder dans l'état de stagnation où elle se trouve. Les frais de transport se montent à 144.000 fr. par mois.

Je désirerais de tout mon cœur pouvoir vous donner quelques autres détails sur cet objet, mais je n'ai rien pu encore obtenir des corps administratifs. Je vais en vous quittant retourner au département pour le presser vivement de le satisfaire sur l'article de ma commission qui le concerne et m'occuper ensuite à envoyer le résultat au citoyen Pache qui probablement désapprouvera le retard où je suis.

Il est bon de vous dire que partout je n'entends dire que des horreurs sur le compte d'Anselme ; tout le monde voudrait sa destitution, et tout le monde jure qu'il a perdu la confiance dont il était indigne.

Note du Ministre de la marine. Le Ministre de la marine renvoie à son cher collègue la lettre de Maurice à son frère avec les observations dont son objet a paru susceptible.

A Paris, le 21 Déc. 1792 etc.

Observations. Pour sortir de ce chaos, il faut rendre compte (le Conseil exécutif) à la Convention nationale de l'état des choses, la prier d'envoyer à Toulon et Marseille les commissaires de la Convention, Collot etc., qui sont déjà à l'armée du Var, qu'ils aient pouvoir de vérifier les faits, d'accélérer les départs et qu'enfin la suite de cette expédition soit remise aux ministres respectifs après que les commissaires auront fait rendre compte de l'emploi des sommes énormes aux départements des Bouches du Rhône et du Var.

Le Contre-amiral Truguet au Ministre de la marine

A bord du Tonnant, le 10 Décembre 1792.

La division aux ordres du capitaine Latouche est déjà sous voile pour se rendre à sa destination, et j'appareille moi-même avec la petite division que vous m'avez réservée, pour aller conquérir la Sardaigne.

J'ai cru indispensable dans l'impossibilité où vous m'avez mis de choisir mes capitaines pour une expédition aussi importante, de donner l'ordre au capitaine Missiessy, commandant le vaisseau *Le Centaure,* de venir partager mes travaux. C'est la seule modification que je me sois permise dans vos instructions. Il n'est sûrement pas indiscret à moi d'avoir rallié à mon pavillon un seul chef auquel j'ai une entière confiance.

Vous avez dû être instruit que mon frère est retenu à S. Domingue par des ordres supérieurs.

J'ai cru d'une bonne politique de partager également les

Bretons et les Provençaux, et c'est ce qui m'a fait substituer au vaisseau *Le Scipion,* le vaisseau *Le Vengeur.* J'ai pris sous mes ordres le capitaine Dubois, l'ancien du capitaine Latouche, ainsi que vous me l'avez ordonné. Je ne connais encore ni le commandant, ni l'esprit de son équipage ; mais je n'ai pu faire autrement à cause de son ancienneté. Ce capitaine est d'une bien mauvaise santé, et c'est sous ce rapport que je suis très aise que le capitaine Rondeau dont vous me faites l'éloge, soit sur *L'Apollon,* en attendant une occasion de le placer conformément à vos vœux.

La corvette *La Badine* est sous voile pour se rendre à Gênes avec le commissaire ordonnateur Bertin, et sous peu de jours j'espère qu'il pourra me rejoindre au port d'Ajaccio, de la Corse.

J'espère avoir bientôt des nouvelles satisfaisantes à vous annoncer sur le succès de l'expédition de Sardaigne, expédition dont j'avais calculé et présenté tous les avantages et les difficultés, sans m'attendre néanmoins que j'aurais à triompher dans l'exécution, de quelques entraves sur lesquelles mon patriotisme et mon zèle ne me permettent point de réfléchir.

Je me borne aujourd'hui à vous assurer que l'énergie de mon caractère redoublera en raison des obstacles que j'aurai à vaincre.

Le Contre-Amiral commandant etc.,
Truguet.

Le Lieutenant-Général Paoli au Ministre de la guerre.

Corte, le 10 Décembre 1792.

Dit que d'après la demande du contre-amiral Truguet, il a ordonné aux trois régiments de troupes de ligne qui sont en Corse de fournir chacun un détachement de 323 hommes, et aux quatre bataillons de volontaires nationaux un autre de 200 hommes chacun ; que cette troupe dont la plus grande partie a dû traverser toute l'île, sera réunie à Ajaccio pour le 15 décembre.

Observe que celle de ligne est complètement équipée et que les volontaires nationaux ne le sont qu'en partie.

Fera ajouter à ces 1.800 hommes 8 pièces de campagne, et n'attend que l'apparition de la frégate, pour effectuer leur embarquement sur les bâtiments de transport qui sont déjà frêtés.

Termine en observant que les places de cette division demeureront considérablement affaiblies, mais que les bonnes dispositions des Corses sont propres à tranquilliser sur tout événement.

Rappelle aussi l'attention du ministre sur la caisse militaire qui ne peut fournir à la solde ordinaire des troupes.

(Registre côté 97 et E, secrétariat, page 418 n° 1213.

Arena au Ministre des affaires étrangères.

Nice, le 13 Décembre 1792.

Citoyen Ministre des affaires étrangères, — J'ai reçu une dépêche du contre-amiral Truguet, datée du golfe de l'Espèce (la Spezia).

Il me mande qu'il va partir pour Ajaccio avec deux vaisseaux pour embarquer les troupes que lui fournira le département de la Corse, et pour y attendre celles que doit y envoyer le général d'Anselme ; il m'annonce que dans le cas que ces dernières fussent trop longtemps à se rendre à Ajaccio, il commencerait à agir avec celles qu'il tirerait de la Corse.

J'ai remis au général d'Anselme la lettre du contre-amiral. Je lui ai en outre communiqué mes dépêches dont il a pris copie.

Le général d'Anselme m'a d'abord répondu qu'il allait donner les ordres aux bâtiments qui étaient à Toulon destinés pour le transport des troupes, de venir à Villefranche pour y relever celles qu'il nous accordait pour cette expédition.

Aujourd'hui le général vient de me dire qu'ayant reçu des avis que les Piémontais allaient attaquer le comté de Nice, il ne peut donner aucune troupe pour la Sardaigne. Mon devoir est de vous en rendre compte.

Je viens d'écrire au contre-amiral tout cela, afin qu'il sache l'état des forces sur lesquelles il peut compter et qu'il ne s'expose à quelque revers.

J'ai communiqué toutes ces circonstances aux citoyens commissaires de la Convention nationale.

Il est possible que ces dispositions changent, je m'empresserai de vous en faire part.

Faut-il que j'aille joindre le contre-amiral, exciter une levée suffisante des Corses, pour agir sans le secours des soldats de cette armée ?

Faites-moi connaître les ordres et les instructions du Conseil exécutif sur la conduite que j'ai à tenir.

ARENA.

Le Ministre de la guerre au général Paoli en Corse.

Le 16 Décembre 1792.

L'engage à détacher de son commandement soit quelques bataillons de ligne, soit quelques bataillons du 83e département pour seconder l'expédition du contre-amiral Truguet.

Lui observe que les Corses lui paraissent très propres à l'expédition projetée.

Le prie de lui envoyer l'état des officiers généraux et adjudants généraux qu'il croira nécessaires à employer dans la 22e division, en même temps la force des garnisons qu'il croit indispensables dans chacune des places de guerre de cette division, et le nom de celles où il croit devoir placer des commandants temporaires.

(Registre côté 97 et E, secrétariat, p. 154 n° 912.)

Extrait des registres du livre d'ordres de l'armée d'Italie du 16 Décembre 1792.

Ordre aux bataillons composant le corps de 6.000 Marseillais d'arriver, savoir :

Celui de Martigues aujourd'hui le 16 à Nougens et Valaurie.
Celui de l'Union   le 17 à Grasse.
Celui de Luberon   le 17 à Vence.
Celui de Vaucluse   le 18 à Grasse.
Celui de Tarascon   le 19 à Grasse.
Celui de (1)   le 20 à S. Paul et la Colle.

Le maréchal de camp, chef de l'état-major,
S. MARTIN.

Arena au Ministre des affaires étrangères.

Nice, le 17 Décembre 1792.

Citoyen Ministre des affaires étrangères, — Le général d'Anselme m'a chargé aujourd'hui de prévenir le contre-

---

(1) Le copiste a écrit ici par erreur une seconde fois Luberon. M. Iung a ajouté la note suivante à la page 220 du deuxième volume : « Ces six bataillons étaient ceux de *Martigues*, de *Luberon*, de *Vaucluse*, de *Tarascon*, plus les deux dits *de la phalange marseillaise.* » — L'un de ces bataillons s'appelant de l'*Union*, l'autre devait avoir aussi un nom particulier.

amiral Truguet qu'il est dans l'impossibilité de fournir les troupes nécessaires à l'expédition de Sardaigne.

Les six mille hommes que Marseille lui a envoyés et sur lesquels il comptait, manquent de fusils ; il n'y en a que mille armés.

Le biscuit qui avait été préparé pour l'expédition se trouve pourri.

Il n'y a point d'argent en caisse pour avancer aux soldats qui doivent s'embarquer.

D'après tant d'obstacles, il ne croit pas pouvoir être en état de contribuer à la délivrance de la Sardaigne avant deux mois.

J'ai l'honneur de vous adresser une traduction de la déclaration faite par le capitaine Oletta, commandant la felouque nationale la *Vigilante*, qui avait été expédiée à l'escadre pour y porter des dépêches.

Vous verrez que les Génois ont insulté le pavillon national et qu'ils ont tiré plusieurs coups de canon et de fusil sur ce bâtiment.

Je m'en vais faire passer cette même pièce au contre-amiral. J'attends vos ordres.

ARENA.

Extrait d'une lettre de M. Naillac, ministre plénipotentiaire de la République de France à Gênes du 17 décembre 1792, au citoyen Lebrun.

Citoyen Ministre, — Depuis le départ de la flotte française du golfe de la Spezia, dont j'ai eu l'honneur de vous informer par ma dernière dépêche, il est arrivé ici la frégate *La Badine* avec le commissaire ordonnateur de l'escadre pour y emprunter 600.000 fr. dont le contre-amiral a besoin pour la solde des troupes corses qu'il doit embarquer et conduire en Sardaigne. Ce général m'a écrit la lettre la plus pressante pour m'engager à employer tous mes moyens pour lui procurer cette somme, sans laquelle son expédition ou manquerait ou serait infiniment retardée. C'est le 12 que j'ai reçu sa lettre du 10, et le 15 au matin, la somme était à bord de la frégate, dans les espèces les plus commodes à son expédition. Une maison française de commerce, connue depuis longtemps pour son zèle et son patriotisme, qui jouit dans cette place d'un grand crédit par des affaires majeures qu'elle fait habituellement, n'a pas balancé à saisir l'occasion de manifester plus particulièrement son civisme, et l'intérêt ardent qu'elle prend au succès de la patrie. Elle avait déjà fait des premières avances pour rafraîchir quelques provisions de l'escadre ; elle a fait celles-ci avec une telle célérité que le temps de compter et de vérifier les sommes a été le seul retard que nous ayons éprouvé. Je dois vous ajouter, citoyen ministre, que cette maison qui se nomme Reigny et Cie joint à son zèle le désintéressement ; que les premières sommes qu'elle a fournies à l'escadre, elle l'a fait sans provision, et que cette dernière, elle l'a fournie à 1/2 0/0 parce qu'elle a été obligée d'emprunter chez ses amis.

Je me plais à vous faire ces détails, citoyen ministre, parce qu'ils contrastent singulièrement avec les plaintes journalières qu'on porte à la Convention contre la cupidité des agents dont le gouvernement est forcé de se servir. Je le fais encore, parce que j'espère que vous sentirez combien il serait à propos dans cette circonstance que le Conseil exécutif donnât une preuve authentique de sa satisfaction à la maison Reigny, en la lui témoignant par une lettre qui serait rendue publique. La vertu, dans tous les états, est timide et discrète, et c'est en la faisant connaître que son exemple devient utile.

Lettre du citoyen Arena au Ministre de la marine.

Nice, le 22 Décembre 1792.

Citoyen Ministre de la marine, — Lorsque je partis de Paris, il fut arrêté que je correspondrais avec le ministre des affaires étrangères ; je lui ai écrit toutes les démarches que j'avais faites auprès du citoyen d'Anselme pour l'engager à suivre les instructions du Conseil exécutif sur l'expédition de Sardaigne, et les réponses qu'il m'avait données.

Le contre-amiral Truguet était déjà parti pour Gênes, à mon arrivée ici ; j'ai prié le citoyen S. Julien, commandant du vaisseau le *Commerce de Bordeaux*, de lui faire passer le paquet des instructions du Conseil exécutif avec une lettre d'envoi que je lui écrivais.

Le contre-amiral par sa dépêche du 16 novembre me marquait qu'il avait reçu ma lettre et les instructions, et qu'après la mission qu'il remplissait à Gênes, il m'aurait communiqué le plan qu'il allait suivre pour exécuter l'expédition de Sardaigne.

Le 6 décembre, il m'adressa ce plan avec ordre de le communiquer au général d'Anselme, ou à l'officier qui commanderait cette armée, et de lui demander des troupes pour l'expédition.

J'ai donné copie de la dépêche au général d'Anselme, et je l'ai pressé pour qu'il donnât les ordres pour l'embarquement.

Ce général promit d'abord de faire partir 4.000 Marseillais, et quelques jours après il me signifia qu'il ne pouvait pas dégarnir le comté de Nice.

Dans cette position, je prévins les commissaires de la Convention nationale, le ministre des affaires étrangères et le contre-amiral Truguet de la conduite du citoyen d'Anselme à cet égard.

Ce n'est que depuis son départ que le maréchal de camp Brunet s'est empressé de faire les dispositions pour l'embarquement des Marseillais.

Il n'a rencontré aucune difficulté, et le citoyen S. Julien a déjà donné les ordres pour appareiller. Dans la semaine prochaine nous partons pour Ajaccio.

Nous avons fait partir une frégate pour annoncer au contre-amiral que nous allons le rejoindre.

Par les capitaines du convoi, j'ai été instruit qu'ils sont nolisés depuis trois mois pour cette expédition, à raison de 6.000 louis par mois; il était inutile de fréter un convoi d'avance, il suffisait de noliser les bâtiments au moment du départ.

Je suis obligé d'entrer dans tous ces détails avec vous, citoyen, parce que n'ayant reçu aucune réponse du ministre des affaires étrangères, je commence à craindre que ma correspondance n'ait été interceptée. J'ai lieu d'espérer que lorsque vous recevrez des lettres du contre-amiral Truguet, il rendra justice à mon zèle et à l'activité que j'ai mise pour remplir la mission dont j'étais chargé.

ARENA.

Le citoyen Pourcel, commissaire ordonnateur provisoire à Villefranche, au Ministre de la marine.

22 Décembre 1792.

Citoyen Ministre, — Hier il est arrivé successivement dans cette rade par un vent du N.-O. bon frais, les frégates de la République *La Fortunée* et *La Sibille*, venant de Toulon, avec une quarantaine de bâtiments sous leur escorte, qui doivent prendre ici, dit-on, des troupes pour l'expédition de Sardaigne. Je m'empresse d'avoir l'honneur de vous en informer.

M. de Peraldi au Ministre de la guerre.

Citoyen Ministre, — Par ma dernière du 15, j'ai eu l'honneur de vous rendre compte de l'arrivée du contre-amiral Truguet avec une division de son escadre et des dispositions qu'il faisait pour son prochain départ.

Ces jours derniers il est arrivé un malheureux événement qui a infiniment affligé tous les citoyens. Deux bons patriotes volontaires nationaux ont été la victime de l'égarement de plusieurs soldats de la garnison et matelots de l'escadre. Je laisse de vous détailler les circonstances qui ont accompagné ce triste événement. Le Conseil exécutif en sera instruit par le département.

Je me permettrai seulement de vous faire observer qu'il a infiniment altéré l'union qui régnait entre les bataillons et les troupes de ligne, et qu'il a jeté beaucoup de découragement dans les premiers, voyant leurs frères d'armes traités ainsi, sans égard à leur patriotisme. La conduite que le bataillon a tenue dans cette occasion est digne de tous les éloges. Le général, craignant le premier mouvement de l'esprit de corps, leur a ordonné de sortir de la ville et de se cantonner dans les villages voisins ; ils ont aussitôt exécuté les ordres et par ce moyen on a paré à tout inconvénient qui pouvait arriver et dont on ne pouvait pas prévoir les conséquences.

Le contre-amiral Truguet de son côté a fait une proclamation qui a été affichée à bord de tous les vaisseaux de sa division et qui a produit le plus grand effet. Maintenant la tranquillité règne dans la ville ; mais l'amiral, prévoyant avec sagesse les effets redoutables de l'aigreur des esprits lorsqu'elle s'est emparée des deux corps d'armée, a jugé à requérir le général Paoli, afin qu'il donne des ordres au régiment 42ᵉ de s'embarquer en entier et de destiner les bataillons volontaires à attaquer vers le nord de la Sardaigne en s'emparant de l'île de la Madelena, pour faire une diversion utile lorsqu'il attaquera Cagliari.

Le citoyen contre-amiral compte mettre à la voile mercredi au plus tard. Si le vent est assez favorable, il espère être rendu à l'île S. Pierre en 24 heures. L'activité qu'il met sur tous les objets de détail en font accélérer l'exécution. La troupe, les approvisionnements et les munitions s'embarqueront mardi. Partant le jour suivant, vous ne tarderez pas à recevoir de Cagliari la nouvelle du succès de l'armée de la République dans l'île de Sardaigne.

Ajaccio, 22 décembre 1792, l'an 1ᵉʳ de la République française.

M. DE PERALDI.

Arena au Ministre des affaires étrangères.

Le 29 Décembre 1792.

Citoyen Ministre des affaires étrangères, — Enfin nous allons partir pour la Sardaigne ; le citoyen Brunet qui a pris le commandement de cette armée s'est empressé à donner les ordres pour l'embarquement de 4.000 Marseillais et à la fin de la semaine prochaine nous serons à la voile.

Je vous ai rendu compte des réponses que le citoyen d'Anselme m'a faites lorsque je le sollicitais à exécuter les instructions du Conseil exécutif, et lorsque je lui demandais des forces de la part du contre-amiral Truguet ; en dernier résultat il s'est obstiné dans son refus.

Je viens de découvrir que le convoi destiné à cette expédition est frété depuis trois mois à raison de 144.000 livres par mois ; c'est une dépense énorme qui a été faite en pure perte pour la République. Il suffisait de noliser les bâtiments au moment de l'embarquement ; ce sera au Conseil exécutif à examiner sur qui doit retomber la responsabilité d'une dépense très forte et qui a été rendue inutile jusqu'à ce moment.

Je n'ai cessé de presser le citoyen d'Anselme, de lui communiquer les dépêches du contre-amiral Truguet, de lui faire sentir les dangers et les inconvénients des délais et des obstacles qu'il mettait à cette expédition, et j'en ai informé le contre-amiral afin qu'il pût combiner ses mouvements et ne pas hasarder une partie des troupes sur l'espoir du renfort qu'il attendait de cette armée. En ce moment les choses ont changé de face, et je puis vous assurer que nous travaillons à force pour accélérer le départ et que nous sommes secondés par le général Brunet, ainsi que par le citoyen S. Julien, commandant du vaisseau le *Commerce de Bordeaux,* qui se donnent tous les mouvements pour la réussite du projet.

ARENA.

Le général Brunet au Ministre de la guerre.

Nice, le 31 Décembre 1792.

Je vous adresse, citoyen Ministre, l'état actuel du cantonnement de l'armée d'Italie. Il est disposé de manière à empêcher les Barbets et troupes légères des ennemis, d'intercepter les communications et à pouvoir être rassemblés dans un petit intervalle de temps, dans les positions que je vais déterminer pour défendre le pays de Nice, dans le cas que les ennemis marchassent en forces pour nous en déposter.

D'après l'instruction qui avait été adressée au général d'Anselme pour l'expédition de Sardaigne, l'embarquement devait se faire au golfe Juan. J'ai demandé sur cela l'avis au capitaine S. Julien, commandant le *Commerce de Bordeaux*, actuellement dans la rade de Villefranche, où se trouvent aussi les bâtiments de transport destinés à cette opération. Il pense que l'embarquement, fait au golfe Juan, pourrait être retardé de 8 jours, si les vents devenaient contraires et l'empêchaient d'y entrer, et qu'au contraire à Villefranche, il peut être exécuté dans l'instant et même sans chaloupes. En conséquence l'embarquement s'effectuera jeudi prochain et toute la flotte partira vendredi pour Ajaccio, où elle se réunira au contre-amiral Truguet, et avec les troupes qui seront prises dans les départements de Corse, cette armée réunie sera forte à peu près de 7.000 hommes, y compris les trois bataillons de ligne qui en font partie.

J'avais été destiné par le général d'Anselme pour commander cette expédition. J'espère que le général Biron, après que je lui aurai donné les renseignements nécessaires sur la position de l'armée d'Italie, ne me refusera pas le commandement et vous m'obligerez infiniment de l'y engager. Le temps qu'il faudra pour que cette flotte arrive d'Ajaccio en Sardaigne, qu'elle ait fait son établissement à l'île S. Pierre, et la nécessité d'attendre l'escadre qui est en Italie, me donnera les moyens de l'aller joindre, si le général Biron fait ses diligences pour arriver ici.

Le maréchal de camp commandant provisoirement l'armée d'Italie,
BRUNET.

Lettre du citoyen Casabianca, maréchal de camp, commandant en second la 23e division, au citoyen Paoli, lieut.-général, commandant en chef la même division.

Ajaccio, le 31 Décembre 1792, l'an 1er de la République.

Mon général, — Les fonds de la guerre que nous attendions depuis bien longtemps nous sont parvenus hier au nombre de 60.000 fr. en espèces et 28.000 en assignats. M. Truguet, avec lequel j'ai eu une conférence ce matin, m'a témoigné l'empressement d'accélérer son départ ; il m'a dit avoir le plus urgent besoin d'envoyer à Nice le bateau de poste chargé de ses dépêches pour le général de l'armée. A cet effet, le capitaine a remis au citoyen Vivier la somme dont il était porteur pour les troupes de Calvi et mettra ce soir à la voile pour remplir sa mission. Je vous prie d'en prévenir le citoyen Meline, afin qu'il puisse faire un autre envoi au payeur de Calvi, dont les fonds, qui lui étaient destinés, ont été employés ici à solder en partie les troupes qui doivent s'embarquer.

Vous serez sans doute étonné, mon général, de la demande d'un nouvel envoi de numéraire, malgré les 90.000 francs que nous venons de recevoir. Je dois vous rendre compte qu'on devait aux troupes de Corse le traitement de campagne attribué par la loi du 19 août de cette année, à commencer du 1er avril jusqu'au 31 octobre inclusivement. Le citoyen Jadart a suspendu mal à propos l'exécution de cette loi jusqu'à ce moment. Les soldats des différents corps qui sont ici l'ont réclamée avec justice ; le commissaire de guerre et moi nous n'avons pas pu nous dispenser d'adhérer à leurs réclamations. C'est un objet de 7 mois de traitement extraordinaire et par conséquent vous devez sentir le vide qu'il doit occasionner dans la caisse. La dette arriérée est très considérable depuis le 17 du mois d'octobre : les troupes ne vivent que d'emprunt : il a fallu rembourser cette créance, de façon qu'il ne nous reste pas de quoi solder entièrement les troupes qui sont destinées à s'embarquer. Vous trouverez ci-joint une lettre du citoyen Vivier, adressée au payeur général ; il est rempli de zèle et de bonne volonté, mais malheureusement ces bonnes qualités ne suffisent pas pour fournir aux besoins de son administration.

Je ne dois pas non plus vous laisser ignorer que des lettres particulières m'annoncent que je serai de l'expédition de Sardaigne ; je n'ai fait aucune démarche pour cela ; je me trouve bien partout où mon devoir m'appelle ; mais cependant si ce bruit devait se réaliser, je serais bien aise d'être prévenu quelque temps avant, afin d'être à même de faire mes préparatifs et me disposer d'entrer en campagne. Si vous en savez quelque chose, je vous prie de vouloir bien me le communiquer. L'amiral Truguet se dispose à partir dans trois ou quatre jours pour le golfe de Palma, où il a donné rendez-vous au restant de son escadre et à la flottille qui doit venir de Nice ; je doute qu'il puisse effectuer son projet si les troupes d'embarquement ne sont pas entièrement soldées.

CASABIANCA.

Maudet au Ministre de la guerre.

Calvi, le 1er Janvier 1793.

Citoyen Ministre de la guerre. — J'ai l'honneur de vous adresser les états que vous m'avez chargé de vous envoyer le 1 et 15 de chaque mois, conformément à l'ordre que vous m'en avez donné, en date du 6 novembre 1792. J'ai eu celui de vous faire des représentations sur cette place, dans ma réponse du 20 décembre 1792 qui regarde essentiellement sa sûreté. Les détachements qu'elle a fournis depuis peu de sa garnison, l'ont beaucoup affaiblie, soit par ceux envoyés à l'armée d'Italie, ou pour la nouvelle conquête projetée dont le rassemblement des forces navales de notre respectable république et de celles de terre sont à Ajaccio.

Le citoyen lieut.-génér. Paoli, commandant en chef de l'île, ne tardera pas à prendre les moyens de la renforcer, pour que cette place, la plus importante du pays soit bien gardée ; il faut quatorze sentinelles de jour et de nuit, qui ne doivent monter la garde qu'après avoir couché dans leurs lits six nuits et le septième jour de garde. A cet effet, citoyen Ministre, il faut 392 fusiliers que j'augmente de 108 hommes pour porter la garnison à 500, susceptible d'être renforcée dans un cas de nécessité.

Il n'y a pas, à beaucoup près, assez de canonniers pour manœuvrer la belle artillerie qui y est en batterie. J'y suppléerai alors en faisant le service dans un cas de besoin, la troupe de l'artillerie n'étant pas assez nombreuse pour fournir les détachements nécessaires dans les places de guerre de l'île.

Dans un cas forcé, citoyen Ministre, les sentinelles sont obligées de faire huit heures de faction, ce à quoi ils sont forcés depuis quelque temps : alors chaque fusilier n'a que trois nuits de bonnes, et la quatrième de garde. Dans cette extrémité, il ne faut que trois factionnaires pour une sentinelle qui, multipliés par quatre, font le nombre de 168 fusiliers, au lieu de 392 qu'il faut pour que le nombre de 14 factionnaires soient traités suivant ce que prescrit le décret du 10 juillet 1791 ; dans le premier cas, je porte la force de la garnison à 500 hommes et dans celui-ci à 400, sur lesquels je fais choix des soldats propres à être exercés pour le service de l'artillerie.

La Perle, superbe frégate de 400 canons de l'armée navale de notre respectable république, a eu le malheur d'échouer aux attérages de Galeria, à 6 lieues d'ici, ayant été accablée par une tempête des plus fortes qu'il y a eu depuis peu de jours. Elle était armée de 500 marins dont 200 destinés à renforcer les équipages de l'armée navale aux ordres du contre-amiral Truguet, brave citoyen de Toulon. Je leur ai sur le champ donné tous les secours nécessaires et les citoyens officiers municipaux en ont fait de même. Très heureusement aucun citoyen, tant passagers qu'autres, n'ont perdu la vie dans ce désastreux événement. Cette frégate, toute neuve, est la meilleure voilière de l'armée navale. Le capitaine espère la mettre en mer et la conduire ici. Je souhaite qu'il y puisse réussir, car une semblable perte serait aussi désagréable que fâcheuse. Le temps s'est radouci et il y a lieu d'espérer que le capitaine la sauvera.

Je vous supplie, citoyen Ministre, de vouloir bien donner vos ordres, afin que je puisse être payé du traitement que me fait la grâce de me faire ma nation, dans ma qualité de maréchal de camp, employé dans la 23e division militaire du département de l'île de Corse.

Il y aura quatre mois le onze de celui où nous sommes que j'en remplis les devoirs et je n'ai encore rien reçu, tant des approvisionnements, du logement, des fourrages, et de ce qui regarde le bureau qui m'est accordé. J'ai recours aux marques de votre bienfaisance des plus distinguées, respectable citoyen, et dois tout attendre de la grâce que je vous demande.

J'ai l'honneur etc.

Le citoyen maréchal de camp,
ADRIEN MAUDET.

Paoli au Ministre de la guerre.

Corte, le 2 Janvier 1793, l'an 1er de la République.

Citoyen Ministre, — J'ai reçu la lettre que vous m'avez fait l'honneur de m'écrire en date du 16 décembre dernier. Elle m'autorise à seconder le contre-amiral Truguet dans son expédition de Sardaigne en mettant à ses ordres quelques-uns des bataillons qui composent cette division ; c'est ce que j'ai fait à sa première réquisition, et de laquelle je vous ai rendu compte exactement.

Je vous ai informé de l'événement arrivé à Ajaccio le 18

décembre (1) où la flotte a relâché ; le meurtre commis par les équipages et quelques soldats de la troupe de ligne sur des gardes nationaux excita des méfiances et des ressentiments. Le contre-amiral sentit alors qu'il était imprudent de les associer ensemble, et me demanda le 42e régiment en entier. Je me suis rendu à sa demande, et les ordres ont été donnés en conséquence. Par cette nouvelle mesure le contre-amiral reçoit un secours de dix-huit cents hommes de troupes de ligne, sur les trois mille environ qui font le total de cette division.

Après ces arrangements, je croyais que la ténuité des forces qui sont sous mes ordres aurait été sentie par le contre-amiral, et qu'il serait convaincu que j'avais donné tout ce qu'il était possible d'offrir dans ma position et dans la circonstance où nous sommes ; cependant je viens de recevoir une nouvelle dépêche de sa part, datée du 28 décembre, par laquelle il me propose un projet de contre-attaque dans le nord de la Sardaigne, qui devrait s'exécuter par les quatre bataillons des gardes nationaux de ce département, en les faisant rassembler à Bonifacio, sous les ordres du colonel Cesari-Colonna.

Le contre-amiral a reconnu, comme je l'ai fait entendre sans cesse au ministère, que ces bataillons étaient mal organisés et que les derniers événements surtout y avaient jeté une semence de désordres qui nécessitaient une réforme presque générale ; c'est pour cela qu'il a proposé aux administrateurs du département d'autoriser le citoyen Cesari à l'opérer d'après ses lumières et son patriotisme.

Dans cet état de choses, et quel que soit mon empressement à seconder le contre-amiral partout où il me proposera de propager la liberté, je dois vous soumettre, citoyen

---

(1) Nous n'avons pas trouvé cette lettre dans les Archives du Ministère de la guerre.

ministre, des considérations sur les obstacles que la nature des choses et le devoir de ma place mettent au succès de ce nouveau projet.

Déjà vous connaissez la ténuité des forces de cette division et le service considérable qu'on est obligé de faire dans les places maritimes.

Il existe dans les villes un germe d'aristocratie ; les Corses aussi ont le malheur d'avoir leurs émigrants qui cherchent à entretenir des correspondances et à alimenter les espérances de leurs partisans par le spectacle des préparatifs vrais ou faux de nos ennemis pour la campagne prochaine.

Les prêtres sont ici beaucoup plus italiens et fanatiques qu'ils ne l'ont été dans les autres parties de la France ; les traitements qu'on leur paie les ont rendus dociles, mais les motions fréquentes qui sont faites dans la Convention pour supprimer les frais du culte les ont alarmés, et une pareille décision suffirait pour craindre de leur part tout ce que le désespoir et le fanatisme peuvent dicter. Il résulte de là qu'indépendamment des surprises qu'on peut avoir à craindre du dehors, il est nécessaire de tenir dans les places fortes un certain noyau de troupes qui puissent nous assurer contre les tentations des mauvais patriotes du dedans ; or en adhérant à la nouvelle demande du contre-amiral, il me reste à peine 1.200 hommes dans tout le département.

Un rassemblement général de tous les bataillons à Bonifacio est encore sujet à des difficultés presque insurmontables ; les soldats des bataillons ne sont pas équipés, tout mouvement leur devient extrêmement difficile, et celui qu'on propose est le plus long qu'on puisse faire en Corse ; il n'y a ici aucune provision de vivres pour les transférer où le besoin l'exige, et Bonifacio, étant un endroit pauvre, surtout depuis l'interruption de son trafic en Sardaigne, ne peut pas en offrir pour la subsistance de ces bataillons.

Les mêmes difficultés se font sentir pour les effets de campement et autres nécessaires, dans le cas que les troupes descendent dans le nord de la Sardaigne, pays montueux et habité par des hommes toujours armés et bien aguerris, déjà prêts depuis longtemps à repousser toute invasion.

Sans doute on a droit d'espérer beaucoup du courage des Corses, mais quelle que soit la valeur qui puisse les animer, et l'intelligence du chef qu'on leur destine, il ne faut pas les exposer sans les moyens d'attaque et de résistance, au moins pour quinze jours, surtout lorsque la flotte se portant sur Cagliari qui est le point opposé, ils ne peuvent pas avoir d'espoir d'être soutenus par les forces de mer.

Un autre inconvénient, qui est encore le moins réparable de tous, est le manque de fonds en numéraire pour la subsistance des troupes et les frais extraordinaires de l'expédition. Et certes on a droit de s'étonner que, voulant conquérir un pays aussi important que la Sardaigne, et donner à nos premières armes en Italie la dignité qui convient à une République libératrice des nations, on ait négligé ce moyen jusqu'au point de ne pas faire aucun envoi destiné à cet objet. Vous verrez par la lettre du citoyen Casabianca, dont j'ai l'honneur de vous envoyer copie, les murmures de la troupe de ligne, et par l'état de la caisse le peu de moyens de la satisfaire. Cet inconvénient est encore plus embarrassant pour la division destinée à une contre-attaque qui a besoin de tout pour sa subsistance, et de quelques sommes pour subvenir aux indemnités des Sardes qui voudront se réunir à eux. Cette privation d'argent jusqu'à un tel point est propre à entraîner les plus grands désordres et à faire manquer sinon l'expédition entière, au moins en atténuer les effets et la rapidité.

Malgré toutes ces difficultés qui certes ne seraient pas arrivées sans les malheureux événements et les meurtres commis par les équipages de la flotte qui ont détruit et désorganisé toutes les combinaisons déjà prises, j'ai préparé de nouvelles mesures pour préparer la contre-attaque, s'il est possible. J'ai donné une commission au colonel Cesari-Colonna, en tant que mon autorité pouvait s'étendre pour le commander. C'est le contre-amiral qui me l'a proposé et m'en a requis ; il est malheureux que ce citoyen n'ait pas été nommé officier général. Je connaissais son mérite et sa réputation, lorsque j'ai eu l'honneur de vous le proposer. Je vous prie donc de m'envoyer sa commission, afin que son caractère puisse lui donner plus d'empire sur les troupes qu'il doit commander.

Deux bataillons de gardes nationaux vont recevoir des ordres de marcher vers Bonifacio ; ils demeureront à Sartène qui n'en est qu'à une journée, jusqu'à ce que le citoyen Cesari-Colonna les ait inspectés.

Le département lui a donné une commission pour épurer ces corps de tout ce qui est suspect et hors de service, et les faire remplacer par des gens qui remplissent les conditions prescrites par la loi.

J'ai donné les ordres pour faire transférer à Bonifacio tout ce qui sera possible de vivres et de munitions, et les bataillons ne s'y rendront que lorsque ces vivres y seront arrivés. Je le répète encore, la licence des équipages, et les crimes du 18 décembre nous obligent à tant de changements nuisibles à la promptitude et au succès de cette expédition.

Je vous ai exposé, citoyen ministre, ma situation et les efforts que je ne cesse de faire pour le succès de l'entreprise de Sardaigne ; elle pourrait être beaucoup mieux combinée ; ceux qui s'en sont mêlés directement ont exagéré de beaucoup les ressources de ce département ; leur zèle qui était plus étendu que leurs connaissances militaires, les a trompés ; sans doute quand il s'agit de combattre, il faut des choses réelles ; l'enthousiasme ne peut pas suppléer à tout.

Je verrai toujours avec plaisir que ma conduite dans cette

affaire, comme dans toute autre, soit soumise au Conseil exécutif, si vous le jugez nécessaire ; elle est contenue dans ma correspondance entière qui sans doute, quelque détaillée qu'elle soit, ne peut pas exprimer toute l'étendue de mon zèle.

Le lieut. commandant la 23e division militaire,
Pasquale de Paoli.

Paoli au Ministre de la guerre.

Le 4 Janvier 1793.

Par votre lettre du 16 décembre dernier vous avez eu la bonté de me demander le nom des sujets que je désire pour coopérateurs dans cette division, soit en qualité de maréchal des camps, que comme adjudants.

Du premier moment que j'ai accepté ma nomination, j'ai eu l'honneur de vous proposer pour maréchal de camp le citoyen Pierre Paul Colonna-Cesari, colonel réformé de la gendarmerie nationale. Je vous ai assez parlé de son mérite pour me dispenser de vous en faire de nouveaux éloges ; il me reste à vous dire seulement que le contre-amiral Truguet vient de me requérir pour le nommer au commandement de la contre-attaque dans le nord de la Sardaigne, et je ne doute pas qu'il ne réponde à la confiance qu'il a eu droit d'inspirer.

J'ajoute que le citoyen Maudet est un octogénaire en décrépitude, qu'il ne peut pas sortir de Calvi et que son âge l'empêche d'entreprendre le moindre voyage. M. Casabianca seul est celui sur lequel je puis compter, mais il ne peut pas suffire dans un département si étendu et où le service doit se multiplier par la possession et les relations avec la Sardaigne, et d'après ce qu'on pense de tenter sur l'Italie. Je vous propose donc le citoyen Colonna-Cesari pour maréchal de camp attaché à cette division et vous prie de m'envoyer sa commission le plus tôt possible.

Quant à l'adjudant général, j'avais présenté le citoyen Peraldi, commissaire du pouvoir exécutif et ex-député à la législature ; c'était l'ex-ministre Servan qui avait promis d'avance sa promotion ; il m'a assuré lui-même de vous en avoir parlé à Toulon et vous avoir trouvé dans les mêmes dispositions. Je vous prie de me faire connaître si vous y persistez, car dans le cas contraire, je vous en présenterais un autre.

J'ai choisi pour un de mes aides de camp le citoyen d'Antag, capitaine dans le 26e régiment. Je n'ai que des témoignages avantageux à lui rendre et des éloges à faire à sa conduite.

J'attends en conséquence la commission que je vous ai demandée pour lui ; quant à l'autre, mon choix n'est pas encore fixé définitivement ; cependant je sens le besoin d'avoir un homme du pays pour la correspondance italienne. Si vous avez la bonté de me faire passer la commission d'usage, je la remplirais par le choix de quelqu'un qui ait servi dans la garde nationale, et dont le patriotisme me soit évidemment connu.

Le lieutenant-général etc.,
PASQUALE DE PAOLI.

Paoli au Ministre de la guerre.

(Sans date)

Citoyen ministre, — Vous avez dû connaître par ma correspondance les mesures extraordinaires qui ont été prises de concert avec le Directoire du département, et même sur les réquisitions du contre-amiral Truguet, pour corriger les défauts d'organisation des quatre bataillons des gardes nationaux, et les mettre dans une tenue propre à pouvoir les employer soit en Sardaigne, soit dans cette division, au service auquel ils sont destinés.

J'aurai l'honneur de vous rendre compte de l'effet de cette opération ; cependant il est aisé de prévoir qu'elle ne peut être complète que lorsque les bataillons seront réduits à deux, étant le nombre que le pays peut fournir en hommes distraits de toute occupation et adonnés à un service habituel.

Je vous prie, citoyen ministre, de prendre en considération, 1º la demande que j'ai eu l'honneur de vous faire pour former un régiment composé de Corses, et dans lequel seront admis les Grisons qui ont déclaré de vouloir servir la République ; 2º de réduire dans ce cas les quatre bataillons de gardes nationaux à deux seulement.

Je puis vous assurer d'avance que sans la moindre augmentation de dépenses, la République trouverait dans cette troupe ainsi organisée tout ce qu'on peut espérer de ses meilleurs soldats.

Le lieutenant-général etc.,
PASQUALE DE PAOLI.

Arena au Ministre des affaires étrangères.

Villefranche, le 4 Janvier 1793.

Citoyen Ministre des affaires étrangères, — Les troupes sont embarquées, nous partons dans la nuit pour Ajaccio. Rien ne manque. Le citoyen Brunet nous a fourni tous les moyens qui étaient nécessaires.

J'aurai l'honneur de vous écrire en arrivant à Ajaccio.

ARENA.

S. Julien, commandant le vaisseau Le Commerce de Bordeaux *au Ministre de la marine.*

Villefranche, le 5 Janvier 1793.

Citoyen Ministre, — Je vous rends compte que l'embarquement des troupes destinées pour la Sardaigne est fait. J'appareille demain matin avec le convoi, si le temps me le permet, comme je l'espère. Les vents étant bons a apparence de beau temps, ainsi j'espère dans deux jours être réuni au contre-amiral Truguet. Nous avons trente-neuf bâtiments de convoi et quatre mille hommes de troupes. La corvette *La Poulette*, commandée par le citoyen Farquharson, m'aide à mener ce convoi. J'espère que sous peu le contre-amiral Truguet vous apprendra notre arrivée à Ajaccio.

Peraldi au Ministre de la guerre.

Ajaccio, le 6 Janvier 1793.

Citoyen Ministre, — Le mauvais temps a contrarié jusqu'à ce jour le départ de l'escadre de la République, commandée par l'amiral Truguet pour se rendre devant la ville de Cagliari, dans l'île de Sardaigne. Dans ces jours derniers la troupe de ligne s'est embarquée suivie par toutes les munitions de guerre, vivres, ustensiles, canons, mortiers, bombes, effets de campement, dont je vous ai adressé les états au nombre de trois pièces.

Vous y verrez que le régiment 42e n'a laissé dans cette place que 126 hommes en dépôt, presque tous recrues, malades et peu propres à servir dans la campagne.

Les bataillons de volontaires nationaux sont destinés à attaquer le gouvernement sarde vers la partie septentrionale de la Sardaigne. Ils ont été requis à cet effet par l'amiral Truguet, et déjà ils ont reçu l'ordre du général Paoli de se rendre vers la ville de Bonifacio. Une corvette protègera leur débarquement, et lorsque l'escadre se présentera devant Cagliari, l'attaque du côté du nord de la Sardaigne ne laissera pas que de faire une diversion très utile au succès de ses opérations.

L'amiral a donné le signal du départ pour demain, l'escadre ira mouiller à l'île de S. Pierre ; là-bas, elle s'unira à la division qui a été à Naples et qui a déjà rempli l'objet de sa mission. Nous espérons la trouver dans la rade du golfe de Palma ; c'est là le point de la réunion, et où l'amiral déterminera son plan d'attaque.

Quoique, citoyen Ministre, les instructions que j'ai reçues du Conseil exécutif soient remplies pour ce qui concerne les ressources que le département de la Corse aurait pu fournir à cette importante expédition, j'ai l'honneur de vous prévenir que je pars avec l'escadre. De Cagliari, j'espère vous annoncer les succès de notre armée et sa victoire. — J'attendrai là-bas vos ordres.

Le Commissaire du pouvoir exécutif,
PERALDI.

Extrait d'une lettre du ministre de la guerre Pache au général de brigade Brunet, commandant par intérim l'armée d'Italie.

Paris, le 7 Janv. 1793.

Si le général Biron juge à propos de vous envoyer commander les troupes qui vont joindre le contre-amiral Truguet, j'y consens très volontiers.

Paoli au Commissaire Colonna-Cesari.

Le 7 Janvier 1793.

Citoyen, — J'ai l'honneur de vous prévenir que dans ce moment le lieutenant-colonel Casalta, chef du détachement du 4e bataillon des gardes nationaux destiné à servir dans l'expédition de Sardaigne, vient de me faire passer un état nominatif des déserteurs qui se sont évadés des compagnies Ruffini, Sebastiani et Valentini, avec l'habillement et l'armement complet. Le nombre monte à cent deux hommes ; je prends les mesures pour les faire persécuter. En attendant, j'ai cru de vous en prévenir afin que vous portiez dans votre opération des remèdes forts et décisifs, les seuls qui peuvent nous mener à quelque résultat honorable. L'administration attend tout de votre zèle et de votre fermeté ; elle a répondu au ministère que dans un mois, il saura que, par vos efforts, les bataillons de Corse sont dans l'état honorable que la loi et le gouvernement leur supposent.

Le Lieutenant-général,
PASQUALE DE PAOLI.

Lettre du citoyen Casabianca au général Paoli.

Ajaccio, le 9 Janvier 1793, l'an 1er de la République.

Mon général, — Je m'empresse de vous prévenir que ce matin je me disposai à faire entrer dans la citadelle les gendarmes et les volontaires nationaux de Casalta conformément à ce que vous m'avez mandé dans plusieurs de vos lettres. A cet effet j'ai écrit à la municipalité pour lui en faire part ; j'ai été étonné un moment après de me voir aborder par 10 ou 12 bourgeois qui, au nom des citoyens de la ville, s'opposaient à l'introduction de ces troupes dans cette citadelle et demandaient à en occuper les postes. Les officiers de la garnison ont été témoins de l'effervescence que ce bruit avait occasionné, et l'alarme allait devenir générale, si je n'eusse pensé à écrire de nouveau à la municipalité pour l'assurer que je n'aurais effectué le projet que je lui avais communiqué, sans en avoir obtenu préalablement son agrément. Cette dernière lettre a produit l'effet que j'avais lieu d'attendre, et les esprits se sont tranquillisés de manière que la Commune s'est assemblée après diné, et m'a envoyé une députation pour me prévenir qu'elle aurait délibéré sur l'objet dont je lui faisais part, et qu'elle m'aurait donné par écrit connaissance de sa décision.

Vous trouverez ci-joint une lettre que je reçois à l'instant de la municipalité. Elle ne répond pas à l'objet des deux miennes, néanmoins vous verrez le désir des citoyens de faire le service de la place et de remplacer les volontaires nationaux. L'on me dit qu'une députation partira demain pour vous présenter quelques pétitions, et vous faire des remontrances ; vous serez à même de faire connaître à ces habitants par son organe votre intention pour ce qui regarde le service et la défense de la place.

L'escadre a mis hier à la voile, et les bâtiments destinés au transport des volontaires partiront demain pour Bonifacio. Les bataillons y seront rendus le 18 de ce mois. J'ai expédié les ordres qui regardent le colonel Cesari ; ils seront exécutés comme vous désirez.

Le Commandant en second la 23e division,
CASABIANCA.

P. S. — Les deux compagnies de Sartene sont entrées ici, elles sont au nombre de trente hommes les deux et dix qui sont restés en arrière pour les équipages.

Le Général Brunet au Ministre de la guerre.

9 Janvier 1793.

(Résumé de la lettre ; la lettre ne se trouve pas dans le carton).

La flotte pour l'expédition de Sardaigne est partie. Elle n'est plus en vue. — A désigné le général Casabianca pour en commander les troupes, lui a remis dix pièces de canon qu'il voudrait qu'on remplaçât. Des 53 pièces de canon existantes en Corse, il ne peut en tirer qu'une quinzaine, dont il faudra faire réparer les affûts. Demande une artillerie plus nombreuse pour l'armée d'Italie.

Luigi Coti a Paoli.

Ajaccio, li 9 Gennaro 1793.

Signor Generale, — Jeri la flotta ancorata in questo porto si è messa alla vela verso la Sardegna.

In altra mia, vi ho accennato la situazione di questa città dopo la partenza delle truppe di linea, e la requisizione dei due battaglioni per lo stesso oggetto. Io non devo dissimularvi che non esista qualche maneggio per intorbidare la tranquillità publica di questi abitanti, senza conoscerne gli autori. Qui non si ascoltano i vostri ordini per la sicurezza della cittadella e dei posti interessanti ; non si soffre che alcun cittadino dell'interiore entri senza deporre le armi, senza escludere i capitani delle compagnie dei battaglioni. Questa mattina era stato fissato dal Tenente Generale Casabianca di accasermare li giandarmi in cittadella, ed otto o dieci cittadini di Ajaccio si sono portati in folla, ed hanno protestato che non voleano nè pure questi, ed hanno manifestato con una specie di minaccia che essi voleano occupare il posto avanzato della cittadella, et etiandio quello del corpo di guardia, al che per altro il suddetto Casabianca si è rifiutato, e ne ha scritto alla municipalità, che a quest'ora non ha per anche risposto.

La città d'Ajaccio, o almeno i cattivi cittadini, pare che si vogliano erigere in Republica, poichè si ricusano di obbedire ai vostri ordini per la sicurezza delle fortezze, delle quali voi solo ne siete risponsevole, ed altamente protestano che non permetteranno che nessun'altra truppa prenda posto in Ajaccio.

Questa maniera di agire inasprisce l'animo di tutti i buoni cittadini e specialmente quello di quelli dell'interiore. È a voi, Signor Generale, di porre rimedio in tempo a dei preparativi che puonno divenire funesti trascurandoli.

Ho l'onore di essere al solito pieno di rispetto e stima, Signor Generale,

    Il vostro obbedientissimo amico e servitore
        Luigi Coti.

        Janvier 1793.

Nous Pascal Paoli, lieutenant-général des armées de la République française, commandant la 23e division militaire dans le département de la Corse :

Le citoyen Truguet, contre-amiral commandant l'escadre de la République dans la Méditerranée, chargé par le Conseil exécutif de l'expédition de Sardaigne et du choix des moyens pour la faire réussir, nous ayant requis de réunir les forces dont nous aurions pu disposer pour opérer une contre-attaque sur l'île de la Madeleine et la partie du nord de celle de la Sardaigne, et de faire commander les dites troupes par le citoyen Pierre Paul Colonna-Cesari, colonel réformé de la gendarmerie nationale ;

Nous lieutenant-général susdit, voulant concourir par tous les moyens possibles à faciliter l'entreprise dont ledit contre-amiral est chargé, afin de ne rien négliger de tout ce qui peut contribuer au succès des armes de la République, et d'après la proposition et réquisition formelle qui nous a été faite par le contre-amiral susdit, et sur les témoignages que nous avons du patriotisme et des talents militaires dudit citoyen Colonna-Cesari, l'avons nommé et nommons, en tant que notre autorité peut nous le permettre, commandant la division des troupes destinées à la contre-attaque dans l'île de la Magdeleine et le nord de la Sardaigne ;

Ordonnons aux militaires de cette division, destinés à faire ladite contre-attaque, de lui obéir comme à leur chef, et aux commandants des places et forts de lui prêter secours et avoir égard en cette qualité ;

Invitons toutes les autorités civiles et administratives à le considérer comme tel dans toutes les réquisitions et actes de son ministère.

Fait etc.

Le lieutenant-général, etc.

Le Général Paoli au Ministre de la guerre.

Le 10 Janvier 1793.

(Résumé). Informe que le contre-amiral Truguet après avoir embarqué à Ajaccio le 42e régiment et les détachements du 26e et du 36e a mis à la voile le 8 ; il compte sur nos succès en Sardaigne. — Correspondance ministérielle Registre P., pag. 70. (Ce registre n'est autre chose qu'un livre d'enregistrement sommaire de dépêches renvoyées par le secrétariat dans les bureaux, et qui n'offre pas d'autres détails que ceux contenus dans ce bulletin, ainsi que dans tous ceux qui en ont été tirés).

Colonna-Cesari à XX.

Portovecchio, le 11 Janvier 1793.

Cittadini, — Il contr' ammiraglio Truguet con sue lettere de' 5 ad 8 corrente, mi previene che manda in Bonifacio ai miei ordini una corvetta, due feluche, con qualche vascello di trasporto, esortandomi di portare avanti lo contr'attacco; ma mi previene che la penuria de' fondi lo fanno partir da Ajaccio senza potermi mandare alcuna somma, aggiungendomi poi, che quando sarà in Cagliari, ed io alla Madalena o in altra parte della Sardegna, farà ogni sforzo per provedermi d'uomini e di danaro.

La mia casa fornirà con decenza la mia tavola, e tutte le spese che mi sono personali nella spedizione, ma non andrà al di là. Un fondo qualunque è necessario. Senza entrare in materia, vi sono mille oggetti di spesa che accompagnano la spedizione, come pur troppo dovete sentire. Un fondo qualunque è di necessità indispensabile. Vedete se vi è possibile d'avanzare una picciola somma che porti fino alla Madalena. Il contr' ammiraglio penserà al resto, se vorrà che si passi avanti in Sardegna.

Pesate colla vostra ordinaria prudenza la posizione delicata in cui ci ritroviamo, e supplite col vostro buon zelo di quella maniera che la strettezza de' fondi pubblici vi permettano, giudicando che convenga di dar qualche segno di vita.

Il vostro commissario si rassegnerà in tutti li casi con quella vera stima che gli è propria ad ogni vostra oppinione.

COLONNA-CESARI.

Bourdon Gramont au Ministre de la marine.

A bord du vaisseau *Le Léopard*, en rade de Carlefort ou Ile S. Pierre, le 13 Janvier 1793.

Citoyen Ministre, — Je m'empresse de vous rendre compte que, conformément aux instructions du citoyen Latouche, commandant de la division dont je faisais partie, je me suis rendu dans cette rade qui était le lieu de notre rendez-vous en cas de séparation. C'est du 21 au 22 décembre qu'un coup de vent violent du nord-nord-ouest m'a forcé de me séparer de l'escadre. M'étant assuré d'après mes instructions que le contre-amiral Truguet n'était point encore devant Cagliari, je me suis rendu dans cette rade, où j'ai encore éprouvé, le 6, jour de mon arrivée, un autre coup de vent qui m'a occasionné quelques avaries dont il vous sera rendu compte incessamment.

Le contre-amiral Truguet en donnant le rendez-vous de la rade de l'île S. Pierre, appelée Carlefort, au capitaine Latouche, lui avait enjoint, s'il arrivait avant lui, de s'emparer des forces piémontaises qui en défendaient l'approche et de se rendre maître de ce poste important pour notre commerce, dont les navires viennent presque toujours s'y réfugier, en allant ou en venant du Levant.

Le 8, ayant reçu de la part du Consul général Guys quelques renseignements sur la possibilité d'un succès, je me déterminai à écrire au commandant de la ville et forteresse de Carlefort de se rendre et de remettre à ma disposition cette place. On m'avait assuré qu'une partie de cette garnison avait pris la fuite, la veille.

Cette place m'ayant été remise à ma première sommation, dont vous trouverez ci-jointe une copie cotée n° 1, j'envoyai de suite une garnison de 80 hommes pour occuper la ville et les deux forts appelés Carlefort et Catherine Victoria. Le même jour le pavillon tricolore fut arboré sur ces citadelles.

Le 10, l'arbre de la liberté fut planté à Carlefort par nos marins, nos soldats et tous les habitants. Il fut salué par deux salves de 23 coups de canon, l'une par un vaisseau, et l'autre par la citadelle principale de Carlefort. Cette fête se passa dans le plus grand ordre, la plus touchante fraternité y régna entre nous et nos nouveaux frères. Les femmes mêmes, qui ne se montrent que rarement dans ces contrées, partageant l'enthousiasme de leurs pères et de leurs époux, assistèrent à cette auguste cérémonie et y dansèrent avec les citoyens de mon vaisseau.

C'est avec plaisir, citoyen Ministre, que je vous rends compte ici de l'excellente conduite des soldats et des marins du vaisseau *Le Léopard* à l'égard de leurs nouveaux frères. Ils se conduisent avec la loyauté et la modération qui caractérisent des hommes libres et vraiment dignes de la liberté.

Le citoyen Colnet, capitaine au 36e régiment d'infanterie, que j'ai placé provisoirement commandant à Carlefort, mérite des éloges très particuliers pour le zèle et l'intelligence avec lesquels il remplit les fonctions dont je l'ai chargé. Il est déjà très aimé et tous les habitants se proposent de prier le contre-amiral, à son arrivée, de ne pas changer mes dispositions provisoires.

J'ai également des éloges à vous faire du citoyen Dubreit mon troisième lieutenant, que j'avais chargé de ma sommation au commandant pour le Roi de Sardaigne, ainsi que du citoyen Callier, officier de mon détachement d'artillerie, qui s'est donné tout le mouvement nécessaire pour la conservation et la réparation des poudres, canons, affûts et autres objets dépendant de son état, ainsi que pour l'installation prochaine d'autres canons ou mortiers qui pourront mettre cette place à même de faire une vigoureuse et opiniâtre résistance en cas d'attaque.

Les habitants de Carlefort, presque tous marins ou livrés au commerce maritime, vont incessamment se constituer et s'organiser d'après le mode et les principes adoptés par la République française. Tous disent qu'ils veulent appartenir à la France, et que dans le cas où ne voudrions ni les protéger ni les garder, ils quitteront sans hésiter leurs maisons pour venir s'établir en France et servir sur nos vaisseaux de guerre ou de commerce. En un mot, leur vœu est très prononcé et ils ne veulent plus se séparer de leurs nouveaux frères.

Je vous fais passer ci-joint, citoyen Ministre, quelques états cotés nos 2, 3, 4 et 5, des canons, fusils, poudres, sels, tabacs, madragues et autres objets appartenant au Roi de Sardaigne. J'attends le contre-amiral Truguet d'un moment à l'autre et il apprendra avec plaisir que ses intentions ont été exécutées comme il le désirait. Ce début heureux lui sera d'autant plus agréable que notre conduite mesurée prouve d'avance la fausseté des calomnies qui nous ont devancés, et facilitera bien sûrement nos succès ultérieurs.

Je vous prie, citoyen Ministre, d'être convaincu de mon zèle ardent pour la gloire de la République, et des efforts que je ne cesserai d'employer pour bien mériter de la patrie.

Le Capitaine commandant le vaisseau Le Léopard,
BOURDON GRAMONT.

P. S. — Au moment où je finissais cette lettre, le contre-amiral Truguet est arrivé dans cette rade. Il exige que ce soit moi-même qui vous rende compte de ma conduite. Les éloges qu'il a bien voulu me donner me font espérer que je serai digne des vôtres et de ceux de la Convention nationale.

Paoli au Ministre de la guerre.

Corte, le 13 Janvier 1793, l'an 1er de la République Française.

Citoyen Ministre, — J'ai l'honneur de vous rendre compte de la résistance opposée par la municipalité de la ville d'Ajaccio à l'introduction de la garde nationale soldée dans la citadelle selon les ordres du maréchal de camp Casabianca, commandant sur les lieux.

Le départ du 42e régiment que j'ai mis aux ordres du contre-amiral Truguet, avait laissé la citadelle sans garnison ; le maréchal de camp Casabianca a pris le parti aussi sage que juste d'y introduire le lieutenant-colonel Casalta avec le détachement qu'il commande ; la municipalité s'y est opposée ; cette résistance a excité des alarmes et des tumultes dans le peuple ; les citoyens ont offert de garder la citadelle et ont même forcé le commandant Casabianca à leur abandonner quelque poste, comme vous connaîtrez par la lettre dont j'ai l'honneur de vous envoyer copie. Je dois vous faire observer que la municipalité d'Ajaccio n'a jamais procédé à l'organisation de la garde civique en conformité de la loi du 19 octobre 1791, et que son obstination aussi injuste qu'imprudente à refuser la force publique, est une marque d'incivisme qu'il ne faut pas autoriser.

Les administrateurs du département ont donné des ordres au district d'Ajaccio que j'ai lieu de supposer beaucoup mieux intentionné ; ces ordres qui m'ont été communiqués tendent à prendre toutes les mesures de prudence et de conciliation soit pour éclairer les peuples, soit pour contenir la municipalité dans les bornes de son devoir, mais enfin d'employer toute la fermeté convenable aux circonstances pour que le commandant militaire soit libre dans ses fonctions, et que la garde de la citadelle dont il est responsable ne dépende que de lui, et des moyens militaires qu'il croira convenables.

J'aurai l'honneur de vous informer du résultat définitif de cette affaire.

Le lieutenant-général commandant en chef la 23e division,
Pasquale de Paoli.

Le Général Dhiller à Paoli.

Bastia, le 13 Janvier 1793.

Citoyen Général, — Le mauvais temps que nous avons essuyé en mer et qui a dispersé la flotte, nous a forcés de relâcher à S. Florent avec quinze ou dix-huit cents hommes, des quatre mille quatre cents qui avaient été embarqués à Villefranche pour se rendre à Ajaccio où nous n'avons pas pu aborder; les volontaires étant entassés sur leurs vaisseaux, sans nattes ni couvertures. J'ai été obligé de les faire débarquer à S. Florent où j'ai laissé environ six cents hommes ; le reste m'a suivi à Bastia où il y a plus de commodités pour le logement; il y avait quantité de malades à bord et la troupe m'a demandé de se rendre à Ajaccio par terre, si vous l'approuvez. Je ne sais encore où sont les bâtiments de la flotte et s'il en a péri ; je crois qu'il en reste quelques-uns à Ajaccio et d'autres à Calvi.

Mes ordres portant de me rendre avec les quatre mille quatre cents hommes que je commande à Ajaccio où je tâcherai de réunir ceux qui sont dispersés, je vous prie, citoyen général, de me faire savoir vos intentions et de vouloir bien donner vos ordres pour que nous trouvions dans ce pays-ci les secours dont nous pouvons avoir besoin.

Il y a eu ce matin ici de la rumeur avec les volontaires corses ; un Marseillais a été blessé mortellement d'un coup de fusil, mais nous sommes parvenus à rétablir la tranquillité et dans ce moment tout est tranquille.

Vous m'obligerez beaucoup, mon général, si vous avez la bonté de faire prendre des renseignements dans les différents ports de l'île de Corse entre Ajaccio et S. Florent, pour savoir s'il y a quelques-uns de nos vaisseaux, et de leur fournir tout ce qui leur fera besoin, en donnant vos ordres pour cet effet aux différentes municipalités. J'écris au maréchal de camp Casabianca sur l'événement malheureux qui ne nous a pas permis d'arriver à Ajaccio. Oserai-je vous prier de vouloir bien de votre côté l'en instruire et enfin de vouloir bien me donner des instructions nécessaires pour pouvoir rallier les corps de troupes dont le commandement m'a été confié. Si ma présence n'était pas si nécessaire, je serais venu moi-même vous les demander et vous assurer de tout mon dévouement.

Le Commandant général des légions marseillaises, commandant le corps de six mille hommes levé dans le département des Bouches du Rhône pour renforcer l'armée d'Italie,
           Dhiller.

Arena au Ministre des affaires étrangères.

S. Florent, 14 Janvier 1793.

Citoyen ministre des affaires étrangères, — Nous sommes partis de Villefranche le 8 de ce mois avec le convoi qui était escorté par le vaisseau *Le Commerce de Bordeaux* et la corvette *La Poulette.*

Le 12 de ce mois, à deux lieues d'Ajaccio, un coup de vent empêcha la plus grande partie du convoi d'entrer dans le golfe. Nous avons été obligés de relâcher dans ce port ; quelques bâtiments ont mouillé à Calvi.

Les troupes, fatiguées par la mer, ont préféré de se rendre par terre à Ajaccio, et le citoyen Dhiller, commandant des légions marseillaises, est parti pour Bastia d'où il se rendra à Ajaccio.

Je partirai demain pour Calvi par terre pour rallier le convoi, et lui donner l'ordre de passer à Ajaccio.

Le vaisseau de guerre, la corvette et les bâtiments marchands qui sont ici mettront à la voile au premier bon vent pour la même destination.

J'espère que dans huit jours toutes nos troupes seront au rendez-vous, et qu'elles pourront partir pour la Sardaigne, à moins que les vents contraires ne retiennent les bâtiments de transport dans les ports.

Le commandant par intérim de l'armée du Var a chargé

le citoyen Casabianca, maréchal de camp, de commander les troupes employées dans cette expédition. C'est un officier patriote qui réunit au courage la prudence et la fermeté nécessaires pour conduire cette armée.

Je vous prie de communiquer ma lettre au citoyen ministre de la guerre.

ARENA.

Grazio Rossi, commandant de la place à Bastia, au Général Paoli.

Bastia, le 15 Janvier 1793, l'an 2ᵉ de la République.

Mon Général, — Je vous rends compte d'un événement qui vient de se passer dans l'instant et dont voici le détail ; il est arrivé hier au soir à Bastia environ onze cents hommes de volontaires marseillais destinés pour l'expédition de la Sardaigne qui ont débarqué à S. Florent ; ce matin, à environ dix heures et demie, une farandole composée des grenadiers de Bresse et d'une partie des volontaires marseillais est venue à la citadelle.

La partie du donjon composée de volontaires corses a, conformément à sa consigne, voulu s'opposer à l'entrée de ce rassemblement dans son poste. La farandole a forcé l'entrée ; le lieutenant-colonel des volontaires a été pris par le collet, on l'a menacé de la lanterne. Les volontaires corses en sentinelle ont fait feu, un Marseillais a été blessé.

J'avais dans ce moment chez moi le commandant des volontaires marseillais et quelqu'un de ses officiers. Nous sommes accourus sur la place ; je suis venu à bout d'apaiser le trouble pour le moment, et l'agitation est toujours extrême. Je ne puis répondre des événements.

Plusieurs demandes m'ont été faites, entr'autres celle de faire sortir du donjon les volontaires corses et d'y substituer les troupes de ligne. Le général des volontaires marseillais, la municipalité, le lieutenant-colonel de Bresse se sont réunis pour cette demande à laquelle je me suis refusé ; me rendre au vœu de ces citoyens aurait été évidemment livrer les volontaires corses. D'ailleurs il n'était pas à mon pouvoir de faire ce changement sans un ordre de vous.

Le commandant des volontaires marseillais m'a fait aussi la demande de six mille cartouches, je les ai refusées ; quel pourrait être le but de cette demande ?

Les volontaires marseillais veulent avoir à présent l'entrée de la citadelle sans armes, je viens aussi de la refuser. J'ai des fortes raisons de croire que dans un cas malheureux, je ne serais pas secondé par les soldats d'artillerie. Je ne compte pas du tout sur le régiment Bresse ; je ne sais pas trop positivement quelles sont les dispositions du mien.

Vous voyez, citoyen Général, que je puis me trouver réduit à mes forces individuelles ; je vous demande donc du secours sans perdre un seul instant ; sans cela, je ne réponds plus de rien.

Don Grazio Rossi.

Paoli au Ministre de la guerre.

Corte, le 16 Janvier 1793, l'an 2ᵉ d la République.

Citoyen Ministre, — Quinze bâtiments de transport provenant de Nice, escortés par un vaisseau et une frégate de la République, sont arrivés le 13 à S. Florent : deux mille volontaires des Bouches du Rhône qu'ils avaient à bord sont débarqués et se sont transférés le 15 à Bastia.

Au premier instant que j'en ai été prévenu, j'ai dû penser que ce renfort était une partie de celui destiné à rejoindre le contre-amiral Truguet dans le golfe de Palma, comme il m'en avait écrit, afin d'attaquer Cagliari dans le même temps que les volontaires corses commandés par le citoyen Cesari auraient opéré le diversif du côté de Sassari à l'île de la Madeleine.

Ce n'est pas sans surprise que j'ai vu le citoyen Dhiller avec ses volontaires abandonner leur bord et se rendre à Bastia sans me prévenir ni de son arrivée ni de ce mouvement ; cependant j'ai donné des ordres pour qu'on lui préparât des vivres et des logements, ne voyant que la nécessité de les secourir ou le plaisir de leur être utile.

Je suis instruit que leur arrivée à Bastia avait été accompagnée par des réjouissances publiques, et qu'ils devaient être touchés de la manière fraternelle dont on les avait reçus ; un instant après, je viens d'apprendre que les volontaires réunis à la compagnie de grenadiers du 26e régiment d'infanterie ont commencé une farandole ; qu'ils se sont présentés à la citadelle ou Terranova, et on les a laissés passer librement. Il existe dans l'enceinte un ouvrage séparé servant de magasin d'artillerie, faisant partie de la mauvaise forteresse de Bastia ; ce poste était gardé par des volontaires nationaux corses sous les ordres du lieutenant-colonel Giampietri et un détachement de canonniers du continent.

Les volontaires de Marseille se sont présentés en attroupement pour y entrer, la consigne le défendait et la sentinelle les a priés de se retirer. Comme ils voulaient forcer, on a fermé la porte. Alors, avec une massue en fer, on a commencé à la battre. Le lieutenant-colonel Giampietri est accouru, il a fait ouvrir le guichet et a adressé la parole aux Marseillais, en leur disant qu'ils n'avaient pas le droit de forcer une porte, mais que, s'ils voulaient entrer par curiosité, ils auraient pu le faire par vingtaine ou trentaine. Alors un des assaillants a attaqué au collet le lieutenant-colonel en criant : C'est un aristocrate, à la lanterne ! Comme l'autre voulait se dégager, un volontaire marseillais lui a lancé un coup de sabre qui a frappé contre la porte. Les autres se sont précipités pour s'insinuer dans l'enceinte du poste et le forcer. Alors la sentinelle corse a fait feu et un Marseillais a été grièvement blessé : on s'est retiré.

Un instant après, ils se sont rangés en bataille sous les ouvrages de la place ; on ne les a pas inquiétés. Leur général a demandé six mille cartouches qui lui ont été refusées par le citoyen Rossi, commandant. Egarés sans doute par de mauvaises préventions, et trompés par quelques citoyens de Bastia qui, après avoir été pardonnés par l'amnistie des crimes de lèse-nation, affectaient avec eux le patriotisme, les Marseillais, soutenus par une partie du 26e régiment, ont laissé entrevoir le dessein de s'emparer de la place et d'opérer une nouvelle révolution en Corse, en désignant les gardes nationaux du département comme l'objet de leur indignation.

Vous connaissez, citoyen Ministre, ce qui s'est passé à Ajaccio, et si après un si terrible exemple, les autres pouvaient avoir beaucoup de confiance dans la générosité ou la discipline des nouveaux arrivés. Ainsi il paraît qu'ils sont décidés à défendre leur poste jusqu'à l'extrémité.

On vient de me prévenir que les habitants des campagnes voisines sont accourus dans la ville ; le département aussi de son côté a nommé des commissaires avec ordre de se transférer à Bastia pour protéger les personnes et préserver la ville du bouleversement qui la menace.

Vous trouverez ci-joint les lettres du citoyen Rossi, commandant, et du commissaire de guerre ; elles pourront vous donner une idée de la situation des choses, et vous serez étonné que les volontaires des Bouches du Rhône veuillent jouer ici le rôle de conquérants ; j'espère cependant que chacun sera retenu dans les bornes de son devoir.

Pour ôter tout prétexte à la malveillance, je dois vous dire que le lieutenant-colonel Giampietri, que les Marseillais eux pour la première fois accusaient d'aristocratie et désignaient au sacrifice de la lanterne, est un patriote qui a versé bien souvent son sang pour la liberté, qui a refusé les caresses du despotisme et pour prix de sa constance a langui pendant trois ans dans la grande tour de Toulon avec 150 livres de fer aux pieds, sans jamais changer de principes. Je vous laisse à penser, citoyen ministre, quelle sensation doit faire dans ce département la fureur de ces hommes qui préparaient un sort si funeste à un homme si bien connu, et estimé dans son pays.

La situation actuelle des choses, le bien du département et mon devoir me commandent de vous observer que je reconnais une cabale ouverte qui cherche à jeter la méfiance entre les habitants de la Corse et ceux du midi de la France. Les journaux de Marseille et d'Avignon ont été salis des impostures les plus atroces. Je ne sais quelle impression ces absurdités ont pu faire sur l'esprit de la multitude, mais je sais qu'elle est facile à tromper ; j'ai trop de vénération pour le Conseil exécutif, et j'ose dire, je me respecte assez pour être convaincu que la calomnie n'oserait pas pas parvenir jusqu'à lui.

La bassesse et l'intrigue n'auront jamais d'accès auprès des organes suprêmes d'un gouvernement républicain, et les ministres de la France véritablement libre sauront apprécier au juste et le sentiment d'un homme qui aurait à conserver une réputation déjà acquise, et les menées viles des intrigants que le peuple connaît et méprise hautement et que je montrerai à découvert le jour où je le croirai utile à la patrie ou nécessaire à mon honneur que je crois cependant très à l'abri de leur atteinte.

J'ignore quelles pourront être les suites du désordre qui vient de nous distraire d'occupations beaucoup plus utiles ; je puis vous assurer que toutes les mesures de prudence seront employées, et ce ne sera qu'à la dernière extrémité qu'on agira selon la rigueur des lois.

Le lieutenant-général etc.,
PASQUALE DE PAOLI.

Jadart, commissaire ordonnateur des guerres, à Paoli.

Bastia, le 16 Janvier 1793, l'an 2ᵉ de la République.

Citoyen Général, — Nous touchons aujourd'hui à des événements les plus sinistres ; nous manquons de pain dans toute la ville, il n'y a aucun approvisionnement en blés dans les magasins, et j'ai fait remettre hier à la réquisition urgente de la municipalité cent sacs de farine de munitions pour la subsistance des habitants. La viande nous manque de même, ainsi que le bois, et sans espoir de nou‘   ‘-rrassés de cette troupe qui nous affame ; il n'y   ‘-nce seule et prompte qui puisse ramener '   se rembarquer, car ils ont la volonté   pas le faire. Je ne vous parle pas de l'affai.. du donjon, elle est plus sérieuse que tout le reste. Ma.. rivée ici des Corses paraît calmer beaucoup les esprits. Je ne finirai pas ma lettre sans vous rendre compte de ce qui se passera. Nous sommes dans une crise affreuse, et je vous avoue que mes moyens sont insuffisants. J'ai employé tous ceux qu'il est en mon pouvoir, mais je ne puis faire l'impossible ; il serait bien urgent que le département engageât les communautés voisines qui ont du blé à le faire transporter dans cette ville où ils sont assurés de le vendre à bon prix, car la nécessité n'a point de lois, et nous éprouvons déjà une première disette étonnante ; il en est de même de la viande, il ne sera plus possible d'en fournir.

J'apprends à l'instant qu'il est parti une députation du club qui s'est réuni hier au soir pour aller prévenir le lieutenant-colonel Giampietri et les gardes nationales qui voulaient que l'on oublie la journée d'hier et qui demandent une réconciliation entière et de vivre tous comme frères d'armes dans la plus parfaite union.

Paoli au Ministre de la guerre.

Corte, le 17 Janvier 1793, l'an 2ᵉ de la République.

Citoyen Ministre, — C'est avec la plus grande satisfaction que j'ai l'honneur de vous informer de la bonne tournure que prennent les événements de Bastia dont je vous avais rendu compte par ma lettre du 16 au soir.

Le district et le commissaire ordonnateur se plaignent de la chèrté et même de la disette des vivres ; comme le temps est bon et que la mer est tenable, je pense que le commandant Dhiller se rendra avec ses volontaires à S. Florent pour se rembarquer et suivre sa destination. On se plaint beaucoup du peu de discipline de ces volontaires et de quelques dégâts qu'ils font dans les maisons nationales, mais l'arrivée des commissaires du département mettra ordre à tout. Je vous envoie copie des lettres du citoyen Dhiller ; quoique de la date que vous verrez, elles ne me sont parvenues que le 17 au soir. La relation du procureur syndic du district de Bastia et celle du commissaire ordonnateur font sentir d'autant plus la nécessité de diminuer le monde qui se réunit dans la ville qui manque de subsistances : le départ des volontaires des Bouches du Rhône la remettra dans son état ordinaire et rétablira la tranquillité. J'espère qu'il s'effectuera sans inconvénient ; le reste du convoi est, dit-on, distribué à Calvi et Ajaccio ; le courrier de cette dernière ville manque depuis six jours. On craint des désordres ultérieurs de la part des nouveaux arrivés ; je prends des mesures pour m'assurer de l'état des choses.

Le lieutenant-général etc.,
PASQUALE DE PAOLI.

Le Ministre de la guerre à Paoli.

Paris, le 17 Janvier 1793.

Je vous préviens, citoyen, que le Conseil exécutif provisoire a décidé que la Corse ferait partie de l'armée du Var (ou d'Italie). Vous voudrez bien vous conformer à cet ordre et vous entendre avec le général de cette armée pour tout ce qui sera du bien du service de la République.

Bertin, commissaire ordonnateur, au Ministre de la marine.

A l'Ile de la Liberté, ci-devant S. Pierre, en Sardaigne,
17 Janvier 1793.

Citoyen Ministre, — Les vaisseaux *Le Tonnant, Le Centaure* et *L'Apollon*, avec deux bombardes et sept frégates et corvettes, ont mouillé le 13 de ce mois à l'île S. Pierre, en Sardaigne. Nous y avons trouvé le vaisseau *Le Léopard*, commandé par le capitaine Gramont qui y était arrivé depuis le 16 de Janvier et qui s'était emparé de cette île, dans laquelle il a trouvé munitions et effets dont j'ai l'honneur de vous adresser ci-joint l'état.

Le capitaine Gramont s'est également emparé d'une somme de 207 livres 15 sols qui s'est trouvée dans les caisses du directeur du tabac et du préposé aux Salines. Cette somme a été employée à procurer des secours à quelques familles nécessiteuses que le capitaine Gramont a trouvées plongées dans la misère.

Tous les habitants de cette île ayant été rassemblés dans l'église paroissiale, on leur a expliqué les principes de la liberté et la justice du gouvernement républicain qu'ils ont adoptés avec transport; ils ont en conséquence changé le nom de leur île en celui d'île de la Liberté ; ils procèdent en ce moment à l'élection de leur municipalité et à la nomination d'un juge de paix. Jamais les Français n'ont été reçus d'une manière aussi fraternelle et amicale que par ces nouveaux enfants de la liberté, dont ils sont dignes par la pureté de leurs mœurs.

Le contre-amiral a nommé provisoirement le citoyen Colnet, capitaine au ci-devant régiment Ile de France, pour commander dans cette île avec une garnison de 107 hommes, dont 16 canonniers. Je viens de leur faire délivrer un mois de vivres, quelques médicaments et ustensiles d'hôpital, enfin tout ce qui peut leur être nécessaire pendant un mois, en attendant la reddition générale de la Sardaigne.

Je vais proposer au contre-amiral de donner des congés français aux bâtiments de cabotage qui s'expédieront de cette île sous notre pavillon, et je vais aussi installer provisoirement Barralier, ci-devant vice-consul de France, dans les fonctions de commissaire des classes pour la police du commerce maritime. J'ai l'honneur de vous adresser ci-jointe l'instruction que je lui ai remise à cet effet.

Toutes ces mesures ne sont que provisoires en attendant que la Convention Nationale ait statué sur le sort de nos conquêtes en Sardaigne.

Le Commissaire ordonnateur des forces navales dans la Méditerranée,
BERTIN.

Instructions pour le citoyen Barralier, vice-consul de France à l'île de la Liberté, ci-devant S. Pierre, en Sardaigne, nommé provisoirement pour remplir les fonctions de Commissaire des classes relativement à la police de la navigation.

Le citoyen Barralier inscrira sur un registre tous les bâtiments de petit et grand cabotage, avec le nom de leur propriétaire et leur port en tonneaux.

Inscrira pareillement sur un autre registre le nom de tous les marins avec les désignations nécessaires pour reconnaître les patrons d'avec les matelots.

Il dressera un rôle d'équipage pour chaque bâtiment qui partira pour le grand et petit cabotage, sur lequel il apostillera les conditions faites entre les propriétaires, le patron et les matelots, soit à la part, soit à gages.

Lorsqu'il surviendra quelques difficultés entre les marins pour raison de navigation ou relativement à leurs intérêts réciproques, il apposera sa médiation qu'il ne pourra exercer qu'après le consentement des parties.

Toutes les fonctions que le citoyen Barralier exercera seront gratis ; les frais de bureaux, papier, etc., seront à la charge de la République française et remboursés par le ministre de la marine.

Le citoyen Barralier recevra les déclarations des bâtiments qui viendront de la mer et les inscrira sur un registre qu'il ouvrira à cet effet.

Le traitement qu'il conviendra d'accorder au citoyen Barralier sera également fixé par le ministre de la marine.

Comme la guerre présente n'a pour but que de détruire la puissance des tyrans et non de gêner le commerce des peuples, le citoyen Barralier réclamera la protection du commandant provisoire et des citoyens de l'île de la Liberté pour tous les bâtiments de commerce qui pourront y relâcher, de quelque nation qu'ils soient, et il accordera tous les secours qui seront en son pouvoir.

Les lois ou usages suivis jusqu'à présent dans l'île de la Liberté pour le commerce maritime et pour la pêche, seront respectés. Les habitants auront seuls le droit d'y faire les changements qu'ils croiront convenables.

Pour copie,

Le Comm. ordonnat., BERTIN.

*Vincent, ordonnateur civil de la marine au port de Toulon,
au Ministre de la marine.*

Le 19 Janvier 1793.

Citoyen Ministre, — Le capitaine Martin qui commandait un bâtiment français, qui a été condamné à Cagliari, a été forcé de se rendre en France par les autorités de l'île de Sardaigne ; il est venu à la Ciotat dans un bâtiment espagnol. Il rapporte qu'il en est parti le 12 de ce mois et que le 8 nous avions pris possession de l'île S. Pierre de Sardaigne, qu'il avait appris cette nouvelle par des pêcheurs qu'il avait vus en dehors de l'île S. Pierre, qui avaient endossé la cocarde nationale en criant Vive la Nation !

Il m'a remis une note dont je joins ici copie, qui fait connaître toutes les batteries et fortifications qu'ils ont établies à Cagliari, où les prêtres excitent le peuple à s'opposer à l'entrée des Français à l'intérieur de cette île, et que par tout ce qu'il a pu apercevoir de leur mauvaise volonté, ils feront tout ce qu'ils pourront pour y réussir ; il craint que nos forces ne soient pas suffisantes pour les y contraindre. Il pense que la ville de Cagliari ne tiendra pas beaucoup, quoiqu'ils aient fait des dispositions pour tirer à boulet rouge et qu'ils se retireront sur les hauteurs du fort, dont il faudra s'emparer pour être en sûreté dans la ville. Il aurait bien désiré pouvoir donner connaissance de tous ces détails au commandant de l'escadre, dont il a aperçu de loin un vaisseau aux îles S. Pierre, ses mâts de hune recalés, et il assure que les autres vaisseaux étaient mouillés au golfe de Palma, à une lieue de là. Mais le capitaine espagnol, qui n'avait pour objet que de se rendre à sa destination, n'a pas voulu se prêter à ses vues pour aller parler au commandant.

Le capitaine Martin assure que les Sardes attendaient deux

bâtiments, l'un vénitien et l'autre ragusais, qui avaient chargé à Livourne des canons, fusils, sabres et autres munitions de guerre ; il aurait bien désiré pouvoir en instruire le commandant de notre escadre, mais il ne lui pas été possible.

Il rapporte qu'on avait fait fabriquer quatre mille quintaux de biscuit et fait une salaison de bœufs et de cochons pour pourvoir à la subsistance de tous les colons qui arrivent de tous les cantons de l'île auxquels on accorde deux réaux par jour s'il a deux fusils, et un réau pour un seul fusil. On a fait contribuer le clergé et les négociants pour pourvoir aux dépenses ; il croit que cette contribution ou prêt fait au roi de Sardaigne, s'élève à deux millions de nos livres. On croit qu'il se rassemblera au moins six mille hommes à cheval, venant de tous les côtés de cette île, qui paraissent très résolus à s'opposer avec deux mille des troupes réglées, à la descente des Français.

L'ordonnateur civil de la marine au port de Toulon,
Vincent.

P. S. — Je joins ici en original une pièce en vers italiens que les prêtres ont fait circuler en Sardaigne pour peindre les Français sous les couleurs les plus noires ; j'adresse au citoyen contre-amiral Truguet copie de toutes ces pièces par une gabarre chargée de vivres qui va mettre à la voile pour se rendre à cette escadre en Sardaigne.

Rapport fait à Toulon le 19 janvier 1793 par le capitaine Martin, sur les fortifications qu'on a établies à Cagliari, en l'île de Sardaigne.

12 pièces de canon de 18 livres de balles sur une batterie à ras d'eau, à la pointe de la darse, à l'entrée d'un petit port.

10 pièces de canon de 12 livres, à une batterie à l'est de la batterie ci-dessus.

6 pièces de canon de 12 livres, par dessus celle ci-dessus.

8 pièces de canon de 18 livres, à côté du rempart de la citadelle donnant en face de la pointe de ladite darse.

4 pièces de canon de 18 livres, à l'est de la pointe de la darse.

7 pièces de canon vis-à-vis la porte construite à neuf par dessus ladite batterie de 4 canons.

10 pièces de canons de 18 livres par dessus ladite batterie de 4 canons, à la pointe du quai de la Santé.

2 coulevrines de bronze de 24, même endroit.

Embrasures de canon au nord-ouest de la consigne, près le rivage de la mer, sur laquelle batterie il n'y a que 2 canons de 18 livres ; on attend les autres de Livourne.

4 canons de 12 livres par dessus la porte de ladite consigne.

2 canons de 18 livres montés sur la fortification du rempart, un d'un côté, l'autre de l'autre. On attend des canons pour la compléter.

8 pièces de canon de 8 livres de balles, au Lazaret.

8 pièces de canon de 4 livres de balles, près du Lazaret, provenant d'un corsaire sarde.

On assure suivant le rapport du capitaine Martin qu'il y a ou qu'il y aura en tout 130 pièces de canon. Dans tous ceux ci-dessus désignés ne sont pas compris les canons qui sont dans les fortifications au-dessus de la ville, dont il n'a pu avoir connaissance.

Pour copie,

MONGE.

Copie de la traduction d'une pièce en vers italiens.

Courage, île chérie, courage, île de Sardaigne ; c'est précisément cette fois-ci que je défie notre valeur.

La religion, le roi, les femmes et nos biens, tous crient : Sardaigne, que ta valeur se montre !

Si, en guerre réglée, la France fut battue même par des femmes faibles et par le menu peuple qui leur jetèrent du haut des remparts des pierres, de la poix et de l'eau bouillante, que faire ? Notre vivacité ne combat-elle pas, s'il le faut, contre des impies et des rebelles ?

Sardaigne, voici l'occasion que Dieu nous éprouve tous, si nous avons de la religion. — Ce n'est certainement pas un châtiment que Dieu nous envoie, mais il nous ordonne de verser notre sang pour lui.

Que nous serons heureux, si les coups de canon terminent notre mortelle vie, pour rejoindre les champions de notre sainte foi et jouir avec eux d'un trésor qu'ils ont mérité par leurs durs et cruels martyres.

Commençons par chasser de nous le péché, et que notre âme soit toute à Dieu ; notre cœur armé de courage ne cèdera certainement pas à la vue des rebelles.

Qu'ils viennent ces vaisseaux armés, ces chaloupes canonnières, ces felouques, ces troupes à pied et autres gens de guerre ; les Sardes tous unis, en braves et fidèles, ne craignent point ces tyrans, ne craignent point ces cruels.

Que nos maisons, nos toits et nos terrasses sautent en l'air à coups de canons, de bombes et autres fléaux ; il n'est pas douteux que l'île pourra être détruite, mais elle ne sera jamais cédée aux tyrans français.

Ils n'y trouveront pas le plaisir et la satisfaction de la trahison, comme en Savoie et à Nice, trahison horrible d'un cœur dur et inhumain. Notre pieux souverain ne la mérite certainement pas ; croyez que ce fut avec tant de hardiesse que s'en servit le convoi français dépourvu de munitions ; des femmes habillées en hommes, des hommes avec des bâtons envahissent une place garnie de canons.

Ils se vantent d'avoir acquis de l'honneur, lorsqu'il n'y eut pas la moindre opposition.

Dans toutes les places qui se donnent à eux, règne la poltronnerie et règne la tromperie ; que leur en est-il résulté ? Ils ont fait des pactes de guerre ; le Français a bien promis, mais il n'a rien observé et le peuple trompé sous le voile de la liberté n'a plus ni sacrements ni pitié.

Les riches sont sans bien, les églises sont dépouillées ; toutes les femmes sont par eux violées ; les artisans et les paysans sont sans travail, et conséquemment n'ont rien à manger.

Par eux la jeunesse fleurie est destinée à faire la première attaque et aller en avant des armées contre son souverain pour reprendre par la flamme et le feu ses postes et son pays : Voilà la liberté !

Oh ! misérables, trompés actuellemeet, vous êtes enchaînés par un double fer.

Quelle foi auraient gardé les Français, s'ils ont trahi leur roi, s'ils l'ont brûlé en effigie, et si dans leur foi, le chef de la Sainte Eglise ne règne plus ; mais chacun d'eux tâche de prendre son compagnon.

Un a le commandement, l'autre gouverne aussi, et tous tant qu'ils sont feront une mauvaise fin.

Aucun d'eux ne travaille ; ils sont tous dans l'oisiveté, ils veulent manger en troublant tout le monde.

S'ils ont été un temps le miroir de la vertu, actuellement ils ne veulent plus ni loi, ni religion, ni Dieu.

Oh ! mes chers Sardes ! si nous sommes conquis par eux, croyez certainement que l'Antechrist règne.

Et nous aussi, si nous venions à être de leur secte, craignons que le ciel ne lance sur nous sa foudre vengeresse.

Ah! non, que jamais notre Sardaigne ne soit infectée et remplie de cœurs pareils.

Au feu donc; ô mes amis, au feu, et avec courage prêtons à Dieu, au roi et à la patrie un fidèle hommage.

Et si nous remportons ensuite cette belle et grande victoire, espérons du roi des récompenses et de Dieu, la gloire éternelle.

Pour copie,

MONGE.

Bertin au Ministre de la marine.

A bord du *Tonnant*, en rade de S. Pierre, île de Sardaigne, le 20 Janvier 1793, l'an 2 etc.

Citoyen Ministre, — J'ai l'honneur de vous rendre compte que, d'après les ordres du général, j'ai fait délivrer des vaisseaux *Le Tonnant, L'Apollon* et *Le Centaure,* les bombardes *L'Iphigénie, La Sensible* et *L'Iris,* les canons et ustensiles d'artillerie, mentionnés dans l'état ci-joint qui ont été remis au citoyen Colnet, capitaine d'infanterie du 39e régiment, commandant provisoirement l'île de la Liberté, ci-devant S. Pierre, en Sardaigne, pour l'armement des forts.

Il vient aussi d'être établi un hôpital à terre, propre à contenir 50 malades; il en a été débarqué trente-sept de nos vaisseaux par lesquels j'ai fait délivrer les cadres, matelas, traversins, draps et autres ustensiles nécessaires que j'ai laissés à la garde du citoyen Barralier, faisant provisoirement les fonctions de commissaire des classes. J'ai remis les ordres du service aux citoyens Nocquo, médecin établi dans l'île, Jean-Jacques Fizanottes et Giacami, chirurgiens, pour donner leurs soins à ces malades, et j'ai l'honneur de vous proposer, citoyen Ministre, de leur accorder à chacun un traitement de 200 livres par an. Je le crois d'autant plus juste que le roi de Sardaigne leur en accordait un pareil pour les soins qu'ils donnaient à la garnison sarde. Je les ai remis sous l'inspection directe du citoyen Barralier et de l'officier commandant les troupes, qui feront assister tous les jours un sous-officier à la distribution des vivres. J'ai aussi compté au citoyen Barralier une somme de six cents livres en numéraire pour le paiement des vivres frais et des remèdes à fournir aux malades, la pénurie des vivres dans laquelle nous nous trouvons ne m'ayant pas permis de faire débarquer le vin, la farine et le riz qui leur deviennent nécessaires.

Le général ayant réduit la garnison de l'île à 60 hommes du détachement du 39e régiment et 9 canonniers avec un officier d'artillerie, je leur ai fait délivrer des vivres de campagne en bœuf, lard salé, légumes, huile et vinaigre pour un mois ; j'ai remis en espèces au commandant 1,500 livres pour se procurer du vin, de la farine, des souliers dont les soldats ont le plus grand besoin, ainsi que quelques habillements de première nécessité, ce détachement n'ayant apporté avec lui aucune provision. Je me propose de mettre à la charge du département de la guerre toutes ces dépenses ; mais cette opération ne procurerait rien qu'après la réduction générale de la Sardaigne.

J'ai l'honneur de vous adresser, citoyen Ministre, une copie des congés que j'ai proposés au général et qu'il a adoptés pour être donnés aux patrons des bâtiments de cabotage pour qu'ils puissent naviguer sous pavillon français. J'en ai remis quinze au citoyen Barralier, et je pense que cette quantité sera suffisante en attendant que vous lui fassiez passer vos ordres à cet égard. Je lui ai aussi remis des modèles de rôles d'équipage.

Parmi les dépenses que l'escadre a faites dans cette île,

une seule m'a paru ne devoir être acquittée sans vos ordres : c'est celle de la nourriture des officiers de l'escadre qui ont été obligés de descendre à terre pour les affaires du service et quelques fêtes patriotiques qui ont été données pour la plantation de l'arbre de la liberté et l'installation de la municipalité. Le citoyen Barralier en a fait l'avance. Il s'agit d'une somme de 450 livres, sur laquelle il lui est rentré 228 livres ; mais il lui reste encore dû 222 livres, ainsi que vous le verrez, citoyen Ministre, par la note ci-jointe. J'attendrai vos ordres pour lui en faire le remboursement.

Le commissaire ordonnateur à la suite de l'armée navale de la République Française,
BERTIN.

Paoli au Ministre de la guerre.

Corte, le 25 Janvier 1793.

Citoyen Ministre, — J'ai l'honneur de vous informer que les troubles arrivés à Bastia sont terminés aussi heureusement qu'on pouvait l'espérer dans les circonstances ; l'activité et la prudence de l'administration supérieure, et les ordres donnés à temps aux différents corps armés pour éviter tout désordre, ont prévenu et empêché les malheurs dont nous étions menacés.

Le citoyen Dhiller, commandant la légion des Bouches du Rhône, a profité du bon vent pour se rendre à Ajaccio afin de se joindre à l'autre partie du convoi. Il est aujourd'hui notoire que les insinuations de quelques mauvais citoyens ont égaré les volontaires des Bouches du Rhône en les conseillant à lanterner un nombre de personnes désignées dans une liste de proscription qui a circulé dans Bastia. On s'accorde à regarder comme l'auteur de cette trame un citoyen de ce pays qui est nanti d'une commission dont il paraît vouloir mésuser au mépris des instructions sages qui lui ont été dictées (1).

Je ne cesserai de vous répéter, citoyen Ministre, que si l'on s'obstine à donner pour ce pays du crédit à des hommes qui en abusent et qui sont décriés par l'opinion publique, on exposera le département de Corse à des désordres graves.

Le lieutenant-général etc.,
PASQUALE DE PAOLI.

Extrait d'une lettre écrite au Ministre de la marine le 26 Janvier 1793 par le citoyen Pourcel, commissaire provisoire de la marine à Villefranche.

Le Commerce de Bordeaux n'ayant pu prendre dernièrement Ajaccio, fut forcé d'arriver à S. Florent avec une partie de son convoi; reparti de là ensuite pour se rendre à sa destination, un vent contraire le conduisit hier avec 9 à 10 navires de transport devant Villefranche. Il appela les deux bâtiments entrés de relâche ici le 17. Je leur signifiai, en conséquence, l'ordre exprès de partir, et ils se disposèrent effectivement à le faire dans la nuit, lorsque deux autres navires du convoi ayant quitté leur escorte sont entrés ici ce matin, de très bonne heure, forcés par les troupes qu'ils ont à bord qui ne veulent plus suivre leur destination. Tel est, citoyen Ministre, l'état actuel des choses en ce moment que je m'empresse de vous mander.

---

(1) En marge on lit cette note écrite au crayon : « Arena. Voir l'adresse du conseil général du département, du 22 février, et la lettre de ce même conseil général au Ministre de la guerre du 25. »

Extrait d'un lettre du général Biron, général en chef de l'armée d'Italie, au citoyen Pache, ministre de la guerre.

28 Janvier 1793.

Le lieutenant-général Paoli est un personnage trop influent en Corse, et je suis trop peu au courant de ce qu'il y a fait pour ne pas devoir vous demander des ordres positifs sur ce qui le concerne. Dois-je le laisser en Corse, où selon toute apparence l'organisation et les besoins pressants de l'armée ne me permettront pas de me rendre d'ici à quelque temps? Dois-je mander au lieutenant-général Paoli de venir me joindre à Nice? Sera-t-il sans inconvénient de le mettre ainsi à portée de prendre toutes les connaissances relatives à l'armée d'Italie? Est-il certain que Paoli obéira à l'ordre de sortir de Corse? Le Conseil se décidera-t-il à l'employer dans quelque autre armée? Il est urgent et important, citoyen Ministre, que le Conseil prononce immédiatement sur ce point, et que vous me donniez des ordres le plus promptement possible (1).

Le citoyen général d'armée,
BIRON.

Extrait d'une lettre de Naillac, ministre plénipotentiaire de France à Gênes, du 28 Janvier 1793, au citoyen Lebrun, ministre des affaires étrangères.

Je crois avoir eu l'honneur de vous mander dans le temps que le général d'Anselme, se méfiant sans doute de mes lu-

---

(1) Note du ministre en marge de la lettre: « Il mandera Paoli près de lui, et sur le compte qu'il rendra au conseil, il sera pris un parti ultérieur. »

mières ou de mes intentions, avait envoyé ici un officier pour tâcher d'y trouver un emprunt en argent ou en fournitures militaires. Cet officier qui est le citoyen Rigaud, lieutenant colonel du 1er bataillon de la Drôme, que je connaissais précédemment et avec lequel je suis resté en relations, m'a écrit d'Antibes une lettre dont je vais vous copier deux articles qui ont excité ma plus grande surprise. Voici ses propres paroles :

« Vous savez sans doute depuis longtemps le rappel du général d'Anselme. Depuis le départ de ce malheureux, il s'est découvert une infinité de scélératesses commises par lui ou ses agents, qui font frémir. »

Dans le post-scriptum sont ces paroles :

« L'amiral Truguet doit être en Sardaigne ; s'il ne fait pas lui seul réussir cette expédition, je répondrais qu'elle manquera, car elle est aussi perfidement combinée que celle d'Oneille. »

Je supprime toute réflexion, mais vous conviendrez, citoyen Ministre, que ces derniers mots en font naître de bien étranges. Je dois ajouter que ce jeune citoyen Rigaud a beaucoup d'esprit, de lumières et de prudence, et que ses principes sont d'un républicain sage, qui est tout de feu pour les intérêts de sa patrie.

Le Ministre plénipotentiaire de la République française à Gênes,
NAILLAC.

Extrait des registres des délibérations du Conseil exécutif provisoire du 31 Janvier 1793.

Le ministre de la marine donnera ordre au contre-amiral Truguet, commandant les forces navales de la République dans la Méditerranée, de porter la partie actuellement libre de la flotte qui est à ses ordres, et de la ramener dans l'Océan pour être réunie aux autres vaisseaux actuellement en armement dans le port de Brest.

Mémoire pour servir d'instructions au contre-amiral Truguet.

Janvier 1793.

AU NOM DE LA NATION.

Le Conseil exécutif provisoire de la République française va faire connaître au contre-amiral Truguet la situation politique des affaires maritimes.

L'Angleterre unie à la Hollande, coalisée avec la Prusse, l'Autriche et la Russie, a mis embargo dans tous les ports sur la sortie des navires de toute nation chargés de comestibles ou munitions navales pour la République.

L'Angleterre a mis un grand nombre de vaisseaux en commission ; elle arme, elle menace, elle insulte, elle a pris le deuil du tyran qui opprimait les Français ; enfin son gouvernement vient de renvoyer notre ambassadeur.

La République française, après avoir tenté tout ce que lui permettait sa dignité pour éviter une guerre maritime, s'y voit entraînée.

La République saura sans doute la soutenir avec la même énergie et les mêmes succès qu'elle a déjà développés à l'Univers étonné.

Et ne voulant pas laisser impunie la violation de ses liaisons de bon voisinage et du droit des nations que l'Angleterre vient de commettre en arrêtant des bâtiments chargés d'effets et de munitions navales destinées pour la France, la République usera du droit de représailles.

En conséquence le Conseil exécutif vient d'ordonner par une circulaire à tous les chefs d'administration de la marine dans les différents ports de la République, d'y mettre embargo et d'empêcher de sortir aucun navire anglais, hollandais, prussien, russe et autrichien.

Le contre-amiral Truguet tiendra la main à ce qu'aucun navire de quelqu'une des puissances ci-dessus dénommées ne sorte des ports de la Sardaigne ou de la Corse, dont les administrations ont d'ailleurs été prévenues par des ordres.

Le contre-amiral Truguet ordonnera à tous les vaisseaux, frégates et corvettes de la division qui se trouveront en état de prendre la mer, de se tenir prêts à mettre à la voile ; il en donnera le signal et fera route immédiatement par le détroit de Gibraltar qu'il passera ; il cinglera à toutes voiles dans un bon ordre, mais en occupant un grand front pour se rendre à Brest, où il mouillera avec toute sa division. Le contre-amiral donnera chasse à tous les bâtiments de guerre ou de commerce des Anglais, Hollandais, Russes, Prussiens et Autrichiens, sans cependant trop s'écarter de sa route ; il les prendra et les enverra dans un des ports de la République ; il observera que ses bâtiments chasseurs n'approchent point des vaisseaux de guerre inconnus ou ennemis sans avoir leur branle-bas fait chacun à son poste.

Le contre-amiral Truguet, au moment de son départ de la Sardaigne pour Brest, adressera au ministre de la marine l'état des forces qu'il emmène avec lui, l'état des vivres et des hommes qu'il aura sur chacun des bâtiments de sa division ; il ne détachera la frégate qui devra porter les paquets qu'après avoir mis lui-même à la voile.

Il laissera au plus ancien officier (au contre-amiral Kéréon), le soin de donner suite aux opérations nécessaires pour le retour des Marseillais à l'armée du Var.

Le Conseil exécutif considérant combien le succès, même entier, de l'expédition de la Sardaigne importerait peu à la République dans le moment actuel en le comparant avec l'urgente nécessité où elle se trouve de rassembler le plus promptement possible la majeure partie de ses forces navales à Brest, il enjoint au contre-amiral Truguet de renoncer à cette entreprise dans le cas où elle ne serait pas entièrement terminée.

Soit donc que la tentation et la délivrance de la Sardaigne ait eu son effet, soit qu'au moment de la réception de cette instruction, cette île soit encore au pouvoir du roi de Sardaigne, le contre-amiral Truguet en appareillera avec tous les bâtiments de son escadre, et dans aucun cas, rien ne pourra le dispenser du devoir impérieux qui lui est imposé dans la présente instruction.

A cet égard, le Conseil exécutif se réfère à sa fidélité envers la République, à son patriotisme et à ses talents pour se tenir assuré que le contre-amiral Truguet conduira le plus promptement possible toute la division à Brest.

Le Ministre de la guerre au général Biron.

Paris, le 3 Février 1793.

J'ai reçu, général, vos lettres du 27 et 28 janvier ; j'ai renvoyé vos demandes aux différents bureaux qui les concernent pour s'en occuper activement.

Vous recevrez par le courrier prochain l'organisation de l'armée que vous avez demandée. Le Conseil approuve que le citoyen Egalité sera employé dans sa qualité d'adjudant général à l'armée du Var ; il sera expédié une lettre de passe. Il a également décidé que vous manderiez près de vous Paoli, employé comme lieutenant-général dans l'armée, et d'après les renseignements que vous aurez pris et le compte que vous aurez rendu, il sera pris un parti ultérieur.

Si les légions de citoyens portaient le nom d'un autre citoyen, vous auriez droit comme un autre à la chose ; mais à l'avenir aucune agrégation d'hommes ne portera le nom d'un autre homme.

Les compagnies d'artillerie à cheval sont au nombre de 10 ; les autres armées en ont une ou deux ; il ne pourrait vous en revenir davantage, en suivant cette proportion.

Vous jugerez à votre arrivée si les troupes légères ne sont pas en proportion de celle des autres armées, et alors vous pourrez envoyer vos observations et je m'empresserai de vous faire passer tout ce que je pourrai.

Extrait d'une lettre de M. Naillac, ministre plénipotentiaire de France à Gênes, au Ministre des affaires étrangères, du 4 Février 1793.

On a reçu des nouvelles de Palma dans l'île de Sardaigne du 22 de janvier. Elles portent que l'escadre française y était encore au nombre de 28 voiles, y compris les transports. On ajoute que le contre-amiral Truguet ayant envoyé une chaloupe parlementaire pour sommer l'île de se rendre, il lui avait été répondu qu'on était disposé à se défendre, et qu'on se retira. On assure que les Sardes sont rassemblés au nombre de 30.000 hommes et qu'ils ont 4.000 hommes de cavalerie.

Bertin, commissaire ordonnateur, au Ministre de la marine

A bord du *Tonnant* en rade de Cagliari, le 4 Février 1793.

Citoyen Ministre, — Le contre-amiral a fait attaquer la ville de Cagliari le 27 par une division de cinq vaisseaux et les trois frégates à bombes. Le feu a été très vif ; malgré les boulets rouges que les ennemis ont tiré sur nos vaisseaux, les bombes ont fait beaucoup d'effet ; une surtout a fait sauter un magasin de poudre que les ennemis avaient établi près de leurs batteries du port. Le général, voyant que ce moyen cependant ne pourrait réduire la ville, a fait cesser le feu vers les six heures du soir.

Enfin après plusieurs jours d'attente, une partie du convoi tant désiré est arrivée, mais il manque encore beaucoup de bâtiments. C'est d'une descente à terre que dépendront nos succès : il faut au moins 9 à 10 mille hommes pour cette opération.

La plupart de nos mortiers sont hors d'état de pouvoir recommencer leur feu, faute d'avoir embarqué des ustensiles de rechange pour réparer leurs crapauds. Nous ne pouvons plus compter que sur les petits mortiers que l'on pourra descendre à terre et qui n'ont pu servir sur les frégates, ne portant qu'à 6 ou 700 toises ; il nous aurait fallu 8 mortiers de 12 pouces à la Gomer.

Les obstacles que je viens de vous détailler, citoyen Ministre, ne sont pas les seuls que nous avons à combattre ; le défaut de vivres vient ajouter encore aux contrariétés qui nous poursuivent sans cesse. Je ne suis occupé qu'à des répartitions de subsistances ; tous les bâtiments qui nous arrivent sont aussitôt forcés de débarquer ce qu'ils ont d'excédant à un mois, pour fournir à nos vaisseaux toujours à la veille de manquer. Les gabarres le Mulet, la..... et la Lamproie, ne nous procurent qu'un secours momentané, et il faut songer aussitôt à de nouveaux moyens. J'ai écrit sur ces objets au citoyen Vincent à mon départ d'Ajaccio, et j'ai tout lieu d'espérer que nous verrons enfin arriver les vivres qui nous deviennent indispensables. Je connais son activité, son zèle infatigable et son patriotisme, et je compte sur lui comme administrateur et comme mon ami.

Je n'avais pas été à portée, comme en ce moment, de juger combien l'instruction devient nécessaire pour les commis aux vivres. Je ne trouve pas parmi ceux employés sous mes ordres les secours que j'en devais attendre, surtout pour la comptabilité. Il faut que je fasse tout par moi-même. Il devient donc essentiel de ne destiner sur les vaisseaux que des commis instruits qui aient travaillé dans les bureaux de la comptabilité du magasin général et des armements. Je dois cependant rendre justice à quelques-uns de ceux de l'escadre. Je dois surtout vous faire connaître les citoyens Gardame, La Borde, Tardieu qui joignent à l'instruction, le zèle, l'intelligence et l'activité si nécessaires dans la position où nous nous trouvons.

Le seul moyen de parvenir à l'instruction des commis, c'est de les faire passer successivement dans les différents détails des ports et de ne les embarquer que lorsqu'ils auront justifié, par des certificats de leurs chefs, qu'ils ont donné des preuves de capacité; mais il faut aussi que les chefs les instruisent et ne réservent pas pour eux la science qu'ils ont acquise, ainsi que je l'ai vu pratiquer dans les différents ports où j'ai servi.

Quoi qu'il en soit, la besogne va ; je fais ce que je peux et on peut beaucoup pour servir sa patrie. Le général est content ; nos équipages ne s'aperçoivent pas encore de notre gêne ; mais il serait bien cruel que notre état de dénûment vînt à paraître au grand jour ; je craindrais alors que la privation des choses les plus nécessaires ne vînt ralentir l'ardeur de nos braves compagnons. Ce malheur n'arrivera pas, je l'espère, et nos peines, une fois passées, seront bientôt oubliées.

Le commissaire ordonnateur à la suite des forces de terre et de mer réunies en Sardaigne,
BERTIN.

Permettez, citoyen Ministre, que cette lettre soit pour vous seul.

Le citoyen Perrot, lieutenant-colonel commandant la place de S. Florent, au Ministre de la guerre, le 5 Février 1793.

Citoyen Ministre, — Par votre lettre du 25 décembre 1792, qui ne m'est parvenue, par le retard des courriers dans cette île, que le 24 janvier, vous me demandez des informations sur la force de la garnison de cette place. Elle est composée de 60 hommes de troupes de ligne, commandés par un capitaine et un lieutenant et tirés de celle de Bastia, et est formée alternativement par les régiments 26e et 52e de troupes de ligne et cette garnison est relevée tous les mois. Il y a en sus un détachement du corps d'artillerie de 17 hommes commandés par un lieutenant de 2e classe.

Perrot.

Convention Nationale.

SÉANCE DU 5 FÉVRIER 1793.

Saliceti, au nom du comité de défense générale, propose un projet de décret qui est adopté en ces termes :

La Convention nationale, après avoir entendu le rapport de son comité de défense générale, décrète ce qui suit :

Art. 1er. — Il sera levé dans le département de la Corse quatre bataillons d'infanterie légère, lesquels porteront le numéro qui suit le dernier bataillon de chasseurs.

Art. 2. — Chacun de ces bataillons sera composé et soldé sur le même pied que ceux des volontaires nationaux.

Art. 3. — Lors de la première nomination, les officiers seront nommés par le Conseil exécutif provisoire.

Art. 4. — Il sera mis à la disposition du ministre de la

guerre une somme de 250,000 livres pour l'habillement des quatre bataillons, laquelle somme sera réintégrée dans le trésor public au moyen d'une retenue de 3 sols par jour qu'on fera à chacun des membres de ce corps.

Art. 5. — Au moyen de cette levée, la Convention nationale supprime les quatre bataillons de gardes nationales qui ont été levés précédemment dans le département de la Corse. Néanmoins elle autorise les commissaires qu'elle envoie sur les lieux à conserver ceux de ces derniers bataillons qui pourraient être en état de se compléter.

(*Moniteur du 7 février 1793, page 176*).

Extrait d'une lettre du général Biron, commandant en chef l'armée d'Italie, au Ministre de la guerre, datée de Toulon le 6 Février 1793.

Citoyen Ministre, — J'ai reçu à Marseille par un courrier extraordinaire la lettre par laquelle vous m'annoncez la certitude de la guerre avec l'Angleterre. Je vais en conséquence, dans tout mon commandement, donner les ordres que les circonstances exigent. J'ai rencontré ici les commissaires de la Convention nationale ; leur présence fera beaucoup de bien et lèvera nombre de difficultés dans cette partie. Les subsistances causent d'assez grandes inquiétudes à Marseille et à Toulon ; j'y joins celle que les demandes réitérées et journellement plus instantes de Marseille et le refus de Toulon ne troublent la bonne harmonie entre ces deux villes et qu'il ne soit difficile de la rétablir. Je vais m'occuper de concert avec les citoyens commissaires de la Convention nationale des mesures à prendre pour prévenir tous les dangers qui pourraient résulter d'une si fâcheuse division et je vous en rendrai compte.

Le Ministre de la marine au Ministre de la guerre.

Paris, le 7 Février 1793.

Je m'empresse, mon cher collègue, de vous adresser l'extrait d'une lettre qui vient de m'être écrite, le 26 du mois dernier, par le citoyen Pourcel, commissaire provisoire de la marine à Villefranche. Vous verrez qu'elle est relative à plusieurs navires de transport de l'expédition du contre-amiral Truguet, qui ont été forcés de relâcher à Villefranche, et qu'ils ont été ensuite obligés d'abandonner les dispositions de partance qu'ils avaient faite, les troupes embarquées ayant refusé de suivre leur destination. Vous sentirez comme moi combien cet acte de mauvaise volonté est dangereux, et je vous serai très obligé d'aviser promptement au moyen de rappeler cette troupe à son devoir.

MONGE.

Extrait du journal du vaisseau Le Patriote, *depuis le 6 janvier 1793, jusqu'au 10 février 1793.*

Je me trouvai bientôt seul avec *Le Thémistocle* et la frégate *L'Hélène* que j'envoyai à la recherche du contre-amiral Truguet dans les mouillages de la Sardaigne et voisins. Je continuai à croiser jusqu'au... janvier que la frégate, de retour, me rapporta avoir trouvé cinq de nos vaisseaux mouillés au golfe de Palma, et n'avoir trouvé aucune nouvelle du contre-amiral. Je fis aussitôt route vers ce golfe avec *Le Thémistocle* ; nous y entrâmes le 6 janvier ; le capitaine Trogoff m'y remit le commandement et m'apprit la tentative inutile qu'il avait fait faire par un officier pour communiquer avec les habitants et acheter des bestiaux, ce qu'on lui dit être défendu par le vice-roi. Il m'ajouta en outre qu'on ne pouvait trouver d'endroit de débarquement tout le long de la côte jusqu'à la ville, dans une étendue de deux lieues.

Le 8 suivant, je reçus une mission du capitaine Bourdon Gramont, commandant *Le Léopard,* qui m'annonce la soumission et la reddition spontanée des habitants de l'île S. Pierre où il venait de mouiller, en me recommandant instamment de m'emparer sans délai de l'isthme S. Jago ou S. Antioche qui borde d'un côté le golfe de Palma, et dont la conquête était indispensable et très utile pour les habitants et pour les Français.

Privé d'ordre supérieur, je voulus réunir les capitaines et recueillir leur assentiment pour me charger de l'expédition qui, dans tous les cas, eût mérité l'approbation générale ; j'eus la douleur alors de voir deux de mes antagonistes s'élever contre l'exécution projetée, les capitaines Trogoff et Vautier, qui entraînèrent bientôt les suffrages des citoyens Haumont et Cazotto, contre l'avis des citoyens Brueys et de Goy, seuls partisans de l'avis du capitaine Gramont et du mien.

J'envoyai aussitôt la frégate *L'Hélène* à une nouvelle perquisition dans les environs pour prendre à ce sujet les ordres du contre-amiral Truguet, si on l'y trouvait comme on l'avait dit. Il arriva peu de jours après et mouilla à S. Pierre le 13, d'où il m'écrivit le lendemain, et me donna ordre de faire faire sans délai une descente des troupes de la garnison des vaisseaux sur l'isthme S. Antioche et d'en couper la communication avec la terre de Sardaigne. Je procédai sur le champ à l'exécution ; j'employai particulièrement les citoyens Brueys et de Goy pour en seconder le succès, connaissant leur zèle, et craignant, je l'avoue, qu'une vile passion chez les autres ne puisse les porter à mal servir mes desseins. Je n'avais que 500 hommes de troupes et des habitants voisins m'assuraient qu'il y avait à terre 2,500 Sardes cantonnés, dont je ne voyais qu'une partie au poste situé sur la chaussée de communication avec leur camp peu éloigné. Pour balayer l'infanterie et la cavalerie assemblées audit pont, j'ordonnai au citoyen Brueys, capitaine du *Tricolore*, de s'avancer vers cet endroit, autant que le fond pourrait le lui permettre ; il le fit et n'en fut éloigné que d'une bonne portée de canon. Je fis exécuter la descente près de notre mouillage sous les auspices du *Scipion*. Les troupes à terre devaient s'approcher du bourg paisiblement et sans commettre surtout aucune hostilité. Elles avaient deux bonnes lieues à faire, et dans le même instant, voulant traiter fièrement, mais légalement, la horde sarde, j'envoyai vers eux un canot en parlementaire avec un officier, un caporal, six fusiliers et un tambour-major. Il fut reçu, présenta au chef la sommation que je lui faisais d'évacuer l'isthme et de m'en laisser maître ; à quoi ce chef répondit n'en avoir pas le pouvoir sans l'ordre du général qu'il allait faire prévenir, si on lui accordait deux heures. Je consentis à sa demande et en informai le commandant des troupes. Le délai accordé étant expiré, je renvoyai le même parlementaire pour connaître la résolution des Sardes. L'officier étant descendu à terre accompagné du caporal et du tambour fut aussitôt arrêté et enlevé, ainsi que ses deux compagnons. Ces lâches et barbares cannibales s'enfuirent précipitamment avec leur proie et tirèrent plusieurs coups de fusil sur le canot sans blesser personne. Cette scène atroce fut le pendant de celle d'Oneille et le signal de la vengeance. Elle ne fut pas sitôt communiquée aux troupes qu'elles se hâtèrent d'arriver pour poursuivre les fuyards ; mais ce fut en vain, et on s'empara sans difficulté des postes et du bourg où on arbora aussitôt le pavillon de la République française. Un bourg à quelque distance de là, nommé Calacera se rendit aussi, ainsi que deux tours de la côte armées de trois canons chacune. On travailla à se retrancher ; je fis une batterie sur laquelle on monta quatre canons des gaillards de *L'Hélène*. Il est inutile de parler des peines et des difficultés qu'on a éprouvées pour mettre à terre les canons qu'il a fallu jeter à la mer à 4 encâblures du rivage et traîner ensuite à force de bras ; en peu de temps nous en avons fait un rempart redoutable et imposant par sa situation.

Je dois ici en particulier rendre justice au citoyen Brueys dont le zèle et l'intelligence m'ont secondé très utilement dans cette occasion, et je dois à son activité et à ses lumières bonne part du succès qu'ont éprouvé nos travaux.

J'ai éprouvé une sincère affliction en voyant moi-même la misère affreuse dans laquelle venaient d'être plongés les habitants de cette isthme ; qu'ils ont payé cher la résolution qu'ils avaient prise d'imiter leurs voisins de S. Pierre ! Pendant les jours de délai que j'ai été forcé de mettre à leur rendre la liberté, les brigands qui y tenaient garnison en avaient enlevé les femmes, les enfants, les grains et au moins 11.000 bestiaux de toute espèce ; je trouvai un désert et des infortunés qui nous reprochaient un retard qui avait causé leur malheur. Par surcroît de désagrément, j'entendis les plaintes de plusieurs désordres et dégâts, commis par les gens de nos équipages, malgré les recommandations et les menaces les plus fortes que j'avais fait faire à tous. J'ai fait mon possible pour ranimer et consoler les habitants ; je leur ai laissé une petite garnison ; le contre-amiral leur a envoyé des députés pour les instruire de nos lois et je les quittai ainsi dès que la division eut ordre d'appareiller le 22 de janvier, laissant près d'eux la frégate *L'Hélène*, qui en avait l'ordre.

Je me réunis avec la division à celle du contre-amiral qui me fit prendre le commandement de l'avant-garde ; nous entrâmes le 23 dans la baie de Cagliari. Le lendemain il envoya un canot en parlementaire sur lequel les Sardes tirèrent des coups de canon sans relâche jusqu'à ce qu'il fût retiré hors de portée ; mais il ne fut aucunement atteint par les boulets. Le 25, je reçus ordre de m'approcher de la ville avec les vaisseaux de ma division et de mouiller hors de portée. On tira dès lors beaucoup sur nous, mais sans effet. Le 26, je restai dans la même position et les galiotes vinrent prendre leur poste. Le 27, le contre-amiral me fit signal d'approcher et d'embosser à grande portée. Je l'exécutai et le même soir j'en fis l'essai en lâchant toute ma bordée sur les batteries ennemies qui y répondirent. Dans la nuit, les galiotes lancèrent quelques bombes sur la ville, et on tira toujours sur mon vaisseau grand nombre de coups de canon. Dès le matin 28, je rappareillai pour faire former la ligne et battre de plus près. Je fis sur les batteries un feu soutenu qui, secondé par celui du *Généreux* et de la *Junon* seuls placés avantageusement, fit bientôt fuir les Sardes et taire leurs batteries. Une seule recommença à tirer à plusieurs reprises et dirigea toujours sur mon vaisseau des boulets rouges et autres que nous eûmes lieu de présumer sortir de deux coulevrines à la longueur de leur portée. Je m'attachai surtout à combattre les 5 ou 6 canonniers qui eurent le courage de servir ces pièces ; mais le général fit cesser le feu et retirer les vaisseaux. J'avais commencé à tirer à 8 heures 1/2 du matin, et je continuai jusqu'à 2 heures 1/2 après midi. Les Sardes s'enhardirent par notre retraite ; je répondis à leurs coulevrines toujours braquées sur moi par les canons placés en retraite ; enfin je me retirai sans avoir eu aucun homme blessé. Dans la quantité de leurs boulets, plusieurs ont endommagé mes manœuvres ; un est tombé dans le grand mât, un autre a percé un canot ; un surtout qui avait été rougi traversa les sacs entassés sur l'avant du grand mât sans mettre le feu et me fut apporté quelques minutes après dans une baille d'eau qu'il faisait bouillonner et qui conserva longtemps sa chaleur. La plupart des autres rasa la poupe du vaisseau.

A bord du *Patriote* devant Cagliari, le 10 Février, l'an 2e de la République Française.

P. Landais.

*Le Ministre des affaires étrangères au citoyen Arena, ex-député
à l'Assemblée législative, à Ajaccio en Corse.*

Paris, 12 Février, l'an 2ᵉ de la République.

Le retard, citoyen, apporté à l'expédition de la Sardaigne, ne permettant plus aujourd'hui d'en tirer le parti que l'on en attendait, il serait à désirer que l'on y renonçât, si les choses n'étaient pas trop avancées ; c'est du moins mon opinion et il m'a paru qu'elle était partagée par les membres du Conseil exécutif. En effet dans les circonstances présentes, cette expédition attirerait nécessairement dans la Méditerranée une escadre anglaise qui, fermant le passage du détroit de Gibraltar serait extrêmement préjudiciable à notre commerce. L'on assure même que déjà des vaisseaux de ligne sont destinés à s'y rendre. Il est vraisemblable que la destination de cette escadre serait changée, si la descente projetée en Sardaigne ne s'effectuait pas.

Quoi qu'il en soit, je vous prie, citoyen, de ne pas négliger de me faire part de toutes les notions que vous pourrez recueillir concernant nos intérêts dans la Méditerranée et de m'informer exactement de tout ce que vous apprendrez des dispositions des différentes cours de l'Italie à l'égard de la République.

Extrait d'une lettre écrite de Nice le 18 Février 1793, par l'administrateur de ce port au citoyen Monge, ministre de la marine.

Je m'empresse de vous donner une nouvelle que je viens de recevoir par le canal du consul de France à Oneille.

« Nous savons la flotte française devant Cagliari, qu'elle

bombardait, le méritant autant qu'Oneille. C'est vous dire que la chaloupe parlementaire y a été reçue de la même manière, et est retournée à bord avec 16 morts. »

Une autre lettre de Gênes dit qu'après un bombardement de 8 jours, cette place s'était rendue par capitulation.

CHAILLAN.

Extrait d'une lettre du général Biron, commandant en chef l'armée d'Italie, au citoyen Beurnonville, ministre de la guerre, datée de Nice, le 18 Février 1793.

Citoyen Ministre, — J'ai l'honneur de vous rendre compte que plusieurs lettres de la rivière de Gênes annoncent la prise de Cagliari après huit jours de bombardement. Comme cette nouvelle me paraît d'autant plus mériter confirmation que les vents sont bons depuis plusieurs jours pour venir de Sardaigne, je n'ai pas cru devoir vous envoyer un courrier extraordinaire pour vous en informer.

Extrait d'une lettre écrite le 18 Février 1793, par le Commissaire provisoire de la marine, de Villefranche, au Ministre de la marine.

J'ai eu l'honneur de vous instruire successivement du départ de ce port de tous les navires du convoi qui avaient été obligés d'y revenir. Les ordres vigoureux du général Brunet l'ont hâté, et c'est aussi à sa fermeté et à la sollicitude des officiers supérieurs ici que l'on a dû le retour à l'ordre et à l'obéissance de ceux qui s'en étaient écartés un instant d'une manière vraiment répréhensible. Ainsi j'ai lieu de croire que le déficit à la partance n'aura pas été fort considérable ; je désire seulement que dans les autres relâches au golfe Juan et aux îles d'Hières, il ne se soit point accru......

J'apprends à l'instant que le convoi a remis à la voile des îles d'Hières pour la Sardaigne directement ces jours derniers. Je désire infiniment qu'il puisse y être arrivé avant le temps vraiment horrible que nous éprouvons ici depuis avant-hier, et que je crains beaucoup n'avoir fait des ravages sur nos côtes.

POURCEL.

Correspondance du contre-amiral Truguet durant l'expédition de Cagliari (avec Latouche Tréville).

N° 1. — Le 10 Février 1793.

J'aurais bien désiré, général, causer avec vous sur l'inspection d'une contre-attaque que je ne puis confier qu'à vous ; c'est un service qu'il faut que vous rendiez à la patrie avant votre retour. Je ne puis vous en expliquer mes motifs que de vive voix, mais il est bien nécessaire que vous vous chargiez de la police de ce côté-ci pendant que je serai de l'autre. Je reçois dans ce moment votre lettre par Brueys ; ce qu'il me dit de vive voix de votre part me détermine à vous prier encore de venir me parler demain de bonne heure ; si je n'étais excédé de travail, j'irais à bord du *Languedoc*. Voici le moment d'un coup de force, et dans ce moment on oublie toutes les peines de son âme et de son esprit.

P. S. — Cette affaire ne vous retiendra que deux jours.

C.-Amiral TRUGUET.

Copie de l'instruction donnée le même jour.

Le contre-amiral Latouche appareillera demain pour se rapprocher du mouillage qui est à l'ouest de la tour de S. Elie.

Il enverra à bord du vaisseau *Le Tonnant* sa chaloupe armée de son équipage et de son obusier, dès que ce vaisseau se préparera à mettre à la voile.

Le contre-amiral Latouche recevra de vive voix du contre-amiral Truguet les détails de toutes ses dispositions d'attaque, et il va le prévenir de ce qu'il aura à exécuter pour la contre-attaque projetée.

Le soir même de l'attaque des vaisseaux sur la ville, qui aura lieu en même temps que le débarquement de l'armée, le contre-amiral Latouche fera embarquer dans ses canots les détachements du *Languedoc*, de l'*Entreprenant*, du *Scipion*, du *Généreux*, du *Patriote* et de l'*Orion*, et après que *Le Patriote* et *Le Scipion* auront tiré quelques coups de canon sur le lazaret et sur la tour, il menacera d'un débarquement dans l'anse qui est sous la ta tour ; mais les détachements reviendront à bord la nuit, et il les fera disposer à une attaque vraie le lendemain au point du jour, au même moment où la colonne de l'armée viendra donner l'assaut au morne de la batterie haute. Le rendez-vous sera sur le haut du morne où se trouve la batterie, et auparavant *Le Patriote* et *Le Scipion* balayeront tout ce qui pourrait s'y trouver de rassemblement vers ces lieux.

Le contre-amiral Latouche conviendra d'un signal avec ces cinq vaisseaux pour le moment de la fausse attaque du soir et de celui de la vraie le lendemain.

Le contre-amiral Truguet, pour annoncer au contre-amiral Latouche que l'armée de terre n'a pas changé son projet d'assaut et qu'il doit avoir lieu au point du jour, tirera quelques fusées vers les 4 ou 5 heures du matin ; alors il fera toutes les dispositions de la contre-attaque.

Dans le cas où l'armée se déciderait à attaquer le morne dans le jour même sans attendre la nuit et le point du jour du lendemain, ce qui dépendrait des mouvements de retraite des ennemis, alors le contre-amiral Latouche ferait embarquer les troupes d'après un signal de l'amiral qui serait ainsi qu'il sait, et aux premiers coups de fusil qu'on entendrait tirer du côté de la colonne, il exécuterait le débarquement.

Le signal serait un pavillon rouge supérieur et pavillon bleu inférieur, avec deux coups de canon.

Fait à bord du *Tonnant*, le 10 février 1793, l'an 2ᵉ de la République.

TRUGUET.

N° 2. — Le 14 à 2 heures après-minuit.

Le vent affreux d'hier m'a privé de *L'Apollon* et de deux navires du convoi. J'espère qu'ils me rallieront ce matin. *L'Apollon* a cassé son premier câble et je ne sais ce qui est arrivé au second, mais son ancre est ici avec sa bouée. Convenez, général, que je ne méritais pas tant de contrariétés.

La descente aura lieu ce matin au jour plus ou moins tard suivant les événements, mais ce sera toujours ce matin à moins de tempête. Vous reconnaîtrez mes mouvements aux signaux que je ferai pour le débarquement. J'espère que rien ne s'opposera aux mouvements de nos vaisseaux ; cette diversion est d'autant plus essentielle que *L'Apollon* et un autre navire nous emportent six cents hommes de bonnes et excellentes troupes. Pressez aussi le rapprochement des bombardes ; il y a *L'Iphigénie* qui doit jeter quelques bombes sur la redoute élevée ; je crains qu'elle ne s'approche point assez pour cet objet ; veuillez bien y veiller, ainsi que sur le rapprochement des deux autres ; car il faut qu'elles ne visent que sur la ville haute, les bombes deviendraient inutiles partout ailleurs. Nous avons en face un corps de cavalerie composé d'environ 7 à 800 chevaux, mais le débarquement est facile et la plage est bien battue par nos frégates qui sont mouillées à portée de mitraille. Rien ne s'opposera au débarquement, et je crois que notre canon de campagne mettra en fuite cette troupe à cheval dont la plus petite partie seulement est de troupes réglées ; le reste est composé de paysans.

Si le projet d'attaquer demain à la pointe du jour le morne de S. Elie a lieu, je tirerai à minuit ou deux heures quelques fusées, ainsi que le portent les instructions que je vous ai données.

2º Si Casabianca attaquait aujourd'hui même, j'en ferais toujours le signal avec deux pavillons rouge, bleu, et deux coups de canon, ainsi que le portent aussi les instructions.

3º Si enfin le général Casabianca, par le retard de *L'Apollon* ou autre raison différait l'attaque du morne, j'en ferai le signal par celui de la tactique qui annonce l'heure où le général doit attaquer l'ennemi.

L'Apollon nous emporte un dépôt de cartouches et vous savez que le convoi n'en a point ; je vous demande donc en grâce, général, de m'envoyer à bord du *Tonnant*, le plus tôt possible, toutes les cartouches faites à bord de tous les vaisseaux de l'autre rade, et dans un grand canot où elles ne puissent s'avarier. Pressez bien qu'on travaille jour et nuit à ces cartouches et ne perdez pas de temps à m'envoyer ce qu'il y aura sur l'escadre. C'est avec instance que je vous en prie ; vous recevrez, j'espère, ma lettre de bonne heure.

Prévenez le capitaine Landais que j'ai passé à portée d'un canon de 8 de la tour et que j'avais 8 brasses d'eau. Puisse enfin un peu de bonheur venir couronner nos travaux et notre zèle.

P. S. — Je n'ajoute rien au projet de la contre-attaque sous l'anse de la tour que le capitaine Landais doit foudroyer et faire taire. On fera toujours un mouvement ainsi qu'il est convenu pour menacer le lazaret, mais de loin et sans se compromettre. Au point du jour du lendemain, cette contre-attaque faite avec vigueur sera bien utile à Casabianca. Mais si elle rencontrait des obstacles imprévus, elle ne serait que fausse attaque.

Le contre-amiral,
Truguet.

N° 3. — Le 14 Février à 5 heures du soir.

La descente a eu lieu ce matin et je n'ai quitté les troupes qu'après les avoir vues bien gardées par toute leur artillerie montée. Voilà *L'Apollon* mouillé et déjà toutes ses troupes sont embarquées pour aller renforcer l'armée de 450 soldats de ligne. Il y a eu une petite escarmouche entre nos grenadiers et les dragons ; ils en ont tué deux, pris un cheval et nous avons eu un grenadier blessé.

Je viens de demander à Casabianca s'il allait attaquer cette nuit ou demain la redoute. Il me répond à l'instant qu'il attend l'arrivée des troupes de *L'Apollon* et du lieutenant-colonel Sailly pour se décider et qu'il m'en fera part par un officier et un canot que je laisse à ses ordres.

J'attends donc, général, cette réponse pour tirer ou ne pas tirer des fusées à minuit ou deux heures comme je vous l'ai marqué et qui doivent vous annoncer que l'attaque aura lieu, par conséquent la contre-attaque.

Je viens de faire prévenir *La Brune* de tenir prêtes des fusées, afin de répéter les miennes.

1° Si je n'en tire pas cette nuit, c'est une preuve que Casabianca n'attaquera pas demain matin.

2° Si j'en tire, c'est une preuve qu'il attaquera et dès lors vous tenterez l'attaque.

Vous avez très bien fait de ne pas faire le simulacre de la descente et toute réflexion faite, je renonce à ce mouvement qui est inutile, et il faut se borner à la fausse attaque convenue, aussitôt que Casabianca aura déterminé son mouvement.

J'en reviens encore à vous dire que si Casabianca attaque demain dans la journée, je ferai le signal des deux pavillons convenus.

Je presse et je conjure pour terminer au plus tôt ; mais il faut, avec de l'audace, de la prudence, et je ne puis rien répliquer quand on m'oppose cette vertu.

Le bâtiment qui a paru est la frégate *La Fortunée* que j'ai d'abord prise pour *Le Commerce de Bordeaux*. Je n'ai rien vu de suspect au large, mais je n'en suis pas moins pénétré, ainsi que vous, qu'il faut se hâter par plus d'une raison.

Je vous souhaite le bonsoir, général, et je n'ai pas besoin de recommander l'attaque des vaisseaux à votre zèle actif. Je vous recommande toujours les cartouches.

Le contre-amiral, Truguet.

N° 4. — A minuit.

Je profite d'une embarcation de *La Caroline* pour vous prévenir que Casabianca n'a pu se mettre en marche cette nuit pour attaquer au point du jour, ainsi que je l'aurais désiré. Il m'a assuré que ce matin, entre 8 et 9 heures, il mettra ses colonnes en mouvement et que son projet est d'attaquer par conséquent, quelques heures après, le morne S. Elie. Je ferai donc le signal ce matin des deux pavillons rouge et bleu pour vous annoncer l'attaque, et je ferai ensuite le signal à l'Ancre (art. 289 p. 256) qui dit de faire préparer les troupes de garnison à descendre à terre. A ce signal, quand je joindrai celui d'exécution, ce sera le moment d'exécuter la contre-attaque. On la fera précéder par une canonnade de la part du *Patriote* qui protègera le mouvement. Puissent, général, dans ce moment, nos vaisseaux pouvoir attaquer la ville ainsi que nos bombardes.

Nous avons 4.300 hommes à terre bien disposés. Ils bivouaquent cette nuit et je crois que ce matin ils seront parfaitement...

Je vous souhaite le bonsoir. Je vais m'occuper à faire suivre cette armée dans sa marche. C'est à la position des frégates qu'elle doit de n'avoir pas été inquiétée par la cavalerie.

Le contre-amiral, TRUGUET.

N° 5. — Le 15 Février à 11 heures du matin.

Je reçois dans le moment la lettre que le capitaine Landais vous écrit. Je me déciderai, général, à envoyer un canot à bord du *Patriote* pour le prévenir du moment où l'armée sera prête à faire son attaque, car la fumée empêche absolument de voir les signaux.

L'armée est en marche depuis 9 h. du matin seulement, et son artillerie retarde sa marche. Le général Casabianca m'a fait dire qu'il va s'avancer sans s'arrêter, mais je crois qu'il lui faudra toute la journée pour être rendu au pied du morne S. Elie.

Aussitôt que l'armée sera approchée et que son attaque pourra s'effectuer, je le ferai dire à l'instant au capitaine Landais qui vous en donnera avis. Si le temps s'éclaircit, mes signaux vous annonceront les mouvements à faire, mais dans tous les cas j'enverrai un canot à bord du *Patriote*; ce sera plus sûr et moins sujet à équivoque.

J'apprends avec peine que nos vaisseaux sont mouillés loin des batteries. Cette canonnade alors ne signifie rien et elle ne fera qu'enhardir l'ennemi. Faites-les rapprocher pour notre honneur et leur propre sûreté, car par expérience nous savons que de loin les vaisseaux ne font pas grand'chose sur des fortifications, et que plus près ils sont, et moins longtemps ils sont exposés.

Le contre-amiral, TRUGUET.

N° 6. — Le 15 Février à 2 h. après-midi.

Le commandant de *La Lutine* va mouiller dans la rade de Cagliari. Vous voudrez bien, citoyen contre-amiral, en disposer pour la placer au bombardement.

J'attends que l'armée de terre soit assez avancée pour n'avoir plus besoin de mes secours.

Le contre-amiral, Truguet.

N° 7. — Le 18 Février à 3 h. après-midi.

Ma plume se refuse à vous tracer nos malheurs. Le croirez-vous, général ? L'armée française, frappée d'une terreur panique et s'étant fusillée entre elle, a pris la fuite sans combattre, sans voir l'ennemi, et revenant avec désordre au point où elle s'était débarquée, m'a fait presser de la rembarquer tout de suite ; elle n'a point été poursuivie, elle n'est point attaquée où elle est, et cependant elle s'obstine à mourir de faim sur le rivage, d'où il est impossible, par le temps qu'il fait, de songer à approcher la plage, plutôt que d'aller à deux villages voisins éloignés d'une petite demi-lieue, où, par le rapport même des Sardes pris, elle trouverait des légumes, des poules, de la viande, beaucoup de vin, une fontaine et un couvent commode et sûr contre les injures de l'air. Croirez-vous, général, que cette armée arrivant au rivage après sa fuite, demandant à s'embarquer quoique le temps rendît impossible l'embarquement, a refusé tous les vivres que je lui ai envoyés et qu'avec peine j'aurais pu débarquer, disant, criant : « Nous ne voulons point de vivres ! nous voulons nous embarquer ! » C'est en vain qu'on leur fit observer qu'on les embarquerait dès que ce serait possible, mais qu'en attendant ils devaient recevoir ce secours indispensable. Leur délire était tel et leur frayeur si grande, qu'ils espérèrent en refusant des vivres qu'on serait plus ardent à les embarquer. Il est arrivé de cette conduite inconcevable qu'ils ont laissé perdre une matinée où l'on aurait pu les ravitailler en faisant mettre à la mer nos marins zélés, et que, le mauvais temps étant survenu, il n'a plus été possible de leur faire parvenir que quelques envois faibles. Vous ne pourrez jamais concevoir que des Français soient arrêtés depuis trois jours sur le bord de la mer où ils sont sûrs de rester par le temps qu'il fait, et de renoncer à courir sur un village, étant 4.000 et n'y ayant en plaine que des paysans armés et une cavalerie que le bruit met en fuite.

Telle est cependant, général, la position cruelle où je me trouve, ayant été obligé de rester ici avec le convoi pour les rembarquer dans une mauvaise rade, et obligé d'avoir sur la côte trois frégates sollicitées par eux et bien nécessaires pour arrêter l'incursion de l'ennemi, dont trois cents cavaliers bien déterminés seraient en état de les détruire (1). Peut-on concevoir une pareille terreur? Nos frégates ont été victimes de leur dévouement à la sûreté de l'armée, et la nuit dernière se trouvant près de la côte et chargées par le gros vent, *La Junon* et *L'Aréthuse* ont coupé leurs mâts, et *La Vestale* a eu son gouvernail démonté. J'ai rompu ma barre de gouvernail, *Le Centaure* a cassé un câble ; j'ai perdu votre chaloupe et deux canots, *Le Centaure* tous les siens, *L'Apollon* une chaloupe et un canot, et nos trois vaisseaux ont failli subir le sort de deux navires du convoi qui ont été à la côte où ils se sont brisés.

Accablés de malheurs dont la majeure partie provient de la conduite inconcevable de cette armée, il faut cependant tout tenter pour la tirer du précipice dans lequel elle s'est jetée, et la sauver du moins du comble de la honte en lui

---

(1) En marge, écrit au crayon : Les Marseillais, oui ; mais les troupes de ligne ? L'amiral les confond toujours dans son mépris, au lieu de le borner aux seuls Marseillais.

évitant une capitulation qu'ils auraient peut-être déjà proposée sans le danger qui l'accompagnerait.

Les vivres que j'avais envoyés à la suite de l'armée, naviguant dans des chaloupes le long de la côte, ont été forcés de revenir le lendemain au point du jour, bien étonnés de ne plus voir l'armée sur le rivage où elle était le soir. Enfin après avoir tout prévu, après avoir tout calculé, tout exécuté pour placer cette armée sans danger au pied du morne S. Elie, voilà comment la Providence m'a récompensé et voilà comment la patrie a été servie !

Les frégates vont se remâter et nous les remorquerons ; nous en ferons autant des vaisseaux avariés, mais il faut que tous nous fassions l'impossible pour embarquer cette armée à la première accalmie. Nous les répartirons sur nos vaisseaux tant mal que bien, nous en mettrons sur les gabares et sur le convoi ; nous les conduirons à S. Pierre ou en France, si le temps est favorable, et j'enverrai par précaution à S. Pierre deux navires chargés de vivres, ainsi que le navire de l'ambulance, en cas de relâche à S. Pierre, ou même en cas d'une relâche calculée pour cette rade.

Vous sentez par conséquent, général, la nécessité de tous nous prêter à ce rembarquement aussitôt qu'il sera praticable, et à ce moment je vous ferai le signal d'appareiller ainsi que toute l'escadre pour vous rapprocher de cette rade en mouillant un peu au large ; mais je choisirai un beau temps pour vous faire ce signal. Je ferai la répartition avec le plus d'ordre que je pourrai ; mais l'empressement sera tel qu'il faut s'attendre au désordre de l'indiscipline et de la faim, et nous serons obligés pour finir, d'embarquer le nombre qui nous viendra un peu pêle-mêle. Voici le moment où nous pouvons, sans faire un grand sacrifice à la patrie, en nous vouant à toutes sortes de dangers et de privations, sauver une armée de ligne de la honte et de la mort. Mais je crains que, si le mauvais temps dure, ainsi que leur pusillanimité qui s'accroît par la faiblesse du corps, ces malheureux n'éprouvent un sort bien rigoureux. Voilà donc, général, tout ce qui m'occupe et voilà les projets que me dictent les circonstances. Si vous avez des modifications ou des changements à apporter à mes intentions, faites m'en part. Voyez la position et l'honneur national cruellement compromis par cette armée et donnez-moi vos conseils.

P. S. J'ai été très content du zèle et de la bonne conduite de l'officier commandant votre chaloupe ; il a fait tout ce qu'il a pu pour garantir du naufrage son bâtiment ; il avait même laissé du monde dedans, mais rien n'a pu sauver cette embarcation.

Le contre-amiral, Truguet.

N° 8. — Le 19 Février 1793.

Vous avez dû être frappé, général, des nouvelles dont je vous ai fait part, mais c'est dans les positions les plus critiques qu'on doit retrouver l'énergie de son caractère.

J'ai employé le premier beau temps d'aujourd'hui à faire passer des vivres et de la boisson à l'armée, car pour les rembarquer, c'est bien difficile encore à cause de la mer qui brise ; cependant je prends ce que je puis avec le peu d'embarcations que j'ai.

Je vous prie donc d'ordonner aux vaisseaux qui n'étant point avariés et auxquels il reste des embarcations, d'appareiller à la première accalmie et de se rendre dans ce mouillage où ils mouilleront derrière moi plus près de terre. Chaque vaisseau prendra deux cents hommes, et nous emploierons de notre mieux le peu de chaloupes et canots qui nous restent. Il faudra laisser seulement auprès du *Léopard*, ce qui pourra le sauver et le déséchouer. Il me tarde bien que vous m'envoyiez quelques détails rassurants sur ce malheureux vaisseau sur lequel nous prendrons un parti quand son état sera bien constaté ; mais nous devons y épuiser nos forces pour le sauver.

Je crois qu'excepté *Le Duguay-Trouin* et les navires qui peuvent aider *Le Patriote*, il faut que tout ce qui est de l'autre côté vienne mouiller ici. Rien n'est à craindre par le vent de N.-O. et s'il venait à varier au S., ce serait petit à petit, et nous pourrions nous tirer alors d'ici. Oh ! plût à Dieu que le vent du S.-E. pût arriver ! Mais aussi il faut faire ce coup de force pour l'embarquement des troupes.

Rien ne donnera du courage à cette faible et pusillanime armée que la vue de l'approche de l'escadre entière. Envoyez-moi donc quelques vaisseaux en attendant que tous les autres puissent se rapprocher. Ne perdez pas de vue le pauvre *Léopard* ; je soigne ici les frégates et sous peu elles seront en état de naviguer.

P. S. — J'ai reçu une députation du *Scipion* qui ignorait la position de notre armée de terre (1). Ils sont bien disposés et ils m'assurent qu'il ne leur manque aucune embarcation. Que ce soit donc, je vous prie, ce vaisseau, qui appareille un des premiers, ce soir ou demain matin à la pointe du jour, ou même cette nuit.

Le contre-amiral, Truguet.

N° 9. — Le 19 Février 1793.

Je vous remercie, général, des avis que votre patriotisme vous dicte. Autrefois, j'aurais cru les devoir à un sentiment plus particulier ; mais le temps détruira, j'espère, des trames dont nous sommes peut-être, vous et moi, les victimes.

Vos projets sont précisément les miens, à quelques circonstances près et quelques modifications que j'adopte. Je

---

(1) En marge écrit au crayon : Ce vaisseau avait plus de cent malades à bord, et le reste de son équipage était menacé d'une épidémie.

pensais faire fortifier les îles S. Pierre en quittant ces parages, et j'approuve parfaitement votre idée, d'envoyer à Villefranche ou au golfe Juan les volontaires nationaux.

Je vous ai déjà dit ce matin, et vous pensez que préalablement à tout arrangement, il faut tirer cette armée de la position où elle se trouve. J'attends donc incessamment les vaisseaux pour m'aider à ce rembarquement.

Je vous ferai partir le premier avec *L'Entreprenant* et *Le Thémistocle*, et vous prendrez sur les trois vaisseaux ce que vous pourrez en volontaires nationaux que vous porterez à Villefranche. Je vous ferai suivre par une autre division et je ramènerai en France le régiment de Limousin qui depuis neuf ans était en Corse et qui veut absolument retourner dans les armées françaises ; je ne puis d'ailleurs le faire retourner en Corse, tant l'inimitié entre les soldats et les Corses est grande.

Je vous recommande l'infortuné *Léopard*, et il me tarde bien de le voir à flot. Les vaisseaux *Le Duguay-Trouin* et *Le Léopard* pourraient transporter à S. Pierre les troupes que je destinerai à sa défense. Enfin, général, nous ferons de notre mieux pour réparer une honte qui tient tout simplement à la lâcheté la plus insigne ; du moins les effets en ont été si prononcés et les troupes de ligne en paraissent si indignées que j'attribue à la lâcheté seule le désastre dont nous gémissons.

Je vous prie de ne quitter la rade de Cagliari qu'après avoir vu à flot *Le Léopard*. En attendant, envoyez-moi ce soir, cette nuit ou demain matin au point du jour les vaisseaux qui auront leurs embarcations, et si le vent du Nord continue, votre répartition sera vite faite, et nous commencerons par expédier vos trois vaisseaux.

Mon cœur aurait bien besoin de soulagement et je regrette bien ce temps où il pouvait s'épancher avec vous. Ce temps reviendra peut-être et nous aurons à nous pardonner réciproquement une bien grande précipitation dans nos plaintes réciproques.

Je n'ai pas besoin de vous prévenir que les misérables qui ont tout mis en déroute et qui accablent de douleur les troupes de ligne par les suites de leur lâcheté, accusent l'amiral qui a été en perdition pour les rembarquer, de vouloir sacrifier l'armée en ne faisant pas aborder des chaloupes sur une plage inabordable dans le coup de vent dernier.

J'ai voulu servir ma patrie ; j'ai mis à ce projet tout le courage que j'ai trouvé dans mon zèle et mon civisme. J'avais enfin réussi à placer sur le chemin de l'honneur une troupe qui ne demandait que la gloire. Le ciel en a disposé autrement, ou plutôt le sentiment le plus indigne pour un Français a triomphé.

Le contre-amiral, Truguet.

Certifié conforme aux originaux restés entre mes mains.
Le contre-amiral, Latouche.

Extrait du journal du citoyen Escoffier, lieutenant de vaisseau, commandant la galiote à bombes La Sensible.

Le 28 janvier à 7 h. 1/2 du matin, l'avant-garde embossée, les deux autres corps de l'armée mouillés sans ordre, *Le Patriote* a signalé l'ordre de bombarder qui a été exécuté sur le champ par les trois bombardes. A 7 h. 45, *Le Patriote* a mis le n° de *L'Orion* et les vaisseaux embossés ont commencé le feu. A 8 heures, ayant besoin de nous rapprocher pour bombarder la haute ville, nous avons fait signal pour demander des chaloupes, des ancres à jet et des grelins. *La Vestale* nous a envoyé, et nous nous sommes halés dans l'O.-S.-O. de la ville. Sur les 11 heures, les vaisseaux avaient presque cessé le feu ; à 1 heure après-midi, *Le Pa-*

triote a fait signal à l'avant-garde de s'entraverser pour faire feu. *La Junon* s'est halée de l'avant et lorsqu'elle a été en poste, elle a commencé à canonner les batteries basses de la ville. A 2 heures, nous nous aperçûmes qu'on formait contre nous une batterie aux Salins et nous commençâmes à leur envoyer du canon. Les deux autres bombardes nous imitèrent et nous continuâmes à canonner et à bombarder jusqu'à 4 heures. Les vaisseaux avaient entièrement cessé de tirer. Les batteries de la ville qui ne tiraient que de distance en distance, commencèrent à faire un feu plus suivi. A 4 h., *Le Patriote* a fait signal de rétablir les branles ; à 4 h. 1/2, *La Junon* a fait signal qu'elle avait 4 hommes de morts ou de blessés. Le général donna ensuite le mot du guet ; puis nous nous halâmes pour nous mettre hors de la portée du boulet. Nous avions tiré 79 bombes.

Le 14 février, *Le Duguay-Trouin* a fait signal de virer à pic, à 4 h. du matin ; à 5 h., il a fait signal d'appareiller pour aller prendre son poste ; à 5 h. 1/2, *Le Patriote* a fait signal pour demander si on pouvait avec succès attaquer l'ennemi au mouillage. *Le Languedoc* lui a répondu que oui ; à 7 h. 1/2, *Le Patriote* a mouillé devant la tour S. Elie qui lui a fait feu dessus. Le vaisseau s'est embossé et lui a répondu par un feu vif et bien suivi ; à 10 h., *Le Languedoc* a fait signal de cesser à midi et quand *Le Languedoc* a fait signal au *Patriote,* de répéter les signaux (sic). A 1 h. 15, nous avons été mouiller hors de la portée du canon par neuf brasses d'eau. La darse nous restait au N.-E. 1/4-E du compas. A 2 h. 1/4 *L'Iris* a demandé à bombarder et *Le Duguay-Trouin* le lui a permis. Aussitôt elle a commencé à tirer des bombes qui sont tombées à la mer ; à 3 h. on a donné le mot d'ordre, puis nous nous sommes approchés de la ville pour nous embosser. A 4 h. 1/4, *Le Languedoc* a demandé la quantité de morts et de blessés ; *Le Patriote* a fait signal qu'il en avait 6. La bombarde *L'Iphigénie,* pendant l'après-midi, avait tiré quelques bombes à la batterie en tête du morne où se trouve la tour S. Elie.

Le 15 à 6 h. 1/2 du matin, les vaisseaux ont commencé le feu et les bombardes en ont fait autant. *Le Duguay-Trouin*, à 6 h. 1/2, a fait signal de cesser le feu ; à 8 h. les batteries embossées ont fait signal pour demander des chaloupes et des grelins ; à 8 h. 1/2 le vaisseau *Le Tricolore* a demandé à faire feu et on le lui a accordé. A midi 1/2, *Le Commerce de Bordeaux*, la bombarde *La Luttine*, et quelques bâtiments du convoi ont mouillé dans la rade. *Le Commerce de Bordeaux* a mouillé devant la tour S. Elie et a commencé le feu ; les vaisseaux ont continué le leur. A 4 h. 1/2, *Le Languedoc* a fait signal au *Duguay-Trouin* de faire préparer les troupes de garnison à descendre à terre. Le vaisseau *Le Thémistocle*, à 4 h. 1/2, a fait signal qu'il était hors d'état de tenir la ligne et le vaisseau *L'Entreprenant* a été le relever. La ville avait fait un feu plus vif que la première fois. Nous avions tiré 28 bombes qui, ainsi que celles de *L'Iris*, nous avaient paru tomber à la mer. A 6 heures, on cessa le feu de tous les bâtiments.

Colonna-Cesari à Paoli.

Bonifacio, le 19 Février 1793.

Citoyen général, — Je ne puis vous donner qu'une idée à la hâte sur le rétablissement des batteries des côtes et des signaux, à commencer de Portovecchio jusqu'à Propriano.

Dans le golfe de Portovecchio, il y avait la tour du Benedetto qui a été démolie par les Génois ; tout à côté il y existe encore la tour de San Cipriano, laquelle garde le port de ce nom. Cette tour est dégradée et aurait besoin de réparations pour la mettre en état de servir utilement ; deux pièces de canon et une garnison de 8 à 10 hommes suffiraient.

A cinq milles du côté du Levant, il existe encore la tour de Pinarello qui garde le port de ce nom et qui aurait les mêmes besoins.

Portovecchio a besoin de réparations un peu plus considérables pour réparer les plates-formes des bastions qui doivent recevoir les canons, sans entrer dans les réparations des murailles dégradées ; surtout il faudrait couvrir et mettre en état d'être habitable la maison publique, laquelle servirait de caserne à la garnison. Cinq à six pièces de canon de 24 et 18 pourraient suffire pour défendre ce port. Une compagnie de 8 hommes de volontaires suffirait aussi pour la garnison, et de cette troupe on en tirerait le nombre qu'il faudrait pour la tour de S. Cipriano. De Portovecchio à Bonifacio, il y a environ dix lieues par la côte de la mer. Dans cet intervalle, il y a le petit pont de Santa Giulia, et surtout le golfe de Santa Manza, qui sont découverts. Il y avait à Santa Manza une tour qui a été démolie par les Génois.

Du côté de l'ouest de la place de Bonifacio, il existe encore la tour du port de Figari ; environ cinq milles plus loin, celles de Mortola, l'Olmetto et Roccapina ; puis celle de Tizzano qui a été démolie par les Génois. Il en existe une encore à Campocasso et une à Propriano ; cette dernière surtout serait nécessaire de la mettre en état de recevoir deux pièces de canon et une garnison de 8 à 10 hommes.

Vous n'avez pas besoin, général, que je vous observe que du côté de Portovecchio, également que de celui de Propriano, les garnisons qu'on y mettrait n'ont d'autres besoins que de s'opposer le premier moment que l'ennemi voudrait débarquer, car dans le délai de 5 à 6 heures, les citoyens des environs, qui sont en bon nombre, courraient en foule pour les repousser.

A l'instant de partir pour l'expédition de la Sardaigne, je n'ai pas le temps de vous faire un mémoire détaillé comme je l'aurais souhaité et comme j'aurais pu m'en acquitter en recueillant les notions nécessaires selon les règles sur ce sujet.

Le colonel commandant l'expédition de la contre-attaque de la Sardaigne dans la partie du nord,
COLONNA-CESARI.

Rapport du général Casabianca au Ministre de la guerre.

A bord du *Commerce de Bordeaux*, dans la rade de Cagliari, le 22 Février 1793.

Citoyen Ministre de la guerre, — Le 14 de ce mois, j'ai débarqué à terre auprès d'une tour à deux lieues de Cagliari, sans rencontrer aucune résistance.

Je n'avais que 4.000 hommes dont 1.400 seulement de troupes de ligne ; nous avons pris des vivres pour trois jours. Le 15, j'ai fait partir mon avant-garde composée de 800 hommes aux ordres du citoyen Sailly, lieutenant-colonel du 52e régiment et je lui ai enjoint de se rendre à la presqu'île de S. Elie, poste qui était gardé par environ 200 paysans sardes, et qui depuis deux jours avait essuyé le feu de plusieurs vaisseaux de ligne.

J'ai fait soutenir ce premier corps par une brigade de mille hommes. A peine ils étaient en marche, qu'on nous annonça un corps de cavalerie qui était en bataille sur une colline à droite.

J'ai avancé avec la brigade de la droite, et j'ai laissé après moi la dernière.

Ayant reconnu que ce corps de cavalerie était tout au plus de 300 chevaux, la plus grande partie paysans, j'ai fait mes dispositions pour l'attaquer.

Aux premiers coups de canon, toute cette cavalerie a disparu devant nous, et les paysans qui la composaient se sont retirés dans leurs villages par pelotons et en désordre.

Le chemin étant libre, j'ai pressé l'avant-garde de s'avancer vers S. Elie, mais malgré mon empressement et les ordres réitérés, ce mouvement ne se faisait que très lentement.

Arrivé sur la hauteur qui domine la plaine de Cagliari, j'ai reconnu deux chemins qui conduisaient à cette place ; le premier à gauche qui était garanti d'un coté par la mer et de l'autre par l'étang ; et c'était le plus court et le plus aisé. L'autre passait par le village de Quarto, mais étant plus long, et d'ailleurs aboutissant sous le canon de la ville, il offrait plus de difficultés pour pénétrer.

J'ai préféré de faire passer l'armée par le premier ; et elle serait arrivée à trois heures au point sur lequel je dirigeais le mouvement, si un chemin sablonneux n'eût retardé la marche des canons, qu'on traînait à bras.

A 4 heures, nous étions avec l'avant-garde et la première brigade à la petite portée de canon devant S. Elie.

J'étais convenu avec le contre-amiral Truguet que lorsque j'aurais fait attaquer le point de S. Elie, il aurait fait exécuter une contre-attaque du côté de la tour et du lazaret.

L'ennemi ne nous présentait d'autres forces qu'une cinquantaine de chevaux en tête ; une batterie de deux pièces de canon et quelques paysans postés derrière le mur d'enceinte d'une maison, et sur la droite, du côté des Salines, environ 200 dragons.

Le gros de mon armée était composé de volontaires nationaux qui n'avaient jamais fait la guerre et dont une grande partie de l'âge de 15 à 16 ans. La nuit approchant, je n'ai pas jugé à propos de commencer l'attaque, et j'ai cru devoir différer au lendemain.

J'ai fait retirer l'armée dans un excellent emplacement entre la mer et l'étang qui, se trouvant fortifié par des dunes de sable, formait un retranchement naturel, et l'artillerie était disposée de manière à le rendre impénétrable aux ennemis.

Pendant que l'avant-garde et la première brigade étaient en avant, j'avais laissé la 3e au seul point de communication qui existait entre l'armée et les dragons ennemis. A nuit close, j'ai ordonné à cette brigade de laisser dans cet endroit un poste avancé et de rentrer dans le camp.

Lorsqu'elle rentrait, une fausse alerte a occasionné une fusillade qui a été accompagnée de trois coups de canon. Le citoyen Laliment et deux autres officiers du 42e régiment en ont été les victimes avec plusieurs soldats.

Le désordre ne finit pas là. Les gardes nationaux, après avoir tiré indistinctement à droite et à gauche dans le camp, au nombre de 700 environ, jetant leurs fusils, leurs gibernes et leurs habits, vont à corps perdu se jeter à la mer.

C'est en vain que moi et les adjoints aux adjudants-généraux, Giovanni et La Converserie, ainsi que plusieurs autres militaires, nous nous portons dans les lignes pour contenir ce mouvement désordonné et pour rallier les troupes. Tous nos efforts furent inutiles. La terreur panique avait frappé les esprits de ces volontaires et tous demandaient à se retirer.

J'ai résisté à leur demande jusqu'au moment où le citoyen Luce (Casabianca) capitaine des grenadiers du 42e régiment, vint me dire que les troupes de ligne, indignées de la conduite des volontaires inexperts, demandaient aussi la retraite pour ne pas se trouver une seconde fois exposées au même malheur.

N'ayant pas d'autre parti à prendre pour sauver cette armée, j'ai donné les ordres pour faire la retraite sur le camp que nous avions quitté le matin. Nous l'avons effectuée sans éprouver aucun obstacle de la part de l'ennemi, et nous avons ramassé pendant la nuit les fuyards qui avaient jeté leurs fusils pour être moins gênés dans leur fuite. Le rivage était couvert de leurs habillements, ce qui nous a fait présumer que plusieurs s'étaient noyés.

Arrivés au camp, les volontaires m'entourent et me demandent à s'embarquer, me menaçant de la lanterne, si je n'adhère pas à leur demande. En vain je m'efforce de leur démontrer que nous n'avons pas vu la face de l'ennemi, que le désordre de la nuit avait été occasionné par une fausse alerte et par leur propre faute ; qu'ils vont se couvrir de honte et faire manquer une expédition à laquelle la République attachait tant d'importance.

La majorité des volontaires sourds à la voix de l'honneur et insensibles aux intérêts de la patrie s'obstinent à exiger les embarcations en criant à la trahison.

Si les troupes de ligne eussent été plus nombreuses, j'aurais pris le parti de contenir par la force ces séditieux, lâches devant l'ennemi, insubordonnés envers leurs chefs, et j'aurais ainsi repoussé la corde qu'ils me montraient.

Dans cette circonstance difficile, j'ai rassemblé tous les chefs, et tous ont convenu qu'avec de tels hommes, nous aurions exposé les armes de la République à une défaite certaine, et que le seul parti était de les faire embarquer sans délai.

Le citoyen contre-amiral Truguet, instruit de notre position le 16, nous envoie 50 quintaux de biscuit et d'autres provisions. Les volontaires forcent la chaloupe de retourner à bord, et en empêchent le débarquement, de crainte qu'on ne les oblige de marcher vers Cagliari.

Une partie des chefs était d'accord avec les volontaires. La plupart n'approuvaient pas leur conduite, mais ils n'osaient pas s'y opposer, et les ordres que je donnais n'étaient pas exécutés.

Le 17, un grand coup de vent ayant rendu impossible la communication avec l'escadre, et l'armée manquant de vivres, les mêmes volontaires qui les avaient refusés la veille, se présentèrent au nombre de cinq à six cents, ayant à leur tête le lieutenant-colonel Jourdan, de Tarascon, me demandant sous peine de la vie l'embarcation et des vivres.

Dans ce moment toute l'escadre était en danger. Deux frégates qui ont été démâtées dans la nuit, étaient dans la plus grande tourmente, et les lâches voulaient assassiner leur général, parce qu'il ne pouvait commander à la nature, et qu'il ne leur donnait pas les vivres qu'ils avaient déjà refusés.

Les troupes de ligne, indignées, manifestèrent la disposition de défendre leur général, et dès lors ma vie, menacée à tout moment, n'a plus couru de danger. Enfin, ces volontaires, après avoir répété par des députations réitérées au contre-amiral le vœu de se rembarquer, l'ont été, et l'ennemi ne nous a pas plus inquiétés dans notre retraite que dans notre descente.

Il est désolant pour moi et pour les braves qui étaient dans cette armée d'avoir eu des hommes aussi insubordonnés et aussi peu courageux, des hommes qui n'ont laissé dans cette île que les traces de la barbarie et de l'impiété.

Le premier jour de notre descente, quelques soldats sortent du camp sans permission ; il s'engage une petite fusillade entre eux et quelques Sardes à cheval. Un de ceux-ci est blessé. Il demande la vie ; on lui coupe la tête. Une ferme, à la distance de 200 toises du camp, offrait la commodité d'un poste avancé ; on y met le feu. Une petite église de campagne se trouve à proximité du camp ; on y va piller les meubles, enlever les cloches et briser les statues des saints. Voilà la conduite que plusieurs ont tenue à terre.

Je dois cependant rendre justice à la majorité des officiers des volontaires. Ils gémissaient avec moi du désordre qu'ils ne pouvaient pas arrêter.

Je ne saurais trop me louer du zèle et de l'activité infatigables des canonniers volontaires et de ligne. Les troupes de ligne ont souffert le froid et la faim sans se permettre aucun murmure et si l'armée eut été animée du même esprit, nous aurions pu nous promettre du succès.

Le Général, Casabianca (Raphael).

(Communiqué en mai 1865 par M. Casabianca, procureur général à la Cour des comptes, sénateur).

Le Commissaire ordonnateur de l'armée navale Bertin,
au Ministre de la guerre.

En rade de Cagliari, à bord du *Tonnant,* le 22 Février 1793, l'an 2e de la République Française.

Citoyen Ministre, — Malgré le courage de nos marins et les précautions sages de notre contre-amiral pour nous assurer des succès en Sardaigne, l'armée de terre s'est rembarquée sans avoir vu l'ennemi ; une terreur panique qui s'est emparée des troupes a produit ce malheureux effet : des Français ont pu fuir !!!

S'il est quelques consolations pour une âme véritablement républicaine, c'est la conduite de l'escadre ; nos vaisseaux mouillés et embossés sous les batteries de la ville de Cagliari ont bravé les boulets rouges de l'ennemi. Rien ne peut mieux le prouver que l'échouement du vaisseau *Le Léopard* qu'il nous sera peut-être impossible de retirer. Nous allons cependant faire de nouveaux efforts pour y parvenir.

Le général Casabianca et le citoyen Arena rendront compte de ce qui s'est passé à terre ; ma plume se refuse à vous le retracer.

Le Commissaire etc.,
Bertin.

Extrait d'une lettre du contre-amiral Truguet à sa mère, du 22 Février 1793. A bord du Tonnant, *devant Cagliari.*

J'espérais pouvoir vous annoncer des succès, mais l'armée de terre, à laquelle nous étions associés et que j'avais débarquée au nombre de 4.200, a fui honteusement sans avoir combattu, et elle a voulu impérieusement être rembarquée, après avoir, par une terreur panique, tiré les uns sur les autres, ne voulant jamais revenir sur l'ennemi bien peu dangereux, puisqu'il fuyait partout. En vérité on ne conçoit rien à un pareil désastre, et l'on ne croira jamais qu'une armée de Français ait pu fuir honteusement, sans avoir voulu combattre, après avoir annoncé les meilleures dispositions.

L'armée navale a tout fait pour obtenir un succès qui était certain sans la lâcheté des troupes de débarquement, dont la minorité, qui était bonne, a été entraînée par une majorité lâche et corrompue. Les marins sont toujours dignes de l'estime de leurs concitoyens. Ils avaient tout supporté et n'avaient jamais porté une seule plainte sur les privations de tout genre auxquelles les exposait leur constance à attendre l'arrivée du convoi chargé de troupes. Ce convoi est enfin arrivé, et c'était pour couvrir de honte les armes de la République. Vous devez juger, ma chère maman, tout mon chagrin, connaissant mon amour ardent pour la gloire de la République, et mon zèle pour obtenir du succès au pavillon tricolore qui m'est confié !

Tout s'est réuni pour m'accabler de contrariétés et de malheurs ; mais toujours mon courage a été le même et j'ai trouvé de l'énergie à raison de mes contrariétés.

Je vais essayer de relever *Le Léopard* qui est jeté sur la côte pour serrer de trop près l'ennemi au feu, et immédiatement après je pars pour Toulon.

Arena au Ministre des affaires étrangères.

Au golfe de Cagliari, le 22 Février 1793.

Citoyen Ministre des affaires étrangères, — L'expédition de Sardaigne est manquée ; les gardes nationaux du département des Bouches du Rhône nous ont procuré la honte de renoncer à la prise de Cagliari qui était presque sans défense.

Indisciplinés et sans courage, ils ont mis le désordre dans l'armée et forcé les généraux à les renvoyer en France.

Le contre-amiral Truguet et le maréchal de camp Casabianca ont fait tout ce qu'il dépendait d'eux pour enlever la place, mais il a été impossible de conduire les gardes nationaux sur un point où il fallait placer les batteries pour réduire la ville à se rendre.

L'insubordination de ces bataillons, la lâcheté des individus qui les composent, excepté un très petit nombre, pourront occasionner des nouveaux malheurs, si le Conseil exécutif, instruit par les événements que nous venons d'éprouver, ne prend pas des mesures pour les éviter.

J'ai descendu avec l'armée, j'ai bivouaqué pendant six jours; j'ai enduré toutes les fatigues dans l'espoir de leur inspirer du courage, mais la chose était impossible ; la mauvaise composition de ces bataillons, la jeunesse extrême d'une grande partie des soldats, et le peu d'énergie d'une partie des officiers étaient un obstacle insurmontable.

Il a fallu se retirer sans éprouver de résistance de la part des ennemis.

Depuis la guerre nous n'avons vu rien de semblable. A chaque instant, une rébellion, une alerte et des mesures horribles contre les généraux et les chefs.

Ils ont crié à la trahison ; ils ont refusé de marcher ; ils ont calomnié et le contre-amiral Truguet et le général Casabianca, et enfin ils n'ont été contents que lorsqu'ils les ont réduits à la triste nécessité de les rembarquer. Ils sont partis pour Villefranche. Je plains le général de l'armée qui devra les recevoir et marcher à leur tête.

ARENA.

Adresse du Conseil général du département de la Corse.

Corte, le 22 Février 1793, l'an 2e de la République.
(Sans adresse).

Frères et amis : Vous trouverez ci-joint quelques exemplaires (1) de l'exposition authentique que le général Paoli a fait de ses sentiments à ses concitoyens de Corse, et nos observations au Conseil exécutif sur les intrigues qu'Arena, ex-député à la législation, cherche à mettre en mouvement pour surprendre la religion du gouvernement.

Nous ne pouvons pas vous dissimuler que c'est avec la plus grande indignation que tous les Corses ont été informés des calomnies atroces et révoltantes que cet homme vraiment immoral ou ses complices ont débité sur la conduite du général Paoli, et ce n'est pas aussi sans surprise que vos frères de ce département ont dû se convaincre que ces calomnies avaient trouvé parmi vous quelque homme assez insensé ou pervers pour les accréditer.

Frères et amis, vous vous rappelez sans doute ces temps de deuil où la France elle-même, la plus puissante et la plus éclairée des nations, gémissait sous la tyrannie des rois. Eh bien, lorsque vous dormiez dans l'esclavage, nous combattions pour la liberté, et Paoli avec les ressources de son gé-

---

(1) Cette pièce manque.

nie, relevait le courage abattu et trahi de ses concitoyens et chassait les oppresseurs de sa patrie.

Rappelez-vous que, lorsque nous fûmes libres, républicains et heureux, lorsque nous avions porté le fer et le feu sur les possessions de nos ennemis, le plus lâche et le plus corrompu des rois médita notre perte ; vous avez vu vous-mêmes les appareils de la mort et de l'esclavage partir de vos ports pour venir nous subjuguer.

Rappelez-vous qu'un peuple qui n'avait pas alors plus de quinze mille citoyens en état de porter les armes, dispersés sur 547 lieues quarrées, qui ne tenait aucune ville, qui n'avait aucun canon, eut la fierté et le courage de résister à une armée disciplinée et fournie de ressources de tout genre. Nous fumes opprimés par le nombre, mais notre résistance fut glorieuse, et il n'y eut pas un de nos concitoyens qui s'immolèrent pour leur patrie, qui tombât sans être teint du sang de nos ennemis d'alors.

Rappelez-vous que plus de trois mille désertèrent une terre asservie, et qu'ils ont vécu pendant vingt ans dans un exil honorable ; que Paoli fut le premier à donner cet exemple, comme celui de la plus fière résistance aux insinuations de vos rois, qui rougissaient d'avoir un ennemi dont la vertu était à l'abri de la séduction.

Rappelez-vous qu'au moment où la France a reconquis ses droits, au moment où nous aurions pu réclamer les grands principes de l'indépendance des peuples, les Corses ont demandé, ont déclaré vouloir être Français et libres, et que Paoli vint en donner les plus hautes assurances à la nation entière.

Depuis cette époque, sa conduite est la preuve la plus solennelle de l'invariabilité de ses promesses ; toute son influence, ses conseils, son crédit ont toujours été dirigés à affermir les principes de liberté et à les soutenir contre l'aristocratie et le fanatisme, qui ont disparu devant notre inébranlable fermeté. Est-ce lorsque nous avons tant de titres à votre confiance et à votre estime, lorsque nous avons tous juré la liberté et l'égalité, que nos frères du *midi de la France,* nous feraient l'injure de douter de nos sentiments ? Serait-il possible que la voix calomnieuse d'un homme nul dans son pays, connu seulement par sa rapacité, par son immoralité et par la versatilité de son caractère, esclave jadis d'un intendant, pût aujourd'hui balancer la réputation d'un peuple qui se vante de n'avoir jamais été esclave par sentiment, quoique quelquefois opprimé par la force ?

Non, frères et amis, vous ne voudrez pas commettre cette injustice antipopulaire, et lorsque vous combattez le despotisme de l'autorité arbitraire, voudriez-vous adopter celui de la calomnie ou de l'erreur, non moins dangereux que le premier ? Au nom de la patrie, au nom de la liberté, au nom du peuple français dont nous faisons partie, éloignez loin de vous l'imposteur qui cherche à semer des mésintelligences dans le moment où nous avons besoin d'union, qui cherche à servir nos ennemis communs en altérant la confiance qui doit nous unir, qui décrédite son pays lorsqu'il lui fait l'outrage de le supposer parjure, et qui blesse la vertu et la vérité dans l'homme respectable qu'il calomnie avec la plus insigne mauvaise foi. L'imposteur n'ose paraître devant le peuple de ce pays, et lorsqu'il est regardé en Corse comme un vagabond, ennemi de toutes les vertus, qui par une conduite hypocrite a su surprendre la bonne foi de ses concitoyens, serait-il pour vous, frères et amis, un témoin irréprochable ?

Communiquez nos sentiments à vos concitoyens, que vous êtes destinés à éclairer, et qui sont à jamais nos frères par la conformité des sentiments et les principes politiques et sociaux qui nous unissent, et nous sommes sûrs alors qu'ils nous rendront justice.

Si jamais, contre notre attente et notre intérêt commun, on voulait persister encore dans des dispositions sinistres,

nons attendrons avec patience que vous soyez mieux éclairés ;
nous acquerrons de nouveaux arguments propres à vous convaincre par notre conduite française et républicaine ; mais
nous vous déclarons que nous ne souffrirons jamais aucun
genre d'oppresssion.

   Pour le Conseil général du département de Corse,
     Signé : Ciavaldini, vice-président,
      Muselli, secrétaire.
  Pour copie,
     Pozzo-di-Borgo.

Extrait d'une lettre du Ministre de la guerrre
au général Biron, datée de Paris le 23 Février 1793.

Je ne puis qu'approuver ce que vous avez fait pour faciliter votre entrevue avec le général Paoli. Je ne doute pas qu'il ne se montre toujours attaché à la République française et prêt à défendre les principes de sa liberté ; mais il est cependant bon de s'assurer si notre déclaration de guerre contre le Roi d'Angleterre n'a pas eu quelque influence sur les sentiments qu'il a manifestés jusqu'ici. Je vous prie de m'instruire du résultat de votre entrevue que je regarde comme très importante pour éclairer les opérations de l'armée d'Italie et en assurer le succès.

Extrait du journal du vaisseau Le Languedoc *du 30 Janvier*
au 24 Février 1793.

(Jusqu'au lundi 4 février le journal expose les incidents survenus au départ de Naples, et en mer après le départ. Nous n'avons pas à nous occuper de cette partie).

Lundi 4 février. Au jour, je me suis trouvé à 2 lieues de la partie de la Sardaigne appelée l'Oligastri. A 7 heures, j'ai viré de bord et pris les amures à tribord. J'ai eu connaissance d'un bâtiment longeant la terre ; j'ai fait signal à *L'Entreprenant* de le chasser. J'ai continué la bordée du S.-S.-E. jusqu'à 10 h. que j'ai reporté à terre le cap à O.-N.-O. A midi, j'ai relevé le cap Carbonara au S.-O. 1/4 S. 5º S., le cap l'Anguillara au N.-O... *L'Entreprenant* m'a joint et il m'a rendu compte que le bâtiment auquel il avait parlé était un Ragusais venant d'Alexandrie allant à Livourne, qui n'a pu donner aucune nouvelle de l'escadre de la République, ni du siège de Cagliari. A 4 h., j'ai viré de bord et pris les amures à bas bord, le cap à O. 1/4 N.-O. J'ai eu connaissance d'un petit bâtiment vénitien faisant route au nord. A 7 heures, j'ai pris les amures sur tribord, etc.

Mardi 5. La journée se passe en manœuvres.

Mercredi 6. Au jour j'ai eu connaissance de deux bâtiments sous le vent, l'un courant comme nous, et l'autre courant la bordée à contre. A 8 h. 1/2, j'ai reconnu ce dernier bâtiment pour frégate. J'ai mis mon Nº, le prenant pour une de nos frégates. A 9 heures, ce bâtiment étant à une portée de canon, a mis au même bord que moi et hissé pavillon et guidon espagnol, etc.

Jeudi 7. A 10 heures, j'ai vu une des frégates de la division qui était sur le cap de Poulle tirer plusieurs coups de canon sur la tour du fort, ce qui m'a fait connaître que l'île n'était pas soumise. J'ai fait plusieurs bordées pour gagner le mouillage. J'ai reconnu la frégate *La Junon* qui était dans la baie située au S.-E. de Cagliari, qui était en travers et envoyait son canot sonder. J'ai jugé qu'elle voulait s'assurer d'un lieu propre à faire une descente. A 4 heures, étant à la tête du mouillage, j'ai laissé tomber l'ancre par 13 brasses fond de vase, j'ai filé 80 brasses. J'ai appris par plusieurs canots de l'escadre qui sont venus à bord que Cagliari n'était pas pris, que l'on avait fait une tentative qui n'avait pas réussi, par une canonnade, et que l'on comptait attaquer vigoureusement ces jours-ci ; qu'une partie du convoi de Nice et de Villefranche était arrivée, mais que l'on était inquiet du reste qui avait été dispersé par un coup de vent très violent. J'ai envoyé un canot à bord du général lui rendre compte de mon arrivée. Ayant appris qu'il était allé à bord de *La Junon*, j'ai attendu à demain à m'y rendre moi-même.

Vendredi 8. A minuit s'est déclaré un coup de vent de N.-Ouest très violent qui a duré jusqu'à 9 heures du soir et qui a empêché toute communication entre les vaisseaux.

Samedi 9. Les vents au N.-O. très frais avec de la pluie. J'ai été à bord du général qui m'a fait connaître que les causes du retard de l'attaque de Cagliari étaient celui de l'arrivée du convoi qui portait les troupes et dont une partie seulement était arrivée ; il m'a dit qu'il était décidé à tenter une attaque aussitôt que le vent lui permettrait. J'ai arboré ce jour mon pavillon de contre-amiral, ayant appris que j'avais été élevé à ce grade.

Dimanche 10. Les vents de la partie du N.-N.-O. Plusieurs bâtiments du convoi sont entrés dans la baie. Le général a fait signal à tous les commandants des bâtiments de se rendre à son bord. J'ai reçu l'ordre de diriger la contre-attaque. En conséquence j'ai fait mes dispositions pour en assurer le succès.

Lundi 11. Les vents au N.-O. frais. A 10 h., le général a fait signal à sa division et au convoi de mettre sous voile pour se rendre dans la baie située dans l'est de la pointe de S. Elie. Cette division est composée du *Tonnant*, du *Centaure* et de *L'Apollon*, des frégates *La Junon*, *L'Aréthuse* et *La Vestale* et tous les les bâtiments de transport chargés de troupes. *Le Patriote* est venu mouiller à la pointe S. Elie, dont il est chargé de canonner la tour. J'ai fait passer ma chaloupe armée à bord du *Tonnant*, ainsi que j'en avais reçu l'ordre.

A. 2 h., j'ai mis le signal que les commandants des détachements de garnison se rendissent à mon bord pour connaître quel était l'officier le plus ancien pour commander la descente. Il s'est trouvé que c'était le citoyen Forget du 39e régiment, commandant le détachement du Languedoc, auquel j'ai donné mes ordres en conséquence. A 5 heures, le vent ayant forcé au N.-N.-O., j'ai été obligé de filer 80 brasses de câble.

Mardi 12. Les vents ont continué à souffler avec force de la partie du N.-O. Il m'a paru impossible que l'on pût tenter un débarquement ; néanmoins *Le Duguay-Trouin* a fait signal aux vaisseaux de la division de mettre sous voile pour s'approcher de la ville. Cette division est composée des vaisseaux *Le Duguay-Trouin, Le Tricolore, Le Thémistocle* et *Le Léopard*, et les frégates bombardes *La Sensible, L'Iphigénie* et *L'Iris. Le Scipion* m'ayant fait prévenir que la mèche de son grand cabestan venait de rompre, j'ai donné ordre à *L'Entreprenant* d'aller prendre sa place dans l'attaque. A 10 heures, le général a fait signal que l'attaque qui devait avoir lieu n'aura son effet que demain au point du jour. J'ai en conséquence répété ce signal au reste de l'escadre.

Mercredi 13. Dans la nuit, les vents ont forcé au N.-O. A 4 heures, j'ai laissé tomber une seconde ancre. A 8 heures, le vent ayant un peu calmé et passant à l'O.-N.-O., je l'ai relevée ; mais à 9 heures, le vent a retombé au N.-O, et a soufflé avec la plus grande violence. J'ai mouillé ma seconde ancre dont j'ai filé 50 brasses. A 1 heure, j'ai eu connaissance que *L'Apollon* avait cassé son câble ou son ancre, car il dérivait sous son foc et sa voile d'étai d'artimon, la force du vent ne lui permettant pas de faire de la voile. A 4 heures, il était hors de vue. A 4 heures 1/2, le vent a calmé ; *Le Duguay-Trouin* m'ayant fait la demande s'il attaquerait demain, je lui ai répondu affirmativement, et j'ai fait la même question au général, qui m'a répondu qu'il attaquerait. A 5 heures, j'ai fait le signal à l'escadre de lever la 2e ancre que plusieurs vaisseaux ont été forcés de mouiller dans le coup de vent. A 6 h. *Le Patriote* m'a fait prévenir qu'il avait rompu les grelins qui tenaient à l'ancre à jet, sur laquelle il devait se haler près de la tour S. Elie pour la canonner, et il m'en demandait. Je lui ai fait répondre que je n'en avais pas, mais qu'il eût à s'approcher à la voile de son poste et de s'embosser à l'aide de son ancre d'affourche, et j'ai fait donner l'ordre à *L'Orion* de lui envoyer l'officier pratique qu'il a à son bord.

Jeudi 14. Au jour, les 4 vaisseaux destinés à s'embosser sous la ville, ainsi que les bombardes, ont mis sous voile pour prendre leur poste. *L'Entreprenant, Le Scipion* et *L'Iphigénie* ont aussi appareillé pour aller s'embosser sous le lazaret. *Le Patriote* a appareillé de son côté avant le jour pour s'approcher de la tour S. Élie. Les vents de la partie du N.-O. très faibles. A 8 heures, les vaisseaux du lazaret et *Le Patriote*, ayant pris leur poste, j'ai mis sous voile pour prendre le poste intermédiaire entre la tour S. Elie et le lazaret. A 10 heures, j'ai laissé tomber l'ancre par 8 brasses. Ne pouvant pas apercevoir le vaisseau du général du lieu où j'étais mouillé, j'ai fait signal à la frégate *La Brune* de mouiller dans mes eaux a portée de me répéter les signaux du général. Les vaisseaux *Le Duguay-Trouin, Le Léopard, Le Tricolore* et *Le Thémistocle*, ayant manqué de vent, ont remouillé hors de la portée du canon de la ville. La tour S. Elie a commencé à faire feu sur *Le Patriote* pendant le temps que ce vaisseau s'embossait ; mais en peu de temps, il a fait cesser le feu de la batterie haute de cette tour qui n'a plus continué à tirer que d'un canon placé dans une batterie couverte. *Le Scipion* et *L'Entreprenant* ont tiré plusieurs bordées sur le lazaret qui n'a pas tardé à être abandonné par les troupes qui l'occupaient. Dans la matinée, nous avons entendu plusieurs bordées des frégates qui protégeaient la descente dans la baie des Salines. J'ai vu ce soir qu'elle s'était effectuée très heureusement, ainsi que le débarquement de l'artillerie. A 3 heures, j'ai eu connaissance de *L'Apollon* qui revenait prendre son mouillage avec deux bâtiments du convoi qui avaient déradé comme lui par la force du vent. A 9 heures du matin, *Le Tonnant* avait mis le signal que son projet était d'attaquer demain au point du jour, et dans ce cas, je devais par les instructions que le général m'avait données, faire au commencement de la nuit le simulacre d'une fausse attaque. J'ai répété ce signal à l'armée à midi ; j'ai fait signal au *Patriote* qui était en vue du général de répéter les signaux qui me seraient faits. A 4 h., *Le Patriote* m'a fait signal qu'il avait 5 hommes hors de combat. Les vents ont régné de la partie du N.E. pendant la nuit presque calme.

Vendredi 15. Dans la nuit, les vaisseaux de la division du citoyen Trogoff se sont toués pour s'approcher de la ville. *Le Thémistocle*, qui en était fort près, à 6 h. 1/2, a commencé son feu. *Le Tricolore* et *Le Léopard* qui étaient très éloignés ont commencé à tirer. *Le Duguay-Trouin*, à 7 h., a fait signal de cesser le feu, voyant que les boulets ne portaient pas sur la ville, mais *Le Thémistocle*, nonobstant le signal d'aperçu, a continué son feu très efficace sur les batteries dont il recevait un feu très vif. *L'Iphigénie* a jeté des bombes sur la redoute du morne S. Elie et les deux autres bombardes ont tiré sur la ville avec assez peu de succès, vu leur éloignement. A 9 heures, ces deux bombardes ont mis le signal par lequel elles demandaient des canots et des chaloupes pour les remorquer. Je n'ai pu faire droit à leur demande et j'y ai eu d'autant moins de regret que peu de temps après la brise du large s'est levée, à l'aide de laquelle elles pouvaient à volonté s'approcher de la ville. Apercevant du mouvement parmi les équipages sur la distance où se tenaient les trois vaisseaux *Le Duguay-Trouin*, *Le Tricolore* et *Le Léopard,* et laissant soutenir seul le feu au *Thémistocle,* j'ai écrit au citoyen Trogoff pour lui ordonner de se rapprocher, en ne lui dissimulant pas le mauvais effet que cela produisait. A 9 heures 1/2, j'ai fait signal aux vaisseaux *Le Scipion, L'Entreprenant, Le Généreux* et *L'Orion* d'envoyer leurs détachements de garnison à bord du *Patriote.* Voyant que *Le Thémistocle* restait toujours seul exposé au feu des batteries de la place, j'ai envoyé l'ordre à *L'Orion* et au *Généreux* d'aller le soutenir, mais ce dernier m'a fait dire qu'il ne lui était pas possible d'exécuter ces ordres. Les raisons que m'a données le capitaine m'ont paru plausibles. *L'Orion* m'a fait répondre qu'il exécuterait mes ordres aussitôt que le vent lui permettrait d'appareiller. En effet, peu de moments après, il a mis sous voile et s'est allé mettre à poupe du *Thémistocle* qu'il a soutenu par un feu très vif et très bien dirigé. A midi, j'ai mis le signal à la 3e division de serrer l'ennemi au feu, mais le signal d'aperçu n'a pas été mis. A la même heure, j'ai reconnu le vaisseau *Le Commerce de Bordeaux* qui faisait route pour le mouillage avec plusieurs bâtiments du convoi. Ce vaisseau a mouillé près de moi. A 2 heures, je lui ai fait donner l'ordre de préparer son détachement et les troupes passagères qu'il pourrait avoir à passer sur le vaisseau *Le Patriote.* Dès 10 heures 1/2, ayant tiré plusieurs boulets à terre pour essayer la portée et m'apercevant qu'ils n'y allaient pas, j'ai appareillé pour me rapprocher de terre et me trouvant par 6 brasses 1/2, j'ai mouillé et je me suis entraversé. J'ai tiré plusieurs coups de canon sur la tour S. Elie pour déposter plusieurs montagnards qui se mettaient à l'abri du feu du *Patriote,* qui a tiré si juste depuis hier, que le haut de cette tour est entièrement ruiné. Elle a néanmoins continué à tirer jour et nuit sur le *Patriote* de son canon de la batterie couverte. J'ai appris dans la matinée par une lettre du général que l'armée de terre était en marche et que le général Casabianca se proposait d'attaquer le fort S. Elie ce soir à la nuit. En conséquence, il me recommandait de faire former la contre-attaque pour opérer une diversion. A 4 heures, *Le Patriote* a signalé, comme répétiteur du *Tonnant*, l'ordre de préparer les troupes au débarquement; le feu a continué sans interruption sur la ville des vaisseaux *Le Duguay-Trouin*, *Le Léopard*, *Le Thémistocle* et *L'Orion ; Le Tricolore* a cessé le feu avant midi, vu son grand éloignement. A 4. 1/2, *Le Thémistocle* m'a fait le signal qu'il ne pouvait plus tenir son poste parce qu'il était totalement dégréé et qu'il demandait une remorque. J'ai fait signal à *L'Entreprenant*, vaisseau le plus à portée, de le secourir. Peu après, il m'a envoyé son canot pour me demander deux grelins que je lui ai envoyés. J'ai appris par l'officier de ce vaisseau qui est venu dans le canot que le brave capitaine Haumont venait d'être blessé grièvement d'un boulet de canon ; qu'il avait eu le feu deux fois à bord par des boulets rouges de la place ; le feu des batteries en était éteint à l'exception d'une seule coulevrine d'une très grande portée, qui n'a discontinué de tirer sur *Le Thémistocle*. A 5 heures, j'ai donné ordre à la bombarde *La Lutine* qui vient d'arriver d'aller se mouiller près de la ville de manière à bombarder la haute ville. Les vents s'étant élevés à 5 heures du soir au S.-E., grand frais, et ayant beaucoup augmenté, la mer s'étant élevée, la descente a paru impraticable à faire ; toutes les troupes de débarquement ont resté à bord du *Patriote*. Dans la soirée, *Le Thémistocle* s'est toué hors de la portée du canon des batteries de la ville. La nuit n'a offert aucun événement.

Samedi 16. Sur les 3 heures du matin, on a entendu une fusillade assez vive derrière le morne S. Elie. Les vents toujours au S.-E. grand frais. La mer très houleuse, le temps fort chargé. Au jour, *Le Léopard* a fait signal qu'il était échoué sur un fond dur et qu'il y avait des risques de perdre le bâtiment. J'ai envoyé l'ordre sur le champ au *Commerce de Bordeaux* de faire passer sa chaloupe à ce vaisseau avec deux grelins et une ancre à jet, et j'ai fait donner ordre à la gabare *La Sincère* d'appareiller sur le champ pour se rendre près du *Léopard*, à l'effet de prendre son artillerie, si cette précaution devenait nécessaire pour le déséchouer. A 8 heures, la ville a commencé à faire feu sur *Le Léopard*, dont elle a aperçu la position. *Le Duguay-Trouin* a soutenu ce bâtiment de tout son feu, et a tiré ainsi jusqu'à midi, la ville continuant à faire un feu assez vif de coulevrine sur ces deux bâtiments. J'ai fait connaître au général par l'intermédiaire du *Patriote* la position du *Léopard*. A 10 h., ce vaisseau était debout au vent, en conséquence déséchoué. Ce qui m'a confirmé dans cette opinion, c'est le renvoi qu'il a fait de la gabare que j'avais envoyée près de lui. A 11 heures, *L'Orion* a appareillé et s'est éloigné de la ville; le mouillage qu'il occupait devenait dangereux par les vents de S.-E. qui continuent à souffler avec force et à élever la mer. Deux chaloupes de l'ambulance et du magasin de l'armée de terre sont venues relâcher à mon bord. Je n'ai pu avoir d'autres nouvelles que, la nuit, elle avait occupé une position derrière le morne S. Elie ; mais j'ai appris avec bien de la douleur qu'elle n'avait plus de vivres que pour la journée, et l'état affreux de la mer ne permet pas la communication avec la terre. A 2 h., voyant l'apparence du temps encore plus mauvaise, j'ai fait recaler mes mâts de perroquet et mouiller une 2ᵉ ancre en filant 80 de ma première. *Le Patriote* a continué toute la journée à tirer dans la gorge vis-à-vis laquelle il est posté et sur le fort du morne S. Elie, qui lui a riposté de quelques coups dans la journée ; le feu de la tour a été entièrement éteint ; elle n'a pas tiré depuis cette nuit qu'elle a envoyé trois coups de canon à la fois ; mais je suppose que l'on s'est trompé et que le feu de trois canons vient du retranchement de la gorge qui est probablement garni de quelques pièces de campagne. Dans l'après-midi, la ville a tiré encore quelques coups de sa grosse coulevrine sur le *Duguay-Trouin*, mais elle a cessé totalement le feu vers les 6 h. Les vents ont continué au S.-E. grand frais, la mer très grosse. Je suis dans la plus grande inquiétude sur le sort de l'armée de terre.

Dimanche 17. Les vents au S.-E. variables à l'E.-S. et coups de vent; la mer extrêmement grosse; le vaisseau fatiguant beaucoup. Au jour, *Le Léopard* a fait le même signal qu'hier. En effet, je l'ai vu en travers, ses mâts de hune recalés et ses basses vergues amenées. Après lui avoir fait le signal d'aperçu, il a mis celui de lui envoyer des chaloupes avec des grelins. J'ai fait signal au *Thémistocle* de lui envoyer la sienne, mais ce vaisseau n'a pas répondu au signal; je l'ai amené. Sur les 10 heures, la ville a commencé à faire feu sur *Le Léopard*; mais comme il présentait le travers aux batteries, il a riposté vivement. A 11 heures, *Le Duguay-Trouin* lui a fait signal de cesser le feu. La ville a continué de tirer sur lui. A 3 heures, le vent forçant toujours, j'ai amené mes basses vergues. Le coup de vent s'est déclaré d'une manière bien affligeante pour notre position et celle de l'armée de terre; nombre de canots ont été submergés, d'autres entraînés à la côte. Du nombre des premiers a été mon canot-major. La tour a fait feu plusieurs fois sur le *Patriote,* profitant de la difficulté qu'il avait à tirer. A 10 h., ma barre de gouvernail a cassé; on en a replacé une autre qui a eu le même sort; cette rupture a été occasionnée par les violents tangages.

Lundi 18. A minuit, *Le Patriote* s'est couvert de feux; je n'ai pu distinguer ce qu'ils exprimaient. A 1 heure, le vent ayant calmé, un orage violent s'est déclaré mêlé de beaucoup de pluie, de tonnerre et d'éclairs. Craignant que les vents ne passent au S.-O. (et j'étais alors en perdition, n'ayant pas une encâblure à chasser sans tomber sur un fond très dur), j'ai disposé à lever l'ancre de bâbord, mais le câble a rompu au même moment. Les vents variant après l'orage, j'ai fait hisser ma vergue de misaine pour être en mesure d'appareiller, si la brise venait de terre ; j'ai travaillé à virer ma grande touée dont l'état m'a fait connaître tout le danger où j'étais, puisque le câble en était entièrement ragué. A 3 heures, *Le Patriote* m'a fait prévenir par un canot que son câble venait de casser et qu'il ne tenait plus que par une seule ancre qui menaçait d'avoir le même sort. Je l'ai autorisé sur le champ à appareiller, ce qu'il n'a pu faire cependant qu'à 8 heures, les vents le regardant de trop près pour doubler la pointe du cap S. Elie. A 7 heures, *Le Duguay-Trouin* m'a fait dire qu'il était échoué, et qu'il avait perdu son gouvernail. *Le Léopard* se trouvait dans la même position ; mais ayant été porté par la force des lames à terre, il n'avait plus que 13 pieds d'eau devant. Il a également perdu son gouvernail. J'ai envoyé l'ordre à la gabare *La Sincère* de s'accoster de lui pour prendre son artillerie. A 9 heures, les vents ayant passé au nord, j'ai appareillé dans mes focs et mes voiles d'étai pour m'éloigner de la côte. A 9 heures 1/2, j'ai mouillé par 12 brasses. *Le Tonnant* a fait signal au *Patriote* de verser à bord des différents vaisseaux leurs détachements de garnison. Ce signal m'a fait craindre que l'armée de terre ne fût en pleine retraite et que l'expédition ne fût manquée. J'ai pris le parti d'envoyer un canot à bord du général pour lui demander ses ordres. Les vaisseaux *L'Entreprenant, Le Commerce de Bordeaux, Le Tricolore, Le Scipion, Le Thémistocle* et deux bombardes ont successivement appareillé pour s'éloigner de terre, les vents étant de la partie de l'ouest et menaçant de forcer dans cette partie. La ville a tiré sur *Le Léopard* et sur *Le Duguay-Trouin* depuis 7 jusqu'à 10 h., et à cette heure elle a cessé de tirer. La tour a encore tiré plusieurs coups sur la frégate *La Brune* qui a également appareillé pour s'éloigner de terre. A 4 h., j'ai fait le signal que chaque vaisseau envoyât prendre son détachement de garnison à bord du *Patriote,* mais les vents s'étant élevés frais de la partie de l'O.-N.-O., ont empêché l'exécution de ce signal. *La Brune* et *Le Patriote* sont venus au mouillage à 4 h. 1/2. *La Brune* a fait signal en mouillant qu'elle avait perdu son ancre de bâbord, et qu'elle avait aussi perdu toutes ses embarcations. Les vents ont passé au N.-O. dans la nuit avec grains.

Mardi 19. Les vents au N.-O ; gros frais et par grains. A 6 h. 1/2, j'ai fait signal d'aller prendre les troupes de débarquement à bord du *Patriote,* ce qui a été exécuté dans le cours de la matinée. A 8 heures, j'ai fait hisser ma grande vergue, et fait guinder mes mâts de perroquet. *Le Duguay-Trouin* à cette heure m'a fait signal que son grand chouquet était offensé par les boulets de la place. J'ai donné ordre pour accélérer le rembarquement des détachements de garnison à leurs bords respectifs, aux frégates, bombardes, d'envoyer leurs chaloupes à bord du *Patriote.* A 8 heures, un officier du *Thémistocle* est venu m'apprendre que le brave capitaine Haumont était mort de la suite de sa blessure. A 1 h., j'ai expédié un canot à bord du contre-amiral Truguet pour répondre à une lettre que j'ai reçue hier au soir par le retour de mon canot, par laquelle il m'apprenait que la terreur panique s'était emparée de notre armée de terre, qu'elle avait regagné dans la plus grande confusion le lieu où elle s'était embarquée, qu'elle demandait avec instance à revenir à bord des vaisseaux, malgré l'impossibilité physique, vu l'état de la mer, de les envoyer chercher par les embarcations dont la majeure partie se sont perdues par le coup de vent, que leur frayeur et leur délire étaient au point qu'ils avaient été jusqu'à refuser les vivres qu'on avait offert de leur envoyer, espérant sans doute par là forcer de les rembarquer. Il paraît que la nuit qui a suivi son débarquement, elle s'est fusillée entre elle, car elle n'a pas vu d'ennemis et n'en a pas combattu, ce qui rend cette terreur inexplicable.

Elle s'obstine à mourir de faim sur le rivage au lieu d'aller chercher des vivres à plusieurs villages situés à une demi-lieue d'elle et qui sont sans aucune espèce de défense, quoiqu'elle sache par quelques Sardes qui ont été pris, qu'ils y trouveraient du vin, des légumes, de la viande, des poules, de l'eau et un abri contre le mauvais temps. On ne peut rien rapprocher de pareil dans l'histoire. J'ai été saisi de la plus profonde douleur en apprenant cette nouvelle désastreuse. Les frégates *La Junon* et *L'Aréthuse* ont été forcées de couper leurs mâts pour éviter de faire côte pendant le coup de vent ; deux des bâtiments du convoi y ont été portés et s'y sont brisés. Il paraît que les Sardes y ont mis le feu hier au soir, à en juger par une lueur considérable que j'ai aperçue de l'autre côté du morne S. Elie. A 1 h. 1/2, j'ai envoyé mon petit canot à bord du *Duguay-Trouin* qui m'en a fait le signal. J'ai fait donner ordre à un bâtiment du convoi de verser les troupes de débarquement qu'il a à son bord, sur la gabarre *La Lamproie* et d'aller se mettre le long du bord du *Léopard* pour prendre l'artillerie de ce vaisseau, qui me fait dire aujourd'hui qu'il s'était halé d'une demi-encâblure. A 5 heures, j'ai fait signal au *Tricolore,* au *Scipion* et au *Commerce de Bordeaux* d'appareiller dans la nuit pour aller mouiller près du général. J'ai fait donner le même ordre à *La Brune* et à *L'Entreprenant.*

Mercredi 20. Au jour, j'ai fait signal à *L'Orion* et au *Généreux* de mettre sous voile pour aller rejoindre le général, et j'ai renouvelé le signal à *La Brune* qui ne l'avait pas exécuté dans la nuit. A 7 heures, j'ai fait signal à *L'Iris* et à *La Sensible* d'envoyer leurs chaloupes à bord du *Léopard,* et j'ai fait donner ordre à la gabare *Le Mulet* de s'approcher de ce bâtiment pour recevoir les effets, munitions et matelas qu'il pourra envoyer. J'ai fait passer à bord de ce bâtiment mon pilote côtier dont le rapport m'a laissé peu d'espoir de sauver le vaisseau, n'ayant plus que 12 ou 13 pieds d'eau où il se trouve échoué. Je lui ai donné l'ordre de faire tout débarquer, et de faire un chapelet de ses pièces pour essayer de le déjauger. A 11 heures, *Le Tonnant* ayant fait signal au *Généreux* d'appareiller avec la plus grande célérité, j'ai répété ce signal à ce vaisseau. A 1 heure, *Le Patriote* a fait le signal qu'il avait rompu son câble de bâbord. A 4 heures, le général m'a fait signe d'appareiller ainsi qu'au *Thémistocle*; je me suis disposé à exécuter cet ordre ; mais ne voulant pas abandonner la rade sans avoir prévenu le vaisseau *Le Léopard* de l'ordre que je recevais, je lui envoyai un canot pour qu'il pût par mon moyen faire connaître au général tout le risque de sa position, et le prévenir que les 120 hommes que *Le Thémistocle* et moi devions lui fournir ce soir pour soulager son équipage, ne pourraient pas lui être envoyés.

Jeudi 21. A minuit et demi, j'ai appareillé pour me rendre dans le mouillage occupé par une partie de l'armée. Les vents de la partie N.-N.-O. très faibles. Au jour, le vent a absolument calmé. Je me suis rendu dans mon canot à bord du général, qui m'a dit qu'il me chargeait de porter à Villefranche 750 hommes des volontaires nationaux, répartis sur les vaisseaux *L'Entreprenant*, *Le Thémistocle* et *Le Languedoc*. Il a ajouté à cette division le vaisseau *L'Orion*, et m'a permis de partir quand je le jugerais à propos. Il a donné un ordre pour faire passer cent quintaux de biscuit, 20 barriques de vin et vingt quarts de salaison. A 11 heures 1/2, la brise du large étant venue, j'ai mouillé en tête de tous les vaisseaux. Le calme a continué le reste du jour. J'ai employé ce temps à embarquer 250 hommes du bataillon de Luberon. J'ai pris à bord le général Dhiller et trois de ses aides de camp, et j'ai embarqué les vivres qui m'avaient été destinés.

Vendredi 22. Les vents de la partie N.-N.-O. très faibles. Au jour, j'ai fait signal aux vaisseaux de ma division d'appareiller sans autre signal. A 7 heures, j'ai mis sous voile le cap au S.-E. ; le vent au N.-O. petit frais. J'ai eu connaisnaissance de cinq bâtiments dans le S.-S.-E. que j'ai cru reconnaître pour la division du Levant. A 10 heures, le vent a absolument calmé, et à 1 heure la brise du large s'est levée de la partie S.-S.-O. J'ai continué de gouverner au S.-E. au plus près de terre pour doubler le cap Serpentaire. A 3 heures, le calme étant survenu et les courants me portant à terre, j'ai fait mettre mes embarcations à la mer, et avec leur aide, je suis parvenu à prendre les amures sur l'autre bord, le cap au large. Mais comme le nombre des bateaux n'était pas suffisant pour me remorquer, j'ai fait signal aux trois vaisseaux de m'envoyer les leurs, ce qu'ils ont fait. J'ai profité de ce nombre de bateaux pour en envoyer un visiter un petit bâtiment qui était sous la tour, et qui s'est trouvé être un ragusais venant de Barbarie, avec lequel on n'a point communiqué. A 6 heures, le vent s'est levé de la partie de l'E.-N.-Ouest très faible. J'ai gouverné au S.-S.-E. pour m'élever de la côte. A 8 heures, on a mis le cap au S.-E., et en arrondissant le cap Serpentaire, les vents s'étant rangés de la partie du N.-N.-O., on a gouverné jusqu'au N.-E.

Dans la nuit, les vents ont été de la partie du N.-N.-O. très faibles. Au jour, j'ai eu connaissance de 5 bâtiments, faisant route à l'Est. J'ai ordonné au *Thémistocle* de les chasser. A 8 h., il m'a fait signe qu'il lui venait de tomber un homme à la mer ; il a mis tout sur le mât et peu après il m'a fait signal qu'il était sauvé, et il a continué sa chasse. A 10 h , ne portant plus qu'à l'E.-S.-E., j'ai pris les amures à tribord, le cap au N.-N.-O. A la même heure, j'ai fait signal à *L'Orion* de chasser un bâtiment qui était de l'avant et qui courait à l'Ouest. Approchant de terre, le vent ayant refusé, à 2 h. 1/2, j'ai pris les amures sur bâbord, le cap au N.-O. 1/4 N. A 10 heures, ne portant plus qu'à l'Est, j'ai viré de bord le cap à terre.

Certifié conforme à l'original.

Le contre-amiral, LATOUCHE.

Le Conseil Général au Ministre de la guerre.

Corte, le 25 Février 1793.

Les provisions, les préparatifs de tout genre, citoyen Ministre, ordonnés dans ce département, semblent annoncer l'arrivée prochaine de nouvelles troupes dans cette île ; tous les habitants brûlent du désir de manifester par leur courage, sous les yeux et avec le secours de leurs frères du continent, leur attachement inébranlable à la République, leur haine pour les tyrans et leurs efforts contre la ligue des despotes.

Cependant, citoyen Ministre, nous avons pensé que le grand intérêt de la tranquillité intérieure de ce département et de l'harmonie nécessaire entre les différents corps destinés à agir ensemble pour le même but, nous autorisent à vous observer que le choix des troupes destinées à passer en Corse nécessitait quelques réflexions.

Les préventions répandues dans les départements des Bouches du Rhône et du Var par des hommes assez profondément méchants pour en avoir combiné les conséquences les plus funestes, pourraient être dans ce moment une cause de division dangereuse à l'unanimité des forces réunies, et à la concorde civique. D'ailleurs la conduite des gardes nationaux de ces départements que le hasard ou d'autres causes ont conduits à Ajaccio ou à Bastia, ont donné à tous les Corses de justes sujets de craindre de ne pouvoir, avec de tels compagnons d'armes, conserver l'esprit d'union, de concorde et d'harmonie intérieure, par lequel ils se font un devoir de prouver leur vrai patriotisme, leur soumission à la loi, et leur attachement aux principes de la liberté et de l'égalité.

Vous avez été informé, citoyen Ministre, des horreurs et des cruautés dont les volontaires des Bouches du Rhône et du Var nous ont apporté le premier spectacle, dans le court séjour qu'ils ont fait en Corse. A Ajaccio, des citoyens massacrés, des femmes enlevées, les prisons violées, le commandant violenté et menacé ; à Bastia, la vie de plusieurs citoyens menacée, même attaquée et conservée par le développement nécessaire d'une force réprimante, les temples et les vases sacrés pollués, les tombeaux hideusement violés, tous ces faits sont rapportés dans des procès-verbaux trop longs pour être mis aujourd'hui sous vos yeux ; mais ils ont laissé dans l'esprit du plus grand nombre de nos concitoyens de Corse, une impression de terreur et de dégoût qu'il pourrait être dangereux pour le maintien de l'ordre public et de la subordination, de réveiller par la présence des auteurs de ces scènes anticiviques.

Nous sommes loin, citoyen Ministre, de chercher à influencer par aucun motif local vos prévoyantes dispositions, mais nous vous prions, au nom des administrés de ce département, d'éloigner d'eux une cause trop prochaine de division qui peut nuire à la chose publique. Quels que soient ceux de nos frères du continent, soldats volontaires, s'ils ne sont pas ceux des Bouches du Rhône et du Var, ou soldats des troupes de ligne, qui viennent seconder ou diriger nos efforts, ils seront reçus et traités comme amis, comme concitoyens ; nous leur jurons d'avance amitié, union et secours. La vertu chérie des Corses a été de tout temps l'exercice de l'hospitalité ; à combien de titres ne nous ferons-nous pas un devoir aujourd'hui d'enchérir encore sur nos ancêtres, en faveur de nos braves frères du continent qui nous ont rendu, en les adoptant eux-mêmes, à nos anciens et éternels principes de la liberté et de l'égalité.

Pour le Conseil général de l'Administration du Département de Corse,
OLIVIERI, v. pr. — BRADI, fais. fonct. de secrétaire.

Le Ministre de la guerre à Paoli.

Paris, le 25 Février 1793.

J'ai reçu, général, toutes les lettres que vous avez adressées à mon prédécesseur. Si j'ai ressenti quelque peine en apprenant les germes de division qui s'étaient élevés entre les volontaires Corses et les Marseillais, et les suites funestes qu'ils avaient eus, j'ai éprouvé un grand plaisir en apprenant que les troubles de Bastia étaient terminés.

Vous ne sauriez prendre trop de précaution, général, pour empêcher que de pareils excès se renouvellent, et je suis bien persuadé que vous ne négligerez aucun moyen pour tirer de l'erreur des hommes que des malveillants ont pu égarer un instant. Je me propose d'informer le Conseil exécutif des soupçons qui ont été portés contre l'homme qui paraît vouloir mésuser de la commission dont il est chargé, dont j'aurais désiré que vous m'eussiez marqué le nom ; car il importe pour le salut de la chose publique que ces sortes d'abus soient repoussés.

Le général ministre de la guerre, BEURNONVILLE.

Note relative à l'expédition de Sardaigne par la France au mois de Février 1793, remise au général divisionnaire Gaultier, chef de l'état-major général de l'armée d'Italie, par le général divisionnaire Casabianca qui a commandé les troupes de terre à cette expédition.

Les vues particulières qui ont fait entreprendre l'expédition de Sardaigne ne me sont pas connues. Je ne connais pas plus les personnes qui en ont dressé le plan et arrêté les dispositions ; j'ai seulement été chargé en partie de l'exécution. Personne n'ignore le mauvais succès qu'a eu cette entreprise ; quoique je n'aie été nullement recherché sur ce point, je suis bien aise dans le temps de prouver à la France qu'on ne saurait sous aucun rapport me l'imputer. Je détaille ma conduite dans une relation adressée au ministre de la guerre le 22 février 1793 (v. s.), signée de moi, imprimée et répandue dans le public. Elle n'a point été contredite, même par ceux que mon récit chargeait le plus, parce que les vérités que j'y débitais n'étaient pas de trempe à l'être. Cette relation ne contenait que des faits avérés dont il existe encore beaucoup de témoins oculaires, que des détails qui ne sont ni chargés, ni tronqués, point outrés, peu de réflexions, quoique le sujet en amenât beaucoup, parce que je pense qu'en pareil cas le public aime mieux en faire que d'en lire. Je la crois donc très propre par son exacte simplicité à donner une idée nette et précise de l'expédition de Sardaigne ; et à très peu de choses près, je ne ferai dans tout ce narré que copier cette relation.

Je reçus l'ordre du général Brunet, pour lors commandant en chef l'armée d'Italie, de prendre le commandement des troupes de terre destinées à l'expédition de Sardaigne. Je m'embarquai à Ajaccio le 25 janvier 1793 (v. s.), sur des bâtiments de transport, avec les volontaires nationaux venus du continent, du nombre desquels étaient deux bataillons de Marseille connus pour lors sous la dénomination de phalange marseillaise. En six jours, je me trouvai à la vue de Cagliari ; je fus joint à cette hauteur par le contre-amiral Truguet, commandant l'escadre venue de France pour cette expédition. Il avait sur ses vaisseaux la troupe de ligne tirée de Corse et différents détachements de garnison qui devaient marcher avec moi. Le mauvais temps qui fut très opiniâtre me retint en mer jusqu'au 14 février suivant, et ce ne fut que ce jour là que je débarquai auprès d'une tour située à deux lieues de Cagliari, sans rencontrer aucune résistance.

Je n'avais pour une entreprise de cette nature que 4.000 hommes dont 1.400 seulement de troupes de ligne suivant le détail ci-après :

Troupes de ligne.

305 hommes, y compris une compagnie complète de grenadiers du 26e régiment d'infanterie, commandés par le capitaine Descrochets.

305 hommes, y compris une compagnie complète du 52e régiment d'infanterie, commandés par le lieutenant-colonel Sailly.

790 hommes tant du 42e régiment d'infanterie que de différents petits détachements de la garnison des vaisseaux que me fournit le contre-amiral Truguet, commandés par le colonel Laissac.

Volontaires nationaux.

1er bataillon de Marseille commandé par le cit. Calvin.
2e bataillon — Giraud.
Portion du bataillon de Martigues comman. par Moisson.
   id   du bataillon de Tarascon — Peyron.
   id   du bataillon de l'Union — Bousquet.
   id   du bataillon de Luberon — Vallon.
   id   du bataillon d'Aix — Félix.
   id   du bataillon de Vaucluse — Loriot.

En tout 2.600 volontaires nationaux : Total gén. 4.000 h.
Nous avons pris des vivres pour 3 jours. Le 15, je fis partir mon avant-garde etc. (Vient ensuite le rapport adressé par le général Casabianca au ministre de la guerre. Voir p. 157 et suiv. — Ce rapport a été inséré presque mot à mot. — Puis la note continue ainsi) :
Après le rembarquement de ma troupe effectué, je me rem-

barquai moi-même sur le vaisseau *Le Tonnant* ; le jour après, je passai de ce bord sur *Le Commerce de Bordeaux*. Je m'y occupai à rédiger la relation que j'envoyai au ministre de la guerre et que je fis imprimer et distribuer. Je repassai en France sur le même vaisseau ; le contre-amiral Truguet se chargea de son côté de dresser son rapport en ce qui concernait la mer ; il prit sur lui sans ma participation et à mon insu de laisser des détachements des 26e et 52e régiments en garnison aux îles de S. Pierre et de S. Antioche, sur la côte de Sardaigne, qu'il avait prises avant de venir me joindre devant Cagliari. Ces deux détachements y ont été depuis assiégés et pris par les Espagnols chez lesquels ils sont prisonniers.

Quoique la mauvaise conduite des volontaires nationaux ait, comme on l'a vu ci-dessus, entré pour beaucoup dans le mauvais succès de cette expédition, cet obstacle, tout considérable qu'il est, n'est pas le seul qui se soit présenté. D'abord en général, on pouvant mieux prendre ses mesures. Ce n'était ni dans la saison de l'hiver, ni avec des troupes de nouvelle levée qu'il fallait se présenter en Sardaigne ; en outre, les vivres n'étaient point en assez grande abondance, puisqu'il me fut dit par le major-général de l'escadre que, si je ne prenais pas Cagliari en six jours, il faudrait aller chercher des vivres en Italie ; en outre, l'argent manquait ; plusieurs des troupes demandèrent avant de débarquer et par plusieurs députations assez séditieuses, le payement d'arrérages de solde qui leur étaient dûs ; on ne put les payer, elles en furent mécontentes et servirent mal. J'avais si peu de munitions qu'en ramassant tout le papier et les balles qui se trouvèrent à bord des bâtiments de l'escadre, je ne pus me procurer que 80.000 cartouches, très insuffisantes pour aller attaquer un pays où tout le monde est armé. Il est vrai qu'un bâtiment de l'escadre en était chargé ; mais il fut jeté par la tempête sur les côtes d'Italie et ne reparut plus. Cet inconvénient venait à la vérité d'un contre-temps qu'on ne pouvait absolument empêcher, mais on pouvait et on devait le prévoir. Il est toujours de la dernière imprudence de compter pour être approvisionné à temps sur quelque chose d'aussi inconstant que la mer et les vents, surtout en hiver. Même chose nous arriva à l'égard des troupes de débarquement qui ne purent compléter mon armée de terre beaucoup trop faible, n'étant que de 400 hommes, parce que les bâtiments qui portaient ces troupes furent totalement dispersés par la tempête.

Voici à peu près les obstacles qu'a éprouvés à ma connaissance l'expédition de Sardaigne quant à la terre ; s'il s'en est rencontré d'autres dépendants de la marine, je ne peux les indiquer, parce que je ne suis pas du métier ; ce serait trop hasarder. Le contre-amiral Truguet peut seul en donner le détail, s'il ne l'a pas déjà fait.

A Nice, le 26 Pluviose, l'an 3e de la République Française une et indivisible.

Le général divisionnaire,
RAPHAEL CASABIANCA.

Saggio della condotta del cittadino Pietro Paolo Colonna Cesari, comandante della spedizione del contr'attacco della Sardegna, su quanto è occorso specialmente il giorno venticinque febbraio in rapporto all'attacco dell'Isola della Maddalena, presentato all'amministrazione superiore di Corsica, al cittadino Pasquale de Paoli, comandante in capite, per essere trasmesso a chi di diritto e manifestato alla nazione.

Cittadini,

Vengo a manifestarvi la mia condotta e a sottoporla alla vostra censura. Qualunque sia il vostro giudicio, egli mi sarà sempre grato. Anelo di metterla a giorno, perchè geloso del mio onore, e nel tempo stesso per disingannare quelli che tutt'altra opinione accordar mi volessero, abbandono ogni riflesso perchè amareggia il mio cuore, e usurpa il tempo che io debbo agl'interessi della Repubblica.

Altre penne, altri ingegni per commovervi spiccando voli più sublimi, meglio ornar potrebbero la storia delle mie avventure, e per renderla più interessante ancora; ma lasciando da parte l'oratore, col semplice carattere di veridico cittadino e di patriotta senza macchia, ve ne abbozzerò il ritratto.

Destinato pel contr'attacco della Sardegna, benchè poco adagiato, sospiravo i momenti per volare alla gloria dell'acquisto. I venti nemici, le pioggie, i tempi burrascosi congiurarono per lungo pezzo, e fecero argine ai miei desideri. Questi calmati, sprezzai il mare anche agitato, ed impaziente partii nella notte de' 18 in 19 del detto mese di febbraio sopra la corvetta *La Fauvette,* colla piccola armata e convoglio.

La mattina eravamo alla vista della Sardegna, e la calma non permise alcun proseguimento. Tramontato il sole, corrucciossi il tempo. I piccoli legni rientrarono nel porto di Bonifacio e la corvetta si tenne alla cappa.

Due giorni passarono in questa situazione.

La mattina del 22 secondandoci il vento, proseguimmo unitamente al convoglio il viaggio verso l'Isola della Maddalena.

Alla sera fu da noi occupata, malgrado la resistenza nemica, l'Isola Santo Stefano, ove campammo la piccola armata.

Fu bloccata la mattina seguente la Torre, e dopo due ore di vivo fuoco fu resa con i magazzeni adiacenti all'armi della Repubblica, in cui trovammo tre cannoni, ed altri effetti.

Nel giorno 23, con ordine fu bombeggiata dall'Isola di Santo Stefano quella della Maddalena con danno sommo dei fabbricati e degli abitanti, ma con resistenza di questi e senza discontinuazione del fuoco di cannone dalle loro batterie.

Si continuò col fuoco di bombe e di cannone la notte ed il giorno successivo, e verso la sera convocammo nei magazzeni dell'Isola Santo Stefano general consiglio di guerra, nel quale intervennero anche il comandante della corvetta, ed altri uffiziali del suo bordo, ove, in seguito delle ferme nostre risoluzioni, fu determinato l'assedio e assalto a vivo fuoco per la mattina seguente.

Instruitane la piccola armata, giubilò e con coraggio invitto ne sospirava il momento.

Nella notte usammo vigilanza e ci occupammo dei necessari preparativi, ed indi passammo sul bordo della corvetta per prevenire i clandestini progetti dell'equipaggio, che volea abbandonarci, e prendere le prudenziali precauzioni pel successivo attacco.

Fatto il giorno, ci sentimmo sibillare all'orecchio un'ammutinato susurro, ed un dibattimento alternativo fra l'equipaggio. Verso le ore sette di mattina, ecco una fatale chiamata da parte di questo, che postosi in insurrezione, e colla più alta insubordinazione, tronca il filo della quasi afferrata vittoria.

Giudicate, cittadini, da quanto v'abbiamo ragguagliato, e da quanto vi rapporteremo, qual fosse in quel momento la nostra situazione! Vedersi isolato in mezzo d'una truppa di ammutinati e preoccupati da sinistri disegni, chiamato imperativamente e con disprezzo sul ponte della corvetta, ed ivi sentirsi intimare una crudele partenza!

Cercammo di esaminare distintamente l'animo dell'equipaggio, e per più vie tentammo d'indurlo alla gloria, e sul sentiero della ragione, di farli conoscere l'oltraggio alla nazione e l'offesa alla Repubblica. I codardi erano già atterriti; nulla giovò, e tutto fu vano.

Sarebbe troppo doloroso per noi il richiamare, cittadini,

alla vostra considerazione i savi riflessi, e i patriottici sentimenti che suggerimmo all'insubordinato equipaggio. Ci contenteremo soltanto di trascrivere la dichiarazione che fa il capitano della corvetta e suoi uffiziali su tal proposito, e solo vi pregheremo di pesarne scrupulosamente le circostanze, per internarvi nei nostri disgustosi dettagli.

A questa dichiarazione che pienamente giustifica la nostra condotta, con quel che siegue uniremo la lettera da noi scritta nelle critiche circostanze, nelle quali eravamo, al cittadino Quenza, comandante delle guardie nazionali sotto i nostri ordini, colla quale ordinammo, nostro malgrado, la ritirata, che fu per noi ad un tempo stesso un crudo arresto di morte. Più che mortale ancora fu da noi sentita la stolta ritirata sul riflesso che ci vedevamo traditi da quegli istessi ai quali avevamo profusa tutta la nostra confidenza.

Fu questa precipitosamente eseguita colla perdita di alcuni effetti, cagionata dal perentorio termine della ritirata, e col convoglio che raggiunse la corvetta la sera, navigando la notte e giorno seguente, approdammo nel golfo di Santa Amanzia distante poche miglia da Bonifacio, ed indi ci restituimmo in questa città.

Ecco in succinto, cittadini, la nostra condotta, senza diffonderci in altri dettagli, qui limitandoci per la scarsezza del tempo.

L'onore fu ed è stato sempre per noi il principale oggetto delle nostre cure. Egli è leso dall'indegna condotta dell'equipaggio suddetto, e troppo sensibili al vostro cuore sono i suoi oltraggi.

Che ne risulti del male agl'insubordinati, non lo chiediamo. Lasciamo alla legge la vendetta dei torti fatti alla Repubblica. Bramiamo solo, cittadini, d'essere giustificati agli occhi della nazione. Rendiamo giustizia al magnanimo coraggio della piccola armata, ed aneliamo di veder senza ritardo il ricupero dell'interrotta vittoria.

Questi sono i sentimenti del patriotta comandante della spedizione del contr'attacco della Sardegna.

Bonifacio, il primo Marzo 1793, l'anno 2.do della Repubblica francese.

COLONNA CESARI.

Essai sur la conduite du citoyen Pierre-Paul Colonna-Cesari, commandant l'expédition de la contre-attaque dans le Nord de la Sardaigne, et notamment sur tout ce qui est arrivé dans la journée du 25 février relativement à l'attaque des îles de la Madeleine et de S. Etienne, — Présenté à ses concitoyens, à l'Administration du Département et au lieutenant-général Pascal Paoli, commandant la 23e division militaire (1).

Citoyens, — Honoré de la confiance du général de cette division, invité par l'administration supérieure, et par le contre-amiral de l'escadre de la République dans la Méditerranée, et surtout excité par l'amour de la patrie et le zèle le plus ardent de la servir, j'ai entrepris le projet d'une descente dans le nord de la Sardaigne.

Cette opération devait être précédée par la conquête des îles de la Madeleine et de S. Etienne, qui sont des ouvrages avancés formés par la nature, et qui servent de défense à la grande île dans la partie où j'étais destiné à l'attaque.

Après avoir vaincu tous les obstacles qui s'opposèrent au rassemblement de la petite armée que j'étais destiné à commander, mes frères d'armes ainsi que moi nous attendions avec impatience le moment de passer la mer. Les vents et les

---

(1) Cette pièce a été rédigée par une plume évidemment plus exercée dans la langue française que celle de Colonna Cesari. La rédaction en langue italienne a servi à rédiger la pièce française.

temps orageux nous ont condamnés à une inaction forcée jusqu'à la nuit du dix-huit février.

Ce moment, le premier dans lequel on pouvait tenter le passage, fut saisi avec transport, et nous nous embarquâmes, brûlant du désir de nous mesurer avec l'ennemi.

Le jour suivant, nous arrivâmes à la vue de la Sardaigne. Le calme arrêta notre marche pendant quelques heures ; mais à l'approche de la nuit, le vent se fit sentir avec violence ; les gondoles du débarquement qui portaient la troupe furent contraintes de regagner le port de Bonifacio et la corvette *La Fauvette,* sur laquelle je m'étais embarqué, se tint à la cape pendant deux jours.

Le 22, les gondoles, escortées de la corvette, sortirent une autre fois et nous arrivâmes aux îles de la Madeleine et de S. Etienne.

L'ennemi, déjà prévenu depuis longtemps du projet d'attaque, s'était mis en état de défense ; malgré ses précautions et sa résistance, le débarquement s'exécuta dans le meilleur ordre, et la petite armée campa le soir même dans l'île de S. Etienne.

Le lendemain, nous attaquâmes la tour où l'ennemi s'était retranché ; après deux heures d'un combat très vif, la garnison se rendit ; les magasins, le petit fort, trois pièces d'artillerie, et toute l'île enfin furent soumis aux armes de la République.

La garnison de la Madeleine, beaucoup plus nombreuse, nous opposait une résistance soutenue. L'île de S. Etienne étant assez à portée pour pouvoir battre celle de la Madeleine, nous fîmes élever une batterie qui joua avec beaucoup de succès jusqu'au soir du 24.

Cependant l'ennemi qui avait lui-même des pièces de position en batterie, ne paraissait nullement disposé à se rendre.

Dans cette situation, je fis tenir un conseil de guerre qui

eut lieu dans les magasins de l'île S. Etienne. Les officiers de tous les corps y assistèrent ainsi que ceux qui montaient la corvette. Il fut résolu dans ce conseil d'attaquer le lendemain l'île de la Madeleine et d'en tenter la prise de vive force et d'assaut.

Le résultat en fut communiqué à la petite armée qui le reçut avec le plus grand enthousiasme ; la nuit fut employée aux préparatifs de l'attaque. Nous avions le petit détroit entre les deux iles à passer, mais les dispositions prises et le courage des troupes nous promettaient la victoire.

Dans cette situation, je fus instruit que l'équipage de la corvette qui devait soutenir notre passage et nous garantir des galères sardes dispersées sur la côte, se refusait d'y coopérer et menaçait d'abandonner le littoral. Cette défection qui tronquait le fil de nos espérances, était propre à m'alarmer. Je passai au bord de la corvette en toute diligence, et j'eus la douleur de me convaincre que l'équipage était réellement dans une insubordination complète.

Les insinuations patriotiques et les exhortations les plus amicales que je lui suggérai, parurent le faire désister pour quelque instant de son projet. A la pointe du jour, et comme l'heure du combat s'approchait, l'insurrection éclata complètement ; je fus appelé avec dédain et menacé d'un départ subit.

Tout ce que ma situation, l'amour de la patrie, la gloire de la République pouvait suggérer à mon esprit, tout fut employé pour le dissuader d'un si lâche complot ; mais rien ne pouvait toucher des cœurs insensibles à tout sentiment d'honneur. Les officiers de la corvette se réunirent à mes sollicitations, mais leur zèle, comme le mien, demeura sans succès.

Désespéré de ne pouvoir rien obtenir des hommes qui désertaient les drapeaux de la liberté avec tant de lâcheté, je demandai du moins de descendre à terre pour me réunir à mes frères d'armes et périr ou vaincre avec eux ; cette satisfaction me fut encore refusée, et je n'obtins en réponse qu'un refus brutal.

Si la corvette se retirait dans le moment, les troupes isolées sur l'île S. Etienne demeuraient sans aucune communication, nos gondoles elles-mêmes n'auraient pu échapper aux galères sardes qui cherchaient à les envelopper.

Dans cette situation voulant sauver mes frères avec lesquels il m'était impossible de me réunir et de combattre dans ce moment, je demandai du moins à l'équipage mutiné de protéger leur retraite, et ce ne fut qu'après bien des difficultés que je parvins à obtenir cette triste ressource. Elle fut ordonnée et exécutée avec autant de surprise que de précipitation. Le convoi fit voile vers la Corse où il arriva le lendemain dans le golfe de Santa Manza.

Citoyens, je vous ai exposé le récit de cette malheureuse aventure ; vous en trouverez la preuve la plus éclatante dans la déclaration authentique des officiers de la corvette qui ont été les témoins de la lâcheté de l'équipage, et qui ont partagé avec moi toute l'indignation d'une pareille inconduite.

J'avais calculé tous les moyens de force dans l'attaque projetée ; l'assistance de la corvette devenait indispensable, puisqu'elle était le seul moyen de nous garantir des gardes-côtes sardes et de protéger le débarquement. J'ai cru que je pouvais dans toute confiance me jeter au milieu de l'équipage, que j'ai dû supposer composé de Français dignes de ce nom, espérant par ma présence de dissiper ses craintes et de le ramener à son devoir. Devais-je m'attendre à une captivité qui m'arrachait ainsi à mes frères d'armes du sein de la victoire ou du moins de l'accomplissement de mes devoirs ? Puisse l'exemple de trahison et de lâcheté de la plus grande partie de l'équipage de cette corvette inspirer l'horreur et l'indignation la plus sentie dans les cœurs de tous les marins français.

Je dois au courage et au patriotisme de la garde nationale et de la troupe de ligne qui étaient sous mes ordres les témoignages les plus éclatants ; leur bravoure était digne d'être couronnée d'un succès plus heureux, et ils ont droit à l'approbation de leurs concitoyens.

Quant à moi, j'invoque avec confiance le jugement de mes concitoyens. Ils savent que dans toutes les circonstances j'ai servi ma patrie avec honneur, et que, dans la série de mes jours, j'en compte plusieurs dans lesquels mon dévouement pour elle a contribué essentiellement à la liberté ; c'est pour acquérir de nouveaux titres à leur estime que j'avais saisi cette nouvelle occasion ; je n'ai rien négligé pour l'obtenir, et certes ma conduite est un titre de plus pour y prétendre. Si mon courage n'a pas été secondé, il ne dépendait de moi ni d'aucune force humaine de rendre meilleurs ceux des marins qui ont trahi mes espérances et qui, réunissant la trahison à la lâcheté, ont arrêté le cours de mes opérations militaires, en m'enlevant à mes frères d'armes qu'ils abandonnaient, et que j'ai été assez heureux de sauver.

Citoyens, jaloux de conserver l'estime que vous m'avez accordée et qui est la meilleure partie de mon existence, je vous ai exposé ma conduite avec la franchise et la loyauté que vous avez toujours connue dans mon caractère, et j'attends votre jugement avec la confiance de l'homme qui a rempli ses devoirs.

Bonifacio, le 1er Mars 1793, 2e de la République.

COLONNA-CESARI.

*Déclaration du commandant et des officiers
de la corvette* La Fauvette.
Récit exact de ce qui se passa à bord de la corvette La Fauvette,
le matin 25 Février 1793.

Le commandant de l'expédition de la contre-attaque de la Sardaigne étant à bord dans sa chambre, il fut appelé par l'équipage de monter sur la couverte vers les sept heures du matin. Il me fit appeler (1) pour me demander qu'est-ce qu'on voulait, et je lui répondis que l'équipage voulait lui parler, et nous montâmes ensemble. Le commandant de l'expédition demanda à l'équipage qu'est-ce qu'il voulait, et l'équipage répondit qu'il voulait partir.

Le commandant de l'expédition dit à l'équipage qu'il ne pouvait pas croire qu'ils voulussent laisser ses frères d'armes sur l'île de Santo Stefano, qu'il faisait occuper par la petite armée. On lui répondit hautement qu'on voulait partir, et quelques-unes des têtes gâtées coururent à la voile.

Le commandant de l'expédition, partant de la poupe, parcourant le long de la corvette, les larmes aux yeux, conjurait de le jeter à la mer, si on ne voulait pas lui faire le plaisir de le débarquer à l'île Santo Stefano, qui était là à quatre pas, pour périr, s'il le fallait avec ses frères d'armes (2).

La réponse fut de vouloir partir. Le commandant susdit proposa de lui donner au moins le temps de 6 à 8 heures pour ordonner la retraite à la petite armée qui occupait l'île de Santo Stefano, car les galères ennemies qui étaient à sa vue en eussent profité.

Les matelots suspendirent à cette proposition, et j'en profitai habilement en ordonnant que ceux qui étaient d'avis de rester à protéger la retraite se portassent à tribord, et ceux qui étaient de l'avis contraire restassent à bâbord.

Je fus secondé par plusieurs citoyens d'honneur de mon bord, qui, également avec les larmes aux yeux, criaient à l'équipage qu'il fallait adopter ce parti.

---

(1) C'est le citoyen Goyetche, commandant de la corvette, qui parle. — Note jointe à la déclaration.

(2) Il fut nécessaire que le commandant de l'expédition pratiquât de la prudence pour éviter des dangers et pour se mettre à l'abri de funestes inconvénients. — Note jointe à la déclaration.

La grande majorité se porta à tribord, ce qui marquait la décision d'attendre pour protéger la retraite, et une partie qui était d'avis contraire resta à bâbord.

Le commandant de l'expédition profita du moment et dicta l'ordre de retraite aux troupes (1) ; lequel ordre fut lu hautement et remis entre les mains d'un officier de mon bord, pour le remettre sur l'île de Santo Stefano au citoyen Quenza, lieutenant-colonel commandant sous ses ordres.

Le canot partit avec la lettre et après s'être éloigné de la corvette, il retourna. Je vis alors que quelques lâches de matelots, qui avaient prétendu de se faire un mérite en s'offrant d'aller les premiers pour effacer l'idée qu'ils étaient parmi ceux qui avaient excité l'équipage à demander à partir, n'avaient pas eu le courage d'aller, et ils retournèrent encore. J'en fis partir d'autres qui surent faire le service.

Golfe Santa Manza, le 28 Février 1792, 2e de la République française, à bord de la corvette *La Fauvette*.

Signés : GOYETCHE, commandant de *La Fauvette* ; Pierre Louis DUCY, officier ; ALANGEVIN, lieutenant du détail ; Jean François PILON, officier ; Battiste FABRE, officier ; PREMOVENGE, chirurgien ; DULIEU, commandant du 15e régiment ; BLESCHAMPS, sous-chef ; RUAUX, maître ; HENRI, contre-maître.

Déclaration des officiers des différents corps de l'armée.

Les officiers des différents corps qui composent votre armée, citoyen commandant, avaient vu avec étonnement l'ordre que vous aviez donné de la retraite dans un moment où les troupes étaient pleines d'espoir de la victoire.

---

(1) Cet acte politique fut rendu pour ne pas encourager l'ennemi, et pour que la petite armée campée sur l'île de Santo Stefano ne fût pas sa victime. — Id.

Ils voient aujourd'hui avec indignation la trame qui vous a obligé à le dicter. Ils espèrent que vous vous empresserez pour en faire punir les auteurs.

Ils se félicitent de devoir toujours conserver de votre zèle et de votre patriotisme l'opinion qu'ils ont toujours eue.

Bonifacio, le 28 Février 1793, 2ᵉ de la République.

Signés : Ortoli de Tallano, capitaine ; Guiducci, capitaine ; Peretti, capitaine des grenadiers ; Gabrielli, capitaine ; Bonelli, capitaine ; Ortoli de Sartene, capitaine ; Peretti, d'Olmeto, capitaine ; Pietri, capitaine ; Guglielmi, capitaine ; Tavera, capitaine ; Ottavj, capitaine ; Peraldi, capitaine ; Panattieri, lieutenant ; Ciacaldi, lieutenant ; Ambrosini, lieutenant ; Peraldi de Zicavo, lieutenant ; Leonardi, lieutenant ; Ribulli, lieutenant ; Ortoli, lieutenant ; Quenza, lieutenant ; Pandolfi, lieutenant ; Pietri, lieutenant ; Giuseppe Quilichini, lieutenant ; Anton Paduan Pietri, lieutenant ; Robaglia, quartier-maître ; Peretti, adjudant-major ; Buonaparte ; Quenza, commandant le 2ᵉ bataillon.

Copie de la lettre du commandant de l'expédition au citoyen Quenza, lieutenant-colonel des gardes nationales sous ses ordres.

Au bord de *La Fauvette*, le 25 Février 1793.

Citoyen lieutenant-colonel,

La circonstance (1) exige de donner les ordres les plus pressants à faire que l'armée se mette aussitôt en mouvement et pense à la retraite. Vous garderez de votre côté toute la

---

(1) Celle d'avoir fait désister l'équipage de la corvette du projet infâme du départ et de l'avoir amené à ne pas commettre les excès menacés. — Note ajoutée au bas de la copie.

contenance possible. Vous ferez jeter à la mer les effets de guerre que vous ne pourrez pas faire embarquer, et aussitôt rendu sur le convoi, vous viendrez vous mettre sous la protection de la frégate, pour que les demi-galères ne puissent pas vous offenser (1).

Dans une crise aussi grave, j'exhorte l'armée et vous à faire connaître de la promptitude, et de l'adresse, comme je vous ai dit (2).

Le commandant de l'expédition de la contre-attaque de la Sardaigne,
COLONNA-CESARI.

Copie de la déclaration des officiers du 52ᵉ régiment d'infanterie présentée au commandant de l'expédition.

Les officiers du 52ᵉ régiment d'infanterie qui se sont trouvés sous vos ordres à l'expédition de la Madeleine ont examiné de nouveau avec la plus scrupuleuse attention, citoyen commandant, l'exposé par écrit de ce qui se passa le 25 du mois de février à bord de la corvette *La Fauvette,* signé par les officiers de ce bord. Ils avaient eu hier l'honneur de vous présenter à ce sujet le résultat de leurs plus mûres réflexions, et ce résultat était tel que le leur avait dicté le sentiment d'honneur qui les anime et leur amour pour la justice et la vérité.

Ils avaient vu avec un sentiment pénible et une sorte

---

(1) Le commandant de l'expédition eut la précaution d'engager celui de la corvette à ce que celle-ci guettât au moins à l'entour, dans le temps de l'embarquement, les demi-galères : 1° pour ne pas donner de l'avantage à l'ennemi, 2° pour mettre le convoi et l'armée à l'abri des insultes hostiles. — Id.

(2) Cet ordre fut dicté à haute voix à bord de la corvette d'après le délai fatal que l'équipage voulut exiger pour la retraite. — Id.

d'étonnement l'ordre de la retraite qui leur avait été transmis de votre part au moment où les officiers et les soldats étaient pleins de l'espoir de la victoire. Nous croyons à présent que les circonstances où vous vous êtes trouvé peuvent justifier votre conduite dans ce moment de crise. Veuillez être persuadé qu'ils mettront au rang de leurs devoirs les plus sacrés de rendre dans tous les temps hommage à la vérité, d'éclairer ceux qu'on aurait pu égarer sur la nature de vos intentions, et qu'ils se félicitent de pouvoir conserver de votre zèle et de votre patriotisme l'idée qu'ils ont toujours eue.

A Bonifacio, le 1er Mars 1793, second de la République.

RICARD, capitaine ; DELAGE, capitaine ; LE DOYEN, capitaine ; HUSQUIN, lieutenant; PETRICONI, sous-lieutenant ; DANOS.

Pour copie, COLONNA-CESARI.

Questions particulières à faire aux agents du pouvoir exécutif de la République Française, aux chefs, aux subalternes et autres chargés de l'expédition projetée sur l'île de Sardaigne (1).

Les remarques particulières que m'ont suggéré les divers événements qui ont eu lieu dans l'escadre de la République française dans la Méditerranée, dans le convoi de troupes etc., l'enchaînement d'une multitude de dispositions, de démarches suspectes, les principes, les progrès, les suites de l'expédition ordonnée sur l'île de Sardaigne, dont l'exécution fut confiée au contre-amiral Truguet, et au général Casa-

---

(1) « L'auteur de ces questions y met beaucoup de passion et d'amertume. Il y montre des connaissances en marine, mais il n'entend rien aux affaires de terre. » — Note écrite en marge.

bianca pour la terre, la conduite tenue sur ces deux éléments par tous ceux qui y ont participé, enfin la honte et l'ignominie des Français portées au comble par des pertes immenses en tout genre, tout cet amas de malversations et de mauvais succès m'engagent à proposer à la hâte en ce moment les questions suivantes à tous ceux qui veulent se justifier en fascinant les yeux des citoyens faibles qui les écoutent.

La République française avait résolu de faire la conquête de l'île de Sardaigne. Elle fit mettre à grands frais sur la Méditerranée une escadre imposante au mois d'août dernier. Le commandement en fut donné au citoyen Truguet, contre-amiral (nommé de capitaine de frégate (1) par le défunt roi au mois de juillet 1792). Tout devait être disposé au plus tôt pour cette expédition qui eut enfin lieu au mois de février 1793, de manière à persuader et convaincre que les individus chargés de l'exécution, n'ont absolument eu aucune envie de la faire réussir, et ont au contraire tout disposé pour la faire échouer, à la perte et à la honte de la République française, car je demande :

1º Pourquoi au lieu de s'amuser à Gênes et à la Spezia pendant six semaines, n'a-t-on pas fait voile pour l'île de Sardaigne, aussitôt après l'affaire d'Oneille, où on avait des troupes de débarquement, de l'artillerie, des chaloupes canonnières, des munitions, des vivres, dans un moment où la saison était encore favorable, où tous les Français paraissaient animés du plus ardent désir de combattre et vaincre leurs ennemis, dans un moment enfin où l'on savait que Cagliari, capitale de Sardaigne, seule place de guerre de cette île, était ouverte sans défense, sans munitions, sans espoir et hors d'état de tenir quelques heures devant la moitié de nos forces navales d'alors ?

---

(1) « Il n'était que lieutenant de vaisseau. » — Note en marge.

2º Pourquoi les commandants sont-ils restés à Gênes, ainsi que leurs vaisseaux, pendant une longue négociation, qu'on eût pu mieux remplir par des commissaires choisis et envoyés *ad hoc*, en laissant l'escadre poursuivre ses expéditions dans la Méditerranée, plutôt que de lui faire consommer dans un golfe de cette République, la Spezia, des sommes immenses pour y être très mal pourvue par des agents nommés consuls et vice-consuls, qui n'aiment des Français que l'argent et envers lesquels ils exercent impunément un monopole honteux et insoutenable ?

3º Pourquoi la division des vaisseaux qui fut chargée de l'expédition de Naples, depuis le 21 décembre qu'elle perdit son chef, le citoyen Latouche, fut-elle abandonnée dans un désordre nuisible ; le capitaine Landais qui devait le remplacer dans le commandement n'ayant aucune connaissance, aucun ordre particulier de ce qu'il devait faire, sinon croiser ainsi que les autres au point du rendez-vous fixe ; au cas de séparation, ignorant la conduite ultérieure qu'il devait suivre et voyant ses signaux méprisés, son guidon déserté par la plupart des autres bâtiments, tous écartés de là, sous l'île de Sardaigne, sans nouvelles du contre-amiral Truguet ni autres, les vaisseaux manquant bientôt de vivres, sans ressources, livrés au dégoût et à l'inquiétude, dans une saison rigoureuse, sur des parages ennemis, jusqu'au 14 janvier que ce contre-amiral arriva enfin à S. Pierre et le 20 rallia l'escadre ?

4º Pourquoi, après avoir débarqué les troupes à Villefranche, le contre-amiral Truguet éprouva-t-il, à ce qu'il dit, le refus de 4.000 hommes qu'il demandait au général d'Anselme pour la conquête de la Sardaigne ?

5º Pourquoi le successeur de ce général, en accordant cette demande, ne fit-il pas un choix des troupes réglées capables d'être employées dans une expédition de ce genre, où on ne devait envoyer dans tous les cas que des soldats faits dont la qualité pût répondre à la quantité ?

6° Pourquoi, excepté 1.400 hommes d'infanterie pris en Corse, envoya-t-on du reste 4.500 volontaires d'un corps neuf, formé en partie, au mois de novembre dernier, de jeunes gens, la plupart sans instruction militaire, sans discipline, sans subordination, dont les intentions et le caractère, de plusieurs officiers surtout, n'ont pas sans doute été bien connus de leurs concitoyens ni des administrateurs qui les ont admis ?

7° Pourquoi l'embarquement de ces troupes fut-il tant différé, si peu pressé depuis cinq mois que les ordres ont dû être donnés, tandis que les vaisseaux et les équipages se ruinaient, se dégoûtaient et supportaient impatiemment leur retard ?

8° Pourquoi confia-t-on le soin et l'escorte de ce convoi de troupes au vaisseau *Le Commerce de Bordeaux,* commandé par S. Julien Chabour, connu pour ami intime du général d'Anselme, aux ordres duquel ce dit capitaine était resté avec ledit vaisseau au mouillage de Villefranche, d'où il ne sortit vraisemblablement que quand il ne put plus différer, resta 40 jours pour un trajet de 100 lieues, arriva à Cagliari 14 jours après les plus petits navires du convoi, n'entra dans la baie que le lendemain de la descente exécutée, au bruit du canon des vaisseaux embossés, ayant surtout à son bord le général Dhiller, son état-major et quelques officiers, et des troupes qui pouvaient être de la plus grande utilité dans l'armée, si on eût voulu les y réunir ?

9° Pourquoi l'escadre mouillée dans la rade de Cagliari n'attendit-elle pas l'arrivée totale du convoi, afin d'en imposer davantage à l'ennemi avant de l'attaquer, et ménager pour ce mouvement général les forces et les munitions ?

10° Pourquoi le contre-amiral, en ordonnant à l'avant-garde composée de 4 vaisseaux, de se disposer à l'attaque de la ville, prescrivit-il verbalement au commandant de ne s'en approcher qu'à grande portée des forts, seulement pour soutenir les galiotes tandis qu'elles bombardaient, cet ordre se trouvant contraire aux vœux des Français intrépides, qui pour battre l'ennemi avec plus d'avantage, ont demandé de s'approcher, quitte de courir de plus grands risques ?

11° Pourquoi, lors de l'exécution, trois capitaines (*du Centaure*, de *L'Orion* et du *Scipion*) destinés à occuper un poste aussi glorieux, se sont-ils obstinés à rester dans un éloignement très répréhensible et ont-ils fait continuer inutilement un feu ridicule ?

12° Pourquoi, lorsque le commandant de l'attaque leur réitéra l'ordre de s'approcher à leurs postes, suivant la ligne, *Le Centaure* qui devait en être à la tête, resta-t-il masqué par *Le Patriote*, et très près de lui *Le Scipion* ne fit qu'un très petit mouvement et *L'Orion* s'y refusa absolument, répondant aux signaux chaque fois, qu'il ne les comprenait pas?

13° Pourquoi deux bombardières se firent-elles aussi presser à plusieurs reprises d'accoster davantage les vaisseaux pour que leurs bombes pussent tomber dans la ville haute, puisqu'ils n'ignoraient pas (leurs capitaines) qu'elles ne faisaient aucun ou peu d'effet en tombant sur le bas de la ville que les canons pouvaient assez battre, et que la troisième, moins timorée, lançait au contraire des bombes avec beaucoup de fracas dans la ville haute ?

14° Pourquoi le contre-amiral, spectateur et témoin d'une pareille turpitude, dans cette conduite des uns et des autres, et d'une profusion si abusive et aussi inutile de munitions, ne fit-il pas, par son autorité supérieure, sentir son mécontentement à ceux qui manquaient ainsi à leurs devoirs et à l'honneur de la nation, et ne leur ordonna-t-il pas plutôt de cesser un feu aussi ridicule que honteux et dispendieux?

15° Pourquoi, après cette attaque honteuse, vaine et dispendieuse, l'escadre resta-t-elle dans l'inaction pendant 15 jours, tandis qu'on pouvait facilement et sans risques, incommoder sans cesse l'ennemi, le harceler et l'empêcher de se fortifier, de réparer ses batteries, d'en construire de nouvelles, ainsi que des retranchements, comme il fit pendant ce délai ?

16º Pourquoi le contre-amiral, au moins en arrivant dans les parages de Sardaigne, ne destina-t-il aucune frégate ou corvette pour côtoyer cette île et surveiller les baies où pouvaient s'introduire des provisions, des munitions et autres objets qu'il eût été facile d'arrêter ?

17º Pourquoi ne fit-il pas mouiller dans la baie S. Élie, pendant le séjour de l'escadre en celle de Cagliari, qui en est voisine, quelques bâtiments qui en eussent coupé la communication de la mer, et celle-même de la péninsule à la ville, et eussent en même temps observé les forces et les mouvements de l'ennemi, dans cette partie qui était opposée et cachée à l'escadre, où on avait néanmoins envie de faire le débarquement ?

18º Pourquoi les généraux Casabianca et Truguet, ayant visité la baie et les environs de S. Élie le 8 février, ont-ils concerté et fixé de faire le débarquement des troupes dans un lieu éloigné du centre des forces et causé par là une division nuisible et exposé l'armée à terre dans un champ vaste, une rase campagne, où la cavalerie ennemie, qu'on disait être très nombreuse, eût pu facilement couper la retraite à cette armée de 4.300 hommes, l'attaquer, l'exterminer et lui enlever son artillerie (1) ?

19° Pourquoi n'a-t-on pas tenté et exécuté la descente dans la baie de Cagliari, même près du lazaret où se trouve un lieu propice, hors de portée du canon de la ville, où la cavalerie ne peut pratiquer ; sous les yeux et la protection des vaisseaux et frégates, qui pouvaient, dans moins d'une heure, balayer le peu de paysans qu'on y voyait assemblés, faire

---

(1) « La cavalerie sarde était peu nombreuse, elle n'osa pas attaquer nos troupes. » — Note en marge.

taire et abandonner deux petits canons qu'on y avait bien voulu laisser paisiblement installer le 6 dudit mois, frayer un chemin à quelques cents hommes qui se fussent en un quart d'heure rendus maîtres de la batterie du haut du morne, qui ne pouvait les empêcher de monter, qui n'était défendue que par cent miliciens au plus, gens forcés, lâches, prêts à fuir après le premier coup de fusil, et qu'on avait eu lieu de compter plusieurs fois (1) ?

20° Pourquoi ne choisit-on pas également et pour plus de sûreté l'anse voisine de la tour S. Elie et une autre plus éloignée de la tour même où le débarquement eût été plus facile à faire, dès que ladite tour eût été battue, évacuée et même démolie, comme elle l'a bien été inutilement par le vaisseau *Le Patriote,* faisant embosser le long de cette côte plusieurs vaisseaux ou frégates qui, par quelques coups de canon, eussent pu facilement repousser un petit nombre de paysans qui auraient pu s'opposer à la descente, mais non au passage des troupes, envoyant de même dans l'autre baie une frégate et quelques chaloupes pour empêcher l'ennemi de se cacher sur le revers du morne (2) ; la tour et les environs ainsi éclairés, deux ou trois détachements pouvaient arriver au morne, qui n'est qu'à une demi-portée de canon de la tour et où on arrive par une pente douce, d'autant plus faible qu'aucun canon ni retranchement n'était opposé dans cette partie, puisque les deux canons qui y sont, y ont été mis pour battre *Le Patriote* qui les a fait taire le 15 et le 16 en enfilant cette batterie.

21° Pourquoi a-t-on négligé, avant de faire la descente des

---

(1) L'auteur du questionnaire dit ailleurs 300 (27ᵉ question). Il y en avait 200, mais ce n'étaient pas des lâches ; ils avaient soutenu pendant 2 jours le feu de plusieurs vaisseaux de ligne. — Note en marge.

(2) « Tout cela a été fait. Voyez le journal du contre-amiral Latouche et le rapport du contre-amiral Truguet. » — Note en marge.

4.400 hommes, comme elle fut faite, de consulter et d'écouter les renseignements des capitaines et autres qui avaient eu lieu de faire des observations utiles sur les démarches des ennemis (le contre-amiral non seulement ne consulta jamais le patriote Landais, chef de ligne, mais ne daigna pas examiner le projet d'attaque que lui présenta le capitaine qui s'était occupé sans cesse du succès de l'expédition), sans combinaisons entre les différents chefs d'attaque et contre-attaque etc., après 20 jours de réunion dans ce golfe à ne rien faire, dont 12 depuis l'arrivée du convoi, sans avoir établi au moins des signaux de reconnaissance pour les troupes qui devaient, suivant le projet, se rencontrer des deux parties, même de nuit, sans signaux de correspondance entre l'armée et les vaisseaux obligés à tirer et pouvant incommoder les Français mêmes dans une semblable ignorance ?

22º Pourquoi le contre-amiral ordonna-t-il au capitaine du *Patriote* de faire une fausse descente aux environs de la tour par son équipage armé (1), dans un lieu où il avait donné ordre d'en faire une effective le lendemain ; pouvait-on manquer d'attirer par là sur ce rivage toute la résistance possible de l'ennemi ainsi prévenu de nos desseins ?

23º Pourquoi le débarquement des troupes assemblées près du *Patriote* pour opérer une contre-attaque sous la tour abandonnée par l'ennemi, fut-elle suspendue toute la journée du 15 par un temps propice, dans un moment à les rendre victorieusement maîtres de tout le morne, sans le secours de la grande colonne, qui ne s'en approchait qu'à pas lents depuis trois jours, avec un appareil formidable en même temps que pitoyable, pendant que 6 à 700 hommes, braves guerriers, soupiraient après le signal de voler à terre, et d'arborer à la vue de tout le monde le pavillon national

---

(1) « Erreur. » — Note en marge.

qui bientôt eût rallié près d'eux les Français patriotes et effrayé les Sardes ?

24° Pourquoi le contre-amiral renouvela-t-il à 4 heures du soir l'ordre de tenir les troupes destinées à cette contre-attaque, assemblées depuis avant-midi, disposées à descendre à terre, sans en ordonner l'exécution, lorsqu'il en était encore temps, faisant toujours différer jusqu'au moment de la grande attaque qui devait, disait-il, se faire incessamment ?

25° Pourquoi donna-t-il un signal très équivoque, au moment de la nuit surtout, prescrivant au capitaine Landais de ne faire mettre à terre les troupes que lorsqu'on entendrait les premières fusillades dans l'autre partie du morne, ce qui, ajoutait-il, ne devait pas tarder ; ne prévoyant pas que le vent et la lame, venant alors fortement du large, seraient nuisibles au débarquement ; que la nuit seule intimiderait naturellement les plus hardis dans un pays inconnu, sans guides, sous le feu de l'ennemi caché le soir le long du rivage, sans qu'aucun soldat puisse faire usage de son arme utilement, sans qu'aucun vaisseau puisse absolument, dans l'obscurité, les favoriser, sans risquer quelques méprises dangereuses ?

26° Pourquoi fixa-t-il le rendez-vous des troupes indistinctement sur la hauteur, dit-il, où les premiers arrivés attendront les autres, de nuit, sans signaux de reconnaissance, ni entre les chefs, ni entre les soldats, qui paraissaient devoir chacun de leur côté faire la moitié de la conquête du morne ? Peut-on militairement concevoir un pareil ralliement sans en concevoir l'horrible danger ? Est-il imaginable que l'on ait fait faire trois jours de marche et approché d'un lieu isolé 4.400 hommes vers la partie du morne S. Elie, à l'abri du canon, tandis qu'on n'y en expose que 700 de l'autre partie, qu'on suppose pouvoir arriver les premiers sur la hauteur, malgré les difficultés qui ont pu faire résoudre le général à préférer la campagne voisine pour son débarquement ; encore la force de cette contre-attaque, si mal et si bien combinée, était moitié de marins volontaires mais bien décidés à gagner le terrain sur quelques paysans sardes, seule résistance qu'on ait pu attendre de ce morne, devant lesquels on fit tant de détours sans que personne puisse avancer y avoir reconnu les moyens d'arrêter 600 hommes ?

27° Pourquoi le général Casabianca fit-il traîner avec son armée son artillerie, puisqu'il voulait s'emparer de ce morne S. Elie, que, maître de ce poste, il l'était de toute la péninsule, sur laquelle il eût bien pu débarquer au moins la plus grosse par le secours des équipages qui auraient porté à l'armée dans ce lieu tous les secours possibles, tandis que le général n'eût dû faire traîner au plus avec les bataillons que les pièces de campagne les plus petites, nécessaires à leur seule défense, et laisser sur les vaisseaux les plus grosses qu'on eût bientôt descendues du côté de Cagliari ; ne voulait-il pas livrer à l'ennemi bonne partie de cette artillerie si mal soutenue (1) ? pour prendre à l'assaut un morne où on ne connaît pas 300 paysans de garde, fallait-il traîner 22 pièces de canon dont 4 de 24 ? En suivant le projet naturel présenté, ce général, rendu maître du morne S. Elie, eût pu dans la même journée avoir à sa disposition une bonne partie de l'artillerie avec laquelle le lendemain, de concert avec le feu des vaisseaux, qui auraient bien voulu le seconder, il aurait insensiblement occupé et fortifié les postes avancés et se serait jeté dans la ville écrasée au premier moment avec toute son armée, de quoi conviendront tous ceux qui, de bonne foi, ont combiné ce projet.

28° Pourquoi le contre-amiral fit-il un choix particulier de 4 vaisseaux pour l'attaque des forts de la marine, sans y

---

(1) Il fallait bien qu'on l'emmenât, on pouvait en avoir besoin, et l'on avait trop peu de troupes pour la laisser derrière soi. — Note en marge.

envoyer la troisième ligne indistinctement ou le corps de bataille, les vaisseaux et les équipages étant aussi bien disposés les uns que les autres, ainsi qu'il l'avait fait pour l'attaque précédente, par la première ligne de l'escadre ; mais surtout pourquoi choisit-il trois vaisseaux en particulier pour aller avec lui dans l'autre baie, être spectateurs oisifs de la déroute honteuse de l'armée que des frégates au plus pouvaient protéger pour la descente ou la retraite ?

29° Pourquoi le contre-amiral, commandant en chef, quitta-t-il le point principal de sa partie et de son devoir pour suivre Casabianca à terre où il eût bien pu le conduire et laisser des bâtiments en correspondance entre lui et l'armée, d'une baie à l'autre, et venir sur son vaisseau ou un autre surveiller la conduite des vaisseaux embossés, dont plusieurs ont répondu par leur lâcheté, ou plutôt par celle des capitaines, à celle de l'armée de terre ?

30° Pourquoi le contre-amiral ordonna-t-il l'attaque de la ville et forts de la marine par les vaisseaux trois jours avant que les troupes descendues à terre fussent rendues au pied du morne et postées pour les battre de concert, réunissant pour ce jour les efforts de part et d'autre, souffrant au contraire de ces vaisseaux une canonnade ridicule et très inutile sur l'eau et le rivage, où l'ennemi bien abrité était en très petit nombre, ne tirait que quelques coups de temps à autre, auxquels deux vaisseaux auraient suffisamment répondu et imposé silence ?

31° Pourquoi le capitaine Trogoff (aujourd'hui contre-amiral) commandant l'attaque des 14, 15 et 16 février, fut-il si lent à appareiller, à se placer et à faire placer les autres vaisseaux de sa ligne, quoiqu'il eût montré par ses signaux et ses rodomontades tant d'impatience de combattre, tant prôné la valeur qu'il y montrerait ; pourquoi donc resta-t-il si éloigné qu'il faillit réunir le sort de son vaisseau à celui du *Léopard* ?

32º Pourquoi ce capitaine, si bien disposé, ne se trouva-t-il pas sous voile avant le jour du 14 comme il était ordonné, louvoya toute la matinée et mouilla au large, quoique le temps fût encore plus propice après midi pour l'aider à occuper son poste, ce qui fit remettre et différer l'attaque ?

33º Pourquoi encore ce commandant d'attaque, mouillé et embossé le 15 hors de la portée de ses canons, ainsi que *Le Léopard* et *Le Tricolore,* prodigua ainsi qu'eux une multitude de boulets qui tombaient à l'eau comme une grêle loin des forts, ne se rendit pas à l'ordre formel du contre-amiral Latouche de cesser un feu dérisoire et honteux et s'approcher à portée, communiqua cet ordre aux deux autres qui l'exécutèrent, secondèrent enfin *Le Thémistocle* qui ce jour et la veille avait pris un poste avantageux, se trouvait seul en butte au feu de l'ennemi et y répondait avec une ardeur admirable ?

34º Pourquoi *Le Scipion* et *L'Entreprenant,* qui devaient battre les retranchements du lazaret, imitèrent-ils la conduite pusillanime des autres, en faisant pleuvoir aussi sur la mer une quantité de munitions précieuses qui eussent dû être mieux employées, parce qu'ils craignaient les coups de quelques petits canons du haut du morne qu'une galiote bombardait et faisait taire, ainsi que *Le Patriote* qui, le 16, l'incommoda beaucoup ?

35º Pourquoi donc l'autorité du contre-amiral fut-elle aussi méconnue et peu respectée ? Pourquoi les ordres sont-ils si mal ou pas exécutés ? Une pareille insubordination est-elle pardonnable dans des capitaines, dans les chefs des équipages ? Ne devait-on pas arrêter sans délai une profusion aussi immense et aussi inutile de munitions qui exposait les vaisseaux à s'en trouver dépourvus lorsqu'elles eussent été vraiment nécessaires ? Que pouvait-on voir de plus vicieux, de plus révoltant que la conduite de trois vaisseaux le 28 janvier, et de cinq les 14, 15 et 16 février ? Des Français toujours redoutables et toujours redoutés, n'ont-ils pas pas à rougir de honte d'avoir, à Cagliari, montré une lâcheté insigne qui n'avait jamais eu d'exemple dans le régime de la liberté, une faiblesse capable de flétrir les armes et la gloire de la nation et d'affaiblir la puissance de la République? Quel triomphe, quel encouragement pour nos ennemis! Quelle humiliation, quelle honte pour les vrais défenseurs de la liberté! mais ce n'est pas encore tout, et j'ajoute:

36° Pourquoi le citoyen Gramont, capitaine du vaisseau *Le Léopard,* le voyant exposé et tombé sur le banc, lorsqu'il se rapprocha suivant l'ordre donné, négligea-t-il de prendre toutes les précautions nécessaires à sa sûreté le 17, avant que le vent le poussât de plus en plus le 18, comme il arriva, de manière à être tellement envasé qu'on l'abandonna en proie aux flammes, spectacle affligeant et déchirant pour les patriotes, perte immense pour la République, sujet de reconnaissance et de victoire pour ses ennemis qui, sans sortir de leurs murs, ont vu la fuite ignominieuse des Français et l'incendie fatal de leurs vaisseaux?

37° Pourquoi l'indifférence, la méchanceté, l'intrigue, la mauvaise volonté régnaient-elles dans les vaisseaux jusqu'au point de se refuser mutuellement les secours les plus pressants dans les moments de danger? N'est-il pas étonnant que le vaisseau *Le Patriote,* courant les plus grands risques de toutes les manières, fit des signaux pour demander assistance, se trouva, après le coup de vent, sur une seule ancre, avec un très mauvais câble, jeté sous la tour, environné d'écueils, ayant perdu deux ancres et sa chaloupe, ses canots brisés etc., envoya au contre-amiral Latouche la position critique où il se trouvait, ne put rien obtenir que des promesses et aurait infailliblement péri, si, après avoir flotté pendant 12 heures entre l'espoir et la crainte, il n'eût été assez heureux pour profiter d'un air de vent qui se déclara en sa faveur et lui servit à se sauver lui-même?

38° Pourquoi, après le rembarquement et le départ de l'armée fuyarde, lorsque le contre-amiral et les vaisseaux qui l'accompagnaient et n'avaient encore été utiles à rien, vinrent se réunir dans la baie de Cagliari, ne prit-on pas des mesures pour essayer au moins de retirer *Le Léopard,* dès qu'il eut été totalement déchargé, plutôt que de se contenter de spéculations inutiles qu'on employait, ou des moyens efficaces qu'auraient pu protéger les vaisseaux, en cas que l'ennemi voulût y nuire ? Mais on venait d'annoncer la guerre, et une terreur panique agitait tellement les esprits de beaucoup qu'on s'empressa à la hâte de le brûler, en lui laissant même les câbles, ancres, vergues, etc., pour vite fuir de la rade, comme les poltrons de volontaires avaient fui de leur côté.

39° Pourquoi le contre-amiral lui-même, pressant le départ pour Toulon, l'ayant fixé au surlendemain matin, se mit en route sans indiquer aucun ordre de marche, aucun point de ralliement en cas de séparation etc., semblait craindre l'approche de Toulon (1), et s'en écartant précipitamment dès qu'il le vit, fit longtemps promener ses vaisseaux autour et dans les îles d'Hyères, jusqu'à ce qu'enfin son parti fût prévenu, informé, et qu'il ne pût se refuser à laisser arriver les vaisseaux, comme d'autres avaient déjà fait contre ses ordres ?

40° Pourquoi enfin, Républicains français, qui avez juré d'écraser l'hydre du despotisme et de l'aristocratie, vous qui, tant de fois, avez été dupes de votre complaisance, victimes de votre confiance dans les grimaces et les fausses protestations de civisme affectées par les ci-devant nobles surtout, dont le régime orgueilleux et insupportable a excité votre révolution, vous qui tant de fois, exposés au retour de la

---

(1) Sa rentrée à Toulon fut retardée par des vents contraires. — Note en marge.

tyrannie par les trahisons, les manœuvres criminelles, les intrigues combinées entre les généraux, les officiers de vos armées et vos plus cruels ennemis, n'avez échappé à leurs embûches et déconcerté leurs complots que par une heureuse découverte de leurs trames et de l'abîme où ils ont toujours intention de vous précipiter, quand ils en pourront avoir la force, vous enfin qui voulez conserver la liberté que vous avez conquise, qui avez fait et répété le serment sacré de la maintenir et défendre au prix de votre sang; pourquoi donc n'avez-vous pas encore ouvert les yeux sur le régime actuel de votre marine? Pourquoi avez-vous toujours été sourds ou peu attentifs aux plaintes criantes et justes qu'a excitées jusqu'à présent la conduite au moins suspecte de plusieurs officiers et autres agents de la marine? Pourquoi, instruits des dispositions, des qualités, des vices, des forfaits de la plupart des commandants et officiers subalternes employés par le Conseil exécutif dans la marine depuis la révolution, avez-vous souffert tranquillement que ces agents du despotisme, ces traîtres et perfides instruments de la tyrannie royale et ministérielle non seulement échappassent au glaive de la loi, mais fussent même continués dans leurs services (il vient d'être décrété quelques articles à cet égard, savoir s'ils seront exécutés et s'ils suffiront) où sous le manteau du patriotisme, dans les ports, ils attendent l'occasion favorable de se venger par vos pertes et vos malheurs à la mer? Pourquoi laissez-vous tomber en ce moment le choix aux grades supérieurs de la marine sur des hommes plus que suspects, qui pourront bientôt vous faire repentir de votre indifférence? Pourquoi ne voyez-vous pas s'élever insensiblement une domination dangereuse dans les officiers généraux et autres de la marine par l'admission inconsidérée (ou bien combinée plutôt) d'une majeure partie de ci-devant nobles et de l'ancien grand corps de la marine royale au commandement des escadres et des vaisseaux, où la plupart de ces perfides dissimulés, déguisant leurs intentions criminelles, se coalisent, se réunissent contre le faible parti des patriotes (qui ne sont, hélas ! que trop rares), entraînent les plus faibles dans leurs projets cachés et abandonnent les autres dans leurs résolutions, dans leurs actions droites et civiques qu'ils tâchent encore de déconcerter sourdement ? On peut regarder l'affaire de Cagliari comme le premier chef-d'œuvre de leur valeur, de leurs talents et de leurs mérites.

Telles sont, citoyens, les questions et les réflexions que m'ont inspirées les manœuvres abominables que j'ai vues s'exécuter depuis cinq mois et plus dans l'escadre de la Méditerranée. On ne saura que trop combien elles ont coûté à la République. On n'en apprendra que trop tôt les funestes effets. On ne s'étonnera pas que longtemps avant l'exécution de l'attaque de Cagliari, j'aie prévu et prédit qu'elle éprouverait un mauvais succès, et j'assure qu'alors j'étais bien éloigné de fonder ce sinistre augure sur la défense qu'on disait avoir à attendre des Sardes, avec des forces d'hommes supérieures aux nôtres, mais que j'étais fondé sur un enchaînement de circonstances rapprochées, liées et approfondies, dont j'attendais le dénouement et la vérification au résultat de l'expédition, où je déclare hautement avoir entrevu non de l'incapacité, ni des revers fortuits, mais une combinaison perfide entre les chefs sardes et français, résolution ostensible de n'incommoder la ville et les environs que le moins possible et par simulacres seulement, complot horrible enfin de décourager d'avance, ruiner, dégoûter, faire soulever et exterminer nos équipages et nos troupes par elles-mêmes, forcer par là les vaisseaux délabrés, dénudés de vivres et de munitions, surchargés de malades, sans secours etc., à une retraite honteuse et précipitée, dans laquelle ils pouvaient être facilement attaqués dans leur désunion, vaincus par une puissance étrangère et ennemie qui aurait voulu profiter de la déroute et du désordre de l'escadre française. Il reste bien d'autres objets à traiter et à développer concernant les capitaines, les officiers, les maîtres et les matelots, enfin tous les équipages des vaisseaux, où il est instant et très nécessaire d'apporter de l'ordre, de la discipline et de la précaution, si on ne veut dans peu voir écrouler la marine sur les bases fragiles que l'intrigue et l'incivisme lui ont fait poser, et si on ne veut sacrifier et livrer aux puissances étrangères, les vaisseaux, les ressources et les possessions maritimes de la République française. J'invite les vrais républicains qui habitent les ports surtout et connaissent la marine et la mer, à consulter les patriotes qui naviguent en ces moments, qui gémissent secrètement des vices et des désordres affreux qu'on voit régner sur les vaisseaux ; ils apprendront bien des vérités affligeantes, des dangers manifestes, enfin ils déchireront le bandeau que tiennent sur les yeux des habitants de l'intérieur, les intrigants, les ambitieux, les traîtres, qui, sous des couleurs trompeuses, flagornent et séduisent le peuple, apaisent son courroux et échappent à la vengeance des lois par des subterfuges adroits, des récits, des discours captieux et une adulation vile envers ceux dont ils trament la perte et le carnage.

Par un républicain militaire de la marine, embarqué sur un vaisseau faisant partie de l'escadre (sans signature).

(L'original de cette pièce se trouve aux archives du ministère des affaires étrangères).

Extrait d'une lettre du Ministre de la guerre au général Biron.

Paris, le 1er Mars 1793.

J'apprends avec bien du plaisir, mon cher général, par votre lettre du 18 février, la prise de Cagliari que nous ignorions encore ici, quoique vous n'en ayez pas reçu officiellement la nouvelle. Cependant puisque vous la regardez comme assurée, j'ai cru devoir en dire deux mots à la Convention nationale ; mais j'espère en recevoir incessamment la confirmation par vos dépêches ultérieures. Le ministre de la marine n'en a jusqu'ici reçu de son côté aucun avis.

Le Contre-amiral Latouche au Ministre de la marine.

A bord du *Languedoc*, au golfe Juan, le 1er Mars 1793, l'an 2e de la République.

Citoyen ministre, — C'est avec bien de la douleur que j'ai à vous annoncer le mauvais succès des armes de la République en Sardaigne. Je me réfère pour les détails aussi honteux qu'affligeants aux deux pièces que vous trouverez ci-jointes ; l'une est l'extrait de mon journal depuis mon départ de Naples jusqu'à celui de Cagliari ; l'autre la correspondance du contre-amiral Truguet pendant le cours de cette malheureuse expédition. Je dois me borner à vous en instruire en cette forme, laissant au contre-amiral en chef le triste devoir de vous donner des détails plus étendus. Je dois cependant vous prévenir, citoyen Ministre, que la manière dont je me suis plaint de l'éloignement de nos vaisseaux des batteries de la place n'est pas fondée ; leur échouage n'a que trop prouvé qu'ils en étaient aussi près qu'ils pouvaient l'être. La disposition du terrain et la projection de la côte, m'ont fait commettre une erreur et m'ont rendu un moment injuste. Je m'empresse de rendre la justice qui est due aux braves officiers qui commandent ces vaisseaux. Vous sentirez sans doute, citoyen ministre, la nécessité d'approfondir les causes d'un événement dont il n'est pas d'exemple dans l'histoire et qui, j'espère, sera le dernier dans celle de la République. Je ne puis douter qu'il n'y en ait de bien criminelles, et cette fuite honteuse a trop de ressemblance avec celle de Lille et de Tournai, pour ne pas supposer qu'elle ait été occasionnée par des ennemis cachés de notre repos et de notre gloire.

Je vais m'occuper du débarquement des troupes que j'ai à mon bord, et je ferai route ensuite pour Toulon avec d'autant moins de délai qu'il ne me reste plus que peu de jours de vivres.

Je vous instruirai de mon arrivée en ce port et je me mettrai en route pour Paris en m'arrêtant quelques jours à Montargis, où je vous prie de m'adresser vos ordres.

Le contre-amiral, LATOUCHE.

Chaillan au Ministre de la marine.

Nice, le 2 Mars 1793.

Citoyen Ministre, — Vous avez sans doute appris que les vaisseaux *Le Languedoc, L'Entreprenant, L'Orion* et *Le Thémistocle,* sous le commandement du contre-amiral Latouche, ont mouillé hier dans la rade du golfe Juan.

Ces vaisseaux ayant passé hier devant Nice, je me décidai à leur envoyer un bateau pour savoir quelques nouvelles concernant la Sardaigne. Les détails que j'en ai appris par une lettre que m'a écrite hier le contre-amiral Latouche ne sont point assez satisfaisants pour que j'entreprenne de vous en faire le récit. D'ailleurs le contre-amiral vous écrit aujourd'hui pour vous le donner lui-même.

J'ai expédié hier au soir un courrier au général Biron, qui se trouve dans la montagne, pour lui donner connaissance de la lettre du citoyen Latouche. Je lui mande que la seule chose qui puisse nous dédommager de ce fâcheux événement est le succès de ses armes, car depuis trois jours qu'il est parti de Nice, il a repoussé les Piémontais, et s'est même déjà emparé de plusieurs villages.

Je compte bientôt recevoir de ses nouvelles ; ainsi je ne tarderai pas à vous faire part de ce qu'il m'aura mandé ou de ce que j'aurai appris d'ailleurs.

(Le reste de la lettre ne concerne pas l'expédition de Sardaigne).

Le sous-chef d'administration chargé des ports d'Antibes et de Nice, CHAILLAN.

Extrait d'une lettre du général Biron au citoyen Beurnonville, ministre de la guerre, datée de Nice, le 3 Mars 1793.

J'ai appris hier en rentrant de la montagne que le contre-amiral Latouche avait mouillé avant-hier au soir au golfe Juan avec 4 vaisseaux et qu'il désirait beaucoup me voir. Je me suis transporté bien vite, mais je n'ai pas été assez heureux pour l'y trouver ; il venait de mettre à la voile pour Toulon, par un vent frais.

Pendant que j'étais à Antibes, on a signalé le reste de l'escadre du contre-amiral Truguet passant au large et faisant voile pour Toulon. Le mauvais succès de l'expédition de Sardaigne et l'état déplorable où se trouve l'escadre qui rentre, me paraissent exiger indispensablement une entrevue entre les contre-amiraux et moi. J'irai en conséquence passer 24 heures à Toulon avec eux, dès que le général Brunet sera rentré de la montagne.

Il paraît que la phalange marseillaise a fait les plus grandes pertes en effets de toute espèce et même en argent ; je vais la répartir dans différents cantonnements.

Le Général Biron au Ministre des affaires étrangères.

Nice, 3 Mars 1793.

Le citoyen La Flotte, ministre plénipotentiaire de la République à Florence, vient de me faire passer des dépêches importantes qu'il me charge de vous faire passer par un courrier extraordinaire. Le mauvais succès de l'expédition de Sardaigne, le délabrement affreux de l'escadre et les pertes de tout genre faites par la phalange marseillaise, extrêmement diminuée et maintenant peu en état de servir d'ici à quelque temps, pourront peut-être apporter quelques changements aux dispositions du Conseil sur l'expédition de Rome. Il me paraît d'une nécessité indispensable que j'aie une entrevue avec les contre-amiraux Truguet et Latouche qui viennent de rentrer à Toulon. Le succès des armes de la République, du 28 février et jours suivants (dont je rends compte au citoyen ministre de la guerre, quoique je n'aie aucun détail encore), éloignant beaucoup plus les ennemis de nous, j'espère que rien ne m'empêchera d'aller passer 24 heures à Toulon, avec les contre-amiraux, dès que le général Brunet sera rentré de la montagne, d'où j'arrive moi-même.

Biron.

Extrait d'une lettre écrite de Nice le 3 Mars 1793 par Chaillan au Ministre de la marine.

Le général Biron venant de m'écrire pour me faire savoir qu'il allait envoyer un courrier extraordinaire à Paris avec des nouvelles de Rome et de Florence, venues par une felouque de Gênes, je profite de cette occasion pour vous faire part de l'arrivée au golfe Juan du citoyen Latouche, ayant avec lui *Le Languedoc, Le Thémistocle, L'Orion* et *L'Entreprenant*, venant tous de Cagliari.

L'Administrateur etc., Chaillan.

*Copie d'une lettre enlevée chez le Consul d'Angleterre
à Livourne.*

(Date fausse) 3 Mars 1793.

Sans doute on aura su en terre ferme par un bâtiment expédié à Gênes, l'arrivée de la flotte espagnole. Le 20 du courant, elle entra dans le golfe de Palma, au nombre de 23 vaisseaux de ligne et de 6 frégates, sans qu'on eût été réellement prévenu de son approche et sans déployer ses pavillons ; ce qui m'a obligé de donner de nouveaux ordres pour les préparatifs d'une guerre inattendue.

Sa première opération a été de s'emparer de la frégate française (*L'Hélène*), qui gardait le pont de la presqu'île de S. Antioche, et tandis que différents vaisseaux environnaient l'île S. Pierre pour empêcher l'évasion de l'autre frégate qui s'était rapprochée de la plage, D. François de Borgia, marquis de Camacos, commandant de la flotte, me fit part de son arrivée, ainsi que des ordres qu'il avait reçus de chasser l'ennemi des îles dont il s'était emparé, et de les faire rentrer sous la domination de Sa Majesté. M. Camerati, commandant de notre camp de Palma, s'étant rendu sur son bord à cet effet, il se tint un conseil de guerre le 21, et l'on y résolut d'attaquer la presqu'île et de passer de là à l'île S. Pierre. On se disposait à la première de ces deux opération, lorsque deux frégates apostées au pont et destinées à soutenir les troupes de débarquement, impatientées de tirer vengeance des ennemis et des habitants d'Antioche, qu'ils regardaient comme en état de rébellion, assaillirent, le 21, la garde du pont, sans toutefois passer outre, et menaçant l'ennemi de le mettre en pièces. Effrayé de leurs menaces et témoin de leurs préparatifs, celui-ci s'embarqua le soir même sur des vaisseaux tabarcains pour l'île S. Pierre, après avoir encloué 15 canons de bronze qui étaient à S. Antioche où se trouvaient encore 2 mortiers. A l'instant nos troupes s'introduisirent dans la ville, et l'on ne put en arrêter le pillage. Aussi la presqu'île fut reprise le 22 par les troupes de Sa Majesté, sans même que la sommation de se rendre lui eût été faite (1). Une partie de la flotte passa bientôt dans la rade de Carlefort. Le 24, les Français mirent le feu à leur frégate qui était encore à l'ancre ; et peu de temps après, la flotte espagnole s'étant rapprochée et ayant fait sommer la place de se rendre, elle ne fit pas la moindre résistance et on lui accorda la capitulation suivante :

1º Que le commandant de la marine française, ses troupes et ses gens de mer, sortiraient avec tous les honneurs de la guerre, et déposeraient leurs armes sur la place en passant à bord de la flotte, sur laquelle tout leur équipage resterait prisonnier.

2º Qu'il en serait de même pour le commandant et les troupes de terre.

3º Que toute l'artillerie et les munitions tant de bouche que de guerre, resteraient à la disposition de Sa Majesté Catholique.

4º Que les prisonniers seraient bien traités.

5º Qu'aux conditions ci-dessus, on livrerait le fort dans l'après-midi.

M. le commandant général me fit part de tout, en m'ajoutant que, persuadé des sentiments de son souverain pour Sa Majesté, il allait remettre la possession de l'île entre les mains du commandant de notre camp, ce qu'il fit en effet. Cette première expédition faite, la flotte se prépara à en exécuter de plus importantes, c'est-à-dire 4-7. 11... Elle a de plus pris un bâtiment qui transportait un courrier de Marseille à Carlefort, mais le pli qu'il portait fut jeté à la mer. La flotte est définitivement partie le 28, après avoir reçu toutes

---

(1) « Il y out une sommation. » — Note en marge.

sortes de témoignages de joie sur la générosité avec laquelle elle avait réuni l'île aux troupes de Sa Majesté. L'on trouva tant dans cette île que dans la première plus de 60 canons, 5 mortiers à bombes et autres munitions.

Cagliari, 3 Mars 1793.

Signé : BALTHANAS.

(Pour copie conforme à la copie conservée aux archives du Ministère des affaires étrangères.)

Le sous-directeur des archives,
Cte D'HAUTERIVE.

Rapport du Contre-amiral Truguet sur l'expédition de Sardaigne.

A bord du *Tonnant,* le 4 Mars 1793, l'an 2e de la République.

Citoyen Ministre, — Au moment d'entreprendre une guerre maritime contre plusieurs puissances coalisées, il est indispensable de faire connaître à l'Europe quelle a été la conduite des marins sur la première escadre républicaine sortie de nos ports pour faire respecter le pavillon tricolore. Je vous prie donc, citoyen ministre, de communiquer ma lettre à la Convention et de lui donner la plus grande publicité.

Les marins de cette escadre, chargés d'une expédition contre la Sardaigne qui n'a pas eu le succès qu'ils avaient lieu d'attendre, après leur réunion à une armée de troupes de ligne et de volontaires nationaux, doivent faire connaître quel a été leur dévouement à la patrie, leur courage et leur constance dans cette expédition ; ils doivent aussi faire connaître les vraies causes de leur retraite devant Cagliari.

Le contre-amiral Truguet leur chef, en attendant la publication de son journal, doit rendre compte aussi de ses travaux, de ses projets et de la démarche honteuse des troupes de débarquement, qui ont refusé de seconder les marins au moment de la victoire, en exigeant impérieusement et avec tous les caractères de la sédition le rembarquement, sans avoir combattu, sans avoir vu l'ennemi.

Il est indispensable de dire la vérité, l'honneur de la marine le commande ; la République saura laver de tout soupçon injurieux et rendre justice à ces braves marins qui ont été aussi lâchement abandonnés et qui sont prêts à verser leur sang pour elle, sans s'étonner de cette coalition de trois puissances maritimes conjurées contre eux.

L'armée navale dont la République m'avait confié le commandement en chef dans le mois d'août de 1792, a toujours été soumise à la discipline la plus sévère, et ces marins qu'on voulait calomnier, respectant les lois et la voix de leur amiral qu'ils honoraient de leur confiance, ont étonné leurs calomniateurs mêmes par leur conduite sage et mesurée dans les ports étrangers.

Une division de cette armée a contribué efficacement et plus qu'on ne l'a publié à la conquête de Nice, et une autre a été faire respecter à Naples le pavillon de la République, ainsi que son ministre. Tous ces vaisseaux dans une saison rigoureuse ont eu a soutenir des contrariétés, des tempêtes et des malheurs ; mais rien n'a pu ébranler la constance et le dévouement des marins et de leurs chefs dans l'entreprise contre la Sardaigne.

Le rendez-vous de l'armée navale et de l'armée de terre était aux îles S. Pierre et S. Antioche. L'armée navale y étant arrivée la première, les marins plantèrent l'arbre de la liberté sur ces îles dont le port est indispensable à notre commerce maritime.

Leurs habitants, heureux par notre arrivée, plus heureux encore de notre conduite fraternelle envers eux, bénirent le présent de la liberté que nous leur apportions, et cette population, intéressante par la douceur de ses mœurs et sa loyauté, présenta bientôt au peuple entier de la Sardaigne une preuve de nos principes, de notre franchise et de notre pureté. Nous prouvions enfin que tous nos moyens n'étaient réunis que pour l'anéantissement du despotisme et le bonheur du peuple.

Tel est le premier pas, telle est la première démarche des marins en abordant en Sardaigne. C'est de là que, secondés par les bons habitants de S. Pierre, je fis répandre des adresses au peuple sarde et des proclamations qui annonçaient nos principes et nos projets. C'est ainsi que je voulus faire connaître aux habitants de Cagliari, avant de me présenter devant cette ville, quels étaient les sentiments des Français.

Le 23 janvier, l'escadre se rendit devant Cagliari, où la trahison des Piémontais, secondés par la barbarie des prêtres envers mon canot parlementaire qui allait offrir la paix, fraternité et liberté, m'obligea de châtier cette ville perfide par une canonnade vive et un bombardement de vingt-quatre heures.

Forcés alors de développer tous nos moyens réunis pour conquérir un pays ainsi égaré par le fanatisme et le despotisme, je résolus d'attendre l'arrivée du convoi chargé de 4.500 hommes de volontaires nationaux qui ne devait pas tarder, puisqu'il était parti de Villefranche le 4 janvier.

Ces volontaires réunis à 2.000 soldats que l'escadre pouvait aussi débarquer et à 4.000 marins très résolus à monter à l'assaut et à seconder sur la brèche l'armée de terre, me donnaient la certitude de terminer glorieusement cette expédition, qui depuis trois mois avait été traversée par des intrigues, des erreurs et des tempêtes.

C'est avec cette espérance que les marins devant Cagliari, accablés de privations, fatigués par l'intempérie de la saison, dénués de hardes, épuisés de maladies, manquant de vivres et de rafraîchissements, ont eu le courage de tout supporter sans se plaindre de leurs maux et de l'abandon, peut-être involontaire, des administrateurs de leur pays. Ils ne pouvaient cependant se dissimuler que le retard de l'arrivée du convoi chargé de troupes aggravait leurs maux qui pouvaient devenir incalculables. Mon cœur déchiré partageait leur misère ; car j'étais leur père et leur ami avant d'être leur chef, et je ne pouvais les soulager qu'en leur présentant l'espoir d'un succès certain à l'arrivée de 4.500 volontaires républicains qui, se rendant maîtres de la campagne dès leur débarquement, nous procureraient des provisions fraîches en abondance.

C'est ainsi que l'espoir d'une victoire prochaine et d'un triomphe de plus à la cause de la liberté enchaînait tous les murmures et donnait de l'énergie aux marins les plus faibles.

Le 2 février, le convoi paraît ; la joie éclate sur tous les vaisseaux et à l'instant toutes les peines passées sont oubliées. On ne pense qu'à braver de nouveaux dangers et l'on voit déjà le pavillon tricolore flotter sur une ville perfide. Le convoi mouille au milieu de l'escadre et le cri sacramental des patriotes retentit dans tous les navires. Nous sommes tous électrisés de la même ardeur et du même désir de vaincre. La patrie et la nécessité nous en imposent la double obligation.

Je reçois de partout des députations qui, au nom des troupes, me demandent le débarquement ; tout mon embarras est de contenir les élans du courage et la fureur de la vengeance contre des traîtres qui avaient violé envers nous les droits les plus sacrés des nations. Chaque soldat républicain, calculant sa valeur, se croit supérieur à dix esclaves du despotisme. Je ne demande à ces braves troupes, à ces volontaires nationaux, que le temps de combiner une attaque générale avec le maréchal de camp Casabianca, leur chef particulier, et mon cœur ému éprouve un orgueil secret de diriger de pareils hommes dans une entreprise pour le triomphe de la liberté.

Les marins, plus calmes, éprouvaient la même ardeur ; mais avec la ferme résolution de ne jamais se démentir.

J'avais déjà médité et observé les points de défense et d'attaque. Je soumis mon plan au maréchal Casabianca, commandant les troupes de débarquement, qui l'accueillit en entier. J'avais sondé moi-même le lieu du débarquement, ainsi que le mouillage adjacent pour les vaisseaux et frégates et je m'étais assuré dans la rade de S. Elie d'une plage commode et facile à protéger par nos frégates, à une lieue environ du morne S. Elie, à une lieue et demie de la ville de Cagliari.

4.400 hommes devaient se débarquer sur cette plage, et tandis que cette troupe composée de 1.700 soldats de ligne et de 2.700 volontaires aurait attaqué à l'Est le morne S. Elie, un détachement de soldats de ligne (700), des garnisons des vaisseaux, devait faire une descente dans l'Ouest, sous la protection d'un vaisseau chargé de détruire une seule tour qui pouvait s'opposer à cette contre-attaque.

Un vaisseau devait foudroyer une caserne établie dans le lazaret, au nord de ce morne, et balayer le chemin de communication de la ville avec les hauteurs. Enfin pour dissiper tout rassemblement vers la hauteur et sur la batterie élevée, une bombarde devait y jeter des bombes.

Cette hauteur de S. Elie était très importante à prendre préalablement à tout, en ce qu'elle dominait celles de Bonnaire et procurait une communication aisée entre l'armée de terre et l'escadre mouillée devant Cagliari ; car il fallait que les vaisseaux quittassent la rade opposée de S. Elie le plus tôt possible, ce mouillage n'étant pas bien sûr.

Les hauteurs de Bonnaire dont nous devenions les maîtres après l'occupation de S. Elie, dominent la partie Sud de la ville à 200 toises environ de distance et l'on pouvait, avec le plus grand succès, y établir des canons et des mortiers qui auraient bientôt éteint le feu des bastions de la ville mal arinés, et même celui des batteries de la marine à boulets rouges, qu'on prenait à revers.

Nos vaisseaux, libres alors dans leurs mouvements, nous pouvions débarquer sans difficulté, au pied même des hauteurs de Bonnaire, plusieurs gros canons marins qui n'avaient qu'un court trajet à faire, pour arriver près de la place.

Alors traversant le faubourg à l'abri de tout feu par quelques épaulements, on pouvait établir jusque sur le chemin couvert la plus terrible des artilleries qui bientôt eût ouvert la brèche en supposant que les assiégés eussent la témérité de l'attendre.

Des hauteurs de Bonnaire on domine la campagne et quatre ou cinq villages qui auraient pu fournir bestiaux, vin et provisions de toute espèce, qu'on aurait obtenus moins par la force qu'en offrant aux habitants le prix comptant de leurs denrées. Ces villages ayant des fontaines, il était aisé de se procurer de la bonne eau. Notre conduite juste et mesurée envers les habitants de ces villages, aurait sûrement ramené une grande partie de ceux qui, fanatisés dans la ville, étaient résolus à nous repousser comme des monstres sans humanité, qui ne venaient, leur disait-on, en Sardaigne que pour mutiler les objets sacrés de leur culte et violer leurs femmes. Ainsi, tandis que le siège qui ne pouvait être long aurait été poussé avec vigueur (car tous les canonniers des vaisseaux auraient servi les batteries), on aurait pu réunir des vivres frais, non seulement pour l'armée de terre, mais encore pour l'armée navale qui en avait tant de besoin. Nos malades les plus souffrants auraient été déposés de suite dans les fermes voisines de la côte et nos premiers succès auraient fait éprouver quelques douceurs à nos marins fatigués et épuisés.

Pendant l'attaque du morne S. Elie, quatre vaisseaux étaient destinés à foudroyer les batteries du bord de la mer et de la ville, et des bombardes devaient jeter des bombes dans la ville haute où était le gouvernement et les satellites. Les vaisseaux qui n'étaient pas occupés devaient secourir ceux que les boulets rouges auraient incommodés (car l'ennemi tirait à boulets rouges) ou les remplacer en cas de besoin, et c'étaient eux aussi qui devaient fournir les troupes de la contre-attaque.

Tel était le plan combiné et dans lequel les marins, en attendant l'assaut, bravaient les dangers de la côte et ceux des balles pour contribuer aux succès de leurs frères de l'armée de terre, en divisant les forces de l'ennemi. Ce plan ainsi conçu fut exécuté dans tous ses points.

Le temps paraissait enfin se mettre au beau ; j'appareillai avec les vaisseaux de guerre et les navires du convoi qui étaient chargés des troupes, et je pus mouiller dans la rade de S. Elie. Je fis placer trois frégates extrêmement près de la côte pour battre la cavalerie qui pouvait se réunir vers le lieu du débarquement. En effet, elle s'y rassembla, mais leur artillerie les mit bientôt en déroute et en fuite.

Le contre-amiral Latouche, parti de Naples avec un vaisseau extrêmement avarié, ayant consulté son zèle et son courage bien plus que sa prudence, s'était rendu auprès de moi avec le vaisseau *L'Entreprenant,* pour coopérer au succès de cette expédition avant son retour à Toulon, que nécessitait la situation de son vaisseau et celle de ses vivres. Je lui communiquai mon plan qu'il approuva, je lui confiai en appareillant la surveillance de l'attaque des vaisseaux et des bombardes dans la rade de Cagliari, ainsi que l'exécution du débarquement des troupes de la contre-attaque. Un bâtiment était placé de manière à nous communiquer d'une rade à l'autre nos signaux respectifs. En quittant cette partie de mon escadre, je ne pouvais y laisser un chef plus digne de ma confiance.

Le jour fixé pour le débarquement, j'ordonnai que tout soldat ou volontaire débarquerait avec trois jours de vivres, en pain, viande ou fromage, et avec un jour seulement de vin : il eût été dangereux d'en donner une plus grande quantité à la fois. Je ne fis distribuer que la moitié des cartouches que nous avions et je fis mettre en dépôt à terre l'autre moitié. Il est bon d'observer que le convoi étant arrivé sans cartouches, les marins, dans deux jours seulement, en firent deux cent mille, et je donnai l'ordre à tous les vaisseaux de travailler jour et nuit pour en faire de nouvelles, afin que l'armée n'en manquât jamais.

Les troupes embarquées dans les chaloupes et canots, suivirent l'ordre de marche que j'avais fixé.

Je descendis le premier à terre et avant l'approche des chaloupes, je reconnus encore mieux la plage et le terrain par où l'on pouvait nous attaquer, afin de disposer de nos obusiers et les bien placer.

Je m'établis ensuite sur le rivage où je commandai moi-même la manœuvre des embarcations, afin que le soldat arrivât à terre à pied sec et que rien ne s'opposât à la célérité du débarquement de l'artillerie de campagne.

Le plus grand ordre et le plus grand silence régnèrent dans cette opération délicate et je fus secondé avec tant de zèle par les marins de toutes nos chaloupes et canots et par l'intelligence du capitaine Duhamel, commandant *La Junon*, que j'avais appelé auprès de moi, que, dans moins de deux heures, seize pièces d'artillerie furent montées, chargées et présentées devant les bataillons qui, pleins d'ardeur encore, se rangèrent en bataille et en bon ordre.

Ces troupes ainsi rangées et protégées par seize pièces d'artillerie pourvues de leurs munitions, ainsi que par l'artillerie de trois frégates embossées à portée de mitraille de la côte, je quittai le maréchal de camp Casabianca pour retourner sur nos vaisseaux et y donner les ordres nécessaires pour le débarquement total du reste des troupes et pour le ravitaillement de cette armée, tant en munitions de guerre que de bouche.

Avant le soleil couché, toutes les troupes furent débarquées et le maréchal de camp Casabianca les fit bivouaquer dans le poste qu'il fortifia d'un retranchement en attendant qu'il eût terminé la composition de son avant-garde et des différentes divisions de son armée. L'ennemi ne les inquiéta point, ce qui était d'un bon augure pour sa faiblesse ; quelques groupes de cavalerie s'avançaient seulement sur les hauteurs, mais le canon des frégates les dissipait bientôt.

Le lendemain 15, jour destiné pour l'attaque générale, les vaisseaux et bombardes s'embossèrent au point du jour, chacun devant le point qui lui était destiné et le feu commença de toutes parts. L'armée se mit en marche à huit heures du matin, au bruit de cette bruyante et imposante canonnade : elle avait, comme je l'ai dit ci-dessus, débarqué avec trois jours de vivres ; le soldat en avait par conséquent pour deux jours encore et le camp se trouvait placé auprès d'un ruisseau dont l'eau était assez bonne.

Voici l'époque où quelques lâches qui ont fui ont osé m'accuser d'imprévoyance sur l'approvisionnement des munitions de guerre et de bouche.

Il est donc essentiel pour ma justification, qui ne peut ajouter à leur honte, de développer tout ce que j'ai fait, tout ce que j'ai prévu, après avoir débarqué cette armée qui, je l'avoue, m'inspirait une grande confiance.

S'il ne fallait couvrir d'un voile que des erreurs ou des fautes légères, quel est le citoyen qui oserait refuser son indulgence à ses frères ? Si l'armée eût été repoussée après avoir vaillamment combattu, la République saurait encore honorer le courage dans l'adversité, la justice étant le premier sentiment d'un gouvernement républicain ; mais l'expédition de Sardaigne a obtenu trop d'éclat ; les généraux qui avaient la confiance de la nation se sont trop compromis ; les marins auraient trop à souffrir du moindre soupçon, pour ne pas dévoiler la vérité, et faire appesantir l'opinion publique sur les auteurs seules d'une déroute honteuse.

Citoyen Ministre, si l'armée avait eu des succès, je n'aurais point parlé de moi ; on les aurait dus à la bravoure des soldats et des marins, et je n'aurais écrit que pour publier ce que la patrie leur devait. L'expédition n'ayant pas réussi, je dois justifier ceux qui m'avaient honoré de leur confiance, ainsi que ceux qui m'en croient encore digne. On va juger par mes dispositions, si j'avais négligé aucun des devoirs d'un général. Il n'est qu'une faute honteuse produite par une terreur panique (sans exemple peut-être) qui n'a jamais entré dans mes calculs.

Le 14 février, avant que l'armée débarquât, j'avais fait disposer les deux navires du convoi les plus commodes pour servir d'hôpital aux premiers blessés ; l'ambulance y était et j'avais destiné à ces navires des chaloupes pour leur service. On a vu ci-dessus que le 14, les soldats avaient débarqué avec trois jours de vivres ; l'ordre en avait été donné sur tous les navires.

Le 15 au matin, lorsque l'armée se mit en marche, le soldat en avait encore pour deux jours ; mais dans l'incertitude du vent et de la mer, je fis embarquer sur cinq chaloupes, au moment de la marche des troupes, les canons de 8 avec leur train, des munitions de guerre de toute espèce, et tout ce qui pouvait fortifier provisoirement le poste S. Elie, dès qu'il aurait été enlevé d'assaut. L'armée marchant sur le bord de la mer, les chaloupes devaient la suivre jusqu'au pied du morne ; on évitait ainsi aux soldats un charroi pénible et inutile. Je fis embarquer dans les mêmes chaloupes plus de quatre-vingts quintaux de biscuit, du lard en quantité et du vin.

Je donnai l'ordre à l'infatigable Duhamel d'appareiller avec la frégate *La Junon* avant la marche de l'armée, et d'aller mouiller sur sa route en avant dans le golfe, pour la protéger plus longtemps et diriger la marche du petit convoi de chaloupes, auxquelles il servait de point d'appui, les provisions devaient être débarquées où l'armée se serait arrêtée ; mais dans l'après-midi, d'après le compte qui m'a été rendu par le capitaine Duhamel, le général Casabianca, à qui ces provisions furent adressées au fond de la baie, répondit au citoyen Lelong, enseigne de vaisseau, qu'il n'en avait pas besoin et que les chaloupes n'avaient qu'à se rapprocher du morne S. Elie où il allait. J'envoyai à ce général un officier major à deux heures après-midi, pour savoir à quelle heure il comptait attaquer, afin de faire le signal convenu pour la contre-attaque. et je le pressai de me demander tout ce dont il pourrait avoir besoin. Il me répondit qu'il allait attaquer avant la nuit et qu'il n'aurait besoin que d'eau ; sa réponse pour les vivres fut la même qu'à l'enseigne de vaisseau Lelong. Son avant-garde n'était alors qu'à un gros quart d'heure du morne S. Elie. Je fis le signal aux troupes de la contre-attaque de s'embarquer dans les chaloupes et canots et voyant l'armée marcher lentement et craignant qu'elle n'attaquât que la nuit, j'écrivis au contre-amiral Latouche que les troupes de la contre-attaque ne devaient se débarquer qu'au premiers coups de fusil entendus entre l'armée et nos ennemis. Un mouvement trop pressé aurait attiré sur ces troupes, dont l'objet était une diversion, tous les efforts de l'ennemi, et elle eût été écrasée sans utilité. Je fis armer avant la nuit deux chaloupes que je fis remplir d'eau, comme m'en avait prié Casabianca, et encore du biscuit. Je jugeai alors que l'attaque ne se ferait qu'au jour et je donnai l'ordre aux officiers commandant ces chaloupes, de se placer au pied du morne, de manière à remplir deux objets, celui de pourvoir l'armée d'eau et de vivres, et en même temps de repousser avec leurs obusiers et leurs pierriers les ennemis qui étaient placés sur la côte, ou arrêter leur poursuite dans un cas d'échec.

On voit donc dans cet aperçu la côte garnie de chaloupes remplies d'artillerie, de munitions de guerre, de vivres et même d'eau, destinées à nourrir, abreuver et protéger l'armée dans les succès ainsi que dans les revers. On voit que ces vivres et munitions auraient pu se débarquer à deux heures au milieu de l'armée, mais que le maréchal de camp Casabianca, se proposant d'attaquer et plein de confiance encore dans ses troupes, croyait inutile d'arrêter dans ce lieu tant de provisions, ayant tout lieu d'être assuré que sous peu d'heures, le morne S. Elie serait enlevé.

Dans la nuit (du 15 au 16), nos chaloupes mouillées le long du rivage entendent une fusillade et peu après, celles qui étaient le plus à l'est, et qui aperçurent la marche précipitée de nos troupes, se rendirent à bord de la frégate *La Junon* ; les autres, plus à l'ouest, attendirent le jour, et ne voyant plus alors notre armée sur le rivage, mais les Sardes toujours maîtres de S. Elie, elles appareillèrent à leurs bords respectifs.

Notre projet était au point du jour d'appareiller et de revenir avec tous les navires du convoi dans la rade de Cagliari, le vent paraissant vouloir souffler au sud-est. A trois heures du matin, j'apprends par un officier d'une de nos frégates, que notre armée est en déroute, qu'elle est revenue au même rivage et qu'elle demande à grands cris à se rembarquer.

Quel coup de foudre !... Ignorant les vrais détails et croyant à l'exagération de ce rapport inconcevable, j'envoyai à l'instant dire au général par ce même officier, qu'il me paraissait prudent de se retrancher pour attendre les traîneurs, ainsi que les blessés, et que j'allais au point du jour faire toutes les dispositions nécessaires pour le secourir.

Le vent augmentait ainsi que la mer ; notre mouillage était mauvais par le vent qui soufflait, mais il fallait se sacrifier pour cette armée coupable et malheureuse. Je donnai sur le champ l'ordre à toutes les chaloupes, à toutes les frégates, à tous les vaisseaux d'envoyer au point du jour des vivres et de la boisson au rivage où était l'armée, en attendant que le temps nous permît de l'embarquer, si telle était son inébranlable résolution, ainsi que celle de son général.

Voici un effet de la terreur qu'on ne saurait concevoir ; on repousse de terre les vivres que j'envoie, et l'on répond avec les cris les plus lamentables : Nous ne voulons pas des vivres, nous voulons nous rembarquer. En vain, les officiers commandant les chaloupes représentent à ces opposants insensés que dans le moment, la mer qui brise sur la plage ne permet pas leur rembarquement, que bientôt le temps peut changer, mais qu'en attendant ils doivent recevoir les vivres qu'on leur envoie ; même réponse : Nous ne voulons pas des vivres, nous voulons nous rembarquer. Ces officiers reviennent à mon bord, je les renvoie encore à terre ; j'écris au général, j'écris aux troupes, je les conjure de ne pas perdre courage ; que bientôt le temps changera, et qu'ils doivent recevoir des vivres ; que, s'ils les refusent encore, je ne serai plus à temps dans quelques heures de leur en envoyer. Même refus, mêmes réponses. On couchait en joue nos chaloupes, on cherchait à se précipiter sur elles, au risque de faire périr soldats et marins. Et telle était la crainte dont ils étaient frappés qu'ils refusaient des vivres pour ôter à leur chef tout motif d'un nouvel ordre d'aller sur l'ennemi.

Le vent souffle, la mer augmente ainsi que je l'avais prévu, et l'escadre et tout le convoi se trouvent en perdition. Je n'avais osé appareiller pour ne pas livrer au désespoir cette armée faible, je n'avais même osé éloigner les frégates qui tiraient continuellement contre tous les rassemblements de cavalerie ; enfin je n'avais osé faire un seul mouvement que dictait la prudence pour ne pas précipiter cette armée à une démarche plus honteuse encore, celle de capituler.

Mon dévouement pour sauver l'honneur de cette armée m'exposa pendant deux jours à naufrager ainsi que tous les navires du convoi. J'avais donné l'ordre aux frégates, sur lesquelles j'avais mis en dépôt tous les vivres qu'on avait refusés, qui étaient fort près de l'armée, de profiter de tous les instants où le vent calmerait pour faire passer des vivres. Elles purent faire passer de temps à autre du biscuit, mais avec beaucoup de peine ; et les troupes, voyant alors leur position, acceptèrent, mais trop tard, ces secours. Je n'entre dans aucun détail sur ce qui s'est passé à terre parmi ces troupes, sur les causes de leur fuite, sur les dangers qu'a courus le maréchal Casabianca, sur leur terreur continuée qui les portait à mourir de faim sur le rivage, plutôt que d'aller s'emparer des villages voisins, remplis de provisions, ainsi que plusieurs désordres qui se sont commis. La relation du maréchal Casabianca en instruira assez. Je ne considère l'armée que dans sa masse ; c'est à lui à citer les exceptions que sa justice lui commande de publier.

Le 18, le vent diminua un peu, mais les frégates qui s'étaient dévouées à protéger cette armée très près de la côte, avaient été obligées de couper tous leurs mâts pour éviter une perdition certaine. Nos vaisseaux et les navires du convoi avaient perdu presque toutes leurs chaloupes. Deux de ces navires de transport avaient été jetés sur la côte où ils furent bientôt écrasés.

Croira-t-on jamais ce que je vais dénoncer ? Ces navires se perdent à une petite demi-lieue de l'armée ; ils se perdent pour avoir voulu la sauver ; les naufragés sont attaqués et fusillés par quelques groupes de paysans féroces, et cette armée, au nombre de 4.400, ne s'avance pas pour secourir ses frères qui périssaient pour s'être dévoués à son salut.

Je m'arrête ici et je ne pousse pas plus loin mes réflexions sur ces troupes qui demandaient à se rembarquer à grands cris sur un convoi dénué de tout et qui ne pouvait être ravitaillé que par une escadre qui n'avait que ce qu'il lui fallait ; sur ces troupes abandonnant un pays rempli de provisions, renonçant à recueillir le fruit de tant de travaux en préférant de rapporter dans leur patrie des individus et non des républicains.

Le 19, le vent s'étant apaisé et le rembarquement étant devenu possible, je fus obligé de faire appareiller tous les vaisseaux de l'autre rade pour venir m'aider ; car presque toutes mes chaloupes et canots avaient péri ainsi que les chaloupes des navires de transport. Nous abandonnâmes dans la rade de Cagliari trois vaisseaux de ligne, qui avaient besoin de secours, pour venir retirer le plus tôt possible de ce rivage malheureux les troupes de ligne et les volontaires.

Le 20, nous pûmes tous les rembarquer ; j'avais reçu des députations des équipages qui s'étaient offerts d'aller remplacer les troupes en déroute ; mais leur ayant représenté que leur courage était plus grand que leurs moyens, je me bornai à leur promettre de les débarquer pour protéger l'arrière-garde et enlever l'artillerie; car je dois dire ici que le maréchal de camp Casabianca m'avait écrit d'envoyer des marins pour cet objet, les troupes paraissant vouloir se refuser à cette opération. J'envoyai en effet au dernier rembarquement les canonniers des vaisseaux et dans très peu de temps l'artillerie fut placée dans les chaloupes.

Je distribuai les troupes de la manière la plus égale et la moins incommode sur les navires de transport, il fallait que les vaisseaux de guerre partageassent avec eux l'eau qui leur restait. Je fis embarquer 750 volontaires sur les vaisseaux *Le Languedoc, L'Entreprenant* et *Le Thémistocle* pour soulager le convoi, et je les fis appareiller aussitôt pour Villefranche. Le beau temps continuant, je pus dans deux jours ravitailler tous les vaisseaux de transport et les faire partir sous l'escorte d'une frégate. Enfin soulagé du poids énorme de ce convoi, je travaillai à envoyer des secours de toute espèce aux îles S. Pierre et S. Antioche, qu'il fallait absolument conserver. Je détachai *L'Apollon, Le Généreux* et *La Vestale,* pour y porter environ 700 hommes de troupes avec de l'artillerie, une ambulance, des vivres, de l'argent, enfin tout ce qu'il fallait pour que cet établissement ne manquât de rien, soit en munitions de guerre, soit en munitions de bouche, et qu'il fût à même de résister à toute attaque de la part des Sardes.

Cette mesure était urgente, en attendant une décision de la Convention Nationale, à l'égard de ces îles qu'il est indispensable de conserver pour l'avantage de notre commerce maritime et pour remplir nos engagements envers ces bons habitants qui se sont jetés dans nos bras, s'exposant, par cette conduite généreuse, à toute la vengeance du gouvernement piémontais.

Il fallut enfin penser aux vaisseaux avariés de cette escadre qui s'était sacrifiée pour seconder l'armée de terre ; j'apparcillai pour me rendre auprès d'eux dans la rade de Cagliari. *Le Patriote* et *Le Duguay-Trouin* purent se réparer et se mettre en état de naviguer ; mais *Le Léopard* qui s'était perdu pour avoir serré de trop près l'ennemi au feu, était tellement envasé par le coup de vent du Sud-Est qui avait soufflé, qu'il nous parut impossible de le retirer sous le feu de l'ennemi. Les eaux gonflées par le même coup de vent du Sud-Est, ainsi que les coups de mer, l'avaient fait passer sur un banc qui n'avait que dix pieds d'eau par le vent du Nord-Ouest, et la coque de ce vaisseau totalement désarmé en tire seize. Nous ne pouvions que conserver l'espoir d'en sauver les effets ainsi que l'artillerie. Les Sardes ne tirèrent point et nous le laissèrent désarmer ; mais forcés d'abandonner la coque de ce vaisseau, par sa position inconcevable, et ne voulant pas que l'ennemi en retirât le moindre avantage, nous l'embrasâmes et bientôt il fut consumé.

J'envoyai deux bombardes à S. Pierre pour y laisser leurs mortiers, ainsi qu'une gabare ayant un restant de vivres suffisant pour compléter trois mois aux trois frégates, les seules qui pussent être employées. Je leur fis passer des instructions pour la protection de notre commerce sur Tunis et sur les îles S. Pierre. Je venais d'apprendre la déclaration de guerre ; et après avoir ainsi donné les instructions nécessaires à la protection de nos navires marchands et à la défense de S. Pierre et de S. Antioche, je réunis les six vaisseaux qui me restaient dont plusieurs étaient grièvement avariés, dont tous manquaient d'eau et de vivres, ayant beaucoup de malades, et je fis route pour Toulon, où il était urgent de rallier notre malheureuse escadre pour la mettre en état de resortir bientôt et d'aller combattre nos nouveaux ennemis.

La Convention Nationale et le Conseil exécutif calculeront sûrement dans leur sagesse les mesures urgentes à prendre pour arrêter la contagion des vices qui se sont déjà manifestés plusieurs fois dans les armées du midi. Cette retraite honteuse et précipitée devant Cagliari a un caractère si éloigné du véritable esprit de nos troupes de ligne et de nos volontaires nationaux, qu'il ne faut rien négliger pour découvrir et poursuivre avec acharnement les auteurs de ces désordres, afin de délivrer (il en est temps encore) le soldat et le volontaire du poids du remords et de la honte et lui rendre l'estime qu'il doit avoir de lui-même.

Je déclare en républicain qui ne sait dire que la vérité, en républicain résolu à périr pour la gloire de sa patrie, que les troupes du midi sont perdues si l'on ne s'occupe à approfondir les causes d'une déroute qui a un caractère plus odieux que celle de Mons et de Tournay ; car ici l'ennemi n'a pas attaqué et les troupes à peine l'ont aperçu de loin.

Le contre-amiral commandant l'armée navale de la République dans la Méditerranée,

TRUGUET.

Sailly, lieutenant-colonel commandant les îles de S. Antioche et la Liberté, au Ministre de la guerre.

De l'Ile S. Antioche, le 5 Mars 1793.

Citoyen, — J'ai été chargé par le contre-amiral Truguet de la défense des deux îles de la Liberté et de S. Antioche; il m'a laissé pour me maintenir dans ces deux établissements le noyau de deux détachements du 26e et du 52e régiment, que l'insalubre séjour des vaisseaux et la malheureuse expédition de Sardaigne a réduits dans le plus fâcheux état; cependant mon dévouement et le leur pour la République, dont il n'a pas dépendu d'eux d'augmenter la gloire, leur fait suppporter avec résignation les privations de toute espèce qu'ils éprouvent ici. J'ai pris avec l'ingénieur Ravier les mesures de défense qu'exigeait la localité et la présence permanente de l'ennemi, et j'écris au contre-amiral Truguet, afin qu'il fasse parvenir à ces deux filles de la patrie les secours de première nécessité que l'urgence la mieux prononcée exige de sa sollicitude. Je lui dis aussi qu'avant deux mois, plus de la moitié des 550 hommes que je commande sera hors d'état par les maladies de faire le service forcé que demande une telle position, et je le prie de faire relever avant cette époque ces deux détachements par des troupes fraîches envoyées de Corse ou de France; il vous rendra sans doute compte de mes demandes que je vous prie au nom de la nécessité de prendre dans la plus grande considération.

Le citoyen lieutenant-colonel etc.,
SAILLY.

Le Général Biron au Ministre de la guerre.

A Nice, le 6 Mars 1793, l'an 2. de la République.

J'attends aujourd'hui ou demain les commissaires qui vont en Corse, ce qui ne laisse pas même que de me contrarier, parce que cela retarde une course importante et urgente que j'ai à faire à Toulon et à Marseille. Il me paraît que l'on a beaucoup à se plaindre de la perfidie de Paoli, et que les commissaires veulent l'éloigner de Corse à quelque prix que ce soit. Je crois qu'ils ont raison ; ils viennent se concerter ici avec moi sur cet objet. Je pense qu'il faut aussi augmenter immédiatement les garnisons de Corse, cela m'afflige bien douloureusement avec le peu de force que j'ai ; mais il faudra bien aller au plus pressé et s'abandonner pour le reste à vous et à la Providence. Je partirai pour Toulon dès que j'aurai vu les commissaires corses, si comme je l'espère, j'ai encore l'espoir d'y trouver au moins un des contre-amiraux Latouche ou Truguet. Adieu, mon cher général, je vous aime et vous embrasse de tout mon cœur.

Biron.

Relation de l'expédition de Sardaigne faite par Arena à Nice le 10 Mars 1793.

Le mauvais succès de l'expédition de Sardaigne doit exciter l'attention de la République sur les causes qui l'ont produit et la sévérité des lois contre les individus qui par leur conduite criminelle ont contribué à la faire manquer.

Je vais vous rendre un compte exact des événements. La vérité se trouvera dans tous les détails, et si elle pourra choquer les coupables, elle deviendra utile aux bons citoyens qui se trouvaient dans cette armée et qui ne méritent pas de partager la honte et l'indignation nationale.

C'est ainsi qu'un revers occasionné par la faiblesse, l'impéritie ou l'infidélité doit tourner à l'avantage de la République et prévenir des échecs semblables ou plus conséquents.

Le Conseil exécutif avait arrêté au mois d'octobre dernier de chasser de Cagliari les troupes du tyran de Sardaigne et de s'emparer de la rade pour protéger notre commerce du Levant.

Il avait chargé l'ex-député Peraldi de conférer avec le lieutenant-général Paoli, commandant de la 23e division, et de préparer les troupes de ligne et les volontaires nationaux que le département de Corse aurait pu fournir.

Je fus chargé le 16 octobre de me rendre auprès du général d'Anselme pour lui remettre les instructions du Conseil exécutif et pour l'accompagner en Sardaigne. Ma commission ne devait commencer qu'après ma descente dans cette île.

Je me suis rendu en 7 jours à Nice ; j'ai trouvé ce général peu disposé à entreprendre l'expédition et même très éloigné d'y donner la main.

Je fis passer au contre-amiral Truguet le double des instructions avec une lettre que je lui écrivis. Ce général me dépêcha un aviso pour m'annoncer qu'il avait écrit à Paoli et à Peraldi pour les engager à réunir les troupes dans les ports d'Ajaccio. Il me chargea de presser d'Anselme pour l'embarquement des troupes du continent, indiquant le rendez-vous au golfe d'Ajaccio.

D'Anselme promit pendant quelque temps et se refusa finalement, ce qui occasionna un retard très dangereux et très préjudiciable pour l'expédition.

Je rendis compte au Conseil exécutif, aux Commissaires de la Convention qui étaient à Nice et au contre-amiral Truguet des démarches inutiles que je faisais auprès du commandant de l'armée du Var.

Dans cet intervalle, il fut rappelé à Paris et le citoyen Brunet qui lui succéda par intérim n'hésita pas un moment à se conformer aux instructions du Conseil exécutif ; il fit partir le citoyen Dhiller, commandant des troupes marseillaises, avec 4.500 hommes, sur le convoi qui attendait depuis deux mois ; il ordonna à Paoli de fournir les trois bataillons de campagne des trois régiments qui étaient en Corse, ainsi que 1.500 volontaires nationaux corses, et d'aider le maréchal de camp Casabianca, chargé de commander l'armée de Sardaigne, en tout ce qu'il aurait requis pour la réussite de l'expédition.

J'étais embarqué sur *Le Commerce de Bordeaux*. Lorsque nous étions à deux lieues du golfe d'Ajaccio, un vent contraire s'éleva et nous repoussa de la terre. La moitié du convoi eut le bonheur de mouiller dans la rade ; l'autre partie, après avoir tenu la mer pendant plusieurs jours, fut contrainte d'arriver à Calvi et à S. Florent.

Le citoyen Dhiller voulut, malgré mes observations aller à Bastia et entreprendre de passer par terre à Ajaccio, et je fus obligé de prendre un bateau et de suivre la côte jusqu'à Ajaccio pour rallier le convoi.

Mon frère, commandant des volontaires corses à Nice, avait été chargé par le général Brunet d'aller en Sardaigne et d'augmenter à Calvi le nombre des volontaires.

Les citoyens Leoni et beaucoup de patriotes corses s'étaient rendus à Calvi pour suivre l'armée.

Arena, ayant prévenu Paoli de cette commission, reçut pour toute réponse les arrêts et empêchement de continuer son voyage. Les officiers qui étaient avec lui furent traités de même par Achille Murati, lieutenant-colonel d'un bataillon de volontaires, et l'on fut contraint de repousser la force pour se remettre à leurs bords.

Trois officiers municipaux de Calvi adressèrent une requisition au maréchal de camp Maudet, de chasser de la haute et basse ville les citoyens Leoni et les patriotes qui voulaient aller en Sardaigne.

Voilà les moyens que Paoli a employés pour favoriser cette expédition, sans compter les poursuites rigoureuses qu'il a fait faire pour arrêter les officiers volontaires qui avaient été envoyés de Nice.

Arrivé à Ajaccio le 21 janvier, j'ai remis au général Casabianca les ordres du commandant de l'armée d'Italie ; il les communiqua aux volontaires qui témoignèrent leur joie et se montrèrent empressés de partir au premier beau temps.

Casabianca s'empressa de demander à Paoli des volontaires corses pour l'expédition. Le lieutenant-colonel Casalta, qui était à Ajaccio, sollicita la faveur d'y aller avec sa troupe. Paoli s'y refusa.

A Ajaccio, quelques compagnies de la phalange marseillaise voulurent forcer le général Casabianca de leur allouer la paie franche ; elles se présentèrent en armes à la citadelle, menacèrent et tuèrent même la sentinelle ; on eut bien de la peine à les apaiser.

Nous arrivâmes à Cagliari le 3 février suivant. Le contre-amiral Truguet y était avec plusieurs vaisseaux. Il avait expédié un canot parlementaire lors de son arrivée pour sommer la ville ; le Vice-Roi l'avait reçu à coups de canon. Il avait fait canonner et bombarder Cagliari pendant un jour, mais n'ayant pas de troupes de débarquement, il nous avait attendus.

Dhiller et le convoi séparé ne paraissaient pas. Nous fûmes obligés d'attendre encore quelques jours, mais l'escadre manquant de vivres, on arrêta de descendre à terre auprès de la tour des Espagnols.

Le débarquement fut exécuté le 14 février sans aucun obstacle sous la protection de trois frégates qui s'étaient approchées de terre autant qu'il leur avait été possible.

Il avait été convenu entre Truguet et Casabianca que l'armée de terre aurait attaqué le 15 le poste de S. Elie et qu'au moment de l'attaque les garnisons des vaisseaux auraient exécuté une contre-attaque dans l'autre rade pour mettre l'ennemi entre deux feux.

L'armée marcha le 15 à l'heure concertée avec Truguet ; elle serait arrivée à S. Elie assez tôt pour l'enlever, si l'ennemi ne nous eût opposé un corps de cavalerie en bataille, composé de dragons et de paysans.

Casabianca attaqua ce corps qui fut dispersé au premier coup de canon, après quoi il expédia les ordres au chef de l'avant-garde de marcher sur S. Elie et d'attaquer.

Nous avions à la droite plusieurs villages à la distance d'environ deux lieues. On ne jugea pas à propos de s'y porter pour ne point éloigner l'armée du poste qu'elle devait attaquer et pour ne pas contrarier les dispositions convenues avec le contre-amiral Truguet, en préférant de se rendre à S. Elie par le chemin le plus court pour soulager l'armée qui était obligée de traîner son artillerie à bras.

L'avant-garde arriva à quatre heures auprès de S. Elie, suivie par la première brigade. Au lieu d'attaquer conformément à l'ordre du général, elle fit halte à la vue d'une petite batterie qui paraissait élevée pour la défense du poste.

Casabianca avait conduit la seconde brigade au seul point de communication que les ennemis auraient pu saisir pour nous harceler dans le cas que les premiers corps fussent repoussés.

Voyant que l'attaque ne commençait pas, il se rendit à l'avant-garde pour connaître le motif qui la tenait immobile. L'officier qui la commandait lui observa que la nuit approchait, qu'il y avait des batteries pour défendre le passage, qu'il ne connaissait pas assez le local et qu'il fallait différer l'attaque au lendemain.

Le général, après avoir consulté l'ingénieur et les chefs, et sachant bien que des volontaires qui n'avaient jamais fait la guerre devaient être présentés à l'ennemi avec ménagement, consentit à prendre une position et à différer l'attaque au lendemain.

On attendit que la nuit eût empêché l'ennemi de voir nos mouvements et l'armée alla se poster entre la mer et l'étang dans un terrain qui offrait les plus grands moyens de défense.

Nous n'avions aperçu que quelques gardes à S. Elie avec une cinquantaine de chevaux et environ deux cents dragons au-delà de l'étang, ce qui ne devait pas alarmer notre armée.

Lorsque la seconde brigade rentrait dans le camp, on tira sur elle sans crier *qui vive?* et sans la reconnaître. Cette alerte occasionna une fusillade, et des volontaires inexperts ou timides tirèrent à droite et à gauche et répandirent la confusion dans le camp.

Je n'examine pas ici si c'est par l'effet d'une terreur panique ou par les manœuvres d'hommes soudoyés pour mettre l'armée en désordre que l'on est parvenu à alarmer les troupes qui composaient cette armée. Plus de 500 volontaires quittèrent le camp et allèrent se jeter à la mer, espérant de se sauver à bord des frégates.

Dans cet état de choses, les troupes de ligne demandèrent à faire retraite, ne voulant pas s'exposer à être fusillées par des hommes excessivement timides et incapables de faire la guerre.

La retraite se fit pendant la nuit sans aucun obstacle. Les fuyards furent ramassés et nous retournâmes au camp d'où nous étions partis.

Les volontaires demandèrent à se rembarquer: on tâcha en vain de les rassurer sur les dangers qu'ils avaient cru courir. Les clameurs et les menaces étaient la seule réponse qu'ils opposaient à leurs chefs.

Le 16, on nous envoya des provisions: mais ils s'opposèrent au débarquement et forcèrent les chaloupes de retourner à bord.

Une tempête horrible ayant coupé la communication de la mer, l'armée fut réduite à manquer de tout.

Dans cette situation, les mêmes hommes qui avaient refusé des vivres et occasionné la disette de l'armée s'attroupaient autour du général et de l'état-major et menaçaient leurs vies.

Le 17, ils osent proposer de se rendre à Cagliari et porter les drapeaux aux ennemis. D'autres voulaient faire route pour S. Pierre.

On eut beaucoup de peine à leur faire sentir combien il était honteux de faire de semblables propositions et dangereux de les adopter.

La mer étant devenue navigable, on commença à embarquer les volontaires. Le citoyen Dhiller vint à terre, y resta dix minutes et il leur donna l'espoir de faire accélérer les embarcations. Il venait de France où une grande partie des volontaires embarqués à Villefranche avaient pris la fuite pour ne pas aller en Sardaigne.

L'armée s'est embarquée sans obstacle comme elle était descendue.

Il est important de ne pas confondre tous les bataillons volontaires employés dans cette expédition. Quelques-uns ont bien servi, mais il en est qui ont donné l'exemple de l'insubordination et de la faiblesse la plus reprochable. La phalange surtout a besoin de la plus grande surveillance ; elle porte le nom de Marseillaise, mais les hommes qui la composent ne sont point originaires de cette ville ; ainsi ils sont bien éloignés de montrer le courage dont les Marseillais ont fait preuve.

Les canonniers des troupes de ligne et volontaires ont fait leur devoir. Les soldats des trois régiments 26e, 42e et 52e ont aussi mérité les éloges des chefs qui les commandaient.

Si les instructions du Conseil exécutif eussent été exécutées, l'expédition se faisait en novembre, et nous n'aurions pas souffert de la contrariété de la saison qui a été un des principaux obstacles. Si Paoli avait obéi aux ordres de Brunet et fourni des volontaires corses, s'il n'eût point empêché les patriotes de ce département de se rendre en Sardaigne, l'armée aurait été plus nombreuse et plus en état de remporter la place de Cagliari !

A Nice, le 10 Mars 1793, l'an 2e de la République.

ARENA.

Le lieutenant-général Paoli au Ministre de la guerre.

Corte, le 10 Mars 1793, l'an 2e de la République.

Citoyen ministre, — Le succès malheureux de l'expédition de la Sardaigne et de l'attaque de Cagliari vous seront déjà connus par les informations directes des commandants de terre et de mer destinés à cette entreprise, et qui sont passés en France sans me donner aucun renseignement sur cet objet.

J'ai l'honneur de vous joindre une copie de la relation qui m'a été adressée par le citoyen Colonna-Cesari, commandant la contre-attaque sur les îles de la Madeleine et de Saint Etienne. Vous verrez, citoyen ministre, que la défection de l'équipage de la corvette *La Fauvette* a mis les gardes nationaux corses dans la nécessité de se retirer au moment où ils étaient décidés à tenter avec courage la prise définitive de ces îles.

Si de pareils attentats et des actes d'insubordination et de lâcheté si marqués ne sont pas punis avec un exemple éclatant, nous aurons des inconvénients réitérés, et les meilleures combinaisons militaires pourront échouer, car il n'y a pas de général qui puisse être à l'abri d'une défection inattendue.

Je dois rendre la justice qui est due au citoyen Colonna ; il est aussi brave que patriote, et sans la captivité dans laquelle l'équipage de *La Fauvette* l'avait réduit, je suis persuadé qu'il aurait péri avant d'abandonner le champ de bataille ; tous les officiers s'accordent à lui rendre ce témoignage et à convenir de la valeur et de l'intrépidité des gardes nationaux et de la troupe de ligne qui ont été employés dans cette expédition, et il est bien malheureux qu'ils n'aient pas été couronnés par de meilleurs succès.

Le maréchal de camp Casabianca, ainsi que le colonel Colonna, ont tiré de l'artilllerie destinée à la défense des places de cette division pour l'employer chacun dans l'expédition qui leur était confiée ; il ne me conste encore qu'elle ait été rendue à sa destination ; j'aurai l'honneur de vous en informer plus amplement à la première occasion.

Je vous prie, citoyen Ministre, d'être convaincu que je ne négligerai aucune circonstance pour contribuer avec mes concitoyens de ce département à toutes les entreprises auxquelles je serai appelé pour la gloire et le succès des armées de la République.

Le lieutenant-général etc.,
Pasquale de Paoli.

Le Général Biron, commandant en chef l'armée d'Italie au Ministre de la guerre.

Le 11 Mars 1793.

(La lettre ne se trouve pas dans le carton ; en voici l'analyse) :

Il considère les suites de la malheureuse expédition de Sardaigne ; — voudrait arrêter la publicité de la conduite lâche et indisciplinée de l'armée marseillaise ; — va se rendre à Marseille, pour y faire adopter la refonte de cette phalange ; — il saisira cette occasion pour en écarter les agitateurs. — Les commissaires de la Convention en Corse demandent que les garnisons de cette île soient augmentées ; — on lui fait la même demande pour Toulon. — En cédant à leur instance, il se plaint de l'affaiblissement de son armée. — Il donne 2 bataillons pour la Corse et 2 compagnies de canonniers volontaires pour Toulon. — Ecrit à Lyon pour avoir des fusils etc.

Extrait de la lettre écrite au Ministre de la marine de Toulon le 12 Mars 1793, par le citoyen Bourdon-Gramont, capitaine du vaisseau Le Léopard.

Mon vaisseau est resté échoué sous le feu des batteries de Cagliari depuis le 15 février 11 h. du matin, jusqu'au 25 du même mois, 10 h. du soir. Nous y avons été canonnés les 15, 16, 17 et 18 avec acharnement de la part des Sardes, et mon équipage ne s'en portait pas moins avec ardeur et sang-froid à tous les travaux nécessités par la circonstance.

Les Sardes ont cessé de faire feu sur nous le 19, sans doute faute de boulets de 24 qui pussent nous atteindre ; car, dès la veille, la plupart de leurs boulets n'arrivaient pas jusqu'à nous. Nous jugeâmes qu'ils manquaient de boulets de ce calibre qui alors nous dépassaient encore de 200 toises, nous étant envoyés par des coulevrines en fonte de 24 à 25 livres de balles et qui portent au moins à 300 toises plus loin que nos canons de 36, puisqu'il s'en fallait au moins de 100 toises que nos boulets de 36 n'arrivassent alors jusqu'à la batterie desdites coulevrines.

Dans la journée du 15, j'étais à la demi-portée de canon de ces mêmes batteries et mon feu et celui du *Thémistocle* furent tellement nourris et si bien dirigés que ces batteries se turent de fort bonne heure.

Le contre-amiral Truguet vous aura certainement rendu compte, citoyen Ministre, qu'ayant reçu l'ordre dans la matinée du 15 de serrer l'ennemi au feu, j'échouai mon vaisseau sur un banc de vase molle où je fus surpris le lendemain 16 par un coup de vent du S.-E. tellement furieux, et qui gonfla la mer si prodigieusement, qu'il me fit passer par dessus un banc dur qui dans les temps ordinaires n'est recouvert que par 10 ou 11 pieds d'eau, et néanmoins à cette époque, j'en tirais près de 22 à l'arrière.

Pour extrait,

Signé : JANEC.

Sailly, lieutenant-colonel commandant les îles d'Antioche et de la Liberté, au Ministre de la guerre.

De l'Ile S. Antioche, le 14 Mars 1793.

J'ai l'honneur de vous envoyer l'état de situation des troupes cantonnées dans les deux îles de la Liberté et de S. Antioche, dont le contre-amiral Truguet m'a confié le commandement ; vous jugerez par cet état, auquel j'ai joint celui du service et des détachements, de ma situation militaire.

La municipalité de S. Pierre m'a fait différentes réquisitions pour lui envoyer une augmentation de forces que je n'ai pas cru de mon devoir de lui accorder ; la présence de celles de l'ennemi m'oblige de garder ici la plus grande partie de mes troupes pour lui ôter tout espoir de forcer l'isthme de S. Antioche qui est la clef conservatrice de ces deux îles.

Je vous prie de demander à la Convention nationale qu'elle envoie dans ces colonies adoptives des commissaires pour y organiser les pouvoirs administratifs et judiciaires, sans quoi, elles seront bientôt malgré ma surveillance scrupuleuse dans une anarchie profonde. Des municipalités se sont emparées des propriétés de différents citoyens, propriétés qu'ils tenaient à titre de concession du ci-devant gouvernement ; ils ont porté leurs réclamations à mon tribunal provisoire. Je n'ai pas voulu trancher des questions qui ne sont nullement ni de la science, ni de la compétence militaire, et je les ai renvoyées à la justice de la Convention nationale.

Deux dragons déserteurs sont venus de l'ennemi se rendre volontairement à mon camp, à S. Antioche ; nous les avons reçus avec l'urbanité naturelle aux républicains français ; mais comme, en les questionnant, je n'ai pas reconnu chez eux la même franchise, je les ai mis sur la frégate stationnaire (*L'Hélène*) pour augmenter sa garnison, et les ramener en France.

Trois citoyens de S. Pierre que la crainte avait fait fuir sont rentrés dans leurs foyers.

Le contre-amiral avait ordonné à un détachement d'artillerie de ligne, qui faisait partie de l'armée de Sardaigne, de se diriger sur S. Pierre pour y rester en garnison ou sous mes ordres. Ce détachement a pris sans doute une autre direction et n'y est point arrivé. J'ai été obligé de prendre sur les frégates des canonniers marins qui menacent chaque jour de me quitter ; il est urgent que vous m'en fassiez passer de France. J'ai calculé qu'une compagnie d'artillerie me serait nécessaire tant pour le service des forts que celui du pourtour des deux îles.

Je vous ai fait part dans ma première lettre de mes craintes relativement à l'état fâcheux où se trouvaient les troupes que je commande. Je les remets une seconde fois sous vos yeux, et j'ai tout lieu de croire qu'avant deux mois, si vous n'en envoyez de nouvelles, ma position sera extrême.

Le lieutenant-colonel commandant les détachements des îles de la Liberté et de S. Antioche,

SAILLY.

Paoli au Ministre de la guerre.

Corte, le 11 Mars 1793, l'an 2º de la République.

Citoyen Ministre, — Par votre lettre du 25 du mois dernier, laquelle est en réponse aux comptes que j'ai rendus à votre prédécesseur, relativement aux événements qui ont eu lieu à Ajaccio et à Bastia, vous manifestez que je ne puis prendre trop de précautions pour empêcher que de tels excès se renouvellent, et vous voulez bien vous persuader que je ne négligerai aucuns moyens pour tirer de l'erreur des hommes que des malveillants ont pu égarer un instant. La délicatesse de mes sentiments, mon attachement inviolable à la chose publique garantissent le désir que j'ai de pouvoir coopérer à faire maintenir l'harmonie qui doit exister parmi des frères dévoués au même intérêt, et qui soutiennent la même cause.

Vous vous proposez d'informer le Conseil exécutif des soupçons qui ont été portés contre l'homme qui paraît vouloir mésuser de la commission dont il est chargé, et pour ce, vous désirez que je vous accuse son nom. Je pense qu'il n'est pas nécessaire de le nommer, sa conduite ayant dû déceler ses sentiments et le faire reconnaître comme un détracteur.

Le Lieutenant-général etc.,
PASQUALE DE PAOLI.

Le Ministre de la guerre au maréchal de camp Casabianca.

Paris, le 16 Mars 1793.

J'ai reçu, général, la lettre que vous m'avez écrite le 22 du mois dernier, à bord du *Commerce de Bordeaux* dans la rade de Cagliari. Les détails qu'elle contient sur le mauvais succès de l'expédition de Sardaigne sont on ne peut plus affligeants. J'ai cru cependant devoir les communiquer à la Convention nationale ; il m'a paru nécessaire que les représentants de la nation fussent instruits de l'indiscipline et de l'extrême insubordination d'une partie des troupes que vous commandez.

J'espère que ces soldats égarés auront reconnu leur faute et qu'éclairés sur les suites dangereuses qu'elle a eues, ils sont aujourd'hui disposés à la réparer. Les circonstances actuelles leur en offrent l'occasion et je compte qu'ils ne la laisseront point échapper, et qu'ils se montreront dignes du nom de soldats français et républicains.

Le Contre-amiral Truguet rend compte au Ministre de la marine des mesures indispensables qu'il a prises pour mettre dans un état de défense respectable le mouillage de S. Pierre, dont la possession est pour notre commerce de la plus urgente nécessité.

Après avoir donné l'ordre aux vaisseaux *L'Apollon* et le *Le Généreux* d'y transporter les deux détachements du 26e et 52e régiment qu'il avait pris à Ajaccio et de laissser sur ces îles la quantité de canons de 8 et de 18 qui y seraient nécessaires, il y détacha le lieutenant-colonel Sailly, ainsi que le citoyen Ravier (1), capitaine du génie, pour commander et pourvoir à la défense de cette île importante, ainsi que de celle d'Antioche.

Il donna à ces deux officiers des instructions détaillées qui

---

(1) L'ingénieur Ravier était de l'expédition de Sardaigne en 1793. Ce fut lui qui exécuta, sous les ordres du lieutenant-colonel de Sailly, divers travaux de défense aux îles de St. Pierre et d'Antioche. — Ses rapports se trouvent au dépôt général des fortifications.

leur prescrivent la conduite qu'ils ont à tenir dans un pays nouvellement rendu à la liberté et où tous les intérêts isolés et les préventions qui peuvent exister contre le nom français, exigent de la part des chefs le plus grand soin et la conduite la plus régulière ; il a tout prévu, et la présence d'esprit qui les a dictées dans un moment où il pouvait être permis d'oublier quelques points importants, est au-dessus de tout éloge.

Ces instructions laissent à l'officier commandant le soin de pourvoir, de concert avec le capitaine du génie, à tous les points de défense. L'isthme d'Antioche, le seul passage où l'on puisse communiquer à la Sardaigne, est l'endroit qu'il donne ordre à Ravier de fortifier le premier et de mettre en état de résister aux attaques de la cavalerie et de l'infanterie Sarde. Il recommande aux soldats et aux équipages des vaisseaux de travailler avec ardeur aux travaux que ces dispositions nécessitent. En attendant qu'ils soient terminés, il a donné ordre à la frégate *L'Hélène,* à qui il a complété trois mois de vivres, de protéger Antioche du côté du golfe de Palme, et ensuite de croiser sur le cap Tollard et sur la Vache, atterrage de S. Pierre, pour y protéger et avertir nos navires de se rendre en rade de cette île, pour y attendre une escadre qui les conduira soit à Marseille soit à Toulon.

Les ouvrages de défense d'Antioche terminés, le citoyen Ravier doit se transporter sur l'île S. Pierre (qu'on appellera désormais l'île de la Liberté) : il y déposera de la manière la plus avantageuse des canons qui y ont été laissés et des mortiers que deux bombardes ont dû y déposer par ses ordres.

Les forts Catarina Victoria et de la tour de Calecetta, lui ont paru les points qu'il fallait fortifier, attendu leur position importante qui leur donne la facilité de croiser leurs feux sur la rade. Il a prescrit de plus à ce capitaine du génie d'avancer, s'il lui était possible, sur la pointe du dehors de l'île de la Liberté, une batterie avec un mortier pour augmenter le feu des forts ci-dessus désignés. Il recommande aussi la pointe située vis-à-vis la petite passe du nord.

Pour servir les différentes batteries qu'on établira, il a envoyé 14 soldats artilleurs d'Ajaccio avec leurs 12 pièces de campagne de 4 et de 2, et un mortier de 12 pouces. Ce détachement réuni à 14 canonniers de la marine qui y ont été débarqués, lui ont paru suffisants pour remplir les différents postes qui seront désignés.

Il a laissé en rade de S. Pierre la frégate *Le Richemont*, commandé par Devienne ; ses instructions lui prescrivent de veiller à la police de la rade, à la réunion des navires qui s'y rendent pour attendre escorte. Cette frégate est secondée par des chaloupes canonnières, à qui, si S. Pierre est dans un état de défense respectable, elle doit laisser le service qu'elle y remplissait pour aller croiser sur l'atterrage de S. Pierre. Elle a ordre de ne pas trop s'éloigner pour pouvoir y rentrer dans l'occasion ; le capitaine doit d'ailleurs concerter ses opérations avec les chefs militaires.

Outre les effets du campement, six barriques de souliers et six ballots de chemises laissés au citoyen Sailly, il lui a remis encore une somme de 60,000 livres pour le prêt des troupes, pour l'arriéré qui leur était dû, et fournir aux dépenses que pourrait entraîner l'achat de quelques matériaux pour la défense des batteries.

Il a donné ordre au citoyen Farquharson, commandant la corvette *La Poulette*, après avoir escorté le reste du malheureux convoi chargé de troupes, soit en France, soit en Corse, de se rendre devant Livourne et Gênes, d'y prendre et de renvoyer jusqu'à Marseille ou Toulon les navires qui auraient cette destination. Si, contre toute apparence, il n'y avait dans ces ports aucun navire français, il devrait croiser entre le cap Corse et la côte d'Italie pour avertir nos bâtiments de la déclaration de guerre et les ramener en France sous son pavillon.

Il a envoyé de plus à Ajaccio, *La Caroline* pour y prendre l'ambassadeur Sémonville et le conduire à S. Pierre, où *L'Hélène,* au défaut de *La Junon* démâtée, pourra le conduire en Levant.

On est persuadé que le ministre voudra bien écrire au contre-amiral Truguet, pour lui témoigner l'approbation qu'il donne aux mesures sages qu'il a prises, tant pour la protection du commerce, que pour la défense des îles S. Pierre et S. Antioche; l'approbation et la confirmation de ses instructions, en écrivant à chacun des capitaines ; et la confirmation du nouvel arrangement des commandements qu'il a établis.

(*Ecrit de la main du Ministre.* — Approuver les dispositions et confirmer les instructions ainsi que les ordres de commandement donnés.

Communiquer au ministre de la guerre les mesures prises pour la défense de S. Pierre et les instructions données aux officiers Ravier et Sailly).

Le Ministre de la guerre au citoyen Costantini,
député extraordinaire de Corse, le 18 Mars 1793.

Il a reçu les détails qu'il lui donne sur le mauvais succès de l'expédition de Sardaigne. Il utilisera, suivant les circonstances, les moyens qu'il propose pour la tenter derechef.

(Correspondance ministérielle. Registre 1, p. 96).

Extrait des Nouvelles de Leyde *du 26 Mars 1793, contenant les détails des opérations de l'escadre française de la Méditerranée contre la Sardaigne.*

. . . .

Voici le compte qui est rendu de cette expédition dans une lettre de Cagliari du 22 février :

« Le 9 février on eut avis que 4 frégates françaises avaient mouillé près de la tour *di Pulla*, que vers minuit elles avaient envoyé à terre une chaloupe bien armée, mais que quelques coups de canon avaient éloignée. Le 11, deux vaisseaux de ligne, quatre frégates et 23 bâtiments de transport passèrent les parages de Quarto et cherchèrent la nuit un endroit propre au débarquement, mais notre artillerie les en empêcha. La nuit du 12 au 13 les vaisseaux de guerre dans le golfe de Quarto, tirèrent 26 coups de canon sur la milice qui y campait, mais sans aucun effet. Le 14, il fut fait, des deux vaisseaux de ligne et des 3 frégates, durant tout le jour, un feu très vif sur la tour des signaux, sur l'un des forts et sur le lazaret. L'on compte que ce jour-là il a bien été tiré 5.000 coups. Un capitaine fut tué par un éclat de bombe. Vers midi, il débarqua 4.000 français près de Quarto. La descente fut protégée par le feu de deux frégates qui dura toute la nuit. Le 15 au matin, la canonnade fut reprise depuis 6 heures du matin jusqu'à 6 heures du soir contre la ville, le château et les autres endroits. Le feu fut si vif qu'on put compter 20 coups par minute. Les troupes débarquées s'avancèrent sur deux colonnes, l'une contre le fort S. Elie; l'autre s'occupa à faire des retranchements à l'endroit de la descente; mais au soir tombant MM. Pizzola et Ceruti s'avancèrent avec leurs milices et dragons contre la première colonne ennemie et l'obligèrent à prendre la fuite après avoir fait une perte considérable. Nos gens firent aussi beaucoup de prisonniers, dans ce nombre un capitaine de grenadiers qui s'était avancé trop loin pour reconnaître nos batteries.

Le 16 et le 17, le feu fut de nouveau très violent : l'on peut compter qu'en quatre jours les ennemis ont tiré plus de 40.000 coups contre la ville et les forts, sans aucun avantage essentiel pour eux. De temps en temps l'on amenait des prisonniers en ville. Parmi eux se trouvèrent aussi quatre dames, dont deux déguisées en hommes. Le 17 il s'éleva une forte tempête qui fit beaucoup de dommage à la flotte ennemie. Deux frégates, pour ne point échouer, furent obligées de couper leurs mâts. Un vaisseau de 80 canons périt dans notre port ; plusieurs chaloupes ennemies échouèrent et leurs équipages furent faits prisonniers. A midi, le vaisseau de guerre et les frégates qui avaient canonné la tour des signaux, le fort et le lazaret, quittèrent leur station. Le 20 et le 21, les troupes qui avaient été mises à terre se rembarquèrent ; et cet après-midi, 22 à 2 heures, tous les bâtiments de transport et plus des deux tiers des navires de guerre ont levé l'ancre et font route pour reprendre le large.

Le Général Brunet, commandant provisoire, au Ministre de la guerre. (Extrait du cahier d'analyses, classé à la date du 29 mars 1793).

N'a point eu de nouvelles de l'amiral Truguet. — Rend compte des contrariétés que les vents firent éprouver aux bâtiments de transport sur les côtes de la Corse. — Il pense que le général Biron attendra pour se déterminer à suivre cette expédition, ou à rappeler les troupes, les rapports des commandants ou du commissaire du pouvoir exécutif Arena. — Le général Paoli n'a point fourni les volontaires soldés pour cette expédition, prétextant devoir se concerter avant avec l'amiral Truguet ; il a refusé aussi les 15 pièces de canon pour l'armée d'Italie.

FRAGMENT DES MÉMOIRES

DU GÉNÉRAL CESARI

RELATIF A L'EXPÉDITION DE SARDAIGNE (*).

Je me rendis à Quenza (1) où ma famille m'attendait. Là je reçus la nouvelle que l'assemblée nationale avait supprimé tous les chefs de corps, c'est-à-dire les colonels, et

---

(*) Afin de compléter autant que possible la collection des documents relatifs à l'expédition de Sardaigne, nous jugeons à propos de reproduire ici un fragment des Mémoires de Colonna Cesari tel qu'il a été publié et annoté par M. Philippe de Caraffa dans l'*Aigle Corse*, nos du 25 décembre 1867, des 5, 15 et 25 Janvier, 5 et 15 février 1868. Nous n'oserions assurer que ces Mémoires sont d'une exactitude rigoureuse; le langage plein de suffisance dont se sert constamment l'auteur peut et doit laisser quelque doute à cet égard. — L'abbé LETTERON.

Voici les lignes dont M. de Caraffa a fait précéder la publication de ce Fragment :

« Le manuscrit d'où nous tirons ce fragment, est un autographe dont il ne reste plus que quatre cahiers sur cinq; le cahier qui manque est le premier (pages 1-13); le cinquième (pages 94-109) ne termine pas les Mémoires, mais les arrête au mois de juin 1794, époque du départ de Cesari pour Londres. Cependant tout porte à croire qu'ils n'ont été rédigés qu'après le mois d'octobre 1796, durant les ennuis et les mécomptes de l'émigration. Notre fragment commence à la page 64, sauf quelques mots de liaison extraits des pages précédentes, et va jusqu'à la page 91 ; les notes nous appartiennent en entier.

« PH. CARAFFA. »

(1) Où il était né le 18 octobre 1748.

qu'elle avait récompensé les services de ceux de la gendarmerie par une pension à vie de trois mille livres (1). Je reçus ce décret fort indifféremment ; mais ma famille en faisait une fête, car elle croyait que je serais resté chez moi. Paoli était à Corte (2), toujours peu d'accord avec le Directoire (3). Un beau jour, je me vois arriver un exprès, avec une lettre écrite par mon ami Saliceti (4) et signée par Paoli, dans laquelle j'étais invité à me rendre sur le champ à Corte pour affaires de la plus haute importance (5). Je me rendis à Corte en peu de jours ; Paoli m'attendait au couvent de S. François, où l'on avait arrangé un petit appartement pour moi. Nous passâmes un jour ou deux nous entretenant de tout autre que de l'objet de mon voyage ; Paoli ne m'en parlait pas, et je ne voulais pas être le premier. Enfin, les membres du Directoire commencèrent à s'ouvrir avec moi ; ils me dirent qu'on ne pouvait plus tenir avec Paoli ; que cet homme s'était mis en tête d'être encore le législateur du pays ; qu'il ne faisait que mutiner les esprits contre

---

(1) Si nous ne nous trompons pas, la loi dont il entend parler, quant à la suppression des chefs de corps, est celle du 29 avril 1792, modifiée par le décret du 26 juin suivant, qui avait prolongé le commandement de Cesari, comme colonel de notre gendarmerie, jusqu'au 1er août ; mais quant à sa pension de trois mille livres, nous avouons ignorer complètement la loi ou le décret qui la lui accordait.

(2) Depuis le 13 mai 1792, ainsi qu'il le dit lui-même à Achille Murati dans une lettre du 14 : « Sono qua venuto jeri in buona salute. » On verra qu'il y tomba grièvement malade.

(3) Dont Saliceti était le procureur-général-syndic.

(4) Ils avaient ensemble représenté le tiers-état à la Constituante.

(5) Cette lettre est probablement perdue ; mais il en existe une autre qui peut la remplacer ; elle est de Saliceti, sous la date du 3 août 1792 ; nous en transcrivons le post-scriptum : « Le général vous a écrit pour vous inviter à vous rendre à Corte. Venez bientôt, mon cher ; votre présence y est nécessaire. »

l'administration (1). Saliceti me dit un jour: « Mon ami, il faut un remède au mal ; Paoli est un tyran ; il faut prendre notre parti à temps ; mettons-le à la raison sans lui faire de mal ; le Directoire et moi avons pensé de vous préparer un logement en ville ; qu'il voie que vous ne voulez pas vivre avec lui et que l'administration est protégée par votre crédit. » Je compris alors l'objet de la lettre, et je regrettai d'avoir quitté mon pays, me voyant à la veille de tracasseries qui auraient un jour tiré à conséquence. Paoli était mon ami particulier, et j'étais convaincu que les administrateurs étaient un peu intrigants. Je m'ouvris cordialement à Saliceti ; et après lui avoir fait mes réflexions sur tout ce qu'il m'avait confié, je conclus, en lui récapitulant mes idées, que lui-même, non moins que moi, devait sentir, outre les principes d'amitié particulière, que l'on aurait pu dire que nous avions rappelé un septuagénaire du fond de l'Angleterre pour le trahir et lui faire essuyer des humiliations. Saliceti parut touché de mes réflexions ; et convaincu de ma fermeté dans mes opinions, il eut l'air d'être de mon avis et de se rendre assidu avec Paoli plus que jamais.

Les révolutions en France n'étaient pas encore achevées. Louis XVI fut assailli aux Tuileries et prisonnier au Temple ; son procès fut instruit et une nouvelle Convention Nationale intimée. Voilà Saliceti et le Directoire occupés du choix des députés à envoyer à la Convention. La très grande

---

(1) Pour qu'on juge de cette administration, qui datait de 1790, il suffira de répéter ce que Volney, témoin non suspect, en a dit dans son *Précis de l'état de la Corse*, inséré au *Moniteur* des 20 et 21 mars 1793 : « Nul compte de finance n'est publié, à moins que l'on ne donne ce nom à un chaos de chiffres sans résultat que le Directoire vient de faire imprimer pour 1791. L'on y trouve, entre autres, deux procureurs-généraux payés en même temps, dont l'un, député, recevait encore d'autres gages ; deux membres du Directoire conservant leurs traitements, quoique employés à une autre commission payée. »

majorité des suffrages étant presque à la disposition de Paoli et de moi, Saliceti nous fréquentait plus que jamais. Paoli s'était ouvert, disant hautement qu'aucun membre du Directoire ne devait aller à la députation, hormis Saliceti (1) ; et après de longues discussions sur les choix, on s'arrangea pour ceux que Paoli avait en vue, lesquels étaient de bons citoyens, mais sans influence et sans crédit. L'assemblée était déjà réunie (2), et beaucoup d'électeurs vinrent m'offrir leurs suffrages. Cependant Paoli tomba grièvement malade d'une fièvre putride, et moi, au lieu d'aller à l'assemblée, je n'étais occupé que du danger de mon ami ; car il en courait beaucoup (3). Malgré cela, le Directoire eut une peine immense à surprendre l'opinion (4) ; et bien au-delà de la moitié des électeurs s'assemblent et ne veulent pas moins qu'annuler les délibérations ; la force était pour nous ; mais j'eus le temps de me dire qu'on m'accuserait, avec quelque raison, d'esprit peu juste et despotique.

---

(1) Néanmoins Chiappe et Multedo en furent aussi, quoique membres du Directoire.

(2) Les électeurs furent convoqués d'urgence par décret du 11 août 1792 ; et d'après le tableau des lieux de réunion, notre assemblée devait se tenir à Oletta ; mais il y eut une modification en faveur de Corte. On ne connut le décret en Corse que vers les commencements de septembre, et l'élection se fit aussitôt.

(3) Sa maladie fut si grave et sa convalescence si longue, que Volney disait (*loco citato*) : « Depuis sa dernière maladie, il n'est plus que le prête-nom de quelques intrigants. » Et il ajoutait dans une note : « Les Sociétés populaires de Marseille et de Toulon, qui ont dénoncé Paoli, doivent bien remarquer cette circonstance, afin de ne pas prendre le change sur les auteurs des troubles de la Corse. » Nous constatons cette espèce de justification sans l'accepter. Pour nous, la justification de Paoli se trouve dans l'apostrophe de Robespierre au président de la Convention : *Président des assassins.*

(4) C'est-à-dire, à faire nommer deux de ses membres et quelques-uns de ses amis.

Paoli, qui m'avait dit avoir demandé pour moi le commandement militaire et le grade de lieutenant-général, reçut, dans sa convalescence, ce grade et ce commandement pour lui (1). Leonetti son neveu, Peraldi et autres (2) firent cet arrangement, et je n'en fus pas du tout fâché. Etant convalescent et ne sachant pas le service, il m'accabla d'instances amicales, et je pris un peu son ressort. Je n'étais pas fort savant, mais j'en savais assez pour le tirer d'affaire, et je continuai jusqu'au temps de l'assemblée pour laquelle les membres du Directoire brigueraient autant qu'ils pourraient (3). Ce temps arriva après un ou deux mois (4) ; aucun d'eux ne fut réélu (5), et ils rentrèrent chez eux bien mystifiés.

J'avais tout fait, et il ne me restait plus que de rentrer

_____

(1) Le ministre qui nomma Paoli était Servan, qui avait repris le portefeuille de la guerre au 10 août. D'après une lettre de Pozzodiborgo, la nomination eut lieu vers le 11 septembre, et Paoli, d'après une de ses lettres à Achille Murati, la connut le 27.

(2) Pozzodiborgo surtout, qui en annonça de Paris la nouvelle à Cesari : « 11 septembre. — Il generale Paoli è stato nominato comandante delle forze militari di Corsica col titolo di tenente generale. Era necessario di riunire la direzione delle armi alla sua personale influenza sullo spirito dei Corsi, e di mettersi al coperto di tutti gl'intrighi, che taceranno in sua presenza. »

(3) Il s'agit de l'assemblée qui devait renouveler, en vertu du décret du 19 octobre 1792, toutes nos administrations départementales.

(4) Aux termes du décret, les corps électoraux ayant des renouvellements à faire, devaient se réunir le 11 novembre suivant.

(5) Comme la plupart de leurs remplaçants ont eu l'honneur d'être décrétés d'accusation, le 27 juillet 1793, lorsque Paoli fut mis hors la loi, nous tenons à les nommer tous, par ordre alphabétique : Antonj, vice-président, Anziani, Balestrini, Benedetti, Campana, Cottoni, Ferrandi, Filippi, Franceschi, Gaffajoli, Galeazzi, président, Giacomoni, Gigli, Manfredi, Mucchielli, Muselli, secrétaire-général, Ordioni, Panattieri, substitut du procureur-général-syndic, Pozzodiborgo, procureur-général-syndic, Savelli, Viggiani.

chez moi. J'en parlai à Paoli ; il tâcha de m'entraver par des raisonnements éloignés ; mais tous ses raisonnements ne me faisant pas détourner, il voulut exiger de moi avant mon départ que je passasse par Ajaccio, afin de voir l'amiral Truguet, qui s'y était rendu, à la tête d'une escadre, pour faire la conquête de la Sardaigne.

Cet amiral s'était adressé à Paoli, comme chef militaire, pour avoir des secours et même sa personne dans l'entreprise (1). Paoli ne savait s'en tirer, car il n'avait pas de moyens pour une pareille expédition, soit en considérant le peu de troupes et d'argent du département, soit à cause de son âge et de ses infirmités. Outre tout cela, on découvrait, mais de bien loin, une espèce de reconnaissance pour le roi de Sardaigne, qui l'avait secouru dans le temps de son exil (2). Il

---

(1) Truguet devait lui en avoir écrit de Gênes, avant son arrivée à Ajaccio, puisque Paoli écrivait de Corte, sous la date du 18 novembre 1792, à quelques amis dont les noms manquent dans l'original de sa lettre, qui est inédite et que possède M. le comte Colonna-Cesari : « Non ostante ch'io abbia ricevuto alcuna ingiunzione dal ministro della guerra o dal potere esecutivo (c'est-à-dire du Conseil exécutif provisoire, créé le 15 août et composé des six ministres nommés par le corps législatif), il mio buon zelo mi ha fatto rispondere a M. Truguet, che mi s'è annunziato come incaricato della spedizione di Sardegna e mi ha pregato di fornirgli quei soccorsi i quali il nostro paese può dare senza mettere in pericolo la propria sicurezza, che avrei fatto ogni possa e procurato di mandargli i pochi volontarj che in cosi breve tempo si sarebbero potuti rammassare. » Du reste on savait déjà, grâce au recueil de Tommaseo (pp. 370, 371 et 376), que Paoli n'avait jamais reçu l'ordre de prendre part, une part quelconque, à l'expédition de Sardaigne.

(2) Il est notoire que la Corse, pendant sa glorieuse révolution, a été constamment protégée, même contre la France, par la maison de Savoie ; mais nous ne savons pas que Paoli, pendant son exil, en ait reçu des secours personnels. Contraint à s'expatrier en juin 1769, il arriva trois mois après en Angleterre, où, *magnanimæ gentis plausu receptus et regia magnificentia suffultus*, comme le dit si bien son épitaphe, il resta jusqu'à son rappel.

me consulta là-dessus, et je n'hésitai pas à lui faire le tableau de la division et du peu de ses moyens, laissant de côté la question secrète, qu'il gardait dans son cœur, de sa reconnaissance pour la cour de Turin. Il me dit : « Rends-moi ce dernier service d'entretenir l'amiral de la position de cette division et de mon état personnel. » Je le lui promis, puisque pour rentrer chez moi, cela me détournait de peu. En nous séparant, il ajouta : » Je n'ai autre chose à te recommander que ton amitié pour moi. »

Je fus donc à Ajaccio ; je vis l'amiral Truguet et Sémonville, destiné pour l'ambassade de Constantinople : tous les deux étaient chaudement dans le projet de la conquête de la Sardaigne. Ils me reçurent on ne peut mieux ; ils me parlèrent sans mystère de leur plan ; ils croyaient que la chose ne pouvait être plus aisée. Je n'étais pas tout-à-fait de leur avis, et je leur fis observer qu'on ne conquiert pas un royaume comme on s'empare d'un chou dans un jardin : ce fut le mot qui me sortit en ce moment. Je leur fis voir que la Sardaigne n'était pas accoutumée à faire des révolutions ; que, quoique peut-être ses habitants n'aimassent pas trop le gouvernement de Turin, les seigneurs, les prêtres et tous les gens intéressés à ne pas laisser s'introduire dans ce pays le système de la République, y avaient trop d'influence ; que le peuple n'était pas encore éclairé etc., etc. Je leur fis en outre le tableau de leurs propres moyens, n'ayant ni troupes disciplinées, ni argent pour en lever ; n'ayant pas même une personne en état de leur donner le moindre renseignement en Sardaigne (1). J'ajoutai que pour des entreprises de cette sorte, il fallait en avoir bien conçu le plan, et avoir fait travailler les esprits sur les lieux pour y former un parti (2) ;

---

(1) *Les bons sans-culottes de Corse* y avaient envoyé Buonarroti, mais il dut arrêter sa propagande à l'île de San Pietro.

(2) Le soulèvement de Sassari en 1796 prouve combien il eût été facile de former ce parti dans le nord de l'île, et fait le plus grand honneur à la

qu'il fallait avoir une armée de terre suffisante pour en imposer, et surtout de l'argent ; que sans cela, on ne ferait que perdre son monde et son temps, et compromettre l'honneur national. Ils étaient touchés de la vérité de mes raisons, mais ils revenaient toujours à me dire que la conquête de la Sardaigne aurait fait le bien de la Corse ; et je leur dis, en dernière analyse, que s'ils voulaient me faire parler comme un Corse en politique, la Sardaigne n'aurait fait que diminuer la considération de la Corse auprès de la France, parce que la Sardaigne était plus riche, plus grande, et non moins avantageusement située ; mais qu'il ne s'agissait pas de cela, car, voyant la chose en Français, je trouvais le plan mal combiné (1). Ils me forcèrent alors à aller plus loin, comme il était naturel, puisque Truguet, auteur du plan pour être à la tête d'une flotte, n'avait apparemment rencontré personne qui lui eût fait connaître les défauts de son entreprise (2). Je leur fis encore l'inverse du plan, en observant que la Sardaigne tenait à Turin ; que l'on n'avait pas besoin d'épuiser les ressources de la France dans de pareilles entreprises,

---

prévoyance de Barbaroux, qui disait à la Convention, le 1er février 1793 : « Je crains bien d'avoir à l'accuser un jour (le ministère) de n'avoir pas suivi un plan d'attaque, qui devait nous donner la Sardaigne par les Sardes qui habitent les rivages du détroit de Bonifacio. »

(1) Après l'événement, tout le monde fut d'accord pour blâmer l'expédition. Barrère, au sein de la Convention, le 23 mai, la qualifiait *d'imprudente*; et Truguet lui-même, dans sa lettre du 22 juillet au Comité de salut public, s'accusait par ses excuses : « Il était bien facile de s'emparer de cette île importante, immédiatement après la conquête de Nice et de Savoie (à la fin de septembre 1792); mais une longue et dispendieuse attente... des entraves sans nombre.... une défense préparée... une indiscipline dans les troupes... une terreur anti-civique et soudoyée... de basses jalousies .. des complots dénoncés et impunis... — Jetons un voile sur ces malheurs. »

(3) Ils avaient pourtant été signalés par le correspondant ajaccien du *Moniteur*.

qu'il était plus noble pour cette nation de ramasser des forces et marcher tout droit à Rome et à Turin, que par là tomberaient, avec la Sardaigne, des pays plus considérables ; que l'état actuel de l'Italie prêtait le flanc à tout projet hardi ; que les Italiens, plus éclairés que les Sardes, auraient pris part active, surtout si l'on avançait qu'on voulait la Convention italienne à Rome, qu'on voulait l'Aigle au lieu de la Croix au Capitole, et qu'on voulait fédérer l'Italie à la France. Prié d'entrer plus amplement en [détail, je les satisfis.

Le lendemain, Truguet me tire à part et me lit une grande partie de mes idées, qu'il avait rédigées. Ensuite, je lui parlai de la situation de la Corse et de Paoli ; je lui fis voir l'impuissance de ce dernier à cause de son grand âge et de ses infirmités, ainsi que le peu de moyens d'un département qui vivait aux frais de la France ; je lui dis que tout au plus on pouvait former en Corse quelques corps de chasseurs, et encore fallait-il un certain temps pour les discipliner. Il me parut content de mes observations, et quand je pris congé de lui pour partir et retourner chez moi, il m'accabla de civilités.

J'eus soin de rendre compte très fidèlement du tout à Paoli, en ajoutant que l'amiral n'avait pu rétorquer mes raisons, mais qu'il était trop avancé dans son entreprise pour rétrograder, et qu'il aurait toujours demandé quelque assistance ; qu'on n'avait dès lors qu'à lui offrir toutes les troupes dont nous disposions, et que par là on aurait satisfait à tout. De plus, je disais à Paoli que, voulant le servir en ami, je devais le prévenir que je m'étais aperçu de l'envie qu'avait l'amiral de m'avoir avec lui, ce dont, d'ailleurs, il avait assez clairement parlé, au sujet de mon plan sur l'Italie et des difficultés dans lesquelles il s'était mis pour la Sardaigne ; mais que je n'avais pas la même envie par les raisons que j'ai données et que je répétai longuement à Paoli.

Cependant Volney, qui était dégoûté de Paoli et qui se trouvait à Ajaccio en familiarité avec l'amiral, pour desservir Paoli autant qu'il pouvait, saisit l'occasion, et faisant de moi bien au-delà de ce que j'étais, il dit à Truguet que m'ayant avec lui, il se pouvait moquer de Paoli, lequel était inepte et n'avait pour lui que la trahison (1). Cette conversation me fut rendue à la lettre, après peu de jours, à Bonifacio, où j'étais resté pour me reposer ; et comme nous étions en correspondance, Volney et moi, je pris l'occasion de répondre à une de ses lettres, dans laquelle il me disait qu'il ne fallait pas se reposer chez soi, mais aller cueillir des lauriers, et je lui dis que je connaissais sa conversation avec l'amiral ; qu'il avait tort de desservir Paoli aussi injustement, mais encore plus de me desservir, moi, son ami, en me mêlant, autant qu'il était en lui, à une expédition aussi peu mesurée ; que je n'étais pas aveugle pour ne pas voir le moment critique de la révolution ; qu'on m'aurait accusé d'incivisme, si je refusais mon concours ; et que, si je le prêtais avec des plans aussi mal conçus, je n'en recueillerais que de la honte.

Truguet écrivit à Paoli qu'il ne lui demandait autre chose, en dernier résultat, que les troupes de ligne disponibles et avec elles, sous mon commandement, les bataillons civiques que la République payait (2). Voilà Paoli qui me délivre une commission de commandant des troupes de l'expédi-

---

(1) On a vu que Volney, du moins en public, avait une tout autre opinion de Paoli, même dans ce temps-là.

(2) Ils étaient quatre et coûtaient approximativement, au témoignage de Volney (loco citato), neuf cent mille francs par an ; mais, d'après une lettre de Paoli à Achille Murati, écrite de Corte, le 31 décembre 1792 et encore inédite, ils ne recevaient pas régulièrement leur solde, quoique le trésor prétendît être exact à la payer.

tion (1) ; et pour que ce fût plus solide, il y ajoute une délibération, en forme de prière, du département, laquelle n'était pas moins qu'une réquisition de me rendre sur le champ à Bonifacio, où les bataillons corses avaient ordre de me rejoindre (2). L'amiral reçut ces dépêches, et me les fit parvenir à Portovecchio par un exprès. Comme il connaissait mon aversion de me fourrer dans son entreprise, il se réduisit à me prier honnêtement de me charger d'une contre-attaque sur la Sardaigne du côté de Sassari, dans le temps qu'il allait attaquer le cap de Cagliari ; encore, il me priait seulement d'aller jusqu'aux îles de la Madalena, où il m'aurait envoyé des secours d'argent et d'hommes, s'il était heureux dans son expédition ; et il ajoutait que je ne risquais rien d'aller jusqu'à la Madalena, car il mettait une corvette à mes ordres.

Je ne pouvais refuser ce petit service à l'amiral, sans encourir le blâme des Français, qui étaient alors plus que jamais dans le délire et dans l'insubordination. Je réfléchis là-dessus, et enfin je répondis à l'amiral, lequel attendait ma réponse à Ajaccio, que je ne me refusais pas à servir la nation de mon mieux, que j'aurais secondé son intention ; mais que ma *gita* à la Madalena ne pouvait lui être d'aucune utilité ; que pour l'aider dans sa scabreuse expédition, il m'aurait fallu un bon corps de troupes avec de l'artillerie, et que j'eusse pu mettre pied à terre du côté de Sassari et attirer par là l'attention des forces du pays, pour les empêcher de courir toutes sur lui, comme elles auraient fait ;

---

(1) C'est-à-dire, de l'expédition contre le nord de la Sardaigne, pour laquelle, au témoignage de Paoli (R. de T. p. 388), le contingent de la troupe de ligne n'était que de cent cinquante hommes.

(2) Faute d'avoir ces pièces, nous ne saurions en préciser la date, qu'il faut pourtant croire des premiers jours de janvier 1793, puisque le 13, Truguet jetait l'ancre sur la rade de Carloforte, au témoignage de la *Revue Maritime et Coloniale*.

que d'ailleurs une seule corvette était peu pour la prise de la Madalena, où il y avait deux demi-galères et trois ou quatre brigs bien armés, qui valaient au moins la corvette, surtout si la mer était calme; que deux corvettes auraient à peine pu suffire. Je lui fis en outre, me voyant mêlé dans l'affaire malgré moi, les observations locales que je jugeais nécessaires sur la Sardaigne.

On m'apprit bien vite que deux bataillons s'étaient rendus à Bonifacio (1), et j'y fus. Là, je ne trouvai ni farine dans les magasins, ni argent chez le trésorier, ni aucun outil pour la petite armée ; et, ce qui était plus remarquable, aucun ordre n'était venu aux fournisseurs des vivres pour en donner. D'autre part, soit Paoli, soit le département, soit tous les deux ensemble, ils avaient eu soin de destiner à mon expédition les hommes qu'ils ne pouvaient pas souffrir, qui étaient les plus désordonnés et presque leurs ennemis, me donnant pleins pouvoirs d'en réformer autant que j'aurais voulu.

En arrivant à Bonifacio, je trouvai ces pleins pouvoirs et la ville en trouble. Les portes étaient fermées, et ces soldats indisciplinés et mal commandés exigeaient des chefs leur arriéré. Il y avait du volé, mais point d'argent au trésor. On m'annonce, j'entre dans la ville, et ma présence apaise tout. Je fis avoir un peu d'argent aux caisses ; j'ordonnai qu'on fît un décompte exact aux soldats ; et au moyen d'ordres sévères, le service commença à aller rondement. Ensuite, j'écrivis deux longues lettres au département et à Paoli. Je rap-

---

(1) Le mouvement des bataillons sur Ajaccio avait commencé à l'arrivée de Truguet, qui passant en revue leurs détachements, y trouva *moltissimi scarti*, selon l'avis que Paoli en donnait à Achille Murati le 31 décembre. D'Ajaccio et des autres dépôts, ils étaient dirigés sur Bonifacio, où le 6 février, d'après une réclamation du lieutenant Panattieri, ils continuaient encore à se rendre.

pelai à ce dernier que je n'avais pas agi avec lui comme il le faisait avec moi ; que toujours et autant qu'il était en moi, je l'avais tiré d'embarras, tandis que lui, il m'y fourrait ; qu'il connaissait mon aversion pour cette expédition si mal combinée, et qu'il n'aurait pas dû consentir à m'en charger ; qu'il savait aussi qu'en refusant, comme j'étais tenté de le faire, j'aurais assumé une espèce de responsabilité ; qu'au surplus, je ne pouvais pas lui pardonner d'avoir choisi ses plus mauvais soldats, ses ennemis personnels, pour composer le corps de mon expédition ; que je n'avais le temps ni de les former ni de les remplacer par d'autres ; que d'ailleurs les pouvoirs qu'ils avaient prétendu me conférer, le département et lui, étaient de ceux que l'assemblée nationale s'était réservés. Bref, je lui fis un état de ce qui était nécessaire à l'expédition, et je lui demandai les ordres les plus prompts, et même quelque peu de gendarmerie, dans laquelle j'avais toute ma confiance (1). Je reçus une réponse (2) remplie d'expressions d'amitié et de phrases insignifiantes. Il tâchait de se justifier ; il disait n'avoir pu se défendre de me nommer aux sollicitations de l'amiral ; il me souhaitait tout plein d'heureux succès, en ajoutant que, suivant ma demande, il avait donné ses ordres aux divers fournisseurs (3).

Cette lettre me fut remise par le capitaine Rossi de Calvi, qui commandait une felouque, lequel m'ajouta verbalement

---

(1) On a vu que Cesari en avait été colonel.

(2) Elle devait être du 10 février, comme on va le voir.

(3) Quant aux gendarmes que Cesari avait demandés, nous avons la réponse de Pozzodiborgo, datée du 10 février : « Vedrete dalla lettera scrittavi dal Consiglio generale, la permissione che dà alli giandarmi, li quali sono in Bonifazio, di potervi continuare guarnigione, e l'autorità d'impiegarli al bisogno ; non abbiamo potuto autorizzarvi espressamente a portarli fuori del dipartimento, perchè la legge proibisce, ma abbiamo fatto l'equivalente. »

qu'il avait à son bord cinquante-quatre mille livres en espèces, somme destinée à la subsistance des troupes d'Ajaccio et de Calvi, où il devait se rendre ; mais que Paoli lui avait dit que, si j'en avais besoin, je pouvais m'en servir. Le besoin était pressant, et je n'avais pas de temps à perdre. Celui qui faisait les fonctions de commissaire des guerres était un certain Vannucci (1), lequel se réunit à mon payeur Celani (2) et au capitaine de la felouque pour verbaliser : on constata les besoins, l'argent fut retiré, et la troupe eut le prêt nécessaire. L'entrepreneur des vivres et tout ce qui était dans la place, allaient grand train, quoique sans avoir reçu d'ordres supérieurs. De mon côté, je prenais mes mesures pour mettre la corvette qu'on m'avait donnée, en état de résister aux demi-galères, qui se présentaient presque tous les jours en face du port et nous offraient le combat, se croyant les plus fortes, comme elles l'étaient en effet. Je fis placer sur la corvette quatre pièces de canon d'un calibre suffisant pour les tenir en respect. Il me fallut du temps, non seulement pour traîner ces pièces de la forteresse à bord, mais pour les placer de manière à pouvoir s'en servir, l'équipage de la corvette travaillant de mauvais gré ; je manquais d'ailleurs d'ouvriers et de charpentes. Mais l'activité supplée à tout, et au bout de quelques jours je parvins à faire le choix de ceux qui devaient m'accompagner, c'est-à-dire des moins mauvais dans les corps qu'on m'avait donnés, et à mettre sur les transports le peu de farines, etc. que j'avais pu ramasser, de manière que j'avais six cents combattants pourvus de vivres pour quarante ou cinquante

---

(1) Pierre Vannucci, le grand-père du fondateur de l'*Aigle Corse* et frère aîné de notre ancien maire Charles Vannucci. D'après M. le conseiller Arrighi, Pierre Vannucci aurait laissé un mémoire inédit sur l'expédition dont il fit partie.
(2) Avant la révolution, un Celani, et nous croyons que c'est le même, était employé des douanes et de la gabelle de sel à Bonifacio.

jours. Des cinquante-quatre mille livres qui étaient tout mon trésor, il avait fallu en ôter quinze ou vingt mille pour le prêt des troupes avant de partir ; la corvette, le convoi et la petite armée devaient donc vivre sur le reste de cette somme.

Le temps était mauvais et j'étais impatient de partir. Je reçus dans ce moment une lettre de Volney, qui répondait à ma dernière. Il justifiait de son mieux ses intentions à mon égard, et il m'annonçait sa décision d'abandonner la Corse, m'en expliquant les raisons et me donnant des avertissements d'ami sur ses observations physiques et morales de notre île. Il ajoutait : « Défiez-vous de ce *machiavélisme* qui travaille à partager les cœurs et les esprits dans cette île, ennemi de tout crédit naissant, et qui sera un jour le vôtre, quoique dans ce moment le besoin le force à avoir l'air de vous appuyer (1) ». Il ne fallait pas beaucoup pour comprendre que ce *machiavélisme* était à l'adresse de Paoli (2), et en vérité, je ne pouvais pas trop me louer de lui dans tout ce qu'il avait fait pour l'expédition. Avant mon départ de Bonifacio, je lui écrivis encore une lettre et je lui fis de doux reproches sur la manière dont il avait pourvu à ma mission, au double point de vue de ses sentiments d'amitié pour moi et de ses devoirs envers l'assemblée, qui l'aurait rudement réprimandé, si elle en avait eu connaissance ; mais je

---

(1) Nous avons souligné le mot machiavélisme, pour le rapprocher de l'emploi que Volney en fit un peu plus tard dans le *Précis*. « Il ne me reste que de déchirer le voile de mensonge, sous lequel un machiavélisme astucieux opprime la liberté du peuple corse et dévore la fortune du peuple français. »

(2) S'il est ici question de Paoli ou plutôt de son entourage (car Paoli, pour Volney, n'était qu'un *prête-nom*, qu'un *fantôme*) il est question, dans le *Précis*, de Saliceti et même un peu de Pozzodiborgo. Il nous répugne de répéter les terribles accusations de ce *factum* contre le premier, et ses insinuations contre le second ; mais nous y renvoyons.

lui disais qu'il pouvait compter sur ma discrétion, d'autant plus que mon crédit personnel et mon activité m'avaient fait aplanir, tant bien que mal, les difficultés dans lesquelles il m'avait mis.

Le temps parut s'accommoder, et je m'embarquai sur la corvette, suivi par le convoi des troupes (1) ; mais à peine fûmes-nous dans le canal que la mer s'agita de nouveau, et je me vis forcé de faire rentrer le convoi à Bonifacio (2), tandis que j'ordonnais au capitaine de la corvette (3) de tenir la cape. Nous restâmes dans cette position pendant trois jours (4). Enfin, le temps s'étant bien accommodé, je fis faire au convoi le signal de me rejoindre ; mais la troupe ne le voulait pas, et l'indiscipline, le peu de vigueur des chefs (5), la crainte de la mer leur faisaient faire la sourde oreille aux coups de canon qui accompagnaient mes signaux. Moi aussi je souffrais un peu de la mer; il fallait pourtant se résoudre et prendre un parti. Dans cet intervalle, une petite chaloupe sortit de Bonifacio pour m'avertir qu'on avait répandu le bruit que les demi-galères, bien plus fortes que notre corvette nous attendaient pour nous couler bas à la vue de la Madalena, et que cette crainte, réunie à l'indiscipline et à la mauvaise volonté des soldats et des matelots, était la cause de la désobéissance aux signaux.

Je n'étais pas marin, mais il ne fallait pas grand'chose pour calculer que notre corvette était plus forte que les demi-galères. Nous avions vingt-quatre pièces de canon, quatre desquelles étaient d'un calibre au moins égal à celles de

---

(1) Ce premier départ eut lieu dans la nuit du 18 février.
(2) Ce qui n'eut lieu que vers la nuit du 19.
(3) Son nom, que nous trouvons écrit Goyectha et Goyetchet, doit s'écrire Goyetche.
(4) D'après l'imprimé de Cesari, *pendant deux jours,* ce qui revient à peu près au même, le second départ étant du 22.
(5) On voit bien que Napoléon était en sous-ordre.

l'ennemi, et environ trois cents hommes, entre la troupe et l'équipage, propres à aborder les demi-galères, qui ne portaient, chacune, que trois grosses pièces de canon et cent cinquante hommes.

Après un instant de réflexion, mon parti fut pris. Je me disais : ou l'armée va me suivre, et je la force à sortir de son inertie ; ou elle persiste à vouloir se couvrir de honte, et je ne risque rien à me présenter devant la Madalena. Je fis appeler le capitaine et ses officiers, et je leur fis connaître le résultat de mes réflexions. Ils convinrent que j'avais raison, mais ils m'exprimèrent quelques doutes sur les dispositions de leur équipage, qui était composé, non de matelots accoutumés au service de la mer, mais de paysans pris au hasard sur les côtes de France, lesquels n'avaient dans la tête que le délire de la révolution et n'avaient jamais vu de combats. C'était bien là une difficulté sérieuse. Je voulus voir cet équipage réuni sur le pont ; je leur dis quelques mots et ils se montrèrent prêts. Alors je dis au capitaine de répéter les signaux et de mettre à la voile sur la Madalena. Il pâlit, mais il obéit.

Nous fûmes en face des îles que nous cherchions, en peu de temps (1) ; et mon capitaine ainsi que son équipage, avec lequel il était toujours en pourparlers, furent surpris de ne pas trouver l'ennemi à notre rencontre. La corvette se tenait presque à portée de boulet de la Madalena, et je pouvais observer, sans lunette, toutes les positions de l'ennemi et tous leurs mouvements. Les îles sont bien proches l'une de l'autre, et les plus rapprochées, comme les plus considérables, sont celles de la Madalena et de Santo Stefano (2). La pre-

---

(1) Le jour même du départ, c'est-à-dire le 22 février, au moment où Truguet commençait sa retraite.

(2) Santo-Stefano est beaucoup plus petite et n'est pas plus voisine que Caprera de la Madalena ; seulement, elle a l'avantage de faire face au port de cette dernière.

mière était protégée par deux mauvaises batteries qui flanquaient le port et le village (1), et qui n'avaient chacune que deux pièces de canon ; bon nombre de ses habitants étaient armés, mais je pouvais compter sur plusieurs d'entre eux (2) ; et elle avait une garnison d'environ cent cinquante hommes, outre les équipages des demi-galères, lesquelles se tenaient dans le port, touchant la terre. La seconde, Santo Stefano, avait un bon port, qui était protégé par une superbe tour carrée, entourée de fossés, avec trois pièces de canon et une garnison de trente ou quarante hommes ; à côté de la tour, étaient les magasins des provisions pour les galères etc. Je distinguais toutes ces choses fort à mon aise, et je vis la facilité de m'emparer de Santo Stefano, d'où j'aurais dominé le village, le port et même les batteries de la Madalena.

Tandis que je pensais à cela, je vois des voiles : c'était le petit convoi, c'était notre troupe. Les reproches que la ville de Bonifacio leur avait faits, beaucoup plus que le sentiment du devoir et de l'honneur, les avaient engagés à me suivre. Dès qu'ils me rejoignirent, je les fis débarquer à Santo Stefano (3). La résistance de la garnison, qui s'était postée derrière les rochers pour empêcher le débarquement fut si peu de chose, qu'il ne vaut pas la peine d'en parler. On la force aisément à se retirer et à regagner la tour ; on occupe l'île ; on distribue les détachements de la division

---

(1) Sans pouvoir préciser l'époque où le village de la Madalena fut bâti, rappelons qu'il est du règne de ce malheureux Victor-Amédée III, à qui le général Bonaparte fit payer si cher l'échec du capitaine d'artillerie.

(2) Rien de plus naturel, car les habitants de la Madalena, presque tous Corses d'origine, même aujourd'hui, l'étaient alors de naissance, cette île et ses voisines n'ayant cessé d'appartenir à la Corse qu'en 1767, par un coup de main du comte d'Hallot des Hayes, vice-roi de Sardaigne, contre lequel le gouvernement de Paoli ne put que protester.

(3) Le débarquement eut lieu le 22 même, mais à l'approche de la nuit.

sur plusieurs points, de manière que la tour est environnée ; on songe à élever une batterie en face du port de la Madalena. La nuit était close, et l'eau tombait à verse ; nous étions sans tentes et fort gênés ; cependant notre batterie fut assez avancée pour être en état de tirer le matin.

Après ces dispositions j'avais regagné la corvette, et je la fis approcher autant que possible de l'embouchure (1) pour empêcher la sortie des galères ou pour les combattre si elles sortaient. Mais les galères connaissant trop bien les lieux, surent échapper au feu de notre batterie et à la rencontre de la corvette ; d'ailleurs il y avait partout des roches et peu d'eau, ce qui leur facilitait le passage et le rendait difficile à la corvette, qui avait besoin d'un certain fond. Voyant donc qu'elles s'étaient sauvées derrière l'île, où nous ne pouvions aller les inquiéter, je pensai à m'emparer de la tour, et je descendis à terre pour la serrer de plus près. J'ai déjà dit que sa construction avait des avantages et que sa garnison était de trente à quarante hommes ; ils faisaient bonne contenance et se montraient disposés à la défendre ; mais les rochers des environs en favorisaient l'approche, et de pas en pas, en peu d'heures, les volontaires de ma garde (2) se rendirent maîtres des magasins, qui étaient à quelques pas de distance de la tour. Dès que les soldats corses, si indisciplinés et sur lesquels je comptais si peu, virent que les magasins étaient pris et que je m'approchais pour choisir le point où il fallait élever une batterie, ils voulurent aller tout droit à l'assaut, sans savoir comment et n'écoutant que leur courage. J'eus de la peine à les retenir, à les empêcher de se faire tuer inutilement ; et pour ne pas per-

---

(1) Du port de la Madalena, sans doute.

(2) Quoique trop ambitieuse, cette qualification convient aux quelques gendarmes que Cesari avait amenés pour sa sûreté personnelle, surtout à bord, où leur présence fut le salut de la petite armée.

dre trop de temps, car il en fallait au travail de la batterie, que, d'ailleurs, les soldats ne faisaient pas volontiers, je voulus essayer si les canons de la corvette, qui portaient loin, auraient pu suffire. J'y cours et je la fais approcher de la tour. L'ennemi avait placé une pièce de canon à portée de la corvette du côté du village de la Madalena, et nous tirait à boulets rouges. Un de ces boulets nous vient à bord, et tue un soldat de ma garde. Ce fut un coup de foudre pour ce lâche équipage : je réussis adroitement à l'encourager un peu ; il continua à manœuvrer, et la corvette se tint à l'endroit que je voulais.

Alors je retournai à terre et je fis serrer la tour encore de plus près ; mais la corvette ne resta pas où je l'avais laissée et s'éloigna tellement, que le canon de trente-six qu'elle tirait, arrivait à peine aux environs de la tour. Quand je vis cela, je fis semblant de reprendre les ouvrages de la nouvelle batterie et en même temps je fis dire à la garnison que, si elle ne se rendait pas avant que ces ouvrages fussent avancés, je l'aurais traitée rudement. Elle eut la bonhomie de le croire et se rendit sur le champ (1). Je la fis traiter aussi bien qu'elle pouvait le souhaiter.

Nous voilà donc maîtres de Santo Stefano. Je fis redoubler d'attention à la batterie qui était en face de la Madalena. J'avais observé que la bombe avait fait fuir tous les habitants du village (2), et que la garnison était allée se ca-

---

(1) Le 23 février, un jour après le départ de Bonifacio.

(2) Evidemment, il y a quelque chose de sauté à l'égard de cette bombe et c'est d'autant plus fâcheux, qu'il s'agit de la bombe lancée, dit-on, de la main de Napoléon. D'après feu M. Valéry, *cette bombe fut pointée vide par Napoléon, qui voulut seulement effrayer les habitants, presque ses compatriotes* ; mais d'après un écrivain anglais, M. Warre Tyndale, la chute inoffensive de ce projectile et des autres dont il fut suivi, étonna Napoléon, qui, ayant examiné ces bombes, trouva qu'elles étaient toutes également vides et s'écria : *Ecco il tradimento*. N'oublions pas que feu le conseiller

cher dans les rochers, de manière qu'il ne restait presque personne pour servir les batteries. Nous avions encore quelques heures de jour, et je fis assembler un conseil de de guerre (1), auquel intervinrent tous les officiers, même ceux de la corvette. Je leur ouvris mon avis qui était de nous tenir prêts le soir pour que nous puissions le lendemain (2), au point du jour, nous embarquer (3), donner l'assaut au village et aux deux batteries, et nous en emparer, tandis que la corvette aurait fait une diversion pour en imposer aux galères et affecter l'intention de faire notre descente d'un autre côté. Le conseil de guerre adopta mon plan à l'unanimité, le trouvant sûr et facile ; la troupe attendait avec impatience le moment de se distinguer ; j'avais désigné les chefs qui devaient diriger l'attaque des deux batteries (4) ; quant à moi, je devais occuper le village avec mon élite, ce qui m'aurait donné le moyen de faire taire les deux batteries, servies d'ailleurs par très peu de monde ; tous les ordres étaient donnés, et nous étions tous dans la joie. Mais il n'en était pas ainsi de notre bonne corvette ; ses officiers,

---

Nasica a pris une espèce de milieu entre ces deux versions : « Quant aux bombes, Napoléon avait la précaution de les envoyer dans les alentours de la ville, afin de causer le moins de dommage possible ; il voulait intimider les habitants pour les amener à capituler, mais il n'avait nulle envie de leur faire du mal ; presque tous ces habitants tirent leur origine de la Corse ; aussi ne voulait-on que les rattacher à la mère-patrie. » Si l'un des trois dit vrai, c'est le bibliothécaire de Versailles.

(1) Le Conseil de guerre fut tenu le 24. Il y a donc une lacune, se rapportant aux opérations du reste de la journée du 23 et de la plus grande partie du 24.

(2) 25 février, date de l'ordre de la retraite.

(3) Sur les gondoles du convoi.

(4) Selon sa mauvaise habitude, Cesari ne donne pas plus de noms que de dates ; mais les chefs qu'il avait désignés furent, sans doute, Quenza ou Napoléon pour nos volontaires, et le capitaine Ricard pour les soldats du 52e, ancien La Fère.

à peine sortis du conseil, regagnèrent leur bord, et au lieu de se disposer à seconder l'attaque, ils se mirent à inspirer de nouvelles craintes à leur lâche équipage (1). La nuit était déjà un peu avancée, et je faisais le tour des postes et des bivouacs sur les différents points de l'île où la troupe était détachée, quand on vint m'avertir que la corvette manœuvrait pour partir et nous abandonner. Nos petits bâtiments, qui étaient sous la protection de ses canons, étaient effrayés et leurs matelots, se plaignant hautement, couraient en foule vers moi ; le bruit s'en était répandu partout, et il n'y avait personne dans la petite armée, qui ne sentît que, si la corvette nous abandonnait, les galères ennemies auraient pu foudroyer à leur aise nos petits bâtiments, et nous forcer, à la longue, à mettre bas les armes et nous rendre à merci. Déjà plusieurs officiers et soldats, ainsi que bon nombre de nos matelots, voulaient tirer sur la corvette avec les canons de la tour que nous avions prise ; mais ils n'osèrent le faire avant de m'entendre.

Sans doute, la trahison de la corvette nous eût été fatale ; l'ennemi était si proche, qu'aucun de nos mouvements ne pouvait lui échapper ; il se serait aperçu qu'en nous abandonnant, elle jetait le désordre parmi nous ; une foule de Sardes, à pied et à cheval, se voyaient sur les côtes de la Sardaigne ; ils n'étaient pas à même de venir en aide aux défenseurs de la Madalena, et devaient se borner au rôle de simples spectateurs, tant que la corvette menaçait leurs bateaux ; mais dès qu'elle nous aurait quittés et que les galères eussent eu la liberté de la mer, cette foule de Sardes nous

---

(1) Loin d'accuser ces officiers, Cesari, dans l'une de ses pièces imprimées (p. 5), fait l'éloge de leur conduite : « Les officiers de la corvette se réunirent à mes sollicitudes (sic), mais leur zèle, comme le mien, demeurèrent inutiles. »

aurait inondés ; nous aurions pu vendre cher notre vie, mais il fallait succomber.

J'avoue que ces réflexions m'accablèrent un instant, car je ne pouvais douter des mauvaises intentions de la corvette et ne pas sentir que ses manœuvres, faites sans mon ordre, étaient celles du départ. Cependant, mon parti fut pris sur-le-champ ; je dis aux personnes qui étaient venues m'avertir, que c'était par mon ordre que la corvette avait levé l'ancre ; que je devais aller faire une reconnaissance à un certain endroit de l'île et qu'on pouvait être tranquille. A ces mots, tout le monde se calma et reprit son poste. Je ne pus m'empêcher d'être ému de l'aveugle confiance que les soldats avaient en moi.

Je partis donc, suivi de quelques-uns des hommes de mon élite, pour passer sur la corvette. Pendant le chemin, je me disais à moi-même : Si je me fais suivre par beaucoup de monde, la corvette craindra que je ne veuille la forcer et la punir, et ne me recevra pas ; si au contraire je suis avec peu de monde, elle me recevra, et une fois à bord, ma présence pourra peut-être la contenir ; dans tous les cas, je pourrai, pour le moins, obtenir qu'elle ne s'éloigne pas trop ; et si vraiment elle a formé le dessein de me trahir et de se défaire de moi, pourquoi ne pourrais-je pas m'emparer de la sainte-barbe et sauter (1) ? Je me vengerais de ses trahisons et je n'aurais pas la douleur de tomber victime de mes ennemis.

---

(1) Dans son imprimé, Cesari n'a pas dit un mot de cette héroïque résolution, mais le fait était notoire et on le trouve rappelé, avec quelques circonstances aggravantes, dans une lettre de Paoli au conventionnel Andrei, en date du 15 mars suivant: « Sento che ci mandano quattro reggimenti di linea, e temo che non siano infetti, come gli altri, dello spirito d'insubordinazione. Un piccol distaccamento che ne avea il sign. Cesari sulla corvetta coi marinari, cospiravano per farlo impiccare; la cosa sarebbe successa, se alcuni parenti suoi non si metteano alla Santabarbara, e minacciavano di far fuoco (R. de T.. p. 393). »

Je ne pus trouver, dans ce moment critique, d'autre ressource dans mon esprit, et j'adoptai ce plan avec confiance et décision.

J'arrive au port, et, sur une de nos felouques, je m'embarque avec une vingtaine des miens ; je gagne la corvette et on l'avertit que le commandant veut aller à bord ; le capitaine se présente et me reçoit ; dix à douze des miens grimpent après moi, mais ce bon capitaine me dit bien nettement qu'il ne pouvait pas recevoir tant de monde. Pour ne pas faire du bruit, je dis aux autres, qui étaient encore dans la felouque, de retourner à terre ; d'ailleurs, que pouvaient faire sept ou huit hommes de plus contre un équipage de deux cent cinquante hommes au moins ? J'avais à bord le petit trésor des troupes et mes effets. Je descendis donc dans la chambre que j'avais occupée ; l'antichambre était précisément la sainte-barbe, et j'y établis mes hommes, en leur disant de ne pas quitter le poste sans mon ordre. J'appelle ensuite Santo Valerj, un patron corse (1), qui servait de pilote à la corvette pour la mer des îles, que personne de l'équipage ne connaissait ; je lui demande si je puis compter sur lui, et il me répond, en portant sa main au cœur, que je le pouvais ; je lui dis alors : Il faut que tu tournes de l'autre côté de l'île, en face des demi-galères, et là, halte, et pas un pas de plus sans mon ordre. Enfin, la nuit étant déjà bien avancée, j'appelle le capitaine et ses officiers, et je leur demande pourquoi ils voulaient partir ; tous répondent que c'était l'équipage qui le voulait, mais que depuis que j'étais à bord, personne n'y pensait plus et que je pouvais être tranquille. Il était alors près de quatre heures du matin et le jour allait poindre. J'eus l'air de me mettre au lit, et les officiers, au lieu de gagner leurs chambres, s'en allèrent sur le pont. Je

---

(1) De Bastia, sinon par sa naissance, au moins par son domicile, mort lieutenant de notre port, le 8 mai 1821, à l'âge de 68 ans.

me lève et je passe dans l'antichambre : mes braves compagnons d'armes dormaient tranquillement de fatigue. Je les réveille et leur dis en souriant : ce n'est pas le moment du repos. Ils me comprirent sans que je leur disse un mot de plus, et se mettant en sentinelle sur l'escalier, ils soulevèrent la toile cirée qui couvrait la poudre. Dans ces entrefaites, il y avait du bruit sur le pont, c'est-à-dire une espèce de mutinerie de l'équipage.

Le soir parut, et voilà un mousse qui descend et m'ordonne de la part de l'équipage de paraître sur le pont. Je lui dis que j'ordonnais au capitaine et à ses officiers de se rendre chez moi. Il obéirent, et descendant l'escalier, ils furent effrayés par l'appareil de mon antichambre. Ils me dirent d'un air embarrassé que l'équipage voulait partir ; je leur répondis : Voyons cet équipage. Nous montâmes ensemble, et ils ne laissèrent pas ignorer à leurs camarades, en parlant tout bas, les bonnes dispositions des miens. Je m'avançai vers eux et je leur dis : Pourquoi donc vous mutinez-vous, citoyens ? quel délire vous porte à manquer ainsi à votre patrie, à vos devoirs, à vous-mêmes ? Il n'y eut qu'une réponse : Nous voulons partir. Tous les ressorts furent inutilement employés ; mais il ne fallait pas se perdre, il fallait tenter jusqu'au dernier moment de sauver la petite armée. Je pris le parti de leur faire observer qu'on ne pouvait partir avant que j'eusse donné l'ordre de la retraite et mis en sûreté, sous la protection de la corvette, nos braves camarades qui étaient à terre ; qu'on devait m'en donner le temps, et que si l'on me refusait, j'aurais fait usage de mon dernier argument : on savait que je parlais de la sainte-barbe. Ils s'y prêtèrent, mais de mauvaise grâce, et me demandèrent de donner immédiatement cet ordre. Je vis qu'il n'y avait plus rien à faire avec ces gens-là et qu'il était impossible de les induire à ne pas abandonner l'entreprise, à ne pas nous mettre dans la nécessité de tourner le dos à une victoire presque certaine. Cette conviction me donnait d'horribles angoisses et je me promenais agité au milieu de ces traîtres, sans les émouvoir. Enfin, le cœur plein d'amertume, j'écrivis l'ordre de la retraite et l'équipage voulut l'entendre lire à haute voix.

Mon intention était de me rendre à terre (1), pour être présent à l'exécution d'un ordre que j'avais été forcé de donner par ceux qui auraient dû m'obéir ; mais ils me retinrent à bord (2), disant qu'un de leurs officiers allait transmettre mon ordre. J'avoue que dans ce moment, peu s'en fallut que je n'eusse recours à mon dernier argument, tant ma bile s'échauffa. Néanmoins, l'idée de la troupe que j'avais à sauver, prévalut en moi ; et après leur avoir dit les vérités les plus dures, je leur jette mon ordre, et je fais partir, avec l'officier chargé de le transmettre, un de mes hommes, pour informer Quenza, à qui l'ordre était adressé en sa qualité de premier lieutenant-colonel, de la situation des choses et pour le prier de faire exécuter la retraite le plus régulièrement possible.

Quenza communique l'ordre, et la troupe est fort fâchée d'avoir à se retirer. Les multitudes ne raisonnent pas : on se plaint de ce que j'abandonne la victoire, sans que l'ennemi me donne le moindre signe de vouloir la disputer ; Quenza, peu actif (3), ne sait ni me justifier, ce qui n'était pas l'important, ni prendre les mesures convenables pour se faire

---

(1) Seul évidemment ; car si ses compagnons le suivaient, la saintebarbe cessait d'intimider l'équipage.

(2) Craignant, peut-être, qu'il ne revînt avec assez de forces pour les contraindre à soutenir l'entreprise, au lieu de protéger la retraite.

(3) Nous ignorons si Jean-Baptiste Quenza manquait d'activité, mais dans cette occasion, il manqua de présence d'esprit, comme tout le monde en manqua, comme on en manque presque toujours dans les cas de surprise. Quant à son courage, à ses talents, à son patriotisme, personne ne

obéir et se retirer en bon ordre ; la troupe, qui naguère bravait l'ennemi, s'intimide, quoique l'ennemi n'ait pas bougé ; elle fait entendre le cri de *sauve qui peut,* et s'embarque en désordre, laissant à terre un mortier et deux canons (1) ; enfin Quenza, Bonaparte et un certain Ricard, lequel commandait un détachement français, ont la facilité d'âme (sic) de s'embarquer et de laisser dans l'île, outre les outils de guerre (2), ce même détachement français, qui se trouvait sur un point éloigné du lieu de l'embarquement.

Vers le soir, Quenza vient me dire qu'il n'avait pu empêcher le désordre ; qu'il avait fait tout ce qui était en lui; que les canons et le mortier étaient restés à terre ; que le détachement y était aussi resté. Je ne pus contenir ma douleur, et sans lui dire un mot, je lui tournai le dos. Je vais sur le pont, où je fais faire le signal de ralliement au convoi qui de suite se rallie à la corvette. Alors, à haute voix, j'ordonne que telle ou telle felouque aillent prendre le détachement et, faute d'obéir, qu'on braque les canons sur elles pour faire feu. Elles obéissent et le détachement m'est conduit à bord. Je voulais qu'elles retournent chercher le mortier, mais on me fit croire qu'on avait laissé la mèche allumée pour faire sauter la tour et qu'il était dangereux d'y aller : rapport entièrement faux. Je pris donc le triste parti de donner l'ordre du retour à Bonifacio.

---

les a jamais contestés, et de nombreuses lettres de Paoli le prouvent. Il était le fils du major Horace Quenza, à la mort duquel Paoli, qui venait de perdre son frère, lui écrivit: *Il vostro padre ed il mio fratello mai non areano mancato.*

(1) On a prétendu d'un côté, que tout le matériel était resté à Santo-Stefano ; de l'autre, que le mortier et les canons avaient été jetés à la mer avant l'embarquement.

(2) En ordonnant la retraite, Cesari avait eu soin de prescrire qu'on jetât à la mer les effets de guerre qu'on ne pouvait embarquer.

Les bateaux légers gagnèrent ce port bien vite (1) ; mais la corvette ne le put à cause du vent contraire. La nuit venue, ses lâches matelots et officiers poussèrent leur perfidie jusqu'à séduire le détachement français, en alléguant qu'il avait été sauvé par eux et que, sans eux, les Corses l'auraient sacrifié. Ces propos, ainsi que le vin et la rage d'avoir abandonné la victoire, le montèrent tellement contre moi, qu'il ne parlait plus que de lanterne ; mais il lui était difficile d'en venir au fait. Les propos me furent rapportés ; je me rendis sur le pont ; je fis assembler le détachement, et je lui demandai la cause de ses clameurs ; on me répondit : Nous sommes mécontents d'avoir abandonné la victoire sans y avoir été forcés par l'ennemi. Je fis alors connaître le véritable état des choses ; je dénonçai l'équipage ; et comme je tenais fort peu à la vie en ce moment, je voulus, non pas calmer, mais rendre juste le ressentiment des soldats et je m'écriai : Vous connaissez le tort que la lâcheté de cet équipage a fait à l'expédition, à la nation et à votre propre honneur ; vengez votre commandant ; faites-le obéir, et je vous promets de vous conduire encore à la victoire. Du lâche équipage, il y en avait tout plein quand je haranguais le détachement, composé d'environ soixante-dix hommes (2) ; aucun matelot, aucun officier n'osa parler ; il en fut de même des soldats : hébétés par le vin, ils ne surent ni dire un mot ni faire un pas. Je les quitte brusquement et je me rends dans ma chambre.

Quelques moments après, les officiers du bord, accompagnés des officiers du détachement, vinrent me réitérer la prière, au nom des matelots et des soldats, de faire sortir

---

(1) Dans les pièces imprimées, Cesari fait arriver le convoi à Santa-Manza, non à Bonifacio, le 26.

(2) On a vu (note 1, p. 272) qu'au témoignage de Paoli, son total était de cent cinquante.

mes volontaires corses [qui étaient, comme je l'ai dit, au nombre de quatorze à quinze] (1) de l'antichambre, où la moindre inattention de leur part pouvait nous faire sauter ; je leur répondis qu'ils pouvaient être tranquilles et qu'au surplus, le commandement m'appartenant, je n'avais ni conseils ni ordres à recevoir de personne. Ma réponse fut rendue et reçue de mauvaise humeur ; il y eut du bruit sur le pont ; mais il se trouva quelqu'un de sage au milieu de cette multitude ameutée, et tout rentra bientôt dans le calme.

Nous avions gagné le golfe de Santa Manza (2), et les officiers de la corvette demandèrent à me parler ; ils avaient ramassé jusqu'au maître et au contre-maître, pour me faire une visite de corps. Je dus écouter une harangue, dont le but était de me persuader que l'insubordination générale les avait rendus impuissants, et de me prier de ne pas les confondre avec des gens sans honneur. Je répondis : Votre équipage, je l'ai vu bien subordonné aux manœuvres ; il n'a été lâche et insubordonné que pour vouloir s'en aller et me forcer à la retraite ; au surplus, tant pis pour ceux qui ont manqué. Ils me dirent alors qu'ils avaient tout prêt un certificat exact de ce qui s'était passé à bord ; que ce certificat constatait mon irréprochable conduite et mes efforts ; qu'ils espéraient que je ne voudrais pas perdre des officiers qui s'étaient trouvés impuissants devant une émeute. L'idée de ce certificat ne me fut pas indifférente ; car, si tout ce bord s'accordait à nier la vérité, il ne me restait que le peu de Corses et ma parole pour justifier ma conduite devant le public. Je le sentis à l'instant, et je répondis que jamais je ne refuserais justice à personne. Cette réponse laconique, que j'accompagnai d'un air d'aménité, m'attira les plus vifs remerciments.

---

(1) Quelques pages avant, Cesari les a réduits à dix ou douze.
(2) Il paraît que ce fut le 27, quoique le certificat ait la date du 28.

Je fis mettre à terre le détachement français, qui m'était devenu encore plus odieux que ce traître d'équipage, soit par son indolence stupide, soit par le peu de vigueur qu'il avait montré quand je l'eus averti du tort que l'équipage lui avait fait. Après cela, je débarquai tout seul, laissant mes Corses à leur poste ; enfin, mes effets et le petit trésor public, qui, je crois, entrait dans les calculs des matelots quand ils voulaient se défaire de moi, furent mis à terre avec mes vrais compagnons d'armes.

A mon entrée à Bonifacio, la ville et les officiers municipaux s'empressèrent de me recevoir comme si j'eusse triomphé. Ils avaient été informés de tout par les soldats corses arrivés le soir. On voulait couper les câbles de la corvette pour la faire échouer et la brûler corps et biens ; tout plein de projets étaient mis en avant, même pour punir le détachement français de son injustice envers moi et de sa stupidité vis-à-vis de l'équipage. Je sus tout cela à temps et il ne me fut pas difficile de tout arrêter.

Le Général Biron au Ministre de la guerre.

A Nice, le 4 Avril 1793, l'an 2. de la République.

Général, — J'ai déjà eu l'honneur de vous parler dans plusieurs de mes dépêches, de l'importance et de la nécessité de mettre en Corse un général de division, qui réunît à un patriotisme reconnu les talents militaires et de la fermeté ; des lettres que je viens de recevoir de Corse me font croire que le lieutenant-général Paoli se rendra sans difficulté à Nice, sur l'invitation des commissaires de la Convention nationale et sur l'ordre que je lui ai adressé de la part du Conseil. En recevant hier la liste que vous m'avez adressée des officiers généraux employés dans les différentes armées de la République, j'ai vu que le citoyen Maudet, maintenant en

Corse, était devenu général de division. Je ne connais point cet officier et je suis assurément très loin de vouloir le juger défavorablement, mais je crois qu'il serait d'une grande importance que vous fissiez prendre sur lui des informations qui vous assurassent qu'il est propre à ce commandement intéressant. Dans le cas où vous ne penseriez pas qu'il dût lui être confié, je le rappellerai à l'armée, et je chargerai de la Corse le général de division Barbentane, qui, je crois, y serait fort bien, à moins que vous ne voulussiez destiner cette place à un autre, ou que le général Beauharnais que les commissaires de la Convention nationale en Corse vous ont demandé ne l'acceptât, ce qui me conviendrait beaucoup, car je dois vous observer que parmi les six généraux de division employés dans l'armée d'Italie, il n'y a guère que le général Barbentane et le général Brunet, sur l'activité de qui je puisse compter. Il est vrai que celle de ce dernier en vaut bien deux ou trois autres; une parfaite tranquillité est le meilleur parti que nous puissions tirer du général Paoli. Notre pauvre ami Sheldon est encore malade et je crains bien que sa santé ne se rétablisse ni aussi parfaitement, ni aussi promptement que nous le désirons. Je ne connais pas l'activité du général Maudet, mais j'ai tout lieu de craindre qu'elle ne soit pas bien grande. L'âge et les blessures du général Sénarmont n'empêcheront pas que pendant cette guerre de défensive, sa grande expérience et ses talents ne servent très utilement la République, mais nous ne devons pas en espérer beaucoup d'activité physique. Il serait donc à désirer qu'un 7me général de division pût être employé en Corse, ou remplacer le général Barbentane, si je suis obligé de l'y envoyer. Je pourrais confier au général Sénarmont le commandement de la 8e division et des côtes en mettant sous lui un ou deux généraux de brigade vigilants. Mais ce que je dois vous répéter sans cesse, mon cher général, c'est qu'il est indispensable d'augmenter beaucoup les garnisons de

Corse, et que je n'en ai en vérité pas les moyens. Les troupes sont généralement fatiguées et je ne puis, je vous jure, diminuer aucun poste, sans en compromettre dangereusement la sûreté ; les forces des ennemis augmentent journellement, etc., etc.

Je vous demande en grâce, mon cher général, pour votre responsabilité et pour la mienne, de communiquer cette dépêche au Comité de défense général.

BIRON.

Lettre de Paoli au Ministre de la guerre.

Corte, le 5 Avril 1793, l'an 2ᵉ de la République.

Citoyen ministre, — Privé des nouvelles du continent depuis plus de quarante jours, sans connaître les motifs qui empêchent les bateaux de correspondance de faire la traversée, lorsque tous les autres bâtiments de commerce passent sans difficultés, et dans l'inquiétude que ce retard occasionne toujours, surtout dans les circonstances actuelles, je m'empresse de vous prévenir que rien n'a troublé pendant cet intervalle la tranquillité de ce département.

Je dois cependant vous instruire que les demi-galères sardes et les corsaires louvoyent continuellement aux environs du port de Bonifacio, et inquiètent la ville qui ne peut recevoir de vivres que par mer, la communication par terre étant impraticable. J'ai en conséquence écrit aux commissaires désignés pour assurer la défense des côtes de la Méditerranée et au commandant de la marine à Toulon, qu'il me paraissait très nécessaire d'envoyer sur ces parages une corvette et quelques chaloupes canonnières qui empêcheraient l'approche des demi-galères et corsaires sardes, protègeraient nos côtes et inquièteraient l'ennemi.

Les chaloupes canonnières pourraient être utiles par rapport à la quantité des petites îles qui environnent celles-ci, et qui favorisent le passage et la retraite des petits bâtiments.

J'espère, citoyen ministre, que vous voudrez bien approuver de telles dispositions et croire à l'intérêt inaltérable que je prends en tout ce qui concerne les intérêts de la République.

Le lieutenant-général commandant,
PASQUALE DE PAOLI.

Le général Paoli au Ministre de la guerre.

Corte, le 8 Avril 1793, l'an 2e de la République.

Citoyen ministre, — J'ai l'honneur de vous prévenir que je suis informé de l'arrivée des commissaires de la Convention nationale dans ce département : ils sont débarqués à S. Florant avec le régiment ci-devant Vermandois, qu'ils ont fait passer à Bastia ; je n'ai pas eu le bonheur de recevoir de leur part aucune communication.

Le bruit s'est répandu que des personnes très accréditées auprès d'eux menacent d'exciter en Corse des troubles et des désastres ; le peuple de ce département, fidèle à ses promesses, est invinciblement attaché à la République; mais toujours irréconciliable avec le despotisme et l'arbitraire, il voit avec inquiétude les abus d'autorité.

Si les commissaires veulent le bien, il ne dépend que d'eux ; au contraire, si, trompés par de faux rapports, ils cherchent à accumuler sur les Corses le poids de l'autorité, et les accabler, certes ils ne peuvent pas se promettre d'obtenir leurs bénédictions.

Je souhaite, citoyen ministre, que cette lettre vous parvienne puisque la correspondance est entièrement soumise à un complot de méchants qui a la force de l'intercepter ; mais ma conscience me commande de remplir envers vous un devoir que je vous dois, et comme citoyen et comme subordonné.

Quelles que soient les calomnies dont vous êtes obsédés sur le compte des Corses, je prévois un temps où la Convention nationale et le Conseil exécutif leur rendront justice, et je me flatte d'obtenir d'eux l'estime qu'on a cherché à altérer par tant de manœuvres insidieuses.

Le lieutenant-général etc.,
PASQUALE DE PAOLI.

Proclamation des Commissaires nationaux envoyés en Corse.

Citoyens, — Le Peuple français ayant résolu de vaincre ou mourir pour conserver la liberté qu'il a conquise, se voit aujourd'hui attaqué par presque tous les despotes couronnés de l'Europe, dont la haine fait cause commune avec les rebelles émigrés. La Convention nationale a pourvu à la défense du continent; de nombreuses armées sont répandues sur les frontières prêtes à se défendre ou à attaquer.

Le département de la Corse, séparé du continent par la mer, a fixé l'attention particulière de la Convention nationale; elle a non seulement ordonné le rassemblement de tous les moyens de défense qui peuvent lui être nécessaires; elle a fait plus, elle a envoyé des commissaires pris dans son sein, assurer les nouveaux frères du département de la Corse, de toute son affection. Ils ont été investis de pouvoirs illimités dont ils ne vont faire usage que pour la liberté et le bonheur des Français Corses. Citoyens, ils viennent au milieu de vous avec la franchise et la confiance des Républicains, et ils attendent de votre loyauté le retour des sentiments qu'ils vous offrent.

Mille calomnies ont attaqué dans cette Isle la révolution française: il est de notre devoir de détromper par des faits les citoyens égarés. Nous savons que l'ancien gouvernement français a opprimé la Corse, mais il a opprimé aussi la France, et vous êtes trop justes pour confondre les anciens administrés avec les anciens administrateurs.

Il serait possible que quelque puissance voulût tenter la conquête de la Corse pour l'ajouter à ses domaines, mais l'Europe entière est convaincue que le courage des Français Corses, secondé par celui de leurs frères du continent et par les grands moyens dont la République peut disposer, saura résister avec intrépidité à l'audace de tous ses ennemis.

Voudrait-on mettre en avant l'avantage que trouverait la Corse dans sa séparation de la France ? Mais quelle nation peut offrir à la Corse les avantages qu'elle peut se promettre de son association avec la République Française dont elle partage la souveraineté ?

Il est constant que la Corse coûte actuellement à la France plusieurs millions, mais les Français libres ne savent pas mettre en balance l'or avec les cœurs, ils ont droit à toute l'affection des vôtres ; et nous vous la demandons en leur nom.

Citoyens, nous croyons conséquent aux principes de franchise que nous professons, de mettre en évidence nos avantages réciproques dans le Pacte Social que nous avons fait ensemble. Nous arrivons ici étrangers à tout esprit de parti, et si la mésintelligence pouvait troubler l'harmonie qui doit régner entre des frères, nous nous mettrions au milieu d'eux pour les concilier.

Lorsque nous avons été honorés de la confiance de la Convention nationale, elle a compté sur notre fermeté, et nous sommes résolus de mourir dans cette Isle plutôt que de commettre un acte de faiblesse.

Simoneau d'Etampes, Beaurepaire de Verdun nous ont tracé la route à suivre ; s'il faut mourir pour l'exécution de la loi et le maintien des principes, nous vous en donnerons l'exemple.

Nous sommes chargés de faire mettre à exécution le décret de la Convention nationale, qui ordonne la formation de quatre bataillons d'infanterie légère, et autorisés à conserver ceux des volontaires nationaux existants, dont les sentiments seraient le plus fortement prononcés pour la Révolution ; la surveillance de leur organisation nous est recommandée.

Citoyens, vous justifierez en cette occasion l'opinion avantageuse qu'ont conçue de vous vos frères du continent ; braves Corses, rappelez-vous que votre pays fut le berceau de la liberté ; les fastes de l'histoire attestent que vous et vos ancêtres avez combattu pour elle, lorsque le reste de l'Europe osait à peine en prononcer le nom. Que ne ferez-vous pas pour la même cause aujourd'hui, vous, les descendants de ces grands hommes, lorsque la ligue des despotes cherche à l'anéantir?

Amis, les mânes des Héros de la Corse vous environnent, vous ordonnent de voler à la victoire. Vous allez défendre vos femmes, vos enfants ; c'est votre sol que vous allez défendre ; le Drapeau tricolore vous attend ; la nature vous appelle, elle ne parla jamais en vain.

Bastia, le dix avril mil sept cent quatre-vingt-treize, l'an second de la République Française.

Signés : LACOMBE St MICHEL, SALICETI, DELCHER,
Commissaires.

Pour la Commission, ATRUX, *Secrétaire.*

A Bastia. De l'imprimerie d'Etienne Batini, imprimeur du département de Corse.

Lettre des Commissaires au Comité de Salut Public.

Bastia, le 11 Avril 1793, l'an 2e de la République.

Nous sommes enfin arrivés à notre destination, nos chers collègues, et nous n'avons éprouvé d'autre accident que celui de la contrariété des vents qui nous ont forcés à relâcher trois fois dans le golfe Juan.

Nous avons été accueillis, soit à S. Florent où nous avons débarqué, soit à Bastia, avec les témoignages les plus flatteurs et nous avons débuté dans cette ville sous les plus heureux auspices ; nous ne pouvons néanmoins vous dissimuler qu'il existe ici comme dans toute l'île deux partis presque toujours contendants, mais comme nous sommes étrangers à tous ces partis et à toute faction, nous osons attendre de notre fermeté, de notre justice et de notre prudence, de réunir tous les esprits et de les diriger au but unique, l'intérêt général de la République une et indivisible.

Nous vous adressons, citoyens nos collègues, un exemplaire de la proclamation que nous avons fait imprimer dans les deux langues et dont nous nous promettons les plus heureux effets.

Nous ignorons encore la conduite des administrations subordonnées, nous sommes cependant instruits qu'il y a des dilapidations révoltantes et que le Directoire du département semble avoir autorisées puisqu'il n'y a pas rémédié ; cette administration est d'ailleurs dans les plus mauvais principes ; nous avons déjà été forcés de réprimer certains actes arbitraires qu'ils s'étaient permis sous nos yeux au mépris des lois qui consacrent la liberté des personnes.

La Société populaire de Bastia est très nombreuse ; nous

avons assisté à la séance du dimanche 7. Cette société professe d'excellents principes, elle se conduit avec une sage énergie et cette séance fut aussi brillante et aussi calme que serait et qu'est souvent la tenue de la Société de Paris, lorsqu'elle traite quelque grande question ; un établissement aussi précieux est bien propre à répandre les lumières dans l'île et à propager l'amour de la liberté et de la légalité et le saint respect aux lois.

Nous soupirons après le moment de nous réunir à nos collègues dans le sein de la Convention nationale, c'est à ce terme désiré qu'est différé sans doute le plaisir de vous embrasser.

*Les commissaires de la Convention
envoyés en Corse,*
Signés : Delcher, J.-P. Lacombe St Michel, Saliceti.

Adresse de la Société des Amis de la Liberté et de l'Egalité de la ville de Bastia, au peuple ami de la République française, à ses Magistrats et aux Sociétés populaires constitutionnelles du Département.

L'an second de la République française, 16 Avril 1793.

Citoyens, Frères et Amis,

Quel est cet affreux serpent que la discorde veut essayer de lancer parmi vous ? On vous annonce qu'une profonde conjuration se trame contre la liberté des Corses et qu'il faut sauver l'honneur et l'existence politique de ce département.

Mais dans quel moment, Frères et Amis, répand-on parmi vous de semblables alarmes ? C'est dans celui même où des hommes de paix, des philosophes amis de l'humanité, revêtus du caractère sacré de la souveraineté nationale viennent prêcher dans votre sein l'union et la concorde, l'amour de patrie et l'obéissance aux lois : c'est en ce moment que l'on vous parle de guerre civile ; ... eh ! qui sont donc ceux qui voudraient déchirer ainsi le sein de leur patrie ? A quoi bon toutes ces imputations vagues ? pour de vrais Républicains, c'est de les faire connaître, dût-il leur coûter la vie.

On vous parle de défendre votre liberté, votre vie, vos subsistances, vos femmes et vos enfants, l'honneur enfin plus cher que l'existence même. Eh ! contre qui ? Les infâmes satellites des tyrans de l'Autriche et de la Prusse ont-ils donc envahi la Corse !... non sans doute. Un jour plus doux et plus consolant s'est présenté. Ce sont les plus zélés apôtres de la liberté et de l'égalité qui viennent dans votre sein pour vous réunir tous dans les embrassements de la plus tendre fraternité. Oui, Frères et Amis, témoins dans nos assemblées des vues sublimes de leur mission fraternelle, soyez assurés du bonheur que vous préparent ces hommes qui blanchis déjà dans la carrière du civisme éprouvé, ne sont pas de ces patriotes d'un jour, dont hier on ne connaissait pas même l'existence.

Mais nos expressions seraient trop faibles pour vous peindre fidèlement la douce jouissance des lumières dont il nous ont éclairés. Le discours qu'ils ont prononcé dans notre sein, vous les fera infiniment mieux connaître. Nous nous taisons avec un silence respecteux : le voici. Lisez et jugez.

Frères et amis ! que la paix et l'union ne cessent jamais d'habiter parmi vous ! Au nom du salut de la patrie ! étouffez entre vous toute semence de haine et de division, en élevant dans votre sein l'arbre immortel de la liberté, jurez sur les rameaux sacrés de maintenir cette union précieuse de toutes vos forces. C'est alors que vous conserverez entre tous les départements de la République Française, la gloire d'avoir été le moins agité : voilà tout à la fois votre triomphe, et la consternation des ennemis de votre bonheur et de la prospérité nationale.

Les membres composant la Société des Amis de la Liberté et de l'Egalité de la ville de Bastia,
Signés : SEMIDEI, *président,*
BENEDETTI,
LA ROUILLERIE,
SERVAL,
ORTOLAN, *secrétaire.*

Lettre de Saliceti et Lacombe S. Michel, à Bastia, au Général Maudet, à Calvi.

17 Avril 1793.

Ils le préviennent de ne recevoir d'ordres que du général Casabianca. — Lui annoncent la destitution du général Paoli.

Lettre du Général Maudet aux citoyens Commissaires de la Convention Nationale, députés en Corse.

A Calvi, le 23 Avril 1793, l'an 2e de la République.

Citoyens, — Je ne vous avais donné par ma dernière lettre qu'un précis très succinct de mon opération sur la place de Calvi. Aujourd'hui qu'elle est entièrement terminée, et que j'ai un moyen de vous faire parvenir sûrement cette lettre, je m'empresse de vous donner le narré exact de cette affaire pour éviter des versions infidèles et exagérées que l'on pourrait en faire courir. Voici son exposé dès l'origine.

La conduite séditieuse de l'abbé Sivori, maire de la ville, chargé par Paoli d'ordres secrets, les mesures hostiles du lieutenant-colonel Murati, commandant de la garde nationale soldée, qui posté dans le palais, s'isolait avec sa troupe au point de ne reconnaître presque en rien mon autorité, et s'échappait en menaces très alarmantes et fondées sur le puissant appui que lui prêtait sourdement Paoli ainsi qu'au maire, comme le prouve la correspondance secrète qui a été saisie, les paroles inciviques lâchées par plusieurs de leurs partisans : tout mettait depuis longtemps les bons citoyens de Calvi dans un état d'anxiété des plus cruels. Le petit nombre de troupes de ligne et la dépendance de Paoli où me mettait mon grade m'empêchaient de faire valoir par la force les moyens de sûreté que je prenais tous les jours à mesure de l'accroissement du danger. Il était à son comble, lorsque je reçus le 19 avril au soir la lettre que me remit de votre part le citoyen Massoni, laquelle en me donnant avis de la destitution de Paoli, m'autorisait à prendre tous les moyens de m'assurer de Calvi. Je m'en occupai à l'instant même. Le lendemain au matin, je reçus mon brevet de lieutenant-général et je fis assembler chez moi la municipalité entière, le citoyen Verquin, commandant du génie, le citoyen Gounord, commandant au 26e régiment, commandant la troupe de ligne, et les autres officiers de ce détachement, les citoyens Bourbenec, capitaine, et Vankempen, lieutenant de vaisseau, commandant les frégates *La Prosélyte* et *La Perle* mouillées en rade, le lieutenant-colonel Murati, commandant la garde nationale soldée, le citoyen de Sarroc faisant fonctions de commissaire des guerres et plusieurs autres fonctionnaires publics ou des principaux citoyens. Je leur fis lecture de votre lettre et les engageai au nom de la loi et du bien public à me seconder de tout leur pouvoir ; tous me promirent. Je n'avais pas besoin qu'ils me le jurassent, j'étais assuré d'avance de leurs sentiments. Le maire et Murati seuls m'étaient suspects ; mais quoiqu'ils dussent peu d'instants après nous trahir si indignement, la crainte leur fit dire ce que le pur patriotisme inspirait aux autres ; mais en sortant, ils tinrent probablement conseil entre eux, et voici quel en fut le résultat.

Sur les trois heures après-midi, le maire se présenta chez moi avec une forte escorte à laquelle il consigna, sans que j'en susse rien, de ne laisser entrer personne. Les citoyens Vial et Prin, officiers au 25ᵉ régiment, se présentèrent un moment après pour affaires ; l'entrée leur fut refusée. Fort surpris de cet acte de violence, mais ne voulant pas forcer une troupe même illégalement mise en action par un fonctionnaire public, ils se retirèrent. Je leur dis par ma fenêtre que j'étais bloqué par les satellites du maire. Je ne pouvais ignorer ses mauvais desseins sur ma personne, puisque 15 jours auparavant, il me dit du ton le plus insultant dans ma maison même et en présence de ma famille que dans l'occasion je serais sa première victime immolée. J'ordonnai donc qu'on me dégageât, et sur l'avis qu'en reçut le citoyen Gounord, capitaine commandant le 26ᵉ régiment, qui ne se trouvait point dans ce moment auprès de moi, il courut promptement à sa troupe en armes, 25 hommes, qui vinrent de suite s'emparer de ma porte et en chasser les gens du maire. Cette première démarche faite à temps fut le prélude de l'action qui s'allait passer. Il était clair que le maire, en agissant ainsi contre toutes les lois, avait cherché à surprendre et à gagner de vitesse les troupes de ligne, pour les forcer à évacuer la place et la mettre au pouvoir de Paoli. Je sentis qu'il n'y avait pas un instant à perdre. J'envoyai ordre sur le champ aux deux capitaines des frégates de faire monter à la ville haute le nombre de soldats de ligne des 39ᵉ et 50ᵉ régiments, de canonniers et de matelots qu'ils étaient convenus de me fournir en cas de besoin. Je fis doubler les postes déjà occupés, j'en établis de nouveaux. Ce détachement entré dans la ville fut retenu sous le palais par des gardes nationales postées sur le Donjon, qui, par les ordres du maire et de Murati tinrent cette troupe en joue plus d'une demi-heure pour la couper et empêcher sa jonction à ses frères d'armes pour secourir la place, et ce ne fut qu'avec beaucoup de peine et de danger qu'elle parvint à pénétrer jusqu'à la ville haute. Dans cet intervalle, tous les bons citoyens, ayant à leur tête la municipalité, irrités de cette hostilité, coururent aux armes, se réunirent avec la plus grande célérité possible aux troupes de ligne. La compagnie de Fabiani des gardes nationales soldées, la seule attachée, à l'exemple de son capitaine, aux véritables intérêts de l'Etat, garda le poste très avantageux de l'évêché, où elle était logée, parce que Murati, qui s'en défiait, l'avait quelques jours avant éloignée du poste du palais. Le citoyen Gounord, commandant la troupe de ligne, fit placer une pièce de canon chargée à mitraille dans une des chambres de son casernement, d'où il pouvait battre avec avantage la petite place d'entrée du palais, et empêcher que ceux des gardes nationales qui y étaient n'en sortissent pour se joindre aux partisans qu'ils auraient pu avoir dans la ville, ou que ces derniers n'allassent se jeter avec eux dans ce poste. Toutes ces mesures [furent] prises avec toute la fermeté et le sang-froid propres à faire réussir un pareil coup de main. Les gardes nationales postées dans le palais, se voyant pressés de tous côtés, se sont rendus. Le lendemain je leur ai fait évacuer le palais après les avoir désarmés, et fait soigneusement visiter leur casernement et leur équipage. J'avais d'autant plus de raisons pour en agir ainsi que, par ordre du maire, ces gardes nationales avaient enfoncé la salle d'armes attenante à l'intérieur du palais, et s'étaient, sans que je pusse m'y opposer, emparés de 259 fusils neufs dont 91 se sont trouvés perdus, malgré les perquisitions exactes que j'ai fait faire, et que Murati avait retenus, sur une réquisition où il s'autorise de Paoli; 6 caisses de mille cartouches à balle chaque sur 36 qui existaient dans le magasin, lesquelles j'avais fait en-

lever quelques jours auparavant avec beaucoup de peine.
Cette troupe, par l'intervention de la municipalité et à sa
réquisition, a été conduite hors de la ville avec ses officiers,
à l'exception de la compagnie de Fabiani, qui fait avec le
plus grand zèle le service de la place, avec les 4 compagnies
du 26e régiment, les détachements des 39e et 50e régiments,
des canonniers et les matelots embarqués sur les frégates et
la compagnie qu'a levée de suite le citoyen Massoni, capitaine breveté par le pouvoir exécutif. La sûreté de la place
et la conduite incivique du lieutenant-colonel Murati m'ont
déterminé, ainsi que la municipalité, à retenir et faire garder
à vue cet officier et son fils, capitaine des grenadiers, jusqu'à nouvel ordre. La même raison avait porté la municipalité à s'assurer aussi de la personne de l'abbé Sivori, maire,
auquel elle a nommé pour suppléant provisoire le citoyen
Roffo, un de ses membres. Cet abbé était gardé dans sa maison
par des citoyens, après la saisie de ses papiers ; mais le soir du
21 avril il a trouvé le moyen de s'échapper et est disparu.

J'ai cru aussi, citoyens, qu'il était essentiel au bien public
de refuser l'entrée de la ville au citoyen Panattieri qui me l'a
demandée par une lettre dans laquelle il se qualifie commissaire du département, nommé dans le district de l'Ile Rousse,
pour aller y rétablir l'ordre ; j'avais beaucoup de raisons pour
suspecter cette démarche, plusieurs se sont réalisées depuis.
Enfin, citoyens, j'ai usé de tous les moyens légitimes et efficaces de m'assurer de la place. J'ai la satisfaction d'y avoir
réussi, et tous les bons citoyens s'en sont réjouis avec moi en
plantant le drapeau tricolore sur ce même donjon du palais
qui servait depuis longtemps de repaire aux ennemis de la
chose publique. Le plaisir que j'en ressens est d'autant plus
vif que cette opération, qui dans le principe semblait devoir
être très orageuse, n'a pas coûté une goutte de sang, que tout
s'y est fait au nom de la loi, sans le moindre désordre, quoique
avec une extrême vigueur. J'ai été parfaitement secondé par

la municipalité qui a fait le plus digne usage de ses pouvoirs, par les citoyens, les troupes de ligne, et en général par tous les individus qui pouvaient et devaient agir pour la défense de la place. Ce concours heureux de volontés et d'efforts m'a prouvé d'une manière bien éclatante quelles forces résultent de l'union parmi les citoyens et du vrai patriotisme bien dirigé. Le service partagé entre tant de personnes différentes se fait avec une régularité et une harmonie si parfaites que les membres du même corps ne sont pas plus concordants.

Après vous avoir fait l'éloge en général de tous les citoyens qui ont concouru avec moi à l'entier succès de mon entreprise, je crois également nécessaire et juste, citoyens, de vous faire noter ici ceux qui s'y sont distingués de manière à fixer particulièrement votre attention.

Le plus bel éloge que je puisse vous faire de la municipalité est de dire qu'elle s'est mise en tout et partout à la hauteur de la place qu'elle occupe.

Je dois beaucoup aux sages dispositions du citoyen Verquin, capitaine chef du génie ; il a déployé en cette occasion toutes les ressources du talent et d'une longue expérience.

Je ne dois pas moins au zèle actif des citoyens Bourbenec, capitaine de vaisseau commandant la frégate *La Prosélyte*, et Vankempen, lieutenant de vaisseau commandant *La Perle,* de tous leurs officiers, du citoyen Latour, capitaine commandant le détachement du 50e régiment embarqué sur le dernier bâtiment. Le renfort qu'ils m'ont fourni et qui m'est parvenu à temps, en affrontant le feu des gardes nationales du poste du palais, a assuré le succès de mon entreprise et empêché qu'elle ne fût sanglante.

On ne peut trop louer la conduite du citoyen Massoni qui m'a remis votre première lettre et a fait preuve dans cette affaire d'un patriotisme très pur et d'un grand attachement aux intérêts de la nation en se portant avec célérité où le bien public l'appelait, et en mettant de suite sur pied une compagnie complète pour servir l'Etat.

Il en est de même du citoyen Flach, officier au 50ᵉ régiment et mon aide de camp, qui, malgré la certitude qu'il avait d'être sacrifié des premiers, si le parti contraire prévalait, n'a cessé de porter partout mes ordres, même dans le palais rempli de ses plus mortels ennemis.

On doit les mêmes éloges au citoyen Fabiani, capitaine d'une compagnie de gardes nationales soldées, lequel, par une suite du patriotisme qu'il avait toujours manifesté, s'est détaché de suite avec sa compagnie du reste du bataillon et a défendu vigoureusement le poste important de l'évêché, et fait actuellement le service avec le reste de la garnison, en attendant la place qu'il mérite dans la nouvelle organisation.

J'ai trouvé dans le citoyen de Sarroc, trésorier et faisant fonctions de commissaire des guerres, qui a réuni de tous temps dans cette place le suffrage et l'estime des honnêtes gens, tout ce qu'on pouvait attendre d'un aussi digne citoyen ; ses soins relatifs à la double fonction qu'il exerce ont été ceux d'un véritable ami de sa patrie.

Le citoyen Giubega, père, juge de paix, et son fils ont concouru à l'envi à tout ce qui pouvait rompre les mesures des malveillants, déterminer le vœu du public et assurer sa tranquillité.

Mais on doit compter parmi les plus importants services ceux qu'a rendus dans cette journée le citoyen Gounord, capitaine au 26ᵉ régiment, commandant la troupe de ligne. Son activité, son zèle et sa fermeté ont su pourvoir avec toute l'activité possible aux besoins urgents de la place ; il m'a dégagé avec sa troupe des mains des satellites du maire, avec la dernière promptitude. Cette démarche décisive et vigoureuse a empêché que sa troupe ne fût gagnée de vitesse, a déterminé la totalité des citoyens, dont son succès a doublé la résolution et la confiance ; il a su effrayer à temps les gardes nationales du palais en faisant placer dans son quartier la pièce de canon qui a achevé de les déconcerter. Et (ce qui n'est pas une des moindres choses qu'il ait faites pour le bien public) il a ouvert l'avis de saisir la correspondance secrète du maire avec Paoli, laquelle il jugeait remplie d'articles très préjudiciables aux intérêts de l'Etat et bien propres à dévoiler leurs manœuvres. Depuis qu'il commande la troupe de ligne dans cette place, nous devons à ses soins, à sa prudence et à la confiance qu'il a su inspirer à sa troupe, la belle conduite qu'elle y a constamment tenue, en sorte qu'il est vrai de dire que ce citoyen, digne à tous égards de commander, a très bien mérité de la patrie et a des droits à ses bontés.

Voilà, citoyens, le détail exact de ce qui s'est passé dans la place de Calvi, dans la journée du 20 avril. Je mettrai tout en usage pour en conserver les avantages, en ordonnant une vigilance très sévère et pour le service et sur les individus suspects qui pourraient chercher à nous nuire. C'est le seul moyen de ne pas perdre le fruit de nos travaux et d'assurer de plus en plus à la République une place que ses ennemis avaient jugée asssez importante pour former dessus les desseins les plus pernicieux.

Le lieutenant-général des armées de la République employé dans l'armée du Var,
ADRIEN MAUDET.

Liberté, Egalité ou Mort.

Extrait du Procès-verbal de la séance du 28 Avril 1793 de la Société des Amis de la Liberté et de l'Egalité de la ville de Bastia, l'an second de la République Française une et indivisible.

Le citoyen Aurèle Varese fait la motion expresse que les citoyens Marsilj et Paul Zerbi, sous-lieutenant dans le régiment 52e, députés par la Société auprès du département, soient improuvés pour avoir outrepassé leurs pouvoirs, pour avoir manifesté dans leur discours fait au Département, des sentiments qu'ils n'avaient pas été chargés d'exprimer au nom de la Société, et pour ne s'être pas uniquement conformés à la délibération du 18 avril rédigée et adoptée dans les termes suivants :

« La Société a arrêté que deux commissaires, pris dans son sein, se transporteraient à Corte auprès du Département, afin de l'engager à se réunir aux commissaires de la Convention nationale, pour opérer de concert le bonheur de la Corse. »

La motion de ce membre, mise aux voix, passe à l'unanimité. Le citoyen Belgodere, ayant ensuite obtenu la parole, monte à la tribune. Après avoir fait observer que le discours prononcé par le citoyen Marsilj avait été imprimé ainsi que la réponse du Président du Département, il fait la motion que la délibération qui improuvait les citoyens Marsilj et Zerbi, soit également imprimée, affichée et répandue. La motion de ce membre mise en délibération est aussi adoptée à l'unanimité.

Signés : SEMIDEI, président ; ORTOLAN, SERVAL, LA BOUILLERIE, BENEDETTI, secrétaires.

LIBERTA, UGUAGLIANZA.

(Sans date précise, Avril ou Mai)

Al Popolo del Dipartimento di Corsica.

Il Decreto reso contro il generale Paoli e l'Amministrazione del dipartimento ferita nella persona del vostro procurator generale sindaco, ha eccitato il più alto orrore nel cuore di tutti i buoni cittadini. Leggete ora i motivi che l'hanno determinata, e fremete : giudicate quale sia il tradimento e la falsità di coloro, che hanno vomitato tante atroci calunnie contrarie alla verità, e all'onore de' Corsi.

I nostri fratelli Francesi sono stati ingannati ; gl'ingannatori però sono fra voi e tengono i loro emissari in Francia per seminare calunnie e trionfare sopra le rovine del popolo : ecco quanto hanno fatto rappresentare alla Convenzione nazionale :

Traduzione delle imposture vomitate contro la Corsica alla presenza della Convenzione nazionale secondo l'articolo inserito nel Monitore *num. 94.*

Escudier, deputato, parla come segue :

« Da ogni parte siamo circondati da tradimenti, nel Nord sono scoperti, nel Mezzogiorno poi non aspettano che il tempo favorevole per scoppiare.

» Da lungo tempo i dipartimenti vicini all'*Isola di Corsica*, si sono elevati contro il dispotismo che vi esercita il general Paoli. È in Corsica che la libertà pubblica è incatenata, che i diritti dell'uomo sono inconosciuti, e che gli *assassinii e le ruberie* di ogni specie sono commessi o incoraggiti da quell'uomo che vuole esercitare l'imperio il più assoluto sopra i suoi compatriotti.

» La società repubblicana di Tolone, testimone delle disgrazie che desolano la Corsica, ve le denunzia di bel nuovo : essa mi ha incaricato di essere il suo organo ; ed io non posso meglio riempire i doveri che essa mi ha imposto, se non facendo lettura di quella denunzia alla quale aggiungerò alcuni fatti e varie riflessioni.

Estratto dell'indirizzo della Società repubblicana di Tolone stabilita nella chiesa di S. Giovanni.

« Cittadini legislatori, il dipartimento di Corsica geme sotto l'oppressione la più affliggente : atti arbitrari vi sono ancora esercitati con altrettanto e più di barbarie che sotto l'antico regime. La legge salutare della procedura per giurati non vi è conosciuta, i cittadini vi sono sacrificati alla più violenta aristocrazia, essi sono sepolti nelle prigioni in disprezzo dei sacri diritti dell'uomo e del cittadino.

» Una bastiglia vi esiste ancora, e i disgraziati, che i nemici della libertà pervengono ad inabissarvi, sono trattati colle barbarie de' primi secoli.

» Il tenente generale Paoli, a cui la nazione Francese ha accordato la sua confidenza, protegge e dirige questi attentati, avendo alla sua direzione un *Reggimento Svizzero*, che vi è in guarnigione al soldo della Francia, quando da lungo tempo non deve più esistervene al servizio della Repubblica: egli è in quell'isola non il difensore, ma il tiranno del popolo.

» Il secreto delle poste è violato, le lettere dissigillate e trattenute. Il cittadino Semonville deve a questa infrazione atroce la mancanza del buon esito nella sua missione che gli era stata confidata per Costantinopoli, la quale era interessante per la Repubblica, e da cui si è pervenuto ad allontanarlo.

» Tutto annunzia e presagisce in quell'Isola una disorganizzazione sociale; sollecitatevi, cittadini legislatori, di rimediare a tante *atrocità*. Paoli è colpevole, egli vuole essere sovrano in quel dipartimento, esso ne esercita tutto il dispotismo, la sua piazza di tenente generale gliene facilita i mezzi; voi dovete toglierglieli, pronunziare senza perdita di tempo la sua destituzione, e commettere la sua testa al ferro della legge. »

« Cittadini, [il deputato che continua a parlare] questo ritratto spaventevole delle scelleragini del general Paoli e dell'Amministrazione del dipartimento di Corsica non vi offre che in massa le terribili verità che devono attirare sulle loro teste colpevoli la severità nazionale: Paoli arrivato in Corsica, lungi di farvi rispettare la libertà che lo rendeva alla sua Patria, non pensò al contrario che a formarsi un partito; la memoria delle sue antiche persecuzioni, e i poteri immensi che l'accompagnarono, servirono efficacemente la riuscita de' suoi progetti. Rivestito dell'autorità militare generale della Divisione e della autorità civile, come presidente dell'Amministrazione del dipartimento, esso si servì alternativamente del credito immenso che gli dava questa riunione di poteri per soffocare coloro che ardivano di resistergli. Le piazze pubbliche sono state costantemente alla sua disposizione, e col terrore ha dominato l'opinione de' suoi concittadini. L'Amministrazione del dipartimento, che esso ha formato a sua voglia, è intieramente sottomessa alle sue volontà, ed interessata ad adulare la sua tirannia.

» L'esito infelice della spedizione di Sardegna deve essergli principalmente attribuito. Il Consiglio esecutivo avea dato gli ordini perchè fosse attaccata nel mese di novembre.. Paoli richiesto dal Generale delle armate d'Italia, ricusò di dare le guardie nazionali che gli furono domandate per questa spedizione, e pretese che non dovea ricevere ordini, senonchè dal Ministro. Allorquando finalmente la squadra dell'ammiraglio Truguet abbordò in Corsica, e che l'imbarcamento delle guardie nazionali era prossimo ad effettuarsi, egli seppe per mezzo di scellerate combinazioni far svanire ancora il successo di questa intrapresa seminando la divisione fra i Corsi e le truppe Francesi: al punto che quelli ricusavano di agire di concerto e si riservavano di eseguire un'attacco nella parte del Nord della Sardegna, nel mentre che questi si porterebbero colla squadra contro Cagliari: fu questa funesta divisione che cagionò il cattivo successo, e la vergogna della nostra ritirata. Paoli è colpevole di questa divisione, e delle disgrazie che ne sono state la conseguenza. Io ne chiamo in testimonio alcuni deputati corsi che ne furono prevenuti, e che annunziavano questo stesso avanti che le truppe Francesi fossero sbarcate nell'Isola.

» Gli abitanti delle bocche del Rodano e del Var (cioè di Marsiglia e Tolone), che hanno saputo apprezzare la condotta di Paoli e de' suoi agenti, ve l'hanno replicatamente denunziata ; e di subito sono stati proscritti dal territorio di Corsica. Il Consiglio esecutivo ha ordinato in quell'Isola alcune disposizioni che sembravano annunziare l'invio di nuove truppe ; ebbene! Paoli e l'Amministrazione del Dipartimento hanno domandato con instanza al Ministro dell'interiore una formale esclusione delle guardie nazionali delle bocche del Rodano e del Var. Essi sono nondimeno interessati alla conservazione del reggimento svizzero, e se la Repubblica avesse ancora truppe straniere al suo servizio, ne avrebbero domandato, perchè i tiranni non vogliono avere sotto i loro ordini che uomini ciecamente sottomessi alla loro volontà.

» La cassa nazionale era fissata a Bastia, Paoli ne ha ordinato il trasporto a Corte, dove esso puole fortificarsi nella sua cittadella ; il Consiglio esecutivo ha rimproverato queste disposizioni ed ha ordinato il ritorno della cassa a Bastia ; lungi di obbedire, Paoli persevera nelle sue volontà, ed in questo momento medesimo esige che le nuove somme che il governo ha fatto depositare a Bastia siano trasferite a Corte.

» Cittadini, Paoli comandò altre volte come sovrano in Corsica. Paoli ricevè l'ospitalità in Inghilterra, e ne ha contratte le abitudini con un lungo soggiorno ; la riconoscenza ha dovuto fissare le sue inclinazioni : credete voi che esso possa avere l'anima abbastanza grande per sacrificare la sua antica tirannia alla libertà de' suoi compatriotti ? credete voi che esso possa sdegnare gl'intrighi di una Corte a seminare la discordia in mezzo a noi, e che forse lusinga già progetti ambiziosi per fare una nuova diversione delle nostre forze ?

» Lo stato attuale della Corsica sembrami esigere dalla Convenzione Nazionale misure pronte e capaci di distruggere i progetti de' nostri nemici in quella parte essenziale della Francia, che per la sua posizione coopera alla libertà del nostro commercio, ed alla sicurezza delle nostre coste del Mediterraneo.

» Io domando in conseguenza che voi decretiate come misura provvisoria che il General Paoli sia sospeso dalle funzioni militari e che sia mandato alla barra unitamente al Procuratore generale sindaco per rendere conto della loro condotta rispettiva.

» Allorquando voi gli avrete intesi, deciderete se il tribunale rivoluzionario dovrà fare giustizia dei loro delitti e delle loro perfidie. »

La Source [un'altro deputato]: « Appoggio la proposizione di Escudier ed aggiungo un fatto: questo si è che Paoli ha fatto elevare un trono in Corsica, e montava qualche volta sopra per vedere, diceva egli, se vi stava bene. »

Marat [un'altro deputato]: « Chi non conosce Paoli, vile intrigante che prese le armi per mettere in catena la sua Patria e fece lo stregone per ingannare il Popolo? Temete che oggi esso non dia la Corsica agl'Inglesi che gli hanno dato dei soccorsi. Decretatelo d'accusa, e licenziate il reggimento svizzero. »

Sulla proposizione di Cambon il decreto seguente fu reso: « La Convenzione nazionale decreta che i commissari i quali sono ora nell'Isola di Corsica possono, se essi lo giudicano a proposito, assicurarsi di Paoli per tutti i mezzi possibili e tradurlo nanti la Convenzione unitamente al Procurator generale sindaco. Il presente Decreto sarà loro portato da un corriere straordinario. »

N., deputato di Corsica [questo deputato è Andrei; Chiappe era ammalato; esso e Bozio pensavano come Andrei; gli altri poi erano quelli che il calunniatore chiamava in testimoni]: « Dalle ultime lettere che si sono ricevute da Corsica ve ne esiste una la quale assicura che queste calunnie contro Paoli sono sparse da uno de' suoi nemici. La Corsica deve a Paoli il suo attaccamento alla Repubblica : il vostro decreto sarà pericoloso in quell'Isola. »

(Quà finisce la discussione).

Vedete ora, cari concittadini, come la cabala si sforza di rovinarvi, e come è pervenuta a far credere alla Convenzione le cose le più assurde.

Accusano il general Paoli di aver incatenata la vostra libertà; or che ne dite, voi che avete combattuto e sudato con lui per stabilire la libertà?

Lo accusano di dirigere gli assassinii e le ruberie; popoli di Corsica, l'avreste mai creduto? I Genovesi stessi nel tempo che combattevano contro la loro tirannia, non avrebbero ardito di dirlo.

Ci accusano di non eseguire la procedura per giurati, quando essa è in piena attività.

Di avere una bastiglia, e d'imprigionare i buoni cittadini con ordini arbitrari e di tormentarli barbaramente.

Se ordine arbitrario è stato dato dopo tre anni, non è da Paoli che li biasimava, nè dalla attuale amministrazione che non esisteva.

Di avere un reggimento svizzero ai suoi ordini; come se i bravi Grisoni che hanno dichiarato voler servire la Patria, che hanno una legale esistenza, fossero schiavi o carnefici.

Accusano il Generale di aver fatto mancare la spedizione di Sardegna, come se avesse dovuto rispondere della vigliaccheria di soldati che esso non comandava.

Di avere eccitato gli assassinii commessi dai volontari di Marsiglia in Ajaccio; che ve ne pare, cittadini amatissimi? dopo che quelli hanno barbaramente sacrificato due innocenti, dopo che tutto è stato sofferto da noi con generosità, siamo ancora calunniati e perseguitati.

Di avere proscritto i Marsigliesi dal territorio di Corsica. Già questo non è vero, quelli soli arrivati in Bastia furono invitati a ritirarsi : doveano dunque lasciare lanternare mezza città, e finire di devastare le case e le chiese dove, secondo i processi verbali, hanno commesso orrori che la nostra docilità solo, e la nostra pazienza potevano sopportare ; ma si dice che alcuni deputati di Corsica ne convengono ; sicuramente che ne convengono, perchè sono complici di quanto segue, e siccome doveano rendere conto delle vigliacchrie, o della imperizia che hanno precipitato l'affare di Sardegna, hanno cercato a discaricarsi della responsabilità e rigettarla sopra i Corsi.

Insomma non vi è parola che non sia una bugia e una scelleraggine : e frattanto chi ne soffre ? I Corsi ; chi ne gode o ne vorrebbe godere ? Cinque o sei scellerati che vogliono tiranneggiare.

Popoli amatissimi, state all'erta ; siete armati, e conoscete i vostri diritti, sosteneteli ; e mostrate che quelli i quali combatterono con San Piero, e che furono liberi con Paoli, sanno essere leali alle loro promesse, ma terribili per chi vorrebbe opprimerli.

(A Corte. Nella stamperia Battini, stampatore del dipartimento di Corsica).

Brunet au Ministre de la guerre (BOUCHOTTE).

9 mai 1793, l'an 2e de la République.

Les Commissaires de la Convention en Corse, citoyen ministre, me demandent quatre mille hommes de troupes : le général Biron avait donné ordre à Toulon qu'il fût frété des bâtiments pour le bataillon de l'Aveyron, qui est tout ce que je puis envoyer actuellement. Je vais donner des ordres pour qu'il y ait des bâtiments prêts à porter les recrues destinées à compléter les corps actuellement dans l'île.

(Tout ce qui suit concerne l'armée d'Italie).

Je finis par une observation sur la Corse. Le pouvoir exécutif a méconnu le génie de cette nation lorsqu'il a donné sa confiance aux citoyens Saliceti et Arena. Je suis parfaitement convaincu de leur patriotisme, mais je crains que l'aspect du parti ne leur fasse passer les bornes que la prudence exigerait dans ces circonstances. Le caractère féroce du Corse ne croit sa vengeance assouvie, que lorsqu'il a trempé ses mains dans le sang de son ennemi. Il est capable de tout sacrifier, pays, fortune, jusqu'à sa vie même pour se venger de ses ennemis particuliers.

Le parti Paoli voit que celui d'Arena, soutenu par la Convention, va l'écraser. Il va de son côté réunir tous les moyens pour se relever, et s'il entre une flotte supérieure dans la Méditerrannée, la Corse est dans le plus grand danger, le parti Paoli tenant la montagne, parties les plus faciles à garder, ou seize bataillons ont échoué, et où il en faudrait quarante, et deux corps de troupes légères, comme en avait le maréchal de Vaux, lorsqu'il les chassa de ce pays là. Je crois qu'il vaudrait infiniment mieux employer tous les moyens de douceur et de conciliation, avant de se servir de la force armée.

BRUNET.

Lacombe S. Michel au Ministre de la guerre.

A Bastia, ce 11 mai 1793, 22 floréal an 2e de la République.

Citoyen ministre, — Quelque soin que l'on se soit donné en Corse pour avoir des réponses des bureaux de la guerre, elles ont été infructueuses, soit incivisme, soit indolence des anciens bureaux. Ils ont cru se tirer d'embarras en ne répondant point du tout. Vous, citoyen ministre, qui avez été nommé par les représentants du peuple dans le moment où la France était à deux doigts de sa porte, votre nomination certifie les principes qui vous animent. Je n'ai pas l'honneur de vous connaître, mais animé comme vous de l'amour du bien public, j'espère que vous prendrez en considération les observations, qu'en ma qualité de représentant du peuple, j'ai le droit de vous faire. Nous voyons toutes les parties du service prêtes à manquer, le service du bois et lumières (1) n'ayant pas été soldé depuis longtemps ; le marché étant onéreux aux entrepreneurs par la perte énorme des assignats, ils ont été dans l'impossibilité de faire de nouvelles avances ; les représentants du peuple ont été obligés de faire faire une avance par le payeur général de la guerre de huit mille livres aux entrepreneurs de Bastia et de S. Florent, ce qui comprend le cap de Corse. Ils seront encore contraints de faire avancer pour l'Isle Rousse, Calvi, Ajaccio, Bonifacio et Corte plus de 30,000 francs. Par ce moyen le service du bois et lumières pour le corps de garde, le bois pour la troupe, lui sera assuré pour les mois de mai, juin et juillet. Veuillez faire remplacer ces sommes dans la caisse du payeur général et pourvoir au service des mois suivants (2).

Les travaux du génie ne vont point faute d'ingénieur pour suivre l'exécution des ouvrages projetés. Le colonel Detrobert qui a remplacé le colonel du génie La Varenne, n'a point paru à son poste ni n'a donné aucune de ses nouvelles ; nous l'aurions déjà destitué, mais incertains si les besoins du service ne le retenaient pas ailleurs, nous n'avons pas voulu courir le risque de faire une injustice ; nous avons provisoirement attaché au génie militaire le citoyen Jacques Melini (3), lieutenant du 16e bataillon d'infanterie légère. Comme cet

---

(1) Les annotations en marge sont de la main du ministre Bouchotte.

En marge : « Donner des ordres pour faire payer les bois et lumières et assurer ce service. »

(2) En marge : Envoyer des fonds.

(3) En marge : Confirmer le citoyen Melini, qui prend rang à la date de son ancienneté de service.

officier est mathématicien, qu'il dessine parfaitement soit l'architecture militaire ou civile, qu'il lève les plans et exécute très bien sur le terrain les différents ouvrages projetés, je crois utile au besoin du service que vous l'attachiez définitivement à ce corps. En vertu de l'article quatre de la loi du 9 avril dernier, les commissaires auraient pu le faire eux-mêmes, mais nullement jaloux d'user de leur pouvoir, ils croient utile au bien du service de tout ramener au point central du Conseil exécutif, sachant d'ailleurs qu'envers un ministre vraiment patriote, lui montrer le mérite modeste, c'est être sûr qu'il saura l'apprécier et le mettre à sa place.

Nous avons rendu compte au Comité de Salut public et à la Convention nationale, du désordre et des attroupements qui ont eu lieu en Balagne et notamment au chef-lieu du district de l'Isle-Rousse. Un petit détachement de troupe de ligne désarmé et maltraité, les magasins de la République pillés, les propriétés incendiées ne sont qu'une image en raccourci des désordres qui s'y passent, et tous ces mouvements sont conduits par deux membres du département. Nous aurions déjà marché avec des troupes pour réprimer et punir ces excès, mais nous craignons que, si nous dégarnissons Bastia et Calvi, Paoli ou ses représentants ne s'en emparent. Déjà nous avons été obligés d'employer l'adresse et la force pour reprendre ces deux villes qui étaient occupées par des hommes affidés à Paoli ; nous avons écrit au général Biron de nous envoyer 4,000 hommes, le pourra-t-il ? J'en doute, car il nous avait promis de nous envoyer le premier bataillon des volontaires du département de l'Aveyron et il n'en a rien fait (1). Nous avons écrit à la Société patriotique de la ville de Marseille, pour l'engager à offrir à ce général des forces à

---

(1) En marge : Des ordres avaient été donnés à 4,000 hommes de l'armée des Alpes de s'y rendre, mais le Salut public a changé cette destination : ils vont à Perpignan.

y ajouter avec ce secours (1) ; nous formerons un noyau autour duquel les patriotes se rallieront et nous irons attaquer les rebelles ; mais sans ce secours, nous ne sommes point en force pour attaquer, nous nous tenons sur la défensive et nous croyons être sûrs que, s'ils nous attaquent, ce sera sans succès ; les places de Bastia, S. Florent et Calvi, sont définitivement à la République.

Nous ne sommes pas sûrs d'Ajaccio : le lieutenant-colonel Colonna, dévoué à Paoli, tient la citadelle et s'y est renfermé. Nous avons donné ordre à des détachements du ci-devant régiment de Salis suisse, qui sont à Sartène, à Vico et à Corte de s'y rendre. L'intérieur de l'île nous étant fermé, nous allons faire passer par mer quelques compagnies du 52e régiment d'infanterie et nous allons y établir un commandant de la place qui soit Français du continent ; le peuple d'Ajaccio est pour nous, mais il est opprimé par la garnison corse et il craint une descente de l'intérieur.

Le lieutenant-colonel Quenza, commandant à Bonifacio, a donné au garde d'artillerie un ordre séditieux, dans lequel il méconnaît notre autorité (2) ; il a demandé des armes, des munitions qui lui ont été délivrées sur sa menace d'employer la force, il s'est emparé de la caisse militaire ; nous avons destitué ce lieutenant-colonel, nous avons nommé le capitaine au 52e régiment Mazin, commandant de Bonifacio. Nous lui avons donné ordre de faire arrêter Quenza ; nous avons destitué le garde d'artillerie pour ne s'être pas laissé forcer par la violence ; il devait mourir à son poste plutôt

---

(1) En marge : Il serait convenable d'employer des moyens politiques pour éclairer les rebelles et les détacher du parti Paoli ; il faut y aller d'autant plus modérément, que ce peuple conserve le désir de la vengeance très longtemps.

(2) En marge : Le lieutenant-colonel doit être dénoncé à une cour martiale, s'il est possible de la tenir.

que d'obéir à un ordre séditieux qui méconnaît les autorités supérieures. (1). Nous ignorons si nous serons obéis, ni si notre exprès arrivera, l'on arrête les courriers dans l'intérieur, l'on ouvre les lettres ; si nous avions des forces, cela ne durerait pas.

Le général de brigade Raphaël Casabianca, commandant provisoire de la 23e division militaire, avait donné ordre à une compagnie de grenadiers du 26e régiment que Paoli avait envoyée dans l'intérieur, comme étant trop patriote, de rentrer ; il l'avait fait relever par une compagnie d'infanterie légère corse ; le peuple s'ameuta à Cervione et refusa de la recevoir ; la municipalité et le district de Cervione se permirent de retenir les grenadiers en vertu d'une réquisition et s'adressèrent au général Casabianca ; sur le compte qui en a été rendu aux commissaires, ils ont donné ordre au commandant de la 23e division de faire revenir non seulement les grenadiers, mais toute la troupe, avec ordre de repousser la force par la force ; les mesures furent prises pour, au cas de besoin, protéger leur retraite par des troupes et du canon, qu'il était facile de transporter dans la plaine de Mariana et personne n'a bougé. Le maire de Cervione et le procureur-syndic ont été mandés pour rendre compte de leur conduite.

Nous avons suspendu le Conseil et le Directoire du département de Corse. La copie de l'arrêté vous est envoyé, nous l'avons motivé par des faits.

Je vous prie de vous faire présenter les lettres qui ont été adressées au ministre de la guerre (2), le vingt-deux avril et le trois mai. Dans cette dernière, nous vous demandons de faire donner à la troupe de Corse le traitement de guerre (3) ;

---

(1) En marge : Les inviter de nommer un autre garde d'artillerie.
(2) En marge : présenter les lettres.
(3) Rien n'est plus juste, donner des ordres. Le nouveau tarif est envoyé.

il est instant de leur accorder et de prendre des mesures, qui nous permettent de faire cesser les paiements de la solde en numéraire. Les entrepreneurs des hôpitaux nous ont demandé la même chose et par les mêmes motifs, mais jusques à présent nous nous y sommes refusés, et nous ne l'avons fait continuer aux soldats que parce qu'ils sont dans l'impossibilité de vivre.

J'avais écrit au ministre Beurnonville pour lui rappeler le colonel Chartogne du 61e régiment (1). Cet officier a eu le désagrément de voir dans trois mois un capitaine de son régiment devenir lieutenant-colonel et maréchal de camp, tandis que lui n'est pas encore officier général, quoique le général Biron lui eût annoncé qu'il allait l'être. J'écrivis à son sujet à l'adjoint Félix ; il ne m'a pas répondu ; cependant le colonel Chartogne a 36 ans de service, après avoir passé par tous les grades subalternes. Son ancienneté aurait dû le porter au grade de général de brigade. Lorsque j'ai écrit pour lui de Nice, je ne connaissais que sa réputation et l'ancienneté de ses services ; maintenant que je l'ai vu servir avec son régiment, il est de mon devoir de rappeler à votre justice ses services et ses talents.

J.-P. Lacombe S. Michel.

Les Commissaires au Ministre de la guerre.

Bastia, 13 Mai 1793, l'an 2e de la République.

Par nos lettres du 22 avril et du 3 mai dernier, nous vous avons informé, citoyen Ministre, des différents besoins du service de la guerre dans ce département; nous vous prions de vous les faire présenter et d'y pourvoir le plus tôt possible.

---

(1) En marge : Vérifier si Chartogne n'est pas général de brigade.

La nécessité d'accorder la paie de guerre aux troupes de ce département, est instante.

Il est un article qui mérite la plus grande attention de votre part, c'est qu'on a laissé à l'île de la Liberté, ci-devant l'île S. Pierre, sept cents hommes des régiments 26e et 52e. Les commissaires en Corse étaient convenus avec le général Biron de la faire relever et conduire en Corse (1), mais le général Biron ayant vu à Toulon les contr'amiraux Truguet et Latouche, ceux-ci mirent beaucoup d'importance à laisser à S. Pierre cette garnison et en quelque sorte le sommèrent de ne rien changer à leurs dispositions jusqu'à ce qu'ils eussent rendu compte au pouvoir exécutif. Depuis ce temps rien n'est changé dans leur sort, nous avons reçu des lettres de l'officier qui commande. Il demande avec instance d'être relevé. Il n'a pu se maintenir à S. Pierre, il est à l'isle d'Antioche. La maladie s'est mise dans son détachement et nous pensons qu'il serait très à propos de faire rentrer en Corse cette garnison qui périra si elle n'est faite prisonnière, d'autant qu'elle est entièrement sans correspondance avec le continent et sans aucun moyen pour se défendre. Nous croyons devoir vous donner connaissance de ces détails, afin que vous les soumettiez au Conseil exécutif. Il est bien fâcheux pour la chose publique, que des officiers généraux ayant fait une expédition mauvaise et malheureuse, veuillent soutenir leur opinion en sacrifiant à pure perte *sept cents hommes excellents*, tirés des garnisons corses où ils seraient si nécessaires. Le général Truguet nous a fait enlever deux mille lits militaires et ne nous a rien fait rendre. On ne peut pas être abandonné comme nous le sommes ici, et si des escadres ennemies viennent nous attaquer, nous ne passerons pas sous le silence l'obstination de laisser à S. Pierre sept

---

(1) En marge : « Ils ont tous les pouvoirs pour faire revenir cette garnison, et je crois que c'est chose faite en ce moment.

cents hommes, tandis qu'on nous laisse ici sans force. C'est à vous, citoyen Bouchotte, à qui nous dénonçons une disposition que les événements peuvent rendre un crime national, persuadé que votre civisme bien connu vous fera prendre une marche opposée à vos prédécesseurs, qui croyaient éloigner le danger en ne le regardant pas, et se tirer d'embarras en ne répondant à aucune lettre.

Nous vous avons déjà informé que nous avions donné des ordres pour faire payer aux soldats des garnisons corses le traitement de guerre qui a lieu depuis le 29 août jusqu'au 31 octobre. Nous avons pensé que le meilleur moyen d'entretenir la discipline et d'éviter les réclamations déplacées, étaient d'être juste envers le soldat et de ne pas lui faire demander deux fois ce qu'il est juste de lui accorder à la première.

J. P. LACOMBE S. MICHEL, DELCHER, SALICETI.

Traduzione della lettera scritta dal Consiglio Generale del Dipartimento di Corsica ai cittadini Delcher e Lacombe Saint Michel, rappresentanti del Popolo e commissari della Convenzione Nazionale nel Dipartimento di Corsica.

15 Maggio 1793.

Il Dipartimento di Corsica è sull'orlo del precipizio: la prevaricazione di uno de' vostri colleghi, il quale ha avuto l'arte d'eccitar la discordia e di tenervi nell'ignoranza dei fatti che voi non potete conoscere, è al momento di far spargere il sangue di un popolo, il quale per tanti titoli merita la stima e l'amicizia di tutti gli uomini liberi. Si, rappresentanti, Saliceti è colpevole di tutto il male che voi vedete in Corsica; noi lo denunziamo a voi non con la bassezza ed il secreto della dilazione, ma con la pubblicità della verità e del patriottismo.

Noi abbiamo voluto finora conservare i riguardi dovuti al suo carattere pubblico, sperando colla comunicazione e coll'evidenza dei fatti d'istruirvi del vero stato delle cose.

Oggi però che vediamo che costui ha avuto l'arte di circonscrivervi nel recinto d'una casa, di circondarvi d'un piccolo numero di persone interessate ad ingannarvi, e di separarvi dal popolo e dalle autorità costituite, il nostro silenzio sarebbe un delitto.

Saliceti è in Corsica per farsi un partito, non rispetta niente per pervenirvi, prostituisce il carattere sacro di rappresentante del popolo, e si serve della sua qualità e del danaro della Nazione per eseguire il suo progetto.

Cittadini, voi medesimi siete, senza volerlo, gl'istrumenti della sua folle ambizione e della sua insaziabile cupidigia.

Saliceti si trovò deputato all'Assemblea Constituente, vi seguì le tracce del patriottismo; non vogliamo toglierli il bene che lui ha fatto, come siamo decisi a svelare il male, che opera oggidì.

I Corsi sempre giusti e generosi applaudirono alla sua condotta, n'ebbe una testimonianza nella prima assemblea elettorale, la quale lo nominò Procurator generale sindaco del dipartimento, e fu pagato nello stesso tempo come amministratore, e come deputato, e come assessore della soppressa giustizia reale di Sartene.

Rientrato in Corsica, e nelle sue funzioni amministrative, non potè allora resistere a' sentimenti dell'ambizione e dell'avarizia che lo divorano; l'esercizio del potere dovea facilitargliene la strada, egli se ne servì per secondare le sue mire.

Le leggi repressive non erano eseguite che contro le persone che il di lui proprio interesse voleva distruggere; quelle poi che adulavano il suo orgoglio erano sicure dell'impunità.

Macchinando a farsi uno stato in cui egli non nacque,

volle comprare il più ricco *Demanio* della Corsica; egli allontanò con gl'intrighi quegli che volevano contrastargliene l'acquisto; ottenne un estimo a tre quarti meno del suo valore reale la sua presenza, la forza armata da cui egli era circondato, gli ordini dati per imprigionare i competitori, la sua qualità di procuratore generale sindaco (1).

La Nazione dette de' fucili per essere distribuiti al popolo; Saliceti non riconobbe il popolo che nelle persone de' suoi parenti, o degli amici ch'egli procurava di farsi, e non esiste neppure vestigia di questa distribuzione.

Coll'ostentazione del più esagerato patriottismo, egli ha pertanto pensato ad ogni altra cosa fuori che a' suoi doveri d'amministratore; la sua attività non fu che per l'intrigo, testimonio la situazione delle cose all'epoca della nostra installazione; franco in ogni sorte d'asserzione, ingannava il ministro delle pubbliche contribuzioni, dicendo che esistevano matrici dei ruoli, quando era tutto il contrario, servendosi d'una simile astuzia nelle altre funzioni del suo ministero.

Noi non parleremo della gestione dei fondi pubblici, tutto è stato sconvolto e male speso nella maniera la più disordinata; noi abbiamo riconosciuto il disordine dall'operazione dei conti; ed allorquando noi siamo entrati all'amministrazione, non vi si trovò il più piccolo resto di tanti tesori versati dalla Nazione nel corso di tre anni; il debito è immenso ed alcun oggetto d'utilità pubblica non ha fissato l'impiego della più minima parte di questi fondi.

L'assemblea elettorale fu convocata nel mese di settembre; unito co' partitanti ch'egli avea nell'antica amministrazione,

---

(1) La sospensione della vendita all'epoca determinata, d'appresso lo spazio fissato dalla legge, per procacciare il mezzo d'esservi presente e di riuscirvi, gliene assicurarono l'acquisto.

diresse tutte le operazioni (1). Eletto deputato, non partì che un mese e mezzo dopo, aspettando sempre gli eventi dal continente della Francia, perchè la sua grande arte è di profittarne per quanto li siano vantaggiosi.

In forza della legge del 19 ottobre, gli amministratori dovettero rinnovarsi. Gli antichi membri del Direttorio volevano eternarsi. Il popolo non volle rieleggere persone contabili, e li ripudiò quasi all'unanimità generale. Quelli fra di loro che non vedevano in quest'esclusione che un effetto ordinario della pubblica libertà, si sottomessero alla volontà del popolo, gli altri poi ci hanno giurato un'inimicizia implacabile.

Boerio, suocero di Saliceti, ha voluto esser presidente del tribunale criminale; il popolo non l'ha gradito; allora Saliceti si è dichiarato vostro nemico, egli ha gridato alla tirannia poichè non poteva più tiranneggiare, perchè il popolo toglieva ai di lui partitanti il possedimento esclusivo di tutti gl'impieghi.

Essendo stati forzati di reclamare contro i sospetti che la tesoreria avea ispirati sopra i Corsi, dovemmo dire che Saliceti prima di partire avea ritirata la somma di 6.000 lire sopra dei mandati, che non doveano essere acquistati; ebbene! questa verità ha irritata la sua collera e l'ha reso irreconciliabile.

Volendo disturbar la pace che regnava in Corsica, egli ha procurato di presentarla a Parigi come in istato d'imminente contro-rivoluzione; ha lasciato accusar l'Amministrazione di ritardo quando egli era il primo risponsevole di questi ritardi; è arrivato a fare nominare dei commissari, ed a far

---

(1) Egli chiamò nel suo seno la forza pubblica, che gli elettori dovettero respingere, e giunse ad eccitare un tumulto popolare contro il cittadino Bertola, che corse rischio d'esser trucidato, per aver manifestata la sua opinione alla tribuna, contro i vizi di Saliceti e de' suoi cooperatori.

nominare se stesso ; ha fatto cassare i battaglioni di guardie nazionali che esistevano allora per formarne altri a suo piacimento ; ha indotto la Convenzione ad accettare un piano d'organizzazione contrario al sistema d'elezione, affine di riservarsi tutte le nomine, ha fatto conservare il posto di pagator generale ad Arena, affine d'avere i fondi pubblici nelle mani d'un uomo internato ne' suoi interessi.

Con tutti questi preparativi è venuto in Corsica con voi, cittadini commissari, che ignorate i fatti e che siete nella necessità di rapportarvene a lui ; vi ha fatto attorniare da' suoi partitanti, dai *Buonaparte,* dai *Pompei,* ed altri di questa tempra, il vile intrigo dei quali è bastantemente conosciuto, e che non sono nostri nemici se non perchè il loro interesse gli suggerisce di disfarsi di coloro che hanno svelati gli abusi de' quali eglino si sono resi colpevoli, e che gli scomodano ne' loro progetti.

Il Decreto contro il general Paoli ed il Procurator generale sindaco è stato pure sollecitato da questa fazione. Noi abbiamo le prove le più certe di questa congiura, la quale conosceva il bisogno di queste due vittime per secondare i loro progetti parricidi.

Questa cabala è stata tanto mostruosa e tanto pubblica ch'ella ha sollevati tutti i cuori ; avete visto quante dimissioni date, e rifiuti fatti all'offerte delle cariche che potevate distribuire voi stessi ; vedete il disordine della poca gente che ne avete riunito ; Saliceti ne impiega i suoi parenti, i suoi amici con una prodigalità scandalosa ; egli ha dato un carattere odioso a questa formazione dispotica. Il popolo corso è accostumato a questa sorta di scena, egli è nell'abitudine di non vedere in operazioni di tal fatta, che i mezzi di corromperlo, e di ingannarlo ; ed egli si rifiuta perchè è convinto che questa truppa è formata per innalzare il partito di questo miserabile intrigante, e non per servire la Repubblica. Tali sono gli inconvenienti sollecitati dal sistema d'intrigo che corrompe le più belle istituzioni, e tali sono gli effetti della confidenza accordati ai *Giubega,* ai *Galeazzini,* ai *Massoni* e ad altri cattivi patriotti, e degli oltraggi che si fanno costantemente a quasi tutta l'universalità dei Corsi, e delle uscite pazze e delle ridicole minacce, e delle promesse corruttrici e della esclusione accordata ad un piccolo numero d'individui che il popolo non ama.

È questo spirito di partito a cui siete voi ben lontani di voler cooperare che ha messo a soqquadro tutta la Corsica, che vi ha divisi dal popolo, e vi ha limitati a non ascoltare che alcuni intriganti resi bersaglio dello sdegno universale. Rappresentanti, abbiamo letti i vostri discorsi; noi apprezziamo le vostre massime, siamo sicuri della vostra imparzialità, ma siete ingannati.

Saliceti ha l'insensata malattia di voler esser il regolatore della Corsica, ed il popolo non vuole in alcun modo soffrir tutori; egli è Francese e libero per se medesimo e non per la protezione d'un intrigante; ch'egli s'allontani da noi, che rientri nel posto d'onde è sortito per disturbare la pace pubblica, e formare de' satelliti. Allora voi vedrete risorgere la confidenza, ed il popolo tutto intiero volare incontro a suoi rappresentanti.

La Convenzione nazionale adotterà questa misura, e pronunzierà il rapporto del Decreto del 2 aprile, annunziato ne' fogli pubblici, allorquando le avrete fatto conoscere e l'opinione pubblica ed il vero stato delle cose, non d'appresso ciò che vi si dice da questa specie di vili fuggiaschi, che vi circondano, ma bensì da ciò che ne vedete voi stessi; poichè finalmente dovreste aver conosciute le disposizioni del popolo: sì, la Convenzione nazionale non vorrà colmare d'un diluvio di mali una parte del popolo Francese che le è attaccato e fedele, per seguire le insinuazioni d'un intrigante corrotto, che ha ingannato non solo la sua confidenza, ma insieme quella de' suoi cittadini.

Parlandovi in questa maniera, rendiamo un'omaggio alla verità, e serviamo il nostro dipartimento, e la Repubblica; lasciamo d'altronde al vostro zelo ed alla vostra saviezza il prendere quel partito che conviene al bene generale e che è comandato dalla giustizia.

Corte, 15 Maggio 1793, secondo della Repubblica.

I membri presenti componenti il Consiglio Generale del Dipartimento di Corsica,

Sottoscritti : PANATTIERI, sostituto del Procuratore generale sindaco, GIGLI, GAFFAJOLI, FERRANDI, ORDIONI, BENEDETTI, BALESTRINI, MUCCHIELLI, MANFREDI, ANZIANI, FRANCESCHI, SAVELLI, FILIPPI, VIGGIANI, COTTONI, CAMPANA, ANTONJ, vicepresidente, MUSELLI, segretario generale.

(Assenti : GIACOMONI, MUCCHIELLI).

Exposé des motifs qui rendent urgente la convocation d'une Assemblée des Communes à Corte pour le 26 Mai 1793, afin d'aviser aux moyens nécessaires au rétablissement de la sécurité publique en Corse.

LIBERTA' O MORTE.

Sessione pubblica del Consiglio generale del dipartimento del 16 maggio 1793, secondo della Repubblica.

Il Consiglio generale del dipartimento, composto dei cittadini Gigli, Gaffajoli, Ferrandi, Giacomoni, Ordioni, Benedetti, Balestrini, Mucchielli, Manfredi, Anziani, Franceschi, Savelli, Filippi, Viggiani, Cottoni, Campana, e Antonj, vicepresidente, essendo riunito nel luogo ordinario delle sue sessioni, assistito dal segretario generale, ed alla presenza del cittadino Panattieri sostituto del procurator generale sindaco:

Il sostituto del procurator generale sindaco ha detto che le circostanze particolari, in cui ritrovasi il dipartimento di Corsica, meritavano tutta l'attenzione ed insieme la vigilanza tutta dell'amministrazione superiore; che in quest'epoca, che sembrava di dover consolidare per sempre l'ordine e la tranquillità che ella aveva fortunatamente mantenuta, e ristabilir la comunicazione libera ed attiva fra la Corsica e la Convenzione (comunicazione quasi intercettata o snaturata dalla malevolenza, e dalla calunnia di alcuni agitatori troppo conosciuti): in somma, che dopo l'arrivo dei commissari della Convenzione nazionale, il seme della divisione, eccitata da alcuni ambiziosi, ma frenata però fin'ora dalla forza della legge e dall'influenza dello spirito pubblico, composto della massima maggiorità dei Corsi, si sviluppa di modo a far temere dei mali, di cui la nostra fiducia nel patriottismo dei nostri concittadini c'impegna a rigettar l'idea, ma che le nostre funzioni, i nostri doveri, e specialmente la sopravvigilanza, di cui siamo stati incaricati dal voto degli amminitrati, ci comandano imperiosamente di prevedere e arrestare nella loro sorgente; questi torbidi, questi mali, questo timore, quest'antivedimento, esigono da noi delle grandi misure, e degli sforzi combinati colla legge, che noi abbiamo giurata, e col primiero interesse di sostenere contro ogni sorte di attacco i nostri principi intorno all'unità della Repubblica, il mantenimento della libertà e dell'eguaglianza, e sopra il diritto perpetuo d'una resistenza legittima ad ogni sorte d'oppressione, qualunque sia la mano che porti lo scettro della tirannia:

Che in congionture di sì fatta importanza e cotanto difficili, non credea di dovere annunziare il proprio suo parere, ma che egli invitava il Consiglio generale a deliberare su gli oggetti che egli veniva d'indicare, con delle avvedute succinte, tanto per riassicurare con misure pronte ed efficaci gli amministrati inquieti, che per affrettare la consolidazione della libertà, che tutti gli amministratori hanno egualmente giurato di conservare e di difendere. Su di che il Consiglio generale, avendo, durante molte sessioni, esaminato lo stato attuale del dipartimento, le cause esistenti dei torbidi e della sovversione della sua amministrazione, ed i movimenti più che equivoci di coloro che da lungo tempo gli sono sospetti; avendo di più raccolte delle notizie certe sulle cattive intenzioni di coloro stessi, dei quali egli aspettava i più potenti soccorsi;

Considerando che qualunque siano stati i motivi pubblici o segreti che hanno indotto la Convenzione nazionale a spedire dei commissari nel dipartimento di Corsica, questi non ci si sono presentati come rappresentanti incaricati di riconoscere, ridrizzare, o di denunziare gli abusi, gli errori, e le mancanze;

Considerando al contrario, che i commissari non hanno aperto alcuna corrispondenza coll'Amministrazione generale del dipartimento;

Considerando che i commissari si sono rifiutati a quella che il direttorio si è stancato d'intraprendere con essi intorno ad oggetti della massima importanza;

Considerando che i commissari non hanno soltanto rigettato questa corrispondenza, ma hanno eziandio (per dei motivi che non possono indovinarsi) mancato ad un punto che deve esser compreso nelle loro istruzioni, o che non potrebbe esser omesso senza un' imminente pericolo d'incalcolabili abusi, cioè di annunziarsi all'Amministrazione generale, e di farvi verificare i loro poteri;

Considerando che la legge per esser autentica ha bisogno d'esser rivestita del sigillo dello stato, e coloro che ne sono gli organi, ovvero gli istromenti, devono pure sottomettersi alla verificazione di questi caratteri ;

Considerando che la Municipalità di Bastia, o piuttosto che alcuni municipali di quella Comunità non potevano essere i primi funzionari pubblici, ed anche meno i soli verificatori dell'identità delle persone commesse dalla Convenzione nazionale per iscrutinar l'Amministrazione del dipartimento di Corsica ;

Considerando che i commissari, lungi di esaminare dettagliatamente la situazione morale e fisica del dipartimento, e i travagli della sua amministrazione generale, si sono circoscritti nel circolo stretto d'un piccolo numero di confidati, fra i quali i patriotti non contano che i nemici dichiarati della libertà, e degli uomini avidi ed ambiziosi, pronti a vendersi a qualunque autorità per un poco d'oro, o per un' impiego superiore ;

Considerando che i commissari sedotti da quelli che li circondano, o cedendo a dei progetti propri non impiegano nei battaglioni, dei quali nominano tutti gli uffiziali superiori e subalterni, che quelli che sono conosciuti per il loro odio contro la libertà e l'eguaglianza, e quelli che hanno fatto dei lunghi, ma inutili sforzi per prolungare il sistema anarchico sfortunatamente unito ai primi movimenti della Rivoluzione ;

Considerando che sulle più vili denunzie i patriotti più virtuosi sono presi ed arrestati per ordine dei commissari ;

Considerando che i commissari hanno segnalato i loro primi passi in questo dipartimento, sventando l'ordine dato dal Direttorio, all'effetto di far catturare l'infame Arena, quel depredatore dei fondi pubblici, quel calunniatore troppo famoso dei Corsi i più virtuosi, uno dei principali motori dei torbidi dei quali la Corsica è minacciata, quel settario insomma, che non conosce altro Dio che l'oro ;

Considerando che tutti i passi dei commissari, dopo il loro arrrivo in questo dipartimento, annunziano piuttosto un progetto di conquistar la Corsica per sottometterla ad alcuni faziosi, che di operarvi il bene ;

Considerando che il tono duro ed altiero dei commissari della Convenzione nazionale coi commissari del dipartimento da essi chiamati a Bastia, è stato piuttosto l'accento imperioso d'un despotismo proprio e privato, che la voce insinuante, la quale caratterizza gli organi della legge del popolo ;

Considerando che questi commissari hanno ardito, in disprezzo della legge sacrosanta dell'unità, di annunziare che essi travedevano dei grandi vantaggi (personali senza dubbio) a vendere ancora una volta la Corsica ai suoi antichi tiranni, ai suoi perpetui nemici, i Genovesi ;

Considerando che tutti i fatti tengono lo spirito di tutti gli amministratori in uno stato di fermentazione di cui lo scoppio minaccevole potrebbe esser terribile ;

Considerando che in questo stato di cose, l'Amministrazione generale non ha in sua disposizione dei mezzi bastevoli per prevenire, od impedire tutti i mali che ella ha luogo di temere ;

Considerando che la sua separazione dal continente non gli lascia neppur la facoltà d'impiegare il mezzo naturale di ricorrere al Legislatore ;

Considerando che quantunque gli elementi tutti fossero di concerto per favorire la prestezza o dei suoi deputati, o dei suoi ricorsi, il Consiglio generale è istruito da una troppo lunga e troppo sventurata esperienza, che i suoi nemici hanno sempre riuscito nell'intercettare tutti i suoi reclami ;

Considerando insomma che il voto liberamente pronunziato del maggior numero possibile degli amministrati radunati in seguito de' rispettivi suffragi de' loro concittadini convocati a quest'effetto per comunità, può e deve esser la sola guida del Consiglio generale, in questo momento così difficile ;

Udito nuovamente il sostituto del Procurator generale sindaco, determina, che tutte le comunità del dipartimento di Corsica saranno invitate a radunarsi in assemblea di comunità, per nominare un numero di deputati relativo alla loro popolazione rispettiva.

Che questi deputati si renderanno in Corte, il giorno dei ventisei del mese presente, e riuniti in consulta generale, sceglieranno i mezzi i più propri per preservar la Corsica dall'anarchia e dai disordini dei quali è minacciata, per smentir le calunnie colle quali alcuni si sforzano di designarla come spergiura verso la Francia, per chiedere la rivocazione del Decreto del 2 Aprile, e finalmente per cooperare a tutto ciò che esigerà la salvezza della patria nelle circostanze presenti.

Sottoscritti: ANTONJ, *vicepresidente*.

MUSELLI, *segretario generale*.

Le Ministre de la marine au Comité du Salut public

Du 17 Mai 1793.

Envoie, avec une adresse de la Société des Amis de la liberté et de l'égalité de Bastia à la Convention nationale, en faveur de Paoli, copie de la réponse de cette Société au Comité de la sûreté générale de Toulon, dans laquelle elle demande connaissance des faits articulés contre ce général, qu'elle ne se bornerait pas à accuser, si elle pouvait le trouver coupable.

Voir le registre B, du Comité du Salut public, p. 90.

Les représentants du peuple Français, députés en Corse par la Convention nationale, au citoyen Ministre de la guerre.

Bastia, 17 mai 1793, l'an 2e de la République Française.

— Nous vous prévenons, citoyen ministre, que deux des membres de la Commission nationale de Corse partent avec des détachements du 52e régiment, du 26e régiment, des bataillons d'infanterie légère, quelques canonniers, des gendarmes nationaux, etc., pour tâcher de s'emparer de la citadelle d'Ajaccio qui est tenue par des gardes nationales corses qui méconnaissent ouvertement l'autorité nationale. Ils tiennent les bouches à feu, les vivres et les munitions ; mais nous ferons usage de l'artillerie de la corvette la *Belette* et de celle de quelques gabares, et l'on emporte d'ici des bombes et deux mortiers pour les bombarder. Nous ne nous dissimulons pas notre faiblesse en troupes, mais tout est perdu en Corse, si nous ne les étonnons pas par quelques coups d'audace.

Nous vous prévenons que nous avons fait noliser pour un mois les bâtiments nécessaires pour cette expédition, au prix d'environ cinq mille livres. Il est bien fâcheux que le contre-amiral Truguet nous ait éloigné d'ici sept cents braves gens, pour les envoyer périr à S. Pierre, où ils ne peuvent pas se défendre, tandis qu'ils seraient si nécessaires ici. Il est bien fâcheux qu'après nous avoir enlevé deux mille lits de la troupe pour la Sardaigne, il ne nous ait rien fait rendre, son expédition manquée ; mais ces MM. ne pensent qu'à leur gloire : la conservation générale n'est qu'un accessoire pour eux.

Il est bien malheureux que, tandis que les papiers publics annoncent l'entier recrutement opéré, l'on n'ait pas songé à nous envoyer des hommes pour compléter les régiments de ligne qui sont ici, dont la plupart des compagnies ne sont que de 30 à 35 hommes. Il est bien fâcheux que le général Biron n'ait pu nous envoyer aucun secours. Voilà pourtant notre position. Et comment, dans un dénuement absolu, espérer des succès ? Cependant nous allons les tenter. Différer davantage lorsque les corps administratifs sont en insurrection, serait montrer une faiblesse dont on profiterait pour mettre contre nous toutes les forces de la Corse. On les intimidera par un coup d'audace.

Liberté, Egalité ou Mort

La Société des Amis de la Liberté et de l'Egalité de Bastia aux citoyennes de cette ville.

Citoyennes, — La nature vous a destinées à donner aux hommes la première nourriture et la première éducation. Par vous, les cœurs tendres des enfants reçoivent les premières impressions du vice ou de la vertu. C'est vous qui leur faites connaître les premières erreurs ou les premières vérités. Vous répandez la tristesse ou la joie dans les sociétés. Vous partagez, diminuez et augmentez les peines, les craintes et les espérances des hommes. Sans avoir une part immédiate dans le gouvernement, souvent vous le dirigez. Dans tous les temps, et nous sommes forcés d'en convenir, vous avez beaucoup influé dans les révolutions et à la conservation des mœurs. A Rome, la vertu de Lucrèce fit chasser les Tarquins du trône, comme en France, les vices de Marie Antoinette ont été une des causes de la révolution et de l'abolition de la tyrannie. A Sparte, les femmes avaient une bien plus grande influence. Chez elles l'amour de la patrie dominait sur tous les autres sentiments. Elles ne manquaient jamais de dire à leurs enfants et à leurs époux, partant pour combattre les ennemis de la patrie : Allez, mais ne revenez qu'avec votre bouclier, ou sur votre bouclier, c'est-à-dire, morts ou victorieux. Après la perte de la fameuse bataille de Leuctres, les femmes Spartiates versaient des pleurs sur leurs enfants et leurs époux qui avaient survécu au déshonneur de la patrie, et se réjouissaient en apprenant la mort de ceux qui avaient préféré une mort glorieuse à la honte d'être vaincus. C'est ainsi qu'en tout temps et en tous lieux, les femmes ont eu une prodigieuse influence sur l'opinion des hommes.

Les Amis de la Liberté et de l'Égalité de Bastia, pénétrés de ces vérités, et considérant qu'il importait extrêmement d'attirer les femmes à leurs séances, ont unanimement délibéré le 12 du présent mois, qu'elles y seraient invitées par une adresse, et que pour leur inspirer le désir d'y assister, il leur serait assuré des places fixes et commodes qu'elles pourraient occuper à tous les instants qu'elles se présenteraient.

Venez, citoyennes, venez au milieu des amis de la Liberté et de l'Egalité faire l'ornement de leurs séances ; venez dans le Temple de la liberté encourager par votre présence leurs importants travaux ; venez y puiser les sublimes principes de notre sainte révolution, pour les propager ensuite dans les sociétés et les graver surtout dans le cœur de vos enfants et de vos époux. A vous il appartient plus qu'à tout autre d'inculquer profondément ces principes et de les lier à un esprit national, que vous pourrez aisément créer, en faisant chérir aux hommes la patrie et en la leur faisant connaître dans toute l'étendue que doit avoir ce mot *sacré* ; c'est à vous à les intéresser fortement à sa gloire et à sa conservation, en les rendant passionnés pour elle ; c'est à vous à leur apprendre qu'ils doivent s'honorer de la dignité de citoyen, et qu'ils doivent tout sacrifier pour ne jamais y porter atteinte ; c'est à vous enfin à les convaincre que cette patrie, identifiée avec leur existence, doit être tout pour eux et qu'ils doivent la faire consister dans ses lois et non dans le sol qu'ils habitent, de manière qu'ils soient plutôt disposés à s'ensevelir sous les ruines de cette patrie que de renoncer à leur constitution libre.

Bastia, le 16 mai 1793, l'an second de la République Française.

Pour la Société des Amis de la Liberté et de l'Egalité
de Bastia,
Signé : Aurèle Varese, *Président.*
Signés : Ortolan, Serval, Ramarone, Bertrand, *secrétaires.*

(Imprimé par délibération de la Société).

Constantini, électeur du département de la Corse, au ministre de la guerre.

17 mai 1793.

Lui adresse une réfutation imprimée de l'écrit du citoyen Volney, intitulé : Précis de l'état actuel de la Corse. Cette réponse est suivie d'une adresse du général Paoli à ses concitoyens, les principes qu'elle renferme doivent fixer l'attention du ministre.

Extrait des registres des délibérations du Conseil exécutif provisoire, du 18 mai 1793, l'an 2e de la République.

Le Conseil, prenant en considération les éclaircissements contenus dans la lettre du général Biron sur la situation actuelle de la Corse, délibérant sur les moyens d'arrêter dès leur naissance les troubles qui menacent de s'élever dans ce département, arrête :

1º Que le ministre de la guerre donnera des ordres et fera les dispositions nécessaires pour porter en Corse un renfort de quatre mille hommes d'infanterie, dont un tiers de ligne, lesquels seront pris dans l'armée du Var, où ils seront remplacés par les nouveaux bataillons formés dans le département de l'Isère.

2º Que le ministre de la marine fera dès à présent préparer les bâtiments de transport nécessaires, en sorte que l'exécution de cette mesure ne puisse souffrir aucun retard.

3º Que le Conseil, en rendant compte au Comité du Salut public de ces dispositions, lui proposera d'examiner s'il ne conviendrait pas que la Convention envoyât pour diriger l'emploi de ces nouvelles forces, de nouveaux commissaires dont aucun ne serait Corse, et qui par conséquent seraient peut-être plus propres à concilier, même à maîtriser les différents partis et à faire prévaloir l'intérêt général de la République Française. — Pour ampliation conforme au registre du 20 mai, le secrétaire du Conseil exécutif provisoire.

PH. GROUVELLE.

Joseph-Étienne Delcher, l'un des représentants du peuple envoyés en Corse, aux représentants membres du Comité du Salut public de la Convention nationale.

Bastia, le 24 mai 1793, l'an 2ᵉ de la République Française.

Vous avez été instruits par notre dernière lettre des motifs des objets de la division momentanée de la Commission; mes collègues sont partis cette nuit pour leur destination avec des forces et des moyens proportionnés à la nature des opérations que nous avons concertées; tout semble nous promettre le succès, et j'espère pouvoir vous apprendre incessamment la reddition de la citadelle d'Ajaccio et la prise de l'officier rebelle, qui y est enfermé pour la conserver à Paoli et à son parti.

Mes collègues et moi, nous avons pris hier un arrêté pour faire rentrer en Corse, les détachements des 26e et 52e régiments. Nous nous sommes déterminés à prendre ce parti, par deux raisons également pressantes, la première parce que les 600 hommes qui sont à l'Ile S. Pierre y éprouvent une épidémie destructive ; la seconde, parce qu'étant trop éloignés de la France, il sera impossible de les ravitailler et les secourir dans le cas d'une attaque du premier vaisseau ennemi ; ce qui ne paraît pas éloigné, d'après l'avis que nous a donné un capitaine de navire suédois qui assure avoir vu au détroit les flottes combinées d'Espagne et d'Angleterre.

Nous ne cesserons de vous répéter que l'établissement d'une garnison française aux îles S. Pierre a été plutôt l'effet et le complément de l'orgueilleuse obstination des contre-amiraux Truguet et Latouche qui ont cru couvrir d'un voile l'odieux de leur conduite dans la fatale expédition de la Sardaigne, dont les suites seront funestes à la République.

Il paraît en ce moment une proclamation ou manifeste de la part de Paoli ou du département dans lequel, pour égarer et soulever les Corses, on nous peint comme les agents corrompus de la République de Gênes, que cette dernière, voulant recouvrer sa souveraineté sur la Corse, a compté à la Convention nationale vingt-cinq millions et que nous-mêmes avons touché individuellement cent mille écus pour prix de la livraison de la Corse. Avec de pareils discours, il est aisé d'égarer le crédule paysan des campagnes et de l'exciter à la rébellion en lui faisant craindre de retomber sous la domination des Génois, leurs anciens tyrans ; c'est aussi le moyen de nous rendre odieux dans toute l'île.

La consulte ou assemblée doit avoir lieu dimanche 26 ; dès que je connaîtrai le résultat, je vous le transmettrai. Nous avons donné un ordre au payeur général provisoire de compter au chef directeur de l'artillerie deux mille livres, dont douze cents en numéraire pour, en exécution des ordres du ministre, faire établir des batteries sur les côtes qui pourraient favoriser une descente. Vous voudrez bien prendre des mesures pour faire réintégrer cette somme dans la caisse du payeur ; la trésorerie nationale aura d'autres versements considérables à faire pour fournir à la consommation des bataillons qu'on nous annonce. Les assignats sont ici dans un tel discrédit qu'on ne trouve pas à acheter du pain avec. Le département a pris tous les moyens pour rendre leur valeur nulle dans l'île, et il est urgent de prendre des moyens pour fournir aux troupes leur subsistance en nature, parce qu'à défaut de numéraire, il ne sera plus possible de se procurer la moindre chose de l'intérieur ni de l'étranger.   DELCHER.

P. S. Par des rapports qu'on vient de me faire, les ravages et les incendies continuent dans les campagnes ; tout ce qui n'est pas du parti de Paoli (dans lequel sont aujourd'hui confondus ceux de Buttafoco, Gafforio et Fabiani) est en proie à la fureur des brigands armés. Le commandant de Bastia fait faire des rondes et patrouilles extérieures pour empêcher toute surprise ; mais nos garnisons étant faibles, on ne peut s'exposer à faire des sorties sans compromettre la sûreté de la place. Les rebelles se bornent quant à présent à empêcher que les campagnes ne conduisent à la ville aucun comestible.

Le Général Saint Martin au Ministre de la guerre.

Bastia, le 25 Mai 1793, l'an 2e de la République.

J'ai l'honneur, citoyen Ministre, de vous rendre compte que, d'après les ordres que j'avais reçus du général Brunet de me rendre en Corse, j'y suis arrivé le 23. Les députés du peuple envoyés dans cette île ont cru devoir me déférer aussitôt le commandement provisoire de la 23e division et faire passer à Calvi le général Raphaël Casabianca pour y commander.

J'ai eu le regret de trouver les affaires de cette île dans une situation telle qu'il ne reste plus à notre disposition que les villes maritimes de Bastia, S. Florent et Calvi. Bonifacio est incertain, on doit espérer qu'Ajaccio sera remis dans notre pouvoir, puisque les citoyens représentants Lacombe S. Michel et Saliceti ont mis à la voile avec une frégate et une corvette pour aller réduire la citadelle de cette ville occupée par un bataillon de gardes nationales vouées à Paoli. Toute communication et correspondance dans l'intérieur sont interrompues. J'ai vu une lettre de Paoli en date d'hier pour détourner ses concitoyens qui servent avec nous, de leur attachement à la République française : « Ils ne doivent point, dit-il, replonger ce pays dans l'esclavage ; il ajoute que les nouvelles arrivées dernièrement sont que tout est en combustion en France et que nos ennemis font les plus grands progrès ; on trompe encore plus grossièrement le peuple en lui faisant croire que le *gouvernement veut livrer les Corses aux Génois, que les représentants du peuple qui sont ici sont de faux envoyés qui n'émanent point de la Convention nationale.* Le département imprime et signe que *deux des représentants qui sont en Corse, nés dans le continent de la France, ne sont point informés du véritable état des choses ; que vaincus par des préventions sinistres, ils ne sont que les instruments passifs de leur troisième collègue;* que menaçant *la Corse d'un prompt abandon de la part de la France en parlant publiquement d'un accommodement avec la république de Gênes, ils se rendent ainsi coupables d'attentat contre l'indivisibilité de la République française.*

C'est sous les préliminaires de ces perfides insinuations, qu'une assemblée générale est convoquée à Corte pour demain 26. Les individus un peu marquants tenant à notre cause et qui se sont réfugiés près de nous, ont été invités à rentrer chez eux, sous peine de voir leurs maisons brûlées et leurs biens dévastés ; plusieurs de ces exécutions ont déjà eu lieu ; quelques-unes se sont réduites à la perte des comestibles par une certaine quantité d'hommes envoyés dans les maisons des absents pour y consommer. La crainte de pareilles dévastations a déjà fait déserter plusieurs officiers et soldats qui étaient entrés dans les bataillons de nouvelle levée.

Ces menaces ont sans doute entraîné vers l'assemblée, à Corte, un bon nombre de citoyens portant à la France une sincère affection. Le nombre de ceux-là est considérable dans ce pays, mais disséminés sur toute l'étendue de l'île, ils se trouvent partiellement exposés par les agents toujours prêts à servir la faction criminelle.

Après vous avoir tracé cette esquisse de l'état de choses dans cette île, je dois, citoyen ministre, vous informer de l'existence de nos moyens pour repousser une attaque qui serait entreprise contre les places maritimes de ce pays par nos ennemis extérieurs.

Ces places seraient pourvues d'une artillerie suffisante, mais les affûts sont à peu près tous hors de service ; il nous manque le nombre de canonniers nécessaires pour servir les pièces; on y a suppléé autant que possible par des soldats auxiliaires, qui ont été exclusivement attachés à ce service et auxquels, en raison du travail plus pénible dont ils sont chargés, il a été accordé un sol par jour de haute paye. Il a été construit des fourneaux pour rougir les boulets, et les mortiers ont été mis en batterie.

Les six bataillons qui sont dans cette île, dont cinq de ligne et un de gardes nationaux, réduits au-dessous du complet de paix, ne suffisent pas au service qu'exige l'état de guerre dans lequel ce pays doit être considéré ; il est de la plus grande urgence que le recrutement vienne les compléter et les élever tous au complet de 750 hommes par bataillon. J'en ai eu la promesse du général Brunet en quittant l'armée d'Italie, et je lui écris par le même courrier pour le prier de presser l'exécution de cette mesure Il reste dans cette île un noyau d'environ 300 hommes du ci-devant régiment Salis Grison. Il importerait de l'organiser promptement, soit comme 95e régiment en le complétant en recrues françaises, soit en le formant sur le pied d'infanterie légère.

Des ordres ont été donnés pour faire passer dans cette île le bataillon de l'Aveyron ; j'y ai amené la compagnie franche des Alpes-Maritimes, dont la force se monde à 75 hommes.

Si le recrutement était effectué, ces différents corps de troupes composeraient une force continentale de 6,700 hommes et suffiraient strictement à la conservation des places maritimes.

Une grande partie des fournitures ayant été enlevées pour l'expédition de Sardaigne, il serait impossible de pourvoir la troupe en couvertes et en paillasses, si ces objets enlevés n'étaient pas remplacés.

Les trois bataillons de chasseurs levés nouvellement dans ce département, et celui des gardes nationaux soldés qui est resté sur pied, se montent l'un dans l'autre à 400 hommes chacun, et par les circonstances intérieures de cette île, il n'est pas possible d'espérer qu'ils se renforcent davantage.

Ces bataillons servent à couvrir Bastia, en occupant le poste de Furiani, à assurer la communication de Bastia à S. Florent et à former une partie des garnisons de S. Florent et de Calvi.

La spoliation des arsenaux nous a privés des fusils qui avaient été déposés dans cette île, d'où il est résulté non-seulement l'impossibilité d'armer aussitôt la totalité de ces bataillons, mais encore de faire des remplacements dans les autres corps de troupes, lorsque quelque accident y oblige.

Ici, l'assignat de cinq livres n'est compté que pour 35 sols et n'est reçu même pour cette valeur qu'avec la plus grande difficulté. L'assignat n'est en aucune manière reçu en payement des denrées et comestibles de première nécessité. Les ouvriers employés aux fortifications et ceux attachés aux vivres ne travaillent qu'autant qu'ils sont payés en numéraire; et par un arrêté des représentants du peuple, le prêt continue de se faire en argent.

Les représentants ont senti qu'il était de toute justice que les troupes composant cette division participassent au traitement de guerre ; cette mesure vous paraîtra sans doute également équitable et dictée par la nécessité.

J'écris aux citoyens S. Preux et Lambert, commissaires du Conseil exécutif à l'armée d'Italie, pour leur faire connaître l'urgence des besoins en bas, souliers et chemises. Je les informe du manque total de ressources en ce genre dans ce pays-ci, de l'excessive cherté de ces objets ; je leur demande de m'en faire un envoi dans le plus court délai et je ne puis, citoyen ministre, que vous solliciter instamment de donner des ordres à ce sujet.

Veuillez bien prendre aussi en grande considération tous les résultats de cette lettre. J'ajoute qu'il est certain que si nous avions 9 à 10,000 hommes de troupes en Corse, la loi y serait respectée, l'esprit de parti sans activité, les patriotes rassurés et la sûreté générale du pays garantie contre tout ennemi intérieur et extérieur. Je finis, citoyen ministre, avec le plus ferme attachement à la République Française et la constante volonté de mourir plutôt que de lui laisser porter atteinte.

Le général de brigade commandant provisoire de la 23ᵉ division,
S. Martin.

Capitulation de l'île S. Pierre.

Conditions sous lesquelles doit être livrée aux armes de S. M. C., actuellement sous mes ordres, l'île de S. Pierre et toute la troupe française et dépendances de terre et de mer de la même nation.

1º Le roi et la nation espagnole persévérant dans les sentiments d'humanité qu'ils ont toujours professés à l'égard de leurs ennemis, comme on le sait de tout temps, je consens au nom de Sa Majesté Catholique que le commandant de la marine sorte avec sa troupe et son équipage de la forteresse de l'île de S. Pierre où il réside, et qu'il en sorte avec les honneurs militaires, à la charge par lui, par sa troupe et son équipage, de laisser dans la place toutes leurs armes et de venir à bord des vaisseaux du roi en qualité de prisonniers de guerre, sans cependant qu'aucun officier, soldat, ou qui que ce soit qui dépende de la nation française puisse être privé d'aucun des effets qui lui appartienne, la propriété devant être respectée.

2º Il en sera de même à l'égard du commandant et de la troupe française de terre qui garnissent le château et de tous ceux qui dépendent de la susdite troupe.

3º Toute l'artillerie, toutes les munitions de guerre et de bouche et tout ce qui appartient à la République française restera à la disposition de Sa Majesté Catholique.

4º Tous les prisonniers de guerre seront bien traités à bord des vaisseaux du roi, comme l'ont toujours été les individus de cette classe tombés au pouvoir des Espagnols.

5º Sous ces conditions, on procèdera ce soir même à la reddition de la forteresse à la troupe espagnole. La capitulation sera confirmée par tous les commandants de terre et de mer et chacun d'eux pourra en garder un double.

A bord du *Royal Charles* à la rade de l'île S. Pierre, le 25 mai 1793.

Signé : Don Francisco Borga, *commandant*.

A ces conditions le commandant français ajoute la suivante :

La municipalité et le peuple demandent à se mettre sous la protection spéciale du gouvernement espagnol ; le commandant des troupes françaises demande qu'aucun des membres de cette municipalité, qu'aucun citoyen, qu'aucun prêtre assermenté ne puisse être inquiété pour avoir adhéré aux principes de la nation française.

Accordé comme ci-dessus.

Borga. — Sailly, *commandant des troupes françaises*.

Extrait d'une lettre du chargé d'affaires de France à Gênes au Ministre des affaires étrangères, du 5 Juin 1793, l'an 2ᵉ de la République (1).

L'espérance que nous avions conçue de voir S. Pierre défendue par les nôtres s'est évanouie ; ils étaient 300 soldats et environ 300 matelots qui se sont rendus à toute la flotte, et non comme on l'a dit d'abord, à 3 vaisseaux de ligne. Ils doivent être transportés à Barcelone, et de là en France.

Tilly.

---

(1) Nous interrompons l'ordre chronologique pour insérer ici cette pièce et les deux suivantes, les seules qui concernent encore l'expédition de Sardaigne.

*Le citoyen Sailly, commandant les troupes françaises,
au Ministre de la guerre.*

14 Juin 1790.

Citoyen Ministre, — J'ai l'honneur de vous rendre compte qu'une escadre espagnole forte de 24 vaisseaux et 6 frégates parut dans le golfe de Palme le 20 de mai, et qu'elle y surprit la frégate *L'Hélène,* qui, sans aucuns moyens de fuir, se rendit.

Le 21, les Espagnols manœuvrèrent dans la rade et communiquèrent fréquemment avec les chefs des troupes sardes, cantonnées de l'autre côté de l'isthme de S. Antioche. Dans cet état de choses, me trouvant hors d'état de me défendre dans le camp retranché que j'avais formé sur cet isthme pour me défendre des attaques des Sardes (ce camp pouvait être battu par tous les vaisseaux de l'escadre qui s'embossaient), je fis donc mes préparatifs de retraite pour réunir toutes mes forces à S. Pierre ; les attaques presque journalières des Sardes redoublèrent avec plus de vivacité que jamais pendant toute cette journée. La retraite était difficile devant une cavalerie nombreuse, n'ayant point de canons de campagne, qui pouvaient en assurer le succès. Je l'effectuai cependant avec le plus grand bonheur et sans perdre un seul homme, ayant trompé la vigilance de l'ennemi. J'avais avant mon départ fait enclouer tous les canons et disperser les munitions. Je marchai toute la nuit, des barques m'attendaient à Callacetta et j'arrivai à S. Pierre. Cette île n'a d'autre défense qu'une tour construite contre les incursions des corsaires barbaresques. J'y avais ajouté une batterie de 4 pièces de canon construites dans le sable, et aussitôt arrivé, je m'occupai d'augmenter sa défense, et je fis élever une batterie en terre aux environs de la tour avec des canons de la frégate

Le Richemont, qui se trouvait bloquée dans la rade de cette île par plusieurs vaisseaux ennemis qui la cernaient. Le 23, deux vaisseaux et une frégate mouillèrent dans la rade.

Le 25 l'escadre entière y entra ; le 26 tout se disposa pour l'attaque, les vaisseaux s'embossèrent et la frégate se brûla. A une heure du matin, il arriva un parlementaire, me portant une sommation du commandant de l'escadre ; je sentis l'impuissance où j'étais de tenir sur une butte de sable sans autres forces qu'une batterie de terre élevée à la hâte, contre près de 1.800 bouches à feu, et les troupes de débarquement des Espagnols et des Sardes réunis. Dans cette position critique, j'assemblai les officiers, et il fut résolu que je lirais aux soldats la sommation qui venait de m'être faite. Quand ils en eurent entendu la lecture, je leur dis de délibérer et de me faire connaître leur vœu par des députés qu'ils nommeraient à cet effet ; et ce vœu fut que toute résistance étant inutile, parce que leur mort ne servirait de rien à la patrie, il fallait se rendre aux conditions les plus honorables que je pourrais obtenir. Dans cette considération et vivement pressé par les prières des habitants de cette peuplade craintive, j'acceptai la capitulation dont je joins ici la copie.

A la citadelle de Barcelone le 14 juin 1793.

SAILLY, *commandant les troupes françaises.*

Extrait d'une lettre du chargé d'affaires de France à Gênes Tilly, au commandant en chef de l'armée du Var, du 26 juin 1793.

« Un officier espagnol, ami secret de notre révolution, a même confié à une personne de ma connaissance que rien ne l'avait plus surpris que la reddition sans coup férir de l'île S. Pierre, où l'artillerie des frégates, les équipages et les troupes de terre étaient plus que suffisants pour résister à une flotte incapable d'effectuer aucun débarquement. Plusieurs lettres, entre lesquelles la copie d'une escamotée chez le consul d'Angleterre à Livourne (1), confirment que là comme ailleurs, il y a eu de la trahison ou de la pusillanimité. »

Les représentants du peuple près l'armée d'Italie au Comité du Salut Public.

Toulon, 26 mai 1793, l'an 2e de la République.

Ils annoncent qu'ils ont passé en revue les troupes de terre et de mer qui sont à Toulon ; — dénûment où elles se trouvent ; ils s'occupent de fournir à leurs besoins ; ils demandent des armes ; ils ajoutent qu'un bataillon de l'Aveyron s'est embarqué le matin même pour la Corse.

Exposé historique des faits et des motifs qui ont donné lieu à l'Assemblée générale tenue à Corte le 26 Mai 1793, présenté par le département de la Corse à la Convention nationale.

La grande révolution préparée dès longtemps par les lumières de la philosophie et effectuée depuis quatre ans sous les auspices de la Liberté par le courage des Français, devait porter cette grande nation au plus haut degré de prospérité et de gloire que les sociétés humaines puissent se flatter d'atteindre.

Les Corses réduits depuis plus de vingt ans avec le peuple français sous l'empire de ses tyrans dans un état com-

---

(1) Voir page 401.

mun de servitude et appelés ensuite à partager avec lui les effets de cette heureuse révolution, avaient conçu le doux espoir de voir un terme à leurs désastres passés et de respirer enfin de leur longues calamités. La liberté était pour eux un présent d'autant plus cher qu'ils l'avaient autrefois acquise au prix de leur sang ; ils la reçurent comme un bien précieux dont ils avaient déjà goûté les fruits, et qu'ils venaient de recouvrer. En effet les troubles qui ont agité les différentes parties du continent avaient été presque inconnus en Corse, et la tranquillité publique n'avait pas encore été altérée jusqu'ici.

Nous nous occupions avec ardeur des mesures propres à résister aux ennemis de la République et à défendre de leurs attaques la grande cause de la liberté, lorsque des perturbateurs domestiques sont venus détourner notre zèle, troubler notre repos et menacer notre existence sociale par une funeste anarchie.

Une faction composée de quelques citoyens perfides de ce département, honorés de la confiance publique qu'ils ont trahie dans le dessein de satisfaire à la cupidité et à l'ambition de se perpétuer dans les emplois, a ourdi la trame la plus noire contre le peuple de ce département ; elle a calomnié aux yeux de la France sa loyauté et son civisme par les impostures les plus atroces et les mensonges les plus absurdes. Leurs coups ont été dirigés en même temps contre l'honneur et la vie de cet illustre ami de la liberté qui, honoré à juste titre de la confiance et de l'amour universel du peuple, était aussi le plus en état de traverser leurs projets insensés : le général Paoli a été le but principal de leurs sourdes et lâches manœuvres. Un assemblage d'imputations puériles, un amas d'impostures, insinuées d'abord avec astuce dans les clubs de Toulon et de Marseille, accréditées ensuite à Paris, et soutenues dans le sein même de la Convention par le ministre Clavière et quelque autre de son caractère, sont enfin parvenus à arracher à la bonne foi des représentants du peuple le décret du 2 avril dernier, par lequel l'arrestation de Paoli est ordonnée et sa traduction à la barre, comme un conspirateur contre la liberté de son pays et les intérêts de la République.

Ce décret porte les mêmes dispositions à l'égard du Procureur général syndic, sans faire mention des motifs qui ont pu les provoquer.

Ensuite des injustes méfiances excitées par ces obscures et malignes délations, la Convention décréta l'envoi dans ce département de trois commissaires pris dans son sein et revêtus de pouvoirs illimités : tous les bons citoyens se flattaient que ces commissaires arrivés sur les lieux au milieu de la paix et de la tranquillité, à portée de s'instruire des faits qu'on avait supposés, et de connaître l'attachement du peuple à la République et son ardeur pour en défendre les intérêts, auraient, par une conduite franche et impartiale, rendu justice à ses sentiments, et détourné de ce pays les malheurs qu'on lui avait préparés ; mais leur attente fut trompée, et on eut bientôt lieu de se convaincre que cette mission avait été provoquée par les factieux, dont un (le citoyen Saliceti) s'était fait nommer commissaire lui-même, afin d'effectuer les desseins médités avec ses complices.

En effet, dès leur première apparition à S. Florent et à Bastia, les autres principaux de la conjuration devinrent leurs conseillers exclusifs, leurs émissaires affidés pour susciter des partis et des divisions dans les différents districts ; nulle correspondance avec l'Administration du département, aucun rapport avec les personnes éclairées et impartiales de l'intérieur : un silence mystérieux annonça dès les premiers jours des projets hostiles, dont l'exécution devait être imprévue. Les deux commissaires du continent, étrangers aux vues intéressées de leur collègue Saliceti, étaient peut-être disposés à opérer le bien, mais nullement informés du caractère de ce peuple, et ignorant leur langage naturel, ils ont dû s'en rapporter à lui et aux satellites qui l'entouraient.

Cependant la première opération des commissaires en Corse a été de tenter l'arrestation du général Paoli ; quoique instruits de son grand âge et de ses infirmités, ils ne cessèrent leurs poursuites : coupable ou innocent, il devait être la victime des conjurés ; au lieu de reconnaître l'injustice et l'atrocité des imputations dont on l'avait noirci, au lieu de confondre la calomnie et revendiquer ainsi les droits de l'homme et du citoyen violés à son égard, ils affectaient de fermer l'oreille à tout ce qui pouvait les éclairer sur son compte ; ils suffoquaient les cris de la vérité qui s'élevaient de toute part. Quelques citoyens honnêtes, qui rappelaient au club de Bastia les vertus et la conduite irréprochable du général Paoli, furent gravement menacés et un d'eux contraint d'abandonner cette ville. Le secrétaire de la Commission tenait publiquement ces propos : *La tête de Paoli couverte de sang doit être déposée au pied de l'arbre de la liberté, et cent autres victimes destinées à suivre son sort.*

Les anciens bataillons de volontaires nationaux en garnison dans les différentes places de l'Ile ne furent pas jugés propres à exécuter ces projets sanguinaires contre leurs compatriotes ; on en ordonna aussitôt le désarmement ; celui qui était à Calvi fut désarmé ignominieusement et traité avec les derniers outrages, le commandant emprisonné et mis aux fers. L'organisation des nouveaux bataillons qui devaient les remplacer devint un objet de scandale public : la nomination des officiers était entièrement au choix du commissaire Saliceti qui prodiguait ces places à ses parents et à ses adhérents.

Les premiers actes de vexation et d'hostilité furent bientôt suivis par d'autres tendant à armer les citoyens du département les uns contre les autres et à menacer le repos et la sûreté intérieure. On expédiait de toute part des lettres et des exprès pour exciter la sédition, au nom et sous l'autorité des commissaires ; une troupe de brigands, dont plusieurs condamnés par les tribunaux et poursuivis par la justice, réfugiés ci-devant en Provence, et retournés en Corse à la suite des commissaires, fut envoyée dans le district de l'Ile-Rousse : là, ils s'emparèrent du village de Belgodere, sur le chemin public qui conduit de l'Ile-Rousse à Corte, et s'y fortifièrent pour s'occuper à arrêter et dévaliser les piétons qui portaient les dépêches publiques au département ; un autre détachement fut envoyé ensuite de Bastia pour surprendre pendant la nuit les villages de Borgo et de Biguglia, et alarmer les citoyens paisibles qui reposaient dans le sein de leurs familles.

Ces attentats à la sûreté publique avaient excité la surprise des autorités constituées, inspiré les inquiétudes les plus alarmantes et provoqué de toute part les réclamations du peuple ; on venait de recevoir en même temps les nouvelles, malheureusement trop vraies, de l'abandon de la Belgique fait par nos armées, ce qui encourageait les prêtres fanatiques à de nouvelles entreprises.

Ce fut à cette époque que l'Administration du département prit le parti d'envoyer des commissaires dans quelques districts où la tranquillité était le plus menacée. Cette mesure légale et prudente blessa le système désorganisateur des factieux et parut choquer les commissaires, qui en exigèrent aussitôt des éclaircissements de l'Administration générale : Celle-ci par la voix de deux de ses membres qu'elle députa à Bastia, rendit un compte exact de sa conduite et des motifs impérieux qui l'avaient dirigée ; elle renouvela en même temps les assurances les mieux justifiées de la loyauté du peuple et de son inaltérable attachement aux intérêts de la République, et mit sous les yeux des commissaires les effets nuisibles des manœuvres des factieux ; mais il paraît que la suppression de l'Administration elle-même faisait partie d'un plan convenu entre les commissaires, puisqu'avant de recevoir des éclaircissements, le Directoire, ainsi que le Conseil du département furent destitués par un seul coup d'autorité, et remplacé par une commission provisoire composée de neuf membres choisis arbitrairement par Saliceti et ses adhérents.

Il n'existe aucun motif de la destitution du Conseil général ; il n'avait eu part à aucune des opérations réprouvées par les commissaires, et on ne saurait imaginer sous quels prétextes elle a été prononcée à son égard.

On ignore également pourquoi les commissaires se sont permis de transférer en même temps le chef-lieu du département à Bastia ; une loi positive qui l'avait fixé à Corte d'après le vœu émané par le peuple, paraissait devoir être un obstacle suffisant à cette entreprise ; mais il était nécessaire que la commission provisoire se trouvât sous l'influence immédiate des commissaires, que les fonds publics et les autres établissements fussent sous leurs yeux, afin que tout se réunît à seconder les projets médités.

Le payeur du département avait reçu les fonds destinés au payement des traitements et des pensions du clergé séculier et régulier ; il devait d'après la loi les répartir et en faire l'envoi aux différents receveurs des districts suivant les états de l'administration. Les commissaires ont trouvé cette méthode trop commode pour les fonctionnaires et les religieux ; ils ont ordonné la retenue de ces fonds à Bastia, et ont prescrit au payeur de n'accorder le quartier qu'à ceux qui se présenteraient personnellement en cette ville et qui seraient munis du certificat de civisme d'un vicaire résidant auprès d'eux et complice des desseins des factieux. On comprend aisément le but de cette mesure ; elle n'était rien moins que propre à détruire le fanatisme, puisqu'elle forçait les ecclésiastiques à traverser l'Ile d'un bout à l'autre, et soumettait leur subsistance aux caprices d'un vicaire.

Après des démarches aussi injustes que violentes, les

alarmes du peuple s'augmentaient de jour en jour par les propos insultants et le mépris qu'affichèrent les commissaires. *Les Corses, disaient-ils, ont encore besoin d'un siècle d'esclavage, et la France finira par les abandonner à leurs anciens tyrans.* — A ces propos révoltants ont succédé des menaces destructives, et déjà l'on ne parle plus que d'une force exterminatrice qui doit envahir la Corse et la ravager par le feu et le sang.

Pour comble de tous ces malheurs, les commissaires ont arrêté le cours ordinaire des postes dans l'intérieur et privé le département entier de la correspondance avec le continent ; en sorte que le peuple se trouve non seulement livré à tous les faux bruits que les méchants répandent sur le sort de nos armes, mais hors d'état de faire parvenir ses plaintes aux représentants de la France.

Voilà l'exposé fidèle des faits qui ont précédé et suivi l'envoi des commissaires de la Convention en Corse : ils sont de toute notoriété et constatés par des écrits authentiques. Il est aisé d'après tout cela d'imaginer la situation déplorable de ce département : réduits à la nécessité de courber la tête sous le despotisme le plus absolu, ou d'opposer une résistance légitime aux violences des ambitieux, les Corses n'ont eu d'autre moyen pour éviter le fléau de la guerre civile et pourvoir au salut public, que celui de réunir une assemblée générale et extraordinaire, composée des mandataires du peuple, envoyés par toutes les communes du département: elle a eu lieu à Corte le 26 du mois de mai dernier.

La première sollicitude de cette assemblée a été de dissiper les soupçons que la calomnie avait accrédités dans le continent contre la loyauté des Corses et leur attachement aux grands intérêts qui les lient indissolublement au sort de la République française : les sentiments du peuple à cet égard étaient marqués dans tous les cœurs, et l'assemblée les a exprimés dans l'accord le plus unanime et la résolution la plus ferme ; tous ont renouvelé avec enthousiasme le serment de maintenir la liberté et l'égalité dans l'union de la République ou de mourir en la défendant.

Ce témoignage solennel doit confondre à jamais les calomniateurs et achever le triomphe de la vérité et de la justice.

Le second objet dont l'assemblée s'est occupée a été le décret du 2 avril, portant l'arrestation du général Paoli ; elle l'a regardé comme arraché à la bonne foi de la Convention nationale par l'imposture la plus audacieuse et la plus absurde ; elle en a trouvé les motifs non seulement insubsistants et notoirement faux, mais invraisemblables et puérils ; elle a jeté l'œil sur la conduite de ce général pendant sa vie entière, et elle a reconnu qu'elle était le garant le plus assuré de ses vertus et de la pureté de ses intentions ; elle a donc prié la Convention de rapporter le décret surpris à sa religion.

Telles sont les remontrances du peuple et du département de la Corse ; tels sont ses vœux. S'ils ont un libre accès au sein des représentants du peuple français, nous avons lieu d'espérer de leur justice et de leur sagesse qu'ils s'empresseront d'écarter de ce malheureux pays les désastres qui l'affligent, qu'ils rendront à un peuple fidèle et reconnaissant sa tranquillité ordinaire et le mettront en état de s'occuper uniquement du soin de combattre les ennemis communs.

EGALITÉ, LIBERTÉ.

Articles arrêtés par l'Assemblée générale des mandataires du peuple du département de Corse, et exposé des motifs et des faits qui les ont provoqués, présentés à la Convention nationale et aux hommes libres de tous les pays.

27-29 Mai 1793.

Lorsque la nature des événements met un peuple dans la terrible nécessité de recourir à des mesures extraordinaires pour conserver sa liberté, son existence et son honneur, il est de sa dignité de caractériser sa conduite, d'exposer ses principes et d'invoquer la justice du monde impartial qui doit le juger.

Placés entre la nécessité de résister à l'oppression ou de courber nos têtes sous le joug du despotisme le plus absolu, les Corses ont dû préférer le parti qui convenait à leur courage. Nous prenons Dieu à témoin de la pureté de nos intentions et de notre conduite, pour le seul argument contre les ennemis de notre bonheur.

Nous savons que ces ennemis sont devenus puissants par les préventions qu'ils ont eu l'art d'accréditer auprès de nos frères du continent; mais nous savons aussi qu'il est un terme aux succès du mensonge et de la calomnie, et que les hommes qui veulent et qui méritent réellement d'être libres, purgeront la terre des monstres, qui, par leurs passions atroces, ont soumis la cause de la liberté aux calculs de la cupidité, de la vengeance et de l'orgueil.

Notre département était au nombre des plus tranquilles de la République; nous invoquons le témoignage de la troupe de ligne, des employés du continent qui résident parmi nous, celui enfin de tous les hommes justes qui nous ont connus: les commissaires envoyés par la Convention nationale ont seuls provoqué le trouble par leur conduite oppressive; ils nous ont forcé à la résistance avec le projet de la caractériser de rébellion, et ont armé de leur protection tous les malheureux poursuivis par les lois et la haine publique, afin de conspirer contre les jours des bons citoyens.

Ce sont les commissaires qui nous ont arrachés du sein de la paix intérieure, pour nous livrer en proie à l'anarchie, et à la guerre civile. Dans cette situation, nous nous sommes réunis pour leur opposer une résistance égale à leur perfidie, pour examiner la source de nos calamités, et en détourner les fléaux sur les têtes coupables de ceux qui les ont provoquées.

Après avoir examiné leur conduite avec l'impartialité qui caractérise toujours les jugements populaires lorsqu'ils sont éclairés, nous déclarons à la Convention nationale, à la France entière, à tous les hommes justes, que les commissaires se sont rendus coupables des faits que nous allons caractériser et dont l'évidence, et l'expérience journalière porte dans nos cœurs la conviction la plus entière.

1º Que Saliceti, d'intelligence avec les autres députés Casabianca et Moltedo, et quelques Corses responsables d'abus d'autorité et de malversations, ont formé le projet d'exciter des nouveautés et des troubles en Corse, et d'y exercer une autorité injuste et illimitée, pour se former un parti, afin de s'assurer une domination exclusive et de préparer le peuple à lui servir d'instrument pour soutenir la faction qui destine à la France des malheurs sans nombre.

2º Qu'afin de déterminer la Convention à adopter des mesures extraordinaires, il a excité, soit directement, soit par ses intermédiaires, les alarmes les plus mal fondées et les méfiances les plus injustes dans le sein de la Convention nationale, du Conseil exécutif, et des Sociétés populaires, sur l'état politique et moral de la Corse.

3º Qu'il a fait licencier les quatre bataillons des gardes nationaux en Corses, pour en recréer des autres soumis à son influence personnelle et à celle de ses complices, et à provoqué une mission particulière pour la Corse, pour s'y faire nommer.

4º Qu'il est venu avec ses collègues et ses coopérateurs, avec des préventions et des projets sinistres, en menaçant la Corse d'une révolution nouvelle et du sacrifice des citoyens qui l'ont le plus constamment servie.

5º Que la formation des quatre bataillons de chasseurs, loin d'avoir pour objet le service de la République, n'a été réglée que par des vues intéressées, en conférant la presque totalité des grades, avec une scandaleuse prodigalité, aux parents et aux partisans de la faction, à des hommes suspects ou faciles à tromper.

6º Que la nomination du général Casabianca au commandement de la Corse, a été dictée par les mêmes principes.

7º Que le désarmement de la garde nationale corse en garnison à Calvi, la détention du colonel Morati et des meilleurs citoyens de cette ville, l'invasion de la Balagne, tentée par les satellites des commissaires, l'attaque du Borgo, l'oppression exercée contre la liberté des opinions dans la Société populaire de Bastia, sont des actes d'hostilité et de violence exercés contre les droits et la sûreté du peuple, et les bases fondamentales du pacte social qui les lui garantit.

8º Que le décret du 2 avril extorqué à la bonne foi de la Convention nationale contre le général Paoli et le procureur général syndic, est l'effet des intrigues de cette faction qui sentait le besoin de détruire tout ce qui aurait pu défendre la liberté publique et s'opposer à leurs projets sinistres.

9º Que la destitution du Conseil général du département nommé par le peuple, la création d'une commission provisoire, la translation de la résidence à Bastia, sont des actes évidemment injustes, oppressifs, fondés sur des motifs ou qui ne subsistent pas, ou que les commissaires ont transformés, d'après la nécessité de colorer leur injustice tendant à désorganiser les autorités populaires pour avoir sous leur main les personnes qu'ils ont choisies eux-mêmes.

10º Qu'ils ont tenu des discours outrageants contre l'honneur et la dignité du peuple corse, en menaçant que la France l'aurait abandonné aux Génois, ses anciens tyrans.

11º Qu'ils ont constamment repoussé toutes les communications que les autorités populaires et surtout l'administration supérieure ont demandé d'avoir avec eux pour les affaires publiques, affectant l'orgueil du despotisme le plus absolu dans toutes leurs manières et leurs discours.

12º Qu'ils ont violé le secret des postes et empêché toute correspondance avec le continent de la France, en nous privant par là et des moyens de faire parvenir nos réclamations et des instructions que nous pourrions recevoir.

13º Enfin, qu'ils ont par ce plan de conduite altéré la paix en Corse, paralysé toutes les autorités et arrêté l'action du gouvernement, avec le plus grand détriment de la chose publique.

Après quoi, nous, les mandataires susdits, considérant que la première des lois de la nature est de pourvoir à sa propre conservation ;

Que notre existence politique et notre liberté civile sont hautement menacées par la conspiration des commissaires ;

Que nous ne pouvons éviter la guerre civile et les malheurs de l'anarchie, en leur laissant exercer une autorité illimitée contre les droits et la sûreté du peuple ;

Que toutes les communications avec le continent nous ont été interceptées, sans pouvoir espérer d'en obtenir pour longtemps ;

Que dans l'alternative de courber sous le joug des humiliations et de l'arbitraire le plus effréné, ou de résister avec vigueur à un projet pareil et liberticide, les Corses doivent choisir le parti qui convient à leur courage, à la justice de leur cause et à leurs intérêts ;

Déclarons que le peuple du département de la Corse, fidèle à ses serments et à ses promesses, persiste dans son union à la République Française, mais toujours libre et sans souffrir oppression : que par l'effet de la prévarication et des abus d'autorité des trois individus commissaires de la Convention-nationale, est (sic) constitué en état de résistance légitime à l'oppression ; en conséquence et en vertu des pouvoirs qui nous ont été donnés par nos communes et jusqu'à ce que la Convention nationale soit mieux éclairée, arrêtons provisoirement ce qui suit :

Article Premier.

Les citoyens Saliceti, Delcher et Lacombe Saint-Michel, envoyés commissaires par la Convention nationale en Corse, cesseront d'être tenus comme tels, et d'exercer l'autorité dont ils avaient été investis pour la félicité du peuple, et qu'ils n'ont employée que pour leurs projets intéressés, et pour notre malheur.

Article II.

Toutes les autorités constituées, les citoyens, les soldats de quelque arme et de quelque grade que ce soit, n'obéiront à l'avenir à aucun de leurs ordres ou réquisitions, sous peine d'être regardés eux-mêmes comme les instruments de l'oppression et traités comme tels.

Article III.

Les citoyens engagés dans les bataillons des chasseurs créés d'après les vues intéressées et tyranniques des dits commissaires, ceux des gardes civiques, sont tenus de rentrer, dans quatre jours dans leurs foyers, et d'abandonner un rassemblement qui est l'objet d'une division et peut devenir la cause de la guerre civile : ceux qui ne se seront pas rendus dans le délai prescrit seront regardés comme complices et coopérateurs de la faction contre le peuple, et traités comme tels. Le général Casabianca et ceux qui se sont retirés à Bastia, Calvi et Saint-Florent, auprès des commissaires, demeurent compris dans les dispositions du précédent article.

Article IV.

Le Conseil général du département et le substitut du procureur général syndic du département, nommés par le peuple et destitués par un acte de despotisme et d'injustice des commissaires de la Convention nationale, continueront, conformément à la détermination prise par la Consulte générale, dans leurs fonctions. L'assemblée délibère qu'ils ont bien mérité du peuple de ce département par la conduite sage et énergique qu'ils ont tenue dans les circonstances dangereuses où ils se sont trouvés.

Article V.

Le Directoire du District de Bastia, ni aucune autre commission instituée par les dits commissaires, ne pourront s'arroger le droit d'exercer les fonctions du Conseil général, ou du Directoire du département, sous peine d'être, les membres qui les composeraient, regardés comme conspirateurs contre la liberté publique, et traités comme tels.

Article VI.

Il sera adjoint au Conseil général du département deux membres choisis par les mandataires de chaque district. Les adjoints délibèreront avec les membres du Conseil sur toutes les affaires administratives de police générale et de salut public.

Article VII.

Il sera de même adjoint un nombre égal aux membres des districts, avec la même faculté, qui correspondront avec le Conseil général ; les membres des districts pourront se partager dans les différents cantons, s'ils le croiront nécessaire, et toujours sous les ordres du Conseil général.

Article VIII.

Tant le Conseil général du département que celui des districts, sont chargés de faire les poursuites nécessaires contre les complices et les coopérateurs de la faction, et contre ceux qui y resteraient encore attachés malgré le présent arrêté, et de les faire juger par le tribunal criminel dans les 24 heures, après la publication de la présente détermination.

Article IX.

Tous les citoyens employés dans la garde nationale, ou dans la gendarmerie, et dans quelques fonctions judiciaires ou administratives, qui auraient été nominativement destitués par les commissaires, continueront à être considérés comme jouissant de leur grade.

Article X.

Tous les bons citoyens ayant frémi à la lecture des impostures atroces qui ont provoqué le décret contre le général Paoli, et le citoyen Pozzodiborgo, procureur général syndic, l'exécution du dit décret est suspendue, et nous en demandons, au nom du peuple, le rapport et la cassation.

Article XI.

Le général Paoli est invité, au nom du peuple qui nous en a spécialement chargé, à continuer son zèle et sa vigilance pour le maintien de la sûreté et de la liberté publique, et à faire usage de son influence et de la confiance universelle dont il jouit, pour combattre les projets des méchants et des ambitieux : le citoyen Pozzodiborgo, procureur général syndic, est pareillement invité à reprendre ses fonctions.

Article XII.

Le Peuple Corse prend sous la sauve-garde de sa bravoure et de sa loyauté, la conservation et la défense de son territoire contre toute invasion ennemie et étrangère ; charge au surplus le général Paoli, le Conseil général du département et adjoints, d'arriver aux moyens d'y pourvoir.

Article XIII.

Saliceti, Moltedo et Casabianca, députés à la Convention nationale, ayant conspiré contre la liberté de leurs commettants, le Peuple Corse déclare qu'ils ont trahi leurs devoirs et perdu sa confiance, qu'il a révoqué et révoque, autant qu'il est en lui, tous les pouvoirs dont ils ont été investis, et les dénonce à la Convention.

Article XIV.

Le présent acte, émané des mandataires d'un peuple juste qui ne sait et ne veut souffrir aucun despotisme, sous quelque forme qu'il paraisse, sera soumis à la Convention nationale, imprimé et publié dans le département pour être exécuté comme mesure de salut public, jusqu'à ce qu'il en soit autrement ordonné par la Convention nationale mieux éclairée.

Suit la signature de 1,009 députés des différentes communes du département et de 2,056 citoyens qui, venus des différents points de l'Ile, ont assisté à la Consulte générale.

Pour expédition conforme à l'original,

GRIMALDI, *vice-président.*
MUSELLI, *secrétaire de la Consulte générale.*

(A Corte. De l'Imprimerie d'Etienne Batini, imprimeur du département de la Corse).

Processo verbale della Consulta generale del dipartimento di Corsica convocata in Corte li 27 maggio 1793, 2° della Repubblica francese.

L'anno mille settecento novantatre, secondo della Repubblica francese, il lunedì ventisette maggio, alle ore dieci di mattina, nella gran piazza dell'antico convento di S. Francesco a Corte :

I Deputati delle comunità del dipartimento accorsi in Corte all'invito del Consiglio generale, in data de' 16 del mese corrente, dopo di avere rimesso i loro poteri al segretario generale del dipartimento, e questi riconosciuti buoni e legali, si son riuniti in consulta, che si è trovata composta di mille e nove deputati, il di cui stato nominativo resta riunito al processo verbale, cioè:

Distretto d'Ajaccio, deput. 139; distr. di Bastia, deput. 44; distr. di Cervione, deput. 122; distr. di Corte, deput. 156; distr. dell'Isola Rossa, deput. 109; distr. d'Oletta, deput. 73; distr. della Porta, deput. 160; distr. di Tallano, deput. 136; distr. di Vico, deput. 70. — Totale 1009.

Oltre due mila zelanti patriotti, venuti dalle differenti parti dell'isola, per essere testimoni del più bello spettacolo dell'entusiasmo corso, e partecipare al buon successo dei travagli importanti, dei quali deve la consulta occuparsi.

Si è quindi proceduto ad organizzare lo scagno, ed il cittadino Antonio Francesco Grimaldi, come il più decano di età, è stato proclamato per presidente provvisorio.

In seguito i cittadini Agostino Giafferi, Orazio Quenza, e Paolo Luigi Vinciguerra, come i più attempati, sono stati nominati per decani.

Il presidente ha nominato il cittadino Muselli, segretario generale del dipartimento, per segretario provvisorio della Consulta.

L'assemblea così organizzata, il cittadino Panattieri, sostituto del Procuratore generale sindaco, ha aperto la consulta, e ha dato un saggio delle ragioni e dei motivi imperiosi, che hanno determinato l'Amministrazione generale a riunire il Popolo; ed avendo osservato che il generale de Paoli, ed il Procurator generale sindaco, non si vedevano punto fra gli assemblati, ha fatto sentire che la presenza dell'Eroe della patria si rendeva troppo necessaria per dirigere coi suoi lumi, e colla sua saviezza i travagli della

Consulta, e concorrere alla salvezza della Corsica, minacciata dai ferri dei nuovi despoti.

L'oratore ha proposto alla Consulta di nominare una deputazione per presentarsi al generale de Paoli, e supplicarlo di rendersi nel seno dei suoi concittadini.

Che lettera sarebbe scritta al cittadino Pozzodiborgo, procuratore generale sindaco, per invitarlo ad intervenire alla Consulta, dividere con essa i suoi travagli con quel zelo, attività e patriottismo, dei quali ha date in ogni occasione le prove le più costanti.

Questa proposizione essendo stata unanimemente applaudita dall'Assemblea, essa determina che per soddisfare agl'impulsi dell'amore e della riconoscenza del Popolo Corso verso il generale de Paoli, tutti i membri che la compongono, si recheranno in deputazione alla di lui casa per pregarlo di rendersi nel loro seno, incaricando il cittadino Panattieri di portar la parola; che lettera sarà scritta al cittadino Pozzodiborgo portante l'istesso invito.

I membri dell'Assemblea essendosi presentati al generale de Paoli, egli non avendo potuto resistere alle replicate preghiere dei suoi concittadini, e da essi accompagnato e dal cittadino Pozzodiborgo, si è diretto verso il luogo dell'Assemblea fra gli evviva e gli applausi del popolo, lo sparo dell'artiglieria e le comuni festose acclamazioni.

Ivi arrivato ha pronunziato un discorso, in cui si vedono espressi i sentimenti costanti del suo attaccamento alla repubblica Francese ed al popolo corso; e si rileva da quale ammasso di assurde calunnie sia stata sorpresa la religione della Convenzione.

Egli ha detto:

« Amatissimi Compatriotti,

» Nei pericoli che minacciano da qualche tempo il nostro paese, voi avete preso, amatissimi compatriotti, il più sicuro espediente per la di lui salvezza. In ogni occasione i nemici della Patria e della libertà hanno tremato della vostra riunione in assemblea, ben sapendo per esperienza quanto li riuniti lumi di uomini giusti e liberi valgono a sconcertare le trame della cabala e dell'intrigo, quanto il voto del popolo e le determinazioni di quelli che lo rappresentano siano fatali ai progetti ambiziosi ed alle pratiche dei maligni; congratulandomi con voi che abbiate in congiuntura di tanta importanza così prontamente secondati gli impulsi del vostro patriottismo, ed augurando dalle misure che vi detterà il vostro zelo e saviezza i più salutari effetti nelle attuali circostanze, io non potrei senza mancare a me medesimo ed a voi, trascurare un'occasione tanto solenne per trattenervi più brevemente che mi sarà possibile, sulla mia situazione e condotta dopo il decreto dalla malignità e dalla calunnia sorpreso li due dello scorso aprile alla Convenzione Nazionale, in virtù del quale io doveva unitamente al Procurator generale sindaco di questo dipartimento, esser condotto alla barra della Convenzione medesima in istato di arresto e colle medesime cautele, che un reo di Stato, il quale vi dovesse render conto delle sue prevaricazioni o de' suoi misfatti.

» Me ne impone anche il dovere la vostra istessa benevolenza, che non mi ha potuto rassicurare finora contro i tentativi de' nemici della Patria, non meno che contro gli effetti di un tal decreto, senza la supposizione che io sarei in grado di giustificare sovrabbondantemente che io non aveva demeritata la vostra confidenza, e che il generoso interesse, che si è nell'animo vostro rinforzato a mio favore in quest'occasione in proporzione degli sforzi dei malevoli a mio danno, era sentimento di giustizia e di onesta indignazione contro gli effetti della calunnia e del livore, piuttosto che movimento di cieco o parziale affetto indegno di uomini liberi e repubblicani; e sebbene io abbia luogo a lusingarmi che il tenore della mia vita intiera, più ancora che i sentimenti da me manifestati

a' miei concittadini in diversi scritti, da qualche mese in qua
a loro successivamente diretti, debba aver premunito il vostro
spirito contro le suggestioni della calunnia e le detrazioni
della malignità, e resa poco men che superflua ogni ulteriore
apologia per la mia parte, pure, nella impossibilità in cui
mi costringono gl'incomodi della cadente età, di confondere
di presenza i miei accusatori, avanti la Convenzione istessa,
non debbo rinunziare alla soddisfazione di riprodurre in
questa occasione avanti di voi, amatissimi compatriotti,
quanto la coscienza della mia lealtà, non meno che il mio
rispetto per i rappresentanti della Repubblica mi suggerirono
di esporre alla Convenzione medesima, dopo che mi pervenne
notizia del suo decreto.

» Ed io devo tanto più sollecitamente profittare di questa
occasione per dare ai sentimenti in detta lettera espressi in
faccia alla nazione intiera, una pubblicità proporzionata alla
pubblicità ed importanza delle accuse contro di me prodotte
avanti di essa, quanto che, nella diffamazione del mio nome
e condotta, propagata con ogni più iniqua arte da qualche
tempo in quà dai miei calunniatori fra i nostri fratelli Francesi del continente, ho luogo a temere che questa istessa
lettera, perchè propria a far arrossire i miei accusatori e
ad illuminare sul mio particolare la sorpresa religione dei
Rappresentanti del Popolo, possa non aver trovato sicuro
cammino sino alla sua destinazione.

» Frattanto nella aspettativa che la giustizia della Convenzione nazionale non sia per tardare troppo lungamente a
cancellare nell'opinione dell'intiera Repubblica l'infame
taccia della calunnia inflitta al mio nome, io la vostra
imploro, amatissimi compatriotti, in questa congiuntura,
e la imploro con quella fiducia, che mi danno e la mia
passata vita e la testimonianza della mia coscienza.
Se vi è fra voi chi abbia, o dalla mia pubblica e privata
condotta, o dai miei discorsi in qualsivoglia occasione dopo

il mio ritorno in Patria, raccolto argomento o indizio anche il più leggero di slealtà per parte mia, o di men che fervido e sincero attaccamento verso la causa della libertà, che abbiamo ricuperata, e che difendiamo in associazione colla grande e potente nazione di cui facciamo parte dalla rivoluzione in poi, lo produca pure arditamente in questa adunanza, e con coraggio degno di repubblicano mi cuopra in faccia alla Patria che ha onorato il mio nome e la mia vita, di quell'obbrobrio che è riserbato ai miei calunniatori! Ma se, come giova sperare, voi siete persuasi che quello il quale nel vigore degli anni è stato a parte dei vostri travagli e pericoli nella difesa della Patria, che non sopravvisse alla perdita della libertà che nella speranza di riportarvela un giorno, che condannatosi a volontario esilio durante la schiavitù e l'oppressione da voi sofferte per venti anni, non esitò un'istante dopo la rivoluzione, a consacrare ai vostri voti ed ai bisogni della patria il resto di sua caduca esistenza, che tanto solamente egli valuta quanto può ancora lusingarsi che non sia per trascorrere inutilmente affatto per voi: se voi credete, dissi, che un tal uomo non abbia potuto sì leggermente disonorare gli ultimi anni della sua carriera col tradire gl'interessi della libertà e della Patria, rassicurato col vostro giudizio in sì solenne occasione il suo nome contro gli attentati dell'impostura e della calunnia, fate che esso non sia tramandato ai vostri posteri durevolmente appannato dal loro alito impuro, e che unitamente al testimonio della mia coscienza sulla mia pubblica condotta, possa accompagnarmi nella tomba, in cui sono forse vicino a scendere, la consolazione di non aver lasciato dubbio nell'animo dei miei compatriotti sulle massime e i sentimenti, che hanno diretta ed animata la mia vita per la Patria e per la libertà, e che, qualunque sia la mia presente afflizione ed amarezza, qualunque sia per essere il mio futuro destino, colla vita solamente potranno estinguersi. »

Dopo di che il cittadino Panattieri ha fatto il rapporto e l'analisi delle accuse vomitate contro il generale Paoli, con tutte le osservazioni accessorie per smentirle; ha fatto egualmente lettura del decreto del due aprile.

La Consulta generale, intese e bene esaminate le dette accuse, che provocarono il decreto suddetto, considerando che il popolo della Corsica agli occhi dell'Europa, secondato dal coraggio e dai talenti del Paoli, che ne dirigeva gli sforzi e ne divideva i pericoli, combattè, e trionfò il primo della tirannia, sotto di cui gemeva, e sostenuto dai suoi lumi e dalle sue virtù civiche, pervenne a godere d'un governo repubblicano, fondato sulla libertà ed eguaglianza, i di cui frutti, pendente la sua breve durata, furono la pace e la felicità dei cittadini;

Che in seguito nella guerra oppressiva, provocata dal Monarca di Francia, Paoli alla testa dei suoi concittadini, difese la libertà con quel successo che le deboli risorse di questo popolo e le forze immense del nemico potevano permettere, e dopo la conquista della sua Patria, preferì un esilio onorevole, alla offerta corruttrice del dispotismo;

Considerando che all'epoca della rivoluzione, Paoli, fermo nei suoi principi, che son quelli d'un vero amico della libertà, diede alla Francia tutta, nanti i suoi rappresentanti, un segno solenne dei suoi sentimenti;

Che restituito nel suo paese natio, godendo dell'amore e della fiducia universale dei suoi concittadini, la sua condotta e la sua influenza non hanno mai avuto altro fine, che quello d'ispirar loro un'attaccamento invariabile agl'interessi, ed alla felicità della Repubblica francese, di cui sono membri, d'insinuare l'amore delle leggi nazionali e d'inculcarne l'esecuzione, d'impedire gli abusi delle autorità, di prevenire, o di arrestare i torbidi, dei quali questo dipartimento è stato più volte minacciato da nemici pubblici; d'estinguere in somma il fanatismo pericolosissimo in Corsica, con cui hanno spesse volte tentato di turbare il riposo pubblico, e di portare il popolo alla ribellione ;

Considerando in somma che l'uniformità, e la costanza della condotta di Paoli, durante l'intiera sua vita, sono il garante il più sicuro della sua lealtà verso la Repubblica, e dei suoi principi per la difesa della libertà e dell'uguaglianza; la Consulta dopo la sua intima convizione, secondo la testimonianza uniforme, e il voto costante esternato da tutti i comuni del dipartimento, dichiara all'unanimità ;

Che le calunnie, e le imposture state dirette contro l'onore e contro le virtù del generale Paoli, sono l'opera dei maligni e dei perfidi che minacciavano il totale sconvolgimento della Corsica ; che queste calunnie hanno eccitato lo sdegno, e l'esecrazione dell'intiero dipartimento, e che non sono state, nè saranno mai capaci di alterare i sentimenti della stima, venerazione, e riconoscenza di tutti i Corsi, giustamente dovuti al loro virtuoso generale ;

Che il popolo riconosce nel cittadino Paoli, il primo fondatore della sua libertà ed il suo più fermo sostegno ; che esso l'ha animata, mantenuta e difesa nella prima epoca gloriosa della Corsica redenta, ed è stato egualmente il seguace, ed il sostenitore il più fermo della libertà francese ;

Che non è il solo benefizio reso alla Corsica, quello di averla sottratta dalla tirannia de' Genovesi, ma la Consulta dichiara altamente di averlo sempre riconosciuto per il Padre della Patria, l'amico del Popolo, il vindice delle leggi, il protettore degli infelici ;

Che i capi di accusa, che hanno strappato alla buona fede della Convenzione nazionale il decreto del due aprile contro il generale Paoli e l'Amministrazione del dipartimento colpita nella persona del procuratore generale sindaco, sono per la loro inverisimiglianza e assurdità, evidentemente calunniosi, e dettati dall'impostura la più perfida di qualche nemico, personalmente interessato, e conosciuto notoriamente dal popolo di questo dipartimento ;

In conseguenza, che sarà fatto un indirizzo alla Convenzione nazionale, perchè, meglio informata della verità dei fatti, faccia trionfare la sua giustizia colla revoca del suddetto decreto del due aprile, stato sorpreso alla di lei religione.

Il presidente della Consulta, secondando le sue intenzioni e il suo voto, ha risposto al Generale Paoli nei termini seguenti :

« Generale e Padre della Patria,

» La Corsica intiera e i suoi mandatari hanno di già esaminati i capi dei delitti che i vostri nemici, che sono quelli della Patria e della nostra libertà, hanno immaginato contro la vostra persona, e non hanno scoperto che l'effetto della più nera calunnia, e l'idea di volervi strappare dal suo seno per compire i loro disegni, che erano quelli di opprimerci e di conculcarci.

» Sa questo dipartimento che è a voi che deve la sua tranquillità, ed è col vostro credito che il governo popolare si organizzò in quest'Isola, ed è alla vostra vigilanza e all'influenza che la vostra condotta sempre eguale vi ha meritata dai vostri concittadini, che si deve l'ordine e la pace che regnava in questo dipartimento, prima dell'arrivo dei tre commissari. La vostra lealtà è conosciuta, e il Popolo Corso riunito in consulta per mezzo dei suoi mandatari, prende l'impegno di smentire tutte le calunnie che sono state vomitate e nel seno della Convenzione, e nelle società popolari, e nei fogli pubblici. Continuate, cittadino Generale, la vostra vigilanza su questo paese che si vorrebbe scompaginare : è a voi che il Popolo Corso affida il deposito sacro della libertà, ed è al vostro zelo e alla vostra fermezza, che egli confida la sicurezza pubblica del dipartimento. Voi siete stato il primo ristoratore della nostra libertà, tocca a voi a compire l'opera : noi abbiamo deciso di morir tutti piuttosto che di ricadere sotto le antiche catene. »

Il discorso del general Paoli e la risposta del presidente hanno eccitato il più vivo entusiasmo nei cuori del Popolo.

La Consulta ha in seguito proclamato il generale Paoli per suo presidente fra gli unanimi evviva ed acclamazioni. Il segretario provvisorio dell'Assemblea è stato confermato nelle sue funzioni.

Il cittadino Pozzodiborgo procurator generale sindaco, ha pronunziato un discorso energico e pieno di patriottici sentimenti.

Il presidente ha risposto nei seguenti termini :

« Cittadino procurator generale, voi siete stato colpito da un decreto, sorpreso alla religione della Convenzione nazionale. Sa la Corsica intiera che quello fu provocato da pochi ambiziosi e voi non siete stato in questa parte che la vittima del vostro zelo e del vostro patriottismo. La Consulta generale va a smentire le imposture che l'odio e la cabala hanno vomitate contro di voi, e già rendendo giustizia alla lealtà dei vostri sentimenti, ve ne ha dato una prova molto lusinghevole coll' invitarvi a venire nel suo seno ; continuate, virtuoso cittadino, nella carriera di onore che avete fin qui calcata, ed assicuratevi che la patria saprà apprezzare i travagli dei buoni cittadini, e rendervi sempre giustizia. »

La Consulta generale applaudendo egualmente alla risposta del suo presidente, e soddisfatta della condotta saggia, ferma, patriottica e repubblicana del cittadino Pozzodiborgo, procurator generale sindaco del dipartimento, determina che questo virtuoso cittadino ha ben meritato della Corsica ; che il decreto lanciato non contro il suo nome, ma contro la sua carica, ha ferito nel tempo stesso tutta l'Amministrazione generale, che ha saputo con fermezza e con coraggio difendere l'onore dei suoi amministrati, attaccati dalle calunnie le più atroci dei nemici della Patria e del nome de' Corsi.

Determina inoltre che il cittadino Pozzodiborgo continuerà nelle sue funzioni di procurator generale sindaco di questo dipartimento, nell'esercizio delle quali ha dato le prove le meno equivoche dei suoi talenti e del suo civismo, e come tale sarà riconosciuto da tutte le autorità subordinate.

Il cittadino Panattieri ha proposto la nomina di un comitato per suggerire alla Consulta le misure necessarie per preservare la Corsica dall'anarchia e dalle oppressioni, dalle quali viene minacciata, smentire le calunnie colle quali si vorrebbe far comparire disleale alla Francia, e prendere qualunque altra misura che potrà esigere la salvezza della patria : che questo comitato potrebbe esser composto di tre soggetti nominati da' cittadini di ciascun distretto nella presente sessione.

La Consulta generale determina la formazione del comitato proposto.

I membri di ciascun distretto, essendosi immediatamente riuniti, hanno proceduto alla nomina suddetta, e la loro scelta è caduta nei soggetti seguenti :

Per il distretto d'Ajaccio : Francesco Antonio Grosseto, Filippo Antonio Masseria, Mario Peraldi.

Di Bastia : Pietro Paolo Imbrico, Benedetto Massiani, Pier Domenico Franceschi.

Di Cervione : Angelo Maria Casella, Giacinto Battesti, Pier Giovanni Marsilj.

Di Corte : Luigi Tiberj, Carlo Filippo Marchioni, Giulio Francesco Battaglini.

Dell'Isola Rossa : Bonfiglio Guelfucci, Pancrazio Quilici, Gian Battista Savelli.

D'Oletta : Leonardo Morati, Girolamo Saliceti, Carlo Francesco Morati.

Della Porta : Giacomo Maria Casali, Anton Guerrino Vittini, Carlo Frediani.

Di Tallano : Pietro Paolo Colonna Cesari, Francesco Pietro Fozzano, Giuseppe Maria Pietri.

Di Vico : Anton Francesco Benedetti, Gian Grisostomo Ciaccaldi, Matteo Leca.

I quali si riuniranno alle ore sei della sera nella sala del dipartimento per occuparsi a quei piani e progetti che crederanno analoghi alla salvezza del dipartimento, e sottometterli in seguito all'esame della Consulta per esservi deliberato. I membri del Direttorio faranno parte di questo comitato, e gli procureranno tutti gli schiarimenti e informazioni di cui potranno aver bisogno.

I membri del Direttorio del dipartimento sono montati successivamente alla tribuna, ed hanno fatto il rapporto delle loro operazioni amministrative, e reso conto della lor gestione e condotta.

Il cittadino Panattieri ha fatto quello sopra gli oggetti di pubblica tranquillità, forza militare, emigrati, giustizia, municipalità e amministrazione generale; ed attesa la malattia del cittadino Morati, ha fatto egualmente il rapporto sopra gli oggetti de' travagli pubblici, fanciulli esposti, marina, ed altro.

Il cittadino Balestrini ha fatto il rapporto della contabilità.

La Consulta applaudendo alla condotta saggia, ferma, patriottica e repubblicana del Direttorio del dipartimento, tanto per i suoi travagli amministrativi che per l'economia portata alle sue finanze, ha appalesata la sua piena soddisfazione per la chiarezza e precisione del conto reso da' suoi membri.

Dopo di che la sessione è stata rinviata a dimani, martedì vent'otto del mese corrente, alle ore nove della mattina.

 Sottoscritti : Giaferri, Quenza, Vinciguerra, decani,
  Grimaldi, presidente decano.
  Pasquale de Paoli, presidente.
  Muselli, segretario.

Sessione della Consulta generale del Dipartimento di Corsica, del martedì 28 Maggio 1793, 2° della Repubblica.

I Mandatari del popolo Corso, descritti nel processo verbale della sessione di jeri, essendosi resi nella piazza dell'antico convento di S. Francesco di questa città di Corte, destinata per il luogo delle sue sessioni, lettura è stata fatta del processo verbale delle sessioni di jeri dal segretario della Consulta, e la redazione ne è stata intieramente approvata.

Il cittadino Ferrandi, membro del Direttorio del dipartimento, ha fatto il rapporto sopra gli oggetti riguardanti il clero, la vendita de' beni nazionali e l'impiego malamente fatto dagli antichi amministratori di lire diciotto mila inviate dalla Tesoreria nazionale per servire di pagamento agli estimatori de' beni nazionali.

I dettagli del rapporto sulla contabilità di questa parte d'amministrazione, sono portati a quel grado di chiarezza e di precisione che la Consulta ha già riconosciuta ne' rapporti stati fatti dagli altri amministratori nella sessione di jeri, e la Consulta generale ne ha appalesata la sua soddisfazione.

Il cittadino Galeazzi, presidente del Consiglio generale del dipartimento, ha reso conto, sia de' travagli, sia della condotta tenuta dall'Amministrazione generale col seguente discorso pronunziato dalla tribuna:

« La giustizia è di diritto rigoroso per ciascuno, ma se egli fosse possibile d'ammettere a suo riguardo un diritto di preferenza, apparterrebbe evidentemente agli uomini pubblici incaricati di renderla essi medesimi agli altri.

» Non ostante questo principio, il Direttorio e il Consiglio generale del dipartimento, dopo aver segnalato il loro zelo e il loro patriottismo, contribuendo, per quanto hanno potuto, a porre l'ordine il più esatto in tutte le parti dell'amministrazione, e ad allontanare da quest'Isola la desolazione e gli orrori d'una guerra civile che alcuni scellerati le minacciavano, sono stati giudicati con precipitazione dai tre commissari della Convenzione nazionale, senza essere informati della loro condotta, e prima d'essere stati intesi.

» La loro condanna non è stata pronunziata che sul semplice esposto di pochi intriganti che li circondano, negligentando di prendere tutte le precauzioni che potevano garantirli della sorpresa la più grossolana e la più pericolosa.

» Distruggere ogni potere legale diffamando tutti i funzionari pubblici; chiamare sediziosi e ribelli i veri patriotti, e patriotti i sediziosi e gli anarchisti; rendere odiosi al popolo i magistrati consacrati dalla sua libera scelta; non avendo potuto corrompere la volontà generale, dividere almeno la forza pubblica, preparare in fine il ferro micidiale per farlo cadere sulle teste di 40 o 50 dei migliori cittadini; tale senza dubbio è stata l'ultima speranza, e il progetto infernale dei nemici perversi ed implacabili del popolo Corso e della sua libertà: sistema atroce manifestamente eseguito quasi in tutte le parti della Francia, e messo in pratica in Corsica con crudele successo.

» Commissari dell'Amministrazione superiore presso quelli della Convenzione nazionale, io e i cittadini Giacomoni e Bertolacci, abbiamo scoperto tutte queste perfide trame, ne abbiamo fremuto, e in seguito resone, al nostro arrivo in questo capoluogo, un conto esatto al Consiglio generale. Questo non ha veduto altro mezzo per impedire tanti disastri che di convocare il popolo sovrano, acciò esso medesimo salvasse la minacciata sua libertà, e prendesse quelle misure comandate dalle circostanze. Il popolo ha inteso la voce dei suoi amministratori, si è levato tutto intiero, e ha scelto voi per dissipare colla vostra saviezza i mali incalcolabili dell'anarchia, e d'una imminente guerra civile, pronto esso ad eseguire, colle armi alla mano se sia necessario, le vostre determinazioni.

» È a voi dunque, mandatari di questo buon popolo, di prender vendetta dei nemici che hanno tramata la sua perdita. Colpite senza pietà quei faziosi, quei patriotti ipocriti che finora ornandosi d'un bel nome, hanno cercato, nella disgrazia pubblica, a soddisfare le loro passioni private, e ad arrogarsi un potere di circostanze ugualmente pericoloso alla libertà che alla prosperità generale.

» È dall'impiego della vostra autorità che dipenderà la felicità pubblica. La Corsica intiera vi contempla; gli stessi cittadini dei presidi, nostri fratelli, oppressi dalla tirannia dei cospiratori, calcoleranno la loro marcia sulla vostra. Testimonio di quelli di Bastia, posso assicurarvi, che essi attendono con viva impazienza il fine di quest'assemblea per liberarsi col vostro aiuto dall'oppressione, e non fare che una sola e medesima famiglia col resto dell'interiore.

» Frattanto gradite che il Consiglio generale, per il mio organo, deponga nelle vostre mani i poteri che l'Assemblea elettorale, tenuta in questo medesimo luogo nel mese ultimo di decembre, gli aveva delegato, e che tutti i membri che lo compongono, rientrino nel rango di semplici cittadini, aspettando da voi e dal Popolo che degnamente rappresentate, un severo gastigo se hanno demeritato, o la vostra approvazione, se, fedeli esecutori della legge, e della volontà generale dei loro commettenti, si sono resi degni della loro confidenza; approvazione che, emanata da un profondo e imparziale esame della loro condotta, sarà la più cara e dolce ricompensa che possano riscuotere dai suoi concittadini. »

Il presidente, dopo avere inteso la Consulta che, sul rapporto molto dettagliato fatto dal comitato sulla buona condotta e gestione irreprensibile del Consiglio generale e del

Direttorio del dipartimento, ha esternato il suo voto unanime per la piena soddisfazione ed approvazione sulla condotta e operazioni dell'Amministrazione generale del dipartimento, ha risposto nei termini seguenti :

« La Consulta generale ha scrupulosamente esaminato la condotta dell'Amministrazione superiore, sa le circostanze critiche nelle quali si è trovata, la fermezza e il coraggio che ha dimostrato veramente degno dell'Amministrazione del dipartimento di Corsica ; ha letti con indignazione i motivi frivoli e insussistenti, che hanno provocato la destituzione del Consiglio.

» La Consulta generale approva la sua condotta, e applaudisce a tutte le misure prese per preservare la Corsica dall'oppressione, dall'anarchia, dalla guerra civile che i commissari della Convenzione con i loro satelliti volevano introdurvici ; dichiara in conseguenza, che il Consiglio, il Direttorio generale e il sostituto del Procurator generale sindaco del dipartimento, hanno ben meritato dalla Corsica, e perciò gl'incarica di continuare nelle rispettive loro funzioni che il popolo gli ha alla quasi unanimità affidate. »

I cittadini Franciosi e Bertola hanno successivamente pronunziati due discorsi ripieni di sentimenti patriottici, ed analoghi ai mezzi di prevenire l'anarchia e le oppressioni, delle quali i nemici della Patria minacciano questo dipartimento.

I detti due discorsi sono stati applauditi dalla Consulta generale.

Il cittadino Pozzodiborgo, procuratore generale sindaco, ha fatto, a nome del comitato della Consulta, il rapporto dei travagli che lo hanno occupato nella sessione di jeri : questi contengono un indirizzo alla Convenzione nazionale, agli uomini liberi di tutti i paesi, ed è concepito nei termini seguenti :

« Allorquando la natura degli eventi mette un popolo

nella dura necessità di ricorrere a delle misure straordinarie per conservare la sua libertà, la sua esistenza, e il suo onore, è della sua dignità di caratterizzare la sua condotta, d'esporre i suoi principi, e d'invocare la giustizia del mondo imparziale, che deve giudicarlo.

» Situati fra la necessità di resistere all'oppressione, o di abbassare le nostre teste sotto il giogo del dispotismo il più assoluto, i Corsi hanno dovuto preferire il partito che conveniva al loro coraggio. Noi chiamiamo Dio per testimonio della purità delle nostre intenzioni, e della nostra condotta per il solo argomento contro i nemici della nostra felicità. Noi sappiamo che questi nemici sono divenuti possenti, a motivo delle prevenzioni che hanno avuto l'arte d'accreditare in disprezzo de' nostri fratelli del continente; ma noi sappiamo altresì che vi è un termine all'esito della menzogna e del delitto, e che gli uomini che vogliono, e che realmente meritano di essere liberi, purgheranno la terra dei mostri, che per mezzo delle atroci loro passioni, hanno sottomessa la causa sacra della libertà ai calcoli della cupidigia, della vendetta, e dell'orgoglio.

» Il nostro dipartimento era nel numero dei più tranquilli della Repubblica, noi invochiamo la testimonianza della truppa di linea, degl'impiegati del continente, che risiedono fra di noi, e finalmente quella di tutti gli uomini giusti, che ci hanno conosciuti.

» I commissari soli hanno provocato i torbidi colla loro condotta oppressiva, ci hanno forzati alla resistenza per caratterizzarla di ribellione, e hanno armato del loro credito, e della loro protezione tutti i facinorosi perseguitati dalle leggi, e dall'odio pubblico, affine di cospirare contro la vita de' buoni cittadini e la libertà del popolo.

» Sono i commissari quelli che ci hanno strappati dal seno della pace interiore col progetto di darci in preda alle disgrazie dell'anarchia, e della guerra civile la più sanguinosa.

Egli è per preservarci dai mali che ci preparano, che noi ci siamo riuniti in assemblea generale, affine di esaminare la sorgente delle nostre calamità, e di prendere delle risoluzioni efficaci per farle cadere sopra le teste colpevoli di coloro che le hanno provocate, e per opporre loro una resistenza uguale alla loro perfidia.

Dopo di aver esaminata la loro condotta coll'imparzialità che caratterizza sempre i giudizi popolari, noi dichiaramo alla Convenzione nazionale, alla Francia intiera, ed a tutti gli uomini giusti come fatti costanti, e l'evidenza de' quali ha portato nei nostri cuori la più intima convinzione:

1º Che Saliceti d'intelligenza con gli altri deputati Casabianca e Moltedo, ed alcuni Corsi risponsevoli d'abuso di autorità e di malversazione, hanno formato il progetto di eccitare delle novità e delle turbolenze in Corsica, e di esercitarvi un dominio esclusivo, e preparare il popolo a servire loro d'istrumenti per sostenere la fazione che destina alla Francia innumerabili disgrazie;

2º Che per determinare la Convenzione ad adottare delle misure straordinarie, ha eccitato, sì direttamente, che per via dei suoi intermediari, i timori i più mal fondati, e le diffidenze le più ingiuste nel seno della Convenzione nazionale, del Consiglio esecutivo e delle Società popolari sopra lo stato politico e morale della Corsica;

3º Che egli ha fatto licenziare i quattro battaglioni di guardie nazionali corse, per crearne delle altre sottomesse alla sua personale influenza, ed a quella dei suoi complici, ed ha provocata una missione particolare per la Corsica, per farsi nominare commissario;

4º Che egli è venuto coi suoi colleghi, suoi cooperatori, con delle prevenzioni e dei progetti sinistri, minacciando la Corsica d'una nuova rivoluzione, e del sacrifizio dei cittadini, che l'hanno più costantemente servita;

5º Che la formazione dei quattro battaglioni di cacciatori,

lungi d'avere per oggetto il servizio della Repubblica, ella non è stata regolata che per fine d'interesse nel conferire la totalità quasi dei gradi con una scandalosa prodigalità ai parenti e partigiani della fazione, e a gente sospetta e pronta ad ingannare;

6° Che la nomina del generale Casabianca al comando della Corsica, è stata dettata dai medesimi principj;

7° Che il disarmamento della guardia nazionale Corsa in guarnigione a Calvi, la detenzione del cittadino Morati e dei migliori cittadini di quella città, l'invasione della Balagna tentata dai commissari, l'attacco del Borgo, l'oppressione esercitata contro la libertà delle opinioni nella società popolare di Bastia, sono atti di ostilità e di violenza, praticati contro i diritti e la sicurezza del popolo, e contro le basi fondamentali del patto sociale, che glieli garantisce;

8° Che il decreto del due aprile, strappato alla buona fede della Convenzione nazionale contro il generale Paoli e il procurator generale sindaco, è l'effetto degli intrighi di quella fazione, la quale sentiva il bisogno di distruggere tutto ciò che avrebbe potuto difendere la libertà pubblica, ed opporsi ai suoi sinistri progetti;

9° Che la destituzione del Consiglio generale del dipartimento, nominato dal popolo, la creazione d'una commissione provvisoria, la traslazione della residenza a Bastia, sono atti evidentemente ingiusti ed oppressivi, fondati sopra dei motivi, i quali o non esistono, o che i commissari hanno trasformato per colorire la loro ingiustizia, tendente a disorganizzare le autorità popolari, per aver alla mano le persone che hanno scelte eglino stessi;

10° Che essi hanno tenuto dei discorsi oltraggianti contro l'onore e la dignità del popolo Corso, minacciandolo che la Francia l'avrebbe abbandonato ai Genovesi, suoi antichi tiranni;

11° Che essi hanno costantemente rigettate tutte le comunicazioni, che le autorità popolari, e sopra tutto l'Amministrazione superiore hanno domandato di avere con essi per gli affari pubblici, affettando l'orgoglio del dispotismo il più assoluto in tutte le loro maniere, e nei loro discorsi;

12º Che hanno violato il segreto delle poste e impedito ogni corrispondenza col continente della Francia, privandoci con tal mezzo dal poter fargli pervenire le nostre reclamazioni e dal riceverne le istruzioni;

13º Finalmente che per mezzo d'una simile condotta, hanno alterata la pace in Corsica, paralizzate tutte le autorità, ed arrestata l'azione del governo col maggior detrimento della causa pubblica.

Dopo di che noi mandatari suddetti, considerando che la prima delle leggi di natura, è quella di provvedere alla propria conservazione; che la nostra esistenza politica, e la nostra libertà civile sono altamente minacciate dalla cospirazione dei commissari;

Che noi non possiamo evitare la guerra civile, e i mali dell'anarchia se gli lasciamo esercitare un'autorità illimitata contro i diritti e la sicurezza del popolo;

Che tutte le communicazioni col continente, ci sono state interrotte senza speranza di poterle ottenere per lungo tempo;

Che nell'alternativa di piegare sotto il giogo delle umiliazioni, e dell'arbitrio il più sfrenato, o di resistere con vigore a un progetto simile e liberticida, i Corsi devono scegliere il partito che conviene al loro coraggio, alla giustizia della loro causa, ed ai loro interessi;

Dichiariamo che il popolo del dipartimento di Corsica, fedele ai suoi giuramenti ed alle sue promesse, persiste nella sua unione alla Repubblica francese, ma sempre libero e senza oppressione;

Che per l'effetto della prevaricazione e degli abusi d'autorità dei tre individui commissari della Convenzione nazionale, è costituito in istato di resistenza legittima all'oppressione; per conseguenza ed in virtù dei poteri che ci sono stati dati dai nostri comuni, e sin tanto che la Convenzione sia meglio informata, deliberiamo provvisoriamente ciò che segue :

Art. I. I cittadini Saliceti, Delcher e Lacombe S. Michel, spediti in Corsica in qualità di commissari della Convenzione nazionale, cesseranno d'essere riconosciuti come tali, e di esercitare l'autorità, di cui erano stati rivestiti per fare la felicità del popolo, e che non hanno impiegata che per i loro progetti interessati e per la nostra disgrazia.

II. Tutte le autorità costituite, i cittadini, tutte le truppe di qualunque corpo e grado elle siano, non obbediranno più in avvenire ad alcuno de' loro ordini o richieste, sotto pena di essere considerate esse medesime come istrumenti dell'oppressione, e di essere trattate come tali.

III. I cittadini ingaggiati nei battaglioni di cacciatori, creati secondo le mire interessate e tiranniche dei detti commissari, quelli delle guardie civiche, sono tenuti di rientrare fra il termine di quattro giorni alle loro case, e di abbandonare una riunione, che è l'oggetto di una divisione, e può diventare la cagione d'una guerra civile : coloro che non se ne saranno ritirati nel detto termine, saranno riguardati come complici e cooperatori della fazione contraria al popolo, e trattati come tali. Il generale Casabianca, e tutti coloro che si sono ritirati a Bastia, a Calvi, a S. Fiorenzo, presso dei commissari, rimangono compresi nelle disposizioni del presente articolo.

IV. Il Consiglio generale del dipartimento, e il sostituto del Procurator generale sindaco di esso, nominati dal popolo e stati destituiti per mezzo d'un atto di dispotismo e d'ingiustizia dei commissari della Convenzione nazionale, continueranno in conformità della determinazione stata presa dalla Consulta generale, nelle loro funzioni ; l'Assemblea dichiara che hanno ben meritato dal popolo di questo dipartimento per la condotta saggia ed energica che hanno tenuta nelle pericolose circostanze in cui si sono trovati.

V. Nè il Direttorio del distretto di Bastia, nè alcun'altra commissione istituita dai detti commissari, potrà arrogarsi la facoltà di esercitare le funzioni del Consiglio generale o del Direttorio del dipartimento, sotto pena di essere riguardati come cospiratori contro la libertà pubblica, e trattati come tali.

VI. Saranno aggiunti al Consiglio generale del dipartimento due membri scelti dai mandatari di ciascun distretto; gli aggiunti delibereranno, unitamente ai membri del Consiglio, sopra tutti gli affari amministrativi di polizia generale e di salute pubblica.

VII. Sarà parimente aggiunto un numero eguale ai membri dei distretti, che corrisponderanno col Consiglio generale; i membri dei distretti potranno dividersi nei differenti cantoni, se lo giudicheranno necessario, e sempre sotto gli ordini del Consiglio generale.

VIII. Tanto il Consiglio generale del dipartimento, che quello d'ogni distretto, sono incaricati di perseguitare i complici e cooperatori della fazione, e di far giudicare dal tribunale criminale coloro che vi restassero ancora attaccati, ventiquattr'ore dopo la pubblicazione della presente determinazione.

IX. Tutti i cittadini impiegati nella guardia nazionale, nella giandarmeria, o in qualunque funzione giudiziaria o amministrativa, che fossero stati nominatamente destituiti da' commissari, continueranno ad essere considerati nei loro impieghi e nel loro grado.

X. Tutti i buoni cittadini avendo fremuto alla lettura delle imposture atroci che hanno provocato il decreto contro il generale Paoli, e contro il cittadino Pozzodiborgo, procurator generale sindaco, l'esecuzione di questo decreto è sospesa, e noi ne dimandiamo, in nome del popolo, il rapporto e la cassazione.

XI. Il general Paoli è invitato, a nome del popolo, che ce ne ha specialmente incaricati, a continuare il suo zelo e la sua vigilanza per il mantenimento della sicurezza e della libertà-pubblica, e di far uso della sua influenza e della confidenza universale di cui gode per combattere i progetti dei malvagi e degli ambiziosi. Il cittadino Pozzodiborgo è parimente invitato a riprendere le sue funzioni.

XII. Il popolo corso prende sotto la salvaguardia della sua bravura e della sua lealtà la conservazione e la difesa del suo territorio contro ogni invasione nemica e straniera; incarica inoltre il generale Paoli, il Consiglio generale, e gli aggiunti di scegliere i mezzi per pervenirvi.

XIII. Saliceti, Moltedo e Casabianca, deputati alla Convenzione nazionale, avendo cospirato contro la libertà dei loro committenti, dichiara, a nome del popolo di questo dipartimento, che essi hanno perduto la confidenza dei loro concittadini, e tradito i loro doveri, e revoca per quanto dipende da lui, tutti i poteri, dei quali sono stati rivestiti, denunziandoli alla Convenzione nazionale.

XIV. Il presente atto emanato dai mandatari d'un popolo giusto, che non sa nè vuole soffrire alcun dispotismo, sotto qualunque forma apparisca, sarà sottomesso alla Convenzione nazionale, stampato e pubblicato nel dipartimento, per essere eseguito come una misura di salvezza pubblica, sino a che ne sia altrimenti ordinato dalla Convenzione nazionale meglio illuminata.

La Consulta generale testificando la piena sua soddisfazione allo zelo, sollecitudine, e travaglio stato diretto dai membri del suo comitato, ha approvato, ed approva all'unanimità il suddetto indirizzo, come contenente le espressioni che convengono alla dignità e alla fermezza d'un popolo libero che ha giurato di mantenere la libertà e l'uguaglianza, e di opporsi a qualunque genere di oppressione.

Sottoscritti: GIAFERRI, QUENZA, VINCIGUERRA, decani.
GRIMALDI, presidente decano.
PASQUALE DE PAOLI, presidente.
MUSELLI, segretario.

Sessione della Consulta generale del Dipartimento di Corsica, del Mercoledì 29 Maggio 1793, 2° della Repubblica.

I mandatari del popolo Corso descritti nella prima sessione, essendosi riuniti nel luogo ordinario, il segretario della Consulta ha fatto la lettura del processo verbale della sessione di ieri, e la redazione ne è stata approvata.

Il cittadino Marsilj, dopo di aver ottenuta la parola, è montato alla tribuna, ed ha indirizzato all'Assemblea un discorso, con cui ha riepilogati tutti i sentimenti che animano il popolo di questo dipartimento, la di lui viva riconoscenza, ed il suo profondo attaccamento verso il generale Paoli, sì crudelmente oltraggiato dalle imposture dei faziosi, e così degno dell'amore e dell'ammirazione dei veri amici della libertà e dell'eguaglianza: l'oratore ha concluso che la Consulta generale determinasse un'indirizzo che contenesse in succinto i motivi della sua riunione, l'inalterabile zelo dei Corsi per la causa della libertà e dell'uguaglianza, la fermezza de' loro principî sopra l'unità della Repubblica Francese, ed il puro ed inviolabile loro attaccamento alla Francia; che quest'indirizzo vi sia sparso con una profusione capace di distruggere nello spirito di tutti i nostri fratelli del continente le impressioni sinistre eccitate da diversi calunniatori, vili stromenti di una fazione disorganizzatrice.

Il discorso dell'oratore è stato applaudito dalla Consulta generale e la sua mozione gradita all'unanimità.

Il cittadino Panattieri è montato alla tribuna, e ha proposto che a nome dell'Assemblea siano scritte lettere ai comandanti della forza armata patriottica d'Ajaccio, Bonifazio, ed Isola Rossa, ai comandanti delle guardie nazionali e battaglioni che vi sono in guarnigione, egualmente che alle municipalità di queste tre piazze, a quelle di Corte, Cervione, Vico, Borgo, Biguglia e Oletta, per appalesar loro la riconoscenza del popolo del dipartimento di Corsica, per il coraggio, fermezza, e buona condotta che hanno fatto spiccare nelle presenti circostanze, sia per la difesa delle piazze confidate alla loro fedeltà ed alla loro bravura, sia per il più puro attaccamento manifestato alla Patria ed alla libertà nell'aver coraggiosamente respinti e scacciati i nemici che si erano presentati per soggiogarli. Questa mozione accolta con plauso è passata all'unanimità, ed il presidente restò incaricato di scrivere le suddette lettere.

L'istesso oratore ha osservato che la patria deve dei ringraziamenti a quei fermi e costanti cittadini che hanno ricusato di accettare dalle mani dei tiranni quelle cariche state istituite per combattere e distruggere l'istessa tirannia.

La Consulta generale ha dichiarato all'unanimità che quei cittadini che hanno rifiutato di accettare un posto nella commissione destinata a fare le veci del Direttorio e Consiglio del dipartimento, meritano la stima e la riconoscenza del popolo; disapprova la condotta del Direttorio del distretto di Bastia, che ha avuta la debolezza di accettare una simile commissione.

Dichiara nulle, illegali ed attentatorie alla libertà nazionale, ed alla sovranità del popolo, tutte le deliberazioni, che i membri componenti il Direttorio del distretto di Bastia, possano aver prese, o che prenderanno col preteso titolo d'amministratori del dipartimento di Corsica, e come tali le cassa, revoca ed annulla. La Consulta generale persiste nel resto, nelle disposizioni dell'art. V, state determinate nella sessione di ieri, riguardo al detto Direttorio.

I deputati di ciascun distretto hanno presentato lo stato di ventiquattro soggetti, i quali in seguito alla determinazione di ieri dovranno servire di aggiunti tanto all'Amministrazione generale, che alle amministrazioni dei rispettivi distretti.

Fattane lettura dal segretario della Consulta generale, si sono trovati del seguente tenore :

STATO DEGLI AGGIUNTI.

Distretto d'Ajaccio.

Aggiunti al dipartimento : Filippo Masseria, Giuseppe Colonna-Bozi, Battista Colomboni, Giuseppe Maria Seta, Gio : Martino Bolelli, Antonio Rossi, Santo San Damiani, Francesco Antonio Grosseto, Ignazio Ornano, Antonio Tasso, Antonio Giorgi, Stefano Mattei.

Aggiunti al distretto : Francesco Pozzodiborgo, Silvestro Robaglia, Paolo Domenico Casanova, Paolo Paoli prete, Antonio Sarola, Mario Cutoli, Domenico Costa prete, Giordano Giordani, Anton Nicolao Leccia, Giuseppe Faggianelli, Agostino Timpagnola, Damiano Stefani prete.

Distretto di Bastia.

Aggiunti al dipartimento : Pietro Francesco Mattei, Pietro Paolo Imbrico, Pietro Matteo Casanova, Domenico San Matteo, Paolo Giuseppe Massei, Felice Carlo Buonacorsi, Anton Giulio Franceschi, Antonio Catoni, Paolo Mattei, Domenico Bettolacce prete, Silvestro Angeli, Simone Alessandrini.

Aggiunti al distretto : Anton Francesco Casanova, Gian Francesco Benso, Gian Geronimo Pancrazj, Filippo Graziani, Anton Giacomo Lazarini, Angelo Nunzj, Domenico Pieretti, Benedetto Massiani, Paolo Marini, Antonio Giacomini, Giorgio Saliceti, Angelo Antonio Amadei.

Distretto di Cervione.

Aggiunti al dipartimento : Francesco Saverio Frediani, Bastiano Mattei, Eugenio Giordani, Clemente Semidei, Paolo

Franciosi, Francesco Maria Agostini, Angelo Matteo Marcantoni, Dottor Gaffaioli, Carlo Lepidi, Giovan Francesco Nicolai, Paolo Pietrini, Pasquino Achille.

Aggiunti al distretto: Marco Antonio Giabiconi, Benedetto Alfonsi, Giacomo Domenico Grimaldi, Domenico Francesco Santolini, Carlo Davidi, Angelo Matteo Emanuelli, Gabrielli curato, Filippo Francesco Felici, Domenico Francesco Marchi, Carlacchiolo Pietri.

Distretto di Corte.

Aggiunti al dipartimento: Pasquale Luigi Pieraggi, Francesco Albertini prete, Carlo Filippo Marchioni, Carlo Carlotti prete, Luigi Tiberi, Francesco Antonio Vincentelli, Domenico Giacobbi, Angelo Michele Angeli prete, Giulio Fraticelli, Gian Tomaso Pantalacci, Giuseppe Antonio Luciani prete, Giuseppe Felice Orsini.

Aggiunti al distretto: Pietro Francesco Adriani Valentini, Giacomo Maestracci, Orsoleone Santini, Giuseppe Andrei, Giulio Antonio Casanova, Antonio Restorucci prete, Marco Antonio Dionisi, Giulio Francesco Battaglini, Gian Carlo Salvadori, Paolo Luigi Nasica, Gian Battista Ceccaldi, Antonio Francesco Defendini.

Distretto dell'Isola Rossa.

Aggiunti al dipartimento: Gian Battista Leoni, Sivori prete, Buonfiglio Guelfucci, Giuseppe Maria Malaspina, Giovanni Giuliani, Matteo Canioni, Pasquale Fondacci, Carlo Francesco Franceschini, Antonio Leonetti, Carlo Antonio Anfriani, Dario Dari, Domenico Andrea Filippi, Pietro Paolo Petrucci.

Aggiunti al distretto: Giuseppe Maria Mariani, Antonio Olivieri, Gian Battista Girolami, Anton Martino Franceschini, Antonio Ortolani, Anton Padovano Emanuelli, Lorenzo Maria Quilici, Giovanni Filippi, Tenente Salducci, Gian Pietro Savelli, Francesco Bagnara, Tibiano Antonelli.

Distretto di Oletta.

Aggiunti al dipartimento : Raffaelle Morati, Giacomo Antonio Galeazzini, Girolamo Biaggini, Giovanni Pinelli, Carlo Francesco Alessandrini, Pier Domenico Limarola, Michele Donati, Teodosio Morelli, Giacomo Giuseppi, Michele Antonio Bagnaninchi, Girolamo Polidori, Gio : Tomaso Casale. — *Supplimentari* : Giacomo Maria Vittini, Felice Morelli.

Aggiunti al distretto: Ettore Francesco Casabianca, Filippo Maria Ranucci, Aloisio Aloisj, Luigi Girolamo Saliceti, Giacomo Paolo Zanninetti, Ignazio Francesco Antonelli, Ignazio Felice Brizi, Nicolò Bonavita, Silvestro Ottaviani, Pietro Agostino Luzi, Marco Perfetti, Francesco Santa Maria. — *Supplimentario* : Martino Negroni.

Distretto della Porta.

Aggiunti al dipartimento : Giovanni Giampietri, Lodovico Giovannoni, Giulio Francesco Casabianca, Pietro Domenico Risticoni, Andrea Colonna-Ceccaldi, Carlo Frediani, Orsogiacomo Colonna, Angelo Paolo Alfonsi, Angelo Luigi Emanuelli, Salvadore Vincensini, Anton Pietro Mariotti, Angelo Santo Benedettini. — *Supplimentario:* Antonio Martino Calendini.

Aggiunti al distretto: Angelo Antonio Agostini prete, Domenico Maria Battesti, Carlo Paoli prete, Giambattista Sebastiani, Giuseppe Maria Mariotti, Francesco Franceschi prete, Giuseppe Morelli, Pietro Antonio Ristori, Giampietro Albertini, Domenico Maria Falcucci, Gian Simone Crocicchia. — *Supplimentari:* Paolo Luciani prete, Orso Maria Scampucci.

Distretto di Tallano.

Aggiunti al dipartimento: Stefano Durazzi di Sartene, Giuseppe Maria Pietri, Rocco Peretti di Tallano, Gio: Battista Serra, Anton Quillichino Quillichini, Giuseppe Maria Balisoni, Gio: Grisostomo Fieschi, Gio: Battista Quillichini, Michele Giustiniani, Giorgio Giorgi prete, Giuseppe Agostini, Martino Quenza.

Aggiunti al distretto: Gio: Battista Susini, Luciano Ciaccaldi, Lorenzo Durazzi, Pietro Paolo Paoli, Bastiano Benedetti, Angelo Santo Pianelli, Felice Dieghi, Gio: Francesco Giorgi, Martino Roccaserra, Giuseppe Carrusci, Luigi Giudicelli, Luigi Colonna-Cesari. — *Supplimentario:* Giuseppe Orsini.

Distretto di Vico.

Aggiunti al dipartimento: Matteo Leca prete, Benedetto Cristianacce, Francesco Alessandri prete, Elia Stefanopoli prete, Giuseppe Popli prete, Francesco Franceschetti, Giovan Domenico Pennelli prete, Sabiano Leca, Domenico Antonio Mattei, Anton Francesco Versini, Antonio Mariano Bianchi, Antonio Rocca.

Aggiunti al distretto: Mercurio Colonna, Nazario Villanova prete, Giovan Silio Arrighi, Alessandro Alessandri, Pietro Stefanopoli, Alerio Ceccaldi, Francesco Matteo Pinelli, Giudice Leca-Colonna, Antonio Pinelli prete, Carlo Maria Andarelli, Pietro Maria Pietri, Gio: Battista Versini.

Quali soggetti così nominati ed eletti, la Consulta generale ha approvato ed approva, ed il loro turno di servizio sarà tirato alla sorte, tanto dall'Amministrazione generale per li due cittadini, che dovranno servire presso di essa di aggiunti, quanto dalle amministrazioni di distretto per gli altri due aggiunti, che dovranno egualmente assistervi.

Diversi oratori sono successivamente montati alla tribuna, ed hanno fatto osservare che fra i nemici del Popolo del dipartimento di Corsica e fra i disorganizzatori del sistema di libertà, fra i perturbatori della fortunata tranquillità, della quale godeva questo dipartimento, e sopra tutto fra gli agenti ed i satelliti vili della fazione tirannica, congiurata per ridurre i Corsi sotto la schiavitù, della quale vengono minacciati dai commissari della Convenzione, che tradiscono e l'interesse e la gloria della Repubblica, vengono particolarmente le famiglie Buonaparte di Ajaccio, ed Arena dell'Isola Rossa.

Bartolomeo Arena è stato il primo che ha ardito, per mezzo delle calunnie le più atroci e le più grossolane, di diffamare tutto il popolo di Corsica, l'Amministrazione del dipartimento, ed il generale Paoli nei dipartimenti e nelle Società popolari delle Bocche del Rodano e del Var.

Le dilapidazioni dei fondi pubblici prima e dopo l'organizzazione del governo in Corsica, avevano già condannato il detto Bartolomeo al disprezzo dei suoi concittadini; ed egli ha cercato di vendicarsene per mezzo di tutti quei delitti, dei quali un individuo privato può rendersi colpevole contro la sua Patria.

Il di lui fratello, pagatore provvisorio di questa divisione. ha per mezzo di atti moltiplicati d'infedeltà cercato d'interrompere il servizio attivo dell'amministrazione, defraudandolo delle risorse di danaro, di cui egli era il depositario: infine gli altri Arena hanno tutti secondato colla loro naturale malignità i progetti e i delitti di Bartolomeo.

I Buonaparte nati dal fango del dispotismo, nutriti ed allevati sotto gli occhi ed alle spese di un Pascià lussurioso (1), che comandava in questa Isola, hanno sviluppati i

---

(1) En note dans l'imprimé : Il fù Marbeuf.

medesimi sentimenti, ed hanno tenuta in una sfera più circoscritta l'istessa condotta degli Arena. Eglino si sono fatti la più ardente premura di mostrarsi i cooperatori zelanti, e i perfidi agenti dei nostri nemici lontani. Dopo aver tentato di sedurre lo spirito de' loro concittadini, per mezzo dei loro discorsi, uno fra essi è passato nei dipartimenti vicini per sostenere le calunnie, delle quali eglino stessi sapevano il segreto ed i motivi, e si sono riuniti egualmente che gli Arena ai commissari della Convenzione deputati in Corsica per distruggere la libertà del popolo di questo dipartimento, e vendere i loro colpevoli servizi ai nostri oppressori, come risulta da una lettera di uno dei detti Buonaparte stata denunziata al pubblico per mezzo della stampa.

Dopo questi fatti notori e quelli che sarebbe troppo lungo di dettagliare, ma che sono pienamente noti in tutta la Corsica, gli oratori hanno proposto d'infliggere agl'individui componenti le due famiglie Buonaparte ed Arena, una taccia eterna, che renda il loro nome e la loro memoria detestabile ai Patriotti di questo dipartimento.

Queste mozioni avendo incontrato l'applauso generale dei mandatari del popolo, la Consulta generale considerando che gli Arena, dopo avere nel principio della Rivoluzione portato la maschera imponente del patriottismo, non ne sono stati rivestiti che per servire più efficacemente alle loro passioni, e alla loro ambizione particolare ;

Considerando che Bartolomeo Arena si è reso colpevole di fellonia, calunniando la sua Patria, ed i suoi concittadini presso la Francia, ed i suoi legislatori ;

Considerando che i di lui fratelli ed il figlio sono stati tutti complici della congiura liberticida di Bartolomeo ;

Considerando che Arena, pagatore generale provvisorio, ha, per mezzo della infedeltà nel suo servizio, compromessa la tranquillità di questo dipartimento, ed interrotta l'attività della Amministrazione ;

Considerando che i fratelli Buonaparte hanno secondati tutti gli sforzi ed appoggiate le imposture di Arena, riunendosi ai commissari della Convenzione, i quali disperando di sottomellerci alla loro tirannica fazione, minacciano di venderci ai Genovesi ;

Considerando d'altronde, che non è della dignità del popolo corso di occuparsi delle due famiglie Arena e Buonaparte, le abbandona ai loro interni rimorsi, ed alla pubblica opinione, che prima d'ora le ha condannate alla perpetua esecrazione ed infamia.

Un membro ha detto: « Cittadini, il popolo si è riunito per salvarsi dall'oppressione. Le misure che la Consulta ha prese onorano il carattere dei Corsi ; bisogna ora sostenerle.

» La malignità dei nostri nemici vi ha intercettata ogni corrispondenza col continente, e vi ha privato di tutti i soccorsi : voi che trovate nel vostro coraggio lo scudo contro la tirannia, troverete ancora nella vostra generosità i mezzi di provvedere ai pubblici bisogni ; offrite una parte delle vostre sostanze per difendere la vostra libertà : quelli che espongono alla morte i loro petti liberi, sapranno ancora sacrificare l'oro alla difesa della Patria e dell'onore. »

L'Assemblea ha unanimemente applaudito alla proposizione, e determina in conseguenza : Che sarà aperta in ogni municipalità una contribuzione patriottica ;

Che tutti i cittadini, i quali amano la loro salvezza e quella della Patria, saranno invitati a prestarsi a questa contribuzione ;

Che tutti quelli i quali contribuiranno, saranno scritti in lista, che sarà stampata e data al pubblico.

Che tutti quelli i quali ricuseranno di contribuire, e saranno considerati facoltosi a giudizio dei municipali e dell'esattore di ogni cantone, saranno pure descritti in una lista, che sarà stampata.

Le Municipalità che riceveranno saranno tenute di versare

le somme nelle mani del ricevitore che sarà nominato dal presidente della Consulta in ogni cantone. Il detto ricevitore potrà anche trasferirsi personalmente nelle comunità, ed agire di concerto colle municipalità, per eccitare lo zelo e la generosità dei cittadini, ed in seguito è stata aperta la contribuzione in assemblea, e fatte le offerte, contenute nello stato nominativo annesso al processo verbale della generale Consulta; il di cui risultato è il seguente, cioè:

	lir.	sol.	den.
In denaro.	8.802	10	»
In assegnati.	3.696	»	»
In mandati.	7.526	13	»
In cessioni sopra appuntamenti.	8.253	»	»
In derrate di vino, grano, castagne e olio	2.153	»	»
Totale	30.430	23	»

Il montante degli orologi, fibbie, bestiami, e altri effetti dati, non possono essere valutati nè calcolati che dopo la loro vendita.

La Consulta ha espressamente incaricato il Consiglio generale a perseguitare con rigore gli antichi aggiudicatari debitori, e tutti coloro, che devono delle somme all'erario pubblico, perchè, senza indugio, rientrino nella cassa nazionale.

Dopo di che la Sessione della Consulta generale straordinaria del dipartimento di Corsica è stata chiusa il giorno, mese, ed anno suddetti, ed il processo verbale sottoscritto da 1009 deputati delle differenti comunità del dipartimento, e di 2056 cittadini, che vi hanno assistito.

Per spedizione conforme all'originale,
    Sottoscritti: Pasquale de Paoli, presidente.
        Muselli, segretario della Consulta gen.
(Pièce imprimée sans nom d'imprimeur ni de ville).

Lettre du citoyen Aurèle Varese au citoyen Pascal Paoli

Citoyen, — Profondément affligé des troubles qui agitent ce département, frappé des maux qui peuvent en résulter s'ils ne sont promptement étouffés, et persuadé que tout citoyen qui aime sincèrement sa patrie, doit être toujours disposé à tous les sacrifices personnels, lorsqu'il s'agit de salut public, je n'hésite point à vous manifester mes sentiments dans une crise aussi désastreuse.

Vous ne pouvez, ni ne devez ignorer, citoyen, les désordres qui se sont commis et qui se commettent tous les jours dans l'intérieur de ce département. Je me flatte qu'une conduite aussi opposée à l'honneur de notre patrie et tendant à détruire notre existence politique, ne peut que vous faire frémir d'indignation.

En effets les vols, les incendies, les dévastations, les actes arbitraires sont employés pour altérer les esprits ; on prêche ouvertement les insurrections, la violation de la loi. Quel est le Corse Français libre, qui peut en contempler le spectacle déchirant, sans se sentir pénétré d'horreur ?

Pouvez-vous, citoyen, en être le spectateur tranquille ? Pourquoi tenez-vous pour ainsi dire enchaînée dans ce moment cette grande influence que vous avez sur l'esprit de vos compatriotes ? Sera-t-il possible que ces grandes et belles maximes que vous avez cherché à inculquer dans leur cœur à la face de l'Europe entière, se soient totalement effacées de leur mémoire ? Peut-on croire, comme on le répand, que vous vouliez ternir une réputation qui a fait pendant longtemps l'admiration de l'univers ? Si vous avez combattu autrefois pour votre gloire et le bonheur de vos concitoyens, pour leur assurer une liberté qui n'était cependant qu'idéale, souffrirez-vous qu'on employe actuellement tous les moyens pour anéantir cette liberté réelle et inaltérable qui leur a été donnée gratuitement par les Français libres? Le vœu le plus cher des Corses et le vôtre n'ont-ils pas toujours été d'être identifiés surtout à la France libre, la plus généreuse et la première nation du monde?

Vous pourrez peut-être répondre, citoyen, que vous avez toujours cherché à pénétrer vos compatriotes de ces principes, que ces maximes ont été par vous propagées, et que tels sont et seront toujours les sentiments qui vous animent. Mais comment pourrez-vous vous justifier aux yeux du monde entier? On sait que de longs services rendus à votre patrie ont tellement électrisé la reconnaissance de vos compatriotes, que vous exercez sur eux un pouvoir magique. On sait encore que ce n'est qu'en votre nom qu'on parvient à égarer les esprits.

Ne vous faites pas illusion, citoyen; il n'est personne qui ne vous croie le levier agitateur de la machine. J'aime le croire, vous verserez des larmes bien amères sur la moindre goutte de sang qui coulera des veines de vos frères; mais persuaderez-vous les nations étrangères de la sincérité de vos regrets? Ne vous accuseront-elles pas plutôt d'avoir provoqué les calamités qui affligeront ce département?

Vous avez été frappé par un décret d'arrestation de la Convention nationale. Supposons que les ennemis de votre gloire, que des calomniateurs aient trompé la Convention et lui aient arraché ce décret; la devez-vous croire inexorable et incapable de vous rendre la justice que vous croyez mériter? Pouvez-vous penser que la vérité ne vienne pas jusqu'à elle? Etablissons pour un instant que la Convention nationale persiste dans son opinion sur vous, et qu'elle ne veuille pas rapporter son décret. Que ferez-vous alors? Que devez-vous faire? Vous embraser plus que jamais de l'amour de votre patrie, imiter les exemples des Scevola, des Decius, des Camille, des Horace, des Régulus et de tant d'autres hommes illustres, qui n'ont jamais balancé à préférer le salut de la patrie au sacrifice de leur vie.

Sauvez votre pays, il en est encore temps. Vous le devez, citoyen, et vous le pouvez. Le serment que vous avez fait à la République Française vous en impose la loi, votre gloire vous le commande. Faites cesser les craintes, les angoisses des pères, des mères, des enfants et de tous les individus qui voient ce département menacé d'une destruction générale. Tous vous tendent leurs bras, tous désirent vous voir ajouter de nouveaux titres à leur reconnaissance. Faites tonner cette voix si puissante sur le cœur de vos concitoyens. Elle suffit pour rétablir la tranquillité et le règne des lois. Ne permettez pas qu'on ensanglante encore ce sol consacré à la liberté, au bonheur.

Souvenez-vous que l'histoire vous a assigné une place distinguée et que la conduite que vous tiendrez dans ce moment, décidera si vous méritez qu'on conserve votre nom dans le livre de l'immortalité ou qu'on l'efface pour jamais. N'oubliez pas que vous avez déjà un pied dans la tombe ; il ne tient qu'à vous d'y descendre glorieux ou couvert d'opprobre.

Aurèle Varese.

Bastia, 27 mai 1793, l'an second de la République Française.

P. S. J'avais proposé, citoyen, au club des Amis de la Liberté et de l'Égalité de Bastia dont vous êtes membre, de vous adresser cette lettre en son nom ; mais lecture en ayant été faite à la séance du 26 de ce mois, et après une longue discussion, il a arrêté de passer à l'ordre du jour motivé sur ce qu'elle n'était pas écrite d'un style assez républicain, et que la Société semblerait, en l'adoptant, employer de la flatterie envers un citoyen qui était frappé d'un décret d'arrestation de la Convention nationale. Je vous préviens aussi que, comme la lecture de cette lettre a été faite dans une séance nombreuse et qu'on pourrait la rendre dans le public d'une manière différente qu'elle n'est conçue, je me vois forcé de la publier par la voie de l'impression.

APPENDICE

Nous donnons ici en Appendice plusieurs pièces publiées récemment par M. Aulard; nous n'avons pas eu connaissance de ces pièces assez tôt pour les publier à la place qui leur convient, mais on trouvera l'ordre chronologique rétabli dans la table. L'ouvrage de M. Aulard, dont il a déjà paru deux volumes, a pour titre :

Recueil des actes du Comité du Salut Public, avec la correspondance officielle des représentants en mission et le registre du Conseil exécutif provisoire, publié par F. A. Aulard, chargé du cours d'histoire de la révolution française, à la Faculté des Lettres de Paris. — Paris, Imprimerie nationale. (Se trouve en vente à la librairie Hachette).

Conseil exécutif provisoire. — 25ᵉ séance.

9 septembre 1792.

M. Danton est entré en exercice.

Le ministre des contributions ayant exposé que les officiers du Conseil supérieur de Corse réclamaient leur traitement à compter du jour où la municipalité de Bastia les a suspendus, jusqu'à celui où les nouveaux tribunaux de Corse les ont remplacés, le Conseil après en avoir délibéré, arrête qu'il n'y a point lieu d'accorder les dits traitement ou gages.

Conseil exécutif provisoire. — *32e séance.*

19 septembre 1792.

Le Conseil, après avoir mûrement délibéré sur le projet d'une entreprise pour s'emparer de la Sardaigne, ou pour favoriser les dispositions des habitants de cette île à se rendre indépendants, arrête que le ministre de la marine prendra au plus tôt des mesures pour faire les armements nécessaires et qu'en même temps il sera dépêché une personne sûre vers M. Paoli, pour l'engager à réunir, dès à présent, tous les moyens qui peuvent être à sa disposition pour l'exécution de l'entreprise projetée.

Conseil exécutif provisoire. — *45e séance.*

10 octobre 1792.

Sur le rapport du ministre de la marine, le Conseil, considérant qu'il convient de ne pas perdre un seul instant à attaquer les ennemis de la République, dans tous les points qui présentent des espérances réelles de succès ;

Que les forces extraordinaires nouvellement rassemblées et embarquées à Marseille, n'étant plus nécessaires à l'expédition du général d'Anselme, il importe de diriger leur courage sur un autre but ;

Que déjà il a été délibéré de former une entreprise sur l'île de Sardaigne aussitôt qu'il serait possible ;

Que le général d'Anselme ayant presque entièrement terminé ses opérations dans le Comté de Nice, il peut-être dès à présent employé à cette expédition ;

Que la flotte qui se trouve dans la Méditerranée aux ordres du contre-amiral Truguet est également prête ;

Arrête qu'il sera donné ordre au contre-amiral Truguet et au général d'Anselme, de se concerter pour exécuter au plus tôt l'expédition projetée contre l'île de Sardaigne et que les troupes disponibles qui se trouvent dans l'île de Corse seront également employées dans cette expédition ;

En conséquence, adopte les instructions présentées par le ministre de la marine.

D'après ces dispositions, le Conseil décide qu'il sera délivré une commission ainsi qu'il suit :

Le Conseil exécutif, désirant faciliter au général d'Anselme, chargé d'effectuer une descente en Sardaigne, les moyens d'exécution ainsi que les opérations qui suivront le débarquement des troupes françaises dans cette île, a arrêté qu'il serait fait choix d'un citoyen, qui, réunissant l'avantage de parler les deux langues française et italienne, la connaissance des lieux et l'amour des principes de liberté et d'égalité proclamés par la République française, se rendrait près du général d'Anselme pour l'aider de ses conseils et concerter avec lui les dispositions et les proclamations à faire en Sardaigne, lorsque les troupes, à ses ordres, y seront descendues.

En conséquence, et d'après les informations prises sur les talents et le patriotisme du citoyen Arena, ex-député du département de la Corse à l'Assemblée législative, le Conseil exécutif l'a nommé pour remplir cette mission et à cet effet se rendre incessamment à Nice, près du général d'Anselme, et l'accompagner dans son expédition en Sardaigne.

Comité de défense générale — 23e séance.

30 janvier 1793, après midi, 7 heures du soir.

Les députés de l'île de Corse à la Convention viennent presser la sollicitude du Comité sur cette île dont il importe que les ports soient mis dans un état de sûreté. Plusieurs moyens sont proposés et le Comité arrête que la Convention sera invitée à envoyer sur les lieux deux commissaires et qu'on lui proposera les citoyens Saliceti, Lacombe S. Michel. Fonfrède est chargé du rapport sur cet objet.

Convention nationale. — *Séance du 1er Février 1793.*

Le rapporteur du Comité du défense générale propose et fait décréter l'article suivant :

« La Convention nationale, après avoir entendu le rapport de son Comité de défense générale, décrète que trois de ses membres se rendront en Corse, et qu'ils sont revêtus, ainsi que les autres commissaires de la Convention, de pouvoirs illimités.

La Convention nationale nomme pour commissaires, les citoyens Saliceti, Delcher (1) et Ferry.

(Dans la séance du 5 février 1793, Ferry fut remplacé par Lacombe S. Michel) (2).

Comité de défense générale.
Séance du lundi 4 Février 1793, 7 heures du soir.

Les députés de l'île de Corse se rendent au Comité ; Saliceti, au nom du comité de la guerre, communique au Comité un rapport sur les moyens de pourvoir à la défense du département de la Corse.

---

(1) Delcher Joseph-Etienne, né à Brioude en 1750, homme de loi, procureur de la Commune de Brioude, député de la Haute-Loire à la Législative et à la Convention, membre du Conseil des Anciens, président du tribunal de première instance sous le Consulat et sous l'Empire. Nous ignorons la date de sa mort. — A.

(2) Jean-Pierre Lacombe S. Michel, né à S. Michel de Vas (Tarn), en 1751, capitaine d'artillerie, président du directoire du département du Tarn, député du Tarn à la Législative et à la Convention, général de bri-

*Les Commissaires aux côtes de la Méditerranée
au Comité de défense générale*

Toulon, 8 Février 1793.

En nous référant à la lettre que nous avons eu l'honneur d'écrire aujourd'hui à la Convention nationale et à la proclamation qui s'y trouve jointe, il nous reste seulement à vous entretenir des détails de nos opérations auxquelles nous n'avons pas cru devoir donner de la publicité.

Vous verrez, par les pièces ci-incluses, numéros 1, 2 et 3 (1), les motifs qui nous ont déterminés pour lever l'embargo mis par ordre du ministre de la marine sur quelques bâtiments français d'un port peu considérable, dont les uns sont destinés à porter des matériaux aux bâtiments de la côte et des îles d'Hyères et à l'établissement des signaux, les autres à entretenir la correspondance avec l'île de Corse, à l'approvisionnement des vivres et munitions nécessaires ainsi que (sic) les petits ports de la Méditerranée. Les précautions que nous avons prises en accordant cette exception nous garantissent qu'on ne peut en abuser au préjudice des forces navales de la République, et nous sommes convaincus au contraire, qu'il ne peut en résulter qu'un très grand avantage pour l'augmentation des subsistances dans les départements qui avoisinent la cité.

Les pièces 4 et 5 (2) vous paraîtront au premier coup

---

gade en 1793, membre du Conseil des Anciens, général de division et ambassadeur à Naples (1798), gouverneur de Barcelone en 1810, mort dans son château de S. Michel en 1812. — A.

(1) Ces pièces n'offrent pas d'intérêt historique. — A.

(2) La pièce 4 est une lettre des commissaires à Paoli, datée de Toulon, le 4 février 1793. Faute de temps pour aller le voir eux-mêmes, ils l'invitent en termes flatteurs à venir les trouver à Toulon. « Nous vous atten-

d'œil n'offrir que l'objet d'une simple conférence avec le général Paoli ; mais nous devons à nos collègues de vous expliquer confidentiellement nos défiances actuelles et nos vues ultérieures d'un long entretien avec le général Biron. Notre conférence avec les commandant et ordonnateur de la marine nous a inspiré des craintes sur la fidélité de Paoli. Cet ancien stipendié du cabinet britannique donne de vives inquiétudes à tous les bons citoyens, et même à plusieurs de ses approbateurs. La grande popularité dont il jouit fait appréhender qu'il ne livre l'île de Corse à la première escadre anglaise qui semblerait la menacer. Dans les circonstances critiques où nous sommes, il est de la prudence d'éclairer au moins de près un homme aussi dangereux par son opinion que par les forces qu'il a en son pouvoir. Nous avons donc cru convenable de l'attirer auprès de nous, afin d'avoir tant sur son compte personnel que sur la sûreté de l'île des renseignements nécessaires. C'est du comité de défense générale que nous attendons ensuite la conduite que nous avons à tenir à son égard, soit en le retenant ici ou en l'envoyant à la Convention nationale, soit en le faisant repasser dans l'île dont le commandement lui est confié.

Vous sentirez facilement, citoyens nos collègues, que nous n'avons adopté cette mesure extraordinaire qu'après de mûres réflexions, et qu'il nous importe essentiellement d'obtenir sur cet objet non seulement votre assentiment formel, mais encore un plan exact qui puisse diriger notre décision à cet égard.

---

dons, lui disent-ils, avec la plus grande impatience. Et vous profiterez de la corvette chargée de la présente dépêche, à laquelle nous avons fait donner tous les ordres nécessaires pour les commodités de votre passage. » La pièce 5 est un ordre du contre-amiral Chaussegros au lieutenant Legrand, commandant la corvette *La Flèche,* pour qu'il allât chercher Paoli à S. Florent. — Paoli n'obéit pas à cette invitation. — A.

Nous continuerons de vous tenir instruits de nos opérations [et de] vous mettre à portée de faire part à la Convention nationale de celles qui pourraient mériter son attention particulière. Mais nous vous prions instamment de ne pas nous épargner vos avis et vos instructions, car nous n'avons rien tant à cœur que de remplir avec succès les missions importantes que vous nous avez confiées.

Ce n'est que par l'ordonnateur de la marine que nous venons d'apprendre la situation politique de la République avec les puissances étrangères. Le comité de défense générale se convaincra sans doute de la nécessité de nous faire instruire directement des grands événements qui surviennent de jour à autre ; c'est l'unique moyen de mettre de la prestesse dans les opérations et de nous préserver des irrésolutions ou des contradictions si funestes à la chose publique.

Nous sommes vos affectionnés collègues.

P. S. Ce paquet est expédié par un courrier du général Biron qui le renvoie à Paris ; vous pourrez nous adresser nos paquets à Toulon. Nous vous préviendrons de notre marche.

(Arch. nat. D, § 1, 31).

Conseil exécutif provisoire.

10 Février 1793.

Les commissaires députés envoyés par la Convention nationale dans le département de la Corse ont été entendus au Conseil sur divers objets relatifs à leur mission, et ils ont pris à cet égard de chacun des ministres les renseignements qui peuvent leur être nécessaires.

Sur le conseil du ministre de la guerre, le Conseil arrête que le général Biron chargera un officier intelligent et expérimenté d'accompagner les commissaires de la Convention en Corse et d'y concourir avec eux à la formation des quatre bataillons de troupes légères qui doivent y être levés en conformité du décret de la Convention nationale.

Le Comité de défense générale aux commissaires aux côtes de la Méditerranée.

Paris, 14 Février 1793.

Nous nous hâtons, citoyens nos collègues, de répondre à la dépêche que vous nous avez adressée le 8 de ce mois.

Nous applaudissons à la prévoyance avec laquelle vous avez levé l'embargo mis sur les bâtiments destinés à approvisionner nos différents ports et à entretenir entre eux une correspondance nécessaire. Nous avons communiqué cette mesure au ministre de la marine qui a parfaitement senti et approuvé les motifs qui l'ont déterminée et qui nous a dit l'avoir prévenue.

L'article de votre lettre concernant le général Paoli est d'une importance plus grave et exigeait une plus longue délibération. Nous avons partagé vos inquiétudes sur le compte de cet officier. Différents faits rapportés par plusieurs de nos membres n'ont servi qu'à les confirmer et à les accroître. Il résulte évidemment pour nous de leur réunion que Paoli a des intentions perfides ou qu'il est dirigé par des hommes qui abusent de son influence populaire et le font servir d'instrument à des desseins désastreux. L'idée de l'appeler auprès de vous devait se présenter la première. Cette mesure nous a paru très sage. La Corse est assurée à la République, si elle réussit. Dans le cas où elle manquerait son effet, ce que vous paraissez craindre vous-même, il faudrait peut-être employer les moyens de force et d'autorité à défaut de ceux de la douceur et de la conciliation. Nous partons toujours de ce fait posé par vous et dont nous reconnaissons la vérité, que pendant le séjour de Paoli en Corse, la République n'a pas une garantie suffisante de la fidélité de cette île. Nous ne pensons pas devoir prendre sur nous l'autorisation expresse d'employer les moyens de rigueur indispensables peut-être, mais nous croyons qu'en vous concertant avec le général Biron et les commissaires de la Convention dans le département de Corse qui arriveront à Toulon à peu près en même temps que cette lettre et à qui nous écrivons sur le même sujet, vous pourrez sans compromettre votre caractère et sans vous exposer à des reproches, prendre toutes les déterminations propres à assurer le succès de la réquisition que vous avez faite à Paoli. Nous vous invitons à vous ranger à ce dernier parti.

Nous n'avons pas cru devoir entretenir la Convention nationale de cet objet, parce qu'il n'excède pas, quelque mesure que vous preniez, les limites de votre mission, parce qu'il eût fallu déclarer Paoli traître en mettant au jour toutes les inculpations qui s'élèvent sur sa tête, et que cette publicité, justifiée peut-être par son refus d'obéir que nous redoutons, pourrait dans quelques cas être précipitée.

Nous vous prions de nous instruire exactement du résultat de vos importants travaux. Nous ne négligerons pas de notre côté de vous donner tous les renseignements qui pourraient les faciliter ou les accélérer.

Agréez nos civiques salutations.

Les membres composant le Comité de défense générale,
L.-B. GUYTON, *président.*

Les Commissaires aux côtes de la Méditerranée à la Convention.

Toulon, 16 Février 1793.

Citoyens nos collègues, — Nous profitons du courrier extraordinaire expédié à Paris par le général Biron qui l'a chargé de prendre nos ordres en passant par Toulon pour vous rendre compte de la suite de nos opérations et vous entretenir de divers objets qui nous ont paru d'un intérêt pressant. Nous vous avons exposé, par notre lettre du 8 de ce mois, les motifs qui nous ont décidé d'appeler le général Paoli ; nous avons lieu de nous féliciter d'avoir pris une mesure qui se trouve coïncider avec l'ordre donné à ce général par le Conseil exécutif de se rendre près le général Biron avec lequel nous avons eu, à son passage ici, une conférence intéressante relativement à Paoli ; sa lettre, dont nous joignons ici copie sous le n° 1, pourra vous en convaincre ; elle contient d'ailleurs plusieurs détails sur Nice qu'il vous importe de connaître.

Conseil exécutif provisoire.

22 Février 1793.

Le citoyen Volney a été admis au Conseil pour y communiquer ses vues et les connaissances qu'il a acquises pendant un long séjour sur l'île de Corse, sur la situation actuelle, sur tout ce qui concerne sa défense et particulièrement sur les dispositions du général Paoli, ainsi que sur les mesures qu'il croit nécessaire de prendre pour assurer à la République les avantages qu'elle doit retirer de cette île.

Comité de défense générale.
Séance du Jeudi 28 Février 1793, midi.

On fait lecture d'une lettre du ministre de la marine et de deux dépêches jointes expédiées à bord du *Tonnant,* en date du 26 janvier, relatives à l'état de l'armée navale sur les côtes de Sardaigne. Le président, d'après le vœu du Comité, écrit au ministre pour s'informer de lui si son intention est de communiquer ces dépêches à la Convention ou d'en laisser le soin au Comité.

Le Comité adresse les questions suivantes au citoyen Volney, avec invitation d'y répondre :

1º Est-il de l'intérêt de la France de se conserver la Corse comme département ?

2º Quel ennemi est à craindre sur la Corse pendant la guerre, et quelle sorte de défense doit-on lui opposer ?

3º Quel est l'état intérieur de la Corse, relativement à sa population, au genre de vie, d'industrie, au caractère moral, aux connaissances de ses habitants ?

4º Quels sont les abus de l'ancien et du nouveau régime existant en Corse ?

5º Quels sont les moyens de détruire ces abus, d'améliorer le sort et le caractère des Corses et de les attacher à la France ?

Les Commissaires aux côtes de la Méditerranée au Comité de défense générale.

Toulon, 1ᵉʳ Mars 1793.

... Vous vous convaincrez par les pièces sous les lettres A et B nº 1 que nos soupçons sur le général Paoli n'étaient que trop fondés. Tous les rapports qui nous parviennent s'accordent à prononcer combien il est important de s'assurer de la personne de ce contre-révolutionnaire et surtout de l'éloigner du foyer de ses intrigues. Nous doutons qu'il cède à l'invitation que nous lui avons faite et encore moins à l'ordre du Conseil exécutif que le général Biron nous a transmis pour lui être adressé. La présence de nos collègues destinés à la mission de Corse y devient plus que jamais nécessaire ; nous les attendons tous les jours et les renseignements qui nous seront parvenus les éclaireront sur la conduite à tenir dans cette circonstance délicate.

..... P. S. A l'instant où nous fermons ce paquet, nous apprenons, par le secrétaire de la Commission destinée pour l'île de Corse, que nos collègues arrivent ce soir en ville.

Les Mêmes à la Convention.

Toulon, 1er Mars 1793.

Citoyens nos collègues, — Nos craintes sur l'expédition de la Sardaigne ne sont malheureusement que trop justifiées par l'événement. La frégate *La Sensible,* armée en galiote à bombes et faisant partie de l'escadre du contre-amiral Truguet, vient de mouiller dans la rade de Toulon. Les pièces que nous joignons ici sous le n° 1 vous feront connaître les réponses du commandant de ce bâtiment aux différentes questions que nous lui avons adressées sur l'état actuel et la position de l'escadre. Il nous a déclaré être chargé de trois dépêches pour le ministre de la marine et d'une lettre adressée par Truguet à sa mère, domiciliée en cette ville. Le désir d'acquérir quelques connaissances certaines sur ces faits nous a décidés à prier cette citoyenne de nous communiquer les articles de sa lettre relatifs à l'expédition.

Elle nous l'a fait passer en original aussitôt après l'avoir lue, et sur notre invitation elle a consenti à nous en délivrer copie. L'intérêt de cette pièce nous détermine à vous l'envoyer. Vous la trouverez ci-jointe n° 2. Il serait superflu, citoyens nos collègues, d'ajouter ici nos réflexions sur un événement aussi fâcheux sous tous les rapports. Nous ne pouvons que vous inviter à vous concerter de suite avec le Conseil exécutif pour employer plus utilement les bateaux de cette escadre, lorsqu'ils seront réparés et en état de reprendre la mer. C'est l'unique moyen de protéger nos côtes et nos transports et de se montrer avec des forces imposantes à l'ennemi.

Nous sommes avec respect etc.

*Les Commissaires aux côtes de la Méditerranée
au Président de la Convention.*

Toulon, 3 Mars 1793.

... Nous annonçons à la Convention nationale l'arrivée à Toulon de nos collègues destinés à la mission de Corse. Ils se rendent de suite à Nice pour se concerter avec le général Biron et sur divers objets très importants.

Nous sommes avec respect etc.

ROUYER, BRUNEL, LE TOURNEUR.

Les Commissaires à la Méditerranée à la Convention

Toulon, 4 Mars 1793.

... Le Comité apprendra sans doute avec plaisir que les frégates *La Minerve* et *La Melpomène* ont mis ce matin à la voile pour suivre leur destination. La corvette *La Badine* se dispose d'en faire autant avant la nuit, et *La Belette* appareillera demain avec nos collègues destinés pour l'île de Corse.

... Nous vous adressons également, sous les numéros 4 et 5, les décisions que nous avons prises en commun avec la commission de Corse tant pour ce qui concerne la défense de cette île que pour ce qui est relatif au général Paoli. Les motifs de ces décisions s'y trouvent suffisamment expliqués pour n'avoir pas besoin d'être retracés de nouveau.

*Les Commissaires aux côtes de la Méditerranée
au Comité de défense générale.*

Toulon, 5 Mars 1793.

... Vous aurez vu par notre délibération, prise de concert avec nos collègues de Corse, que les besoins impérieux de cette île nous ont forcés d'en (de poudre) tirer quarante milliers des magasins de Toulon pour ne pas dégarnir presque entièrement ceux d'Antibes. Les corps administratifs auxquels nous en avons fait part, pour prévenir les inquiétudes que ces sortes de déplacements répandent toujours parmi le peuple, nous ont d'abord fait quelques représentations ; mais une conférence fraternelle les a convaincus de la nécessité de cette mesure.

Les Commissaires aux côtes de la Méditerranée au Comité de défense générale.

Perpignan, 18 Mars 1793.

... La pièce sous le n° 5 est la réponse tardive du général Paoli (1). Vous jugerez par son style qu'il est réservé à nos collègues députés en Corse de prendre à son égard les mesures que la prudence leur suggèrera.

Les Commissaires en Corse au Conseil exécutif provisoire.

A bord de la corvette *La Belette*, au golfe de Jouan, 31 Mars 1793, an 2ᵉ de la République.

Nous recevons, citoyens, une lettre du général Paoli et une dénonciation du directoire du département de Corse contre le payeur provisoire Arena. Nous croyons devoir vous prévenir que ce citoyen Arena nous a fait dire « que, le directoire du département voulant pour la seconde fois s'emparer des fonds qui lui étaient adressés de France, il a pris le parti de les distribuer dans les places de la Corse et d'as-

---

(1) Dans cette lettre datée de Corte, le 1ᵉʳ mars 1793, Paoli refuse de se rendre à l'invitation des commissaires : « Un âge avancé, leur écrit-il, et des infirmités qui ne me permettent pas un long déplacement me privent de l'avantage que vous m'offrez. » — A.

surer l'existence de la troupe pour deux mois. » Et on ajoute que le directoire avait averti des gendarmes pour l'arrêter, et, craignant d'être assassiné, il s'est caché et paraîtra aussitôt que nous arriverons dans l'île.

L'esprit de parti qui règne dans ce département, les haines des familles, les expressions des lettres réciproques (sic), tout nous annonce qu'il est sage de suspendre son jugement. Nous vous prions donc, citoyens ministres, de ne prendre aucun parti jusqu'à ce que nous vous ayons instruits du véritable état des choses. A notre arrivée dans cette île nous prendrons les renseignements les plus exacts. Étrangers à tous les partis et sans aucune prévention, nous emploierons provisoirement tous les moyens capables de prévenir la dilapidation des fonds publics et d'assurer toutes les parties du service en y maintenant la tranquillité publique, et vous pouvez compter sur l'exactitude de renseignements dépouillés de toute passion personnelle.

J.-P. Lacombe S. Michel, Delcher, Saliceti.

TABLE

EXPLICATION DES ABRÉVIATIONS.

A. M. G. — Archives du Ministère de la Guerre.
A. N.   — Archives nationales.
A. D.   — Archives départementales (Ajaccio).
Cart.   — Carton.
Corr.   — Correspondance.

1792.

(Sans date précise). Mémoire contenant des moyens contre le roi de Sardaigne. (A. M. G. cart. Corse, 1792-1804). . . . . . Pag.   5
14 mai. Quelques notions sur l'île de Sardaigne propres à former un plan d'attaque (Id.) 10
6 juin. Lettre de Rossi, maréchal de camp (A. M. G. cart. Corse, corr. 1792-1797) 13
17 juin. Saliceti au ministre de la guerre (A. M. G. cart. Corse, 1792-1804) 14
24 juillet. Mémoire de Lavarenne, directeur des fortifications, en réponse à la lettre de la commission militaire (A. M. G. cart. Corse, corr. 1792-1797). 15
9 septembre. Arrêt du Conseil exécutif provisoire (Registre des délibérations). 403
19 septembre. Arrêt du Conseil exécutif provisoire (Id.) 404
Fin septembre. Considérations sur l'île de Sardaigne et proposition de s'en emparer (A M. G. cart. Corse, corr. 1792-1804). . . 23
7 octobre. Marius Peraldi, au ministre de la guerre (Id.). . . . 26
8 octobre. Les trois corps administratifs de Marseille réunis à la Convention nationale (Id.) 28
3 10 octobre. Arrêt du Conseil exécutif provisoire (Id.) 404

— 420 —

	Pag.
15 octobre. Extrait d'une lettre de M. Naillac au ministre des affaires étrangères (Id.)	29
17 octobre. Le contre-amiral Truguet au ministre de la marine (Id.)	30
25 octobre. Mémoire pour servir d'instruction au contre-amiral Truguet (Id)	33
26 octobre. Mémoire pour servir d'instructions communes au lieutenant général d'Anselme et au contre-amiral Truguet (Id.)	36
(Sans date précise). Le contre-amiral Truguet au général Paoli (Id)	39
(Sans date précise). Préparatifs faits par la ville de Marseille (Id)	40
8 novembre. Le général d'Anselme au général Paoli (A. M. G. cart. Corse, corr. 1792-1797)	42
8 novembre. Le général d'Anselme au ministre de la guerre (A. M. G. cart. Corse, 1792-1804)	43
8 novembre. Arena au ministre de la guerre (Id.)	43
9 novembre. Le général d'Anselme au ministre de la guerre (Id.)	44
10 novembre. Conseil exécutif, séance du 10 novembre 1792 (Id.)	45
12 novembre. Lettre du général d'Anselme à Paoli (A. M. G. cart. Corse, corr. 1792-1797)	45
13 novembre. Le général Paoli au général d'Anselme (Id.)	46
15 novembre. Sémonville au général Paoli (Id)	48
16 novembre. Le général Paoli au ministre de la guerre (Id.)	49
16 novembre. Le contre-amiral Truguet au général d'Anselme (A. M. G. cart. Corse, 1792-1804)	50
26 novembre. Le général d'Anselme au général Paoli (A. M. G. cart. Corse, corr. 1792-1797)	51
26 novembre. Lettre de Belleville à X.(A. M. G. cart. Corse, 1792-1804)	52
Fin novembre. Le général Paoli au général d'Anselme (A. M. G. cart. Corse, corr. 1792-1797)	52
novembre. Projet d'une diversion dans l'île de Sardaigne présenté par Marius Peraldi (A. M. G. cart. Corse, 1792-1804)	54
2 décembre. Le général d'Anselme au général Dhiller (Id.)	56
6 décembre. Le commissaire Maurice au ministre de la guerre. (Id.)	57
6 décembre. Le contre-amiral Truguet à Arena (Id.)	59
9 décembre. Vincent, ordonnateur civil de la marine, au ministre de la marine (Id.)	61
10 décembre. Le général d'Anselme au ministre de la guerre (Id.)	63
10 décembre. Lettre du commissaire Maurice à son frère Audouin (Id.)	64
10 décembre. Le contre-amiral Truguet au ministre de la marine (Id.)	66
10 décembre. Le général Paoli au ministre de la guerre (Id.)	67
13 décembre. Arena au ministre des affaires étrangères (Id.)	68

16 décembre. Le ministre de la guerre au général Paoli (Id.). Pag.   69
16 décembre. Extrait des registres du livre d'ordres de l'armée d'Italie (Id.)   70
17 décembre. Arena au ministre des affaires étrangères (Id.) . .   70
17 décembre. Extrait d'une lettre de M. Naillac au ministre Lebrun (Id.)   71
22 décembre. Arena au ministre de la marine (Id.)   73
22 décembre. Pourcel, commissaire ordonnateur de la marine, au ministre de la marine (Id.)   74
22 décembre. Marius Peraldi au ministre de la guerre (A. M. G. cart. Corse, corr. 1792-1797)   75
29 décembre. Arena au ministre des affaires étrangères (A. M. G. cart. Corse, 1792-1804)   76
31 décembre. Le général Brunet au ministre de la guerre (Id.). .   77
31 décembre. Casabianca, maréchal de camp, au général Paoli (A. M. G. cart. Corse, corr. 1792-1797)   78

1793.

1ᵉʳ janvier. Maudet, maréchal de camp, au ministre de la guerre (Id.)   80
2 janvier. Le général Paoli au ministre de la guerre (A. M. G. cart. Corse, 1792-1804)   82
4 janvier. Le général Paoli au ministre de la guerre (A. D. — L. 8, cart. n° 11)   87
(Sans date). Le général Paoli au ministre de la guerre (Id.) . . .   88
4 janvier 1793. Arena au ministre des affaires étrangères (A. M. G. cart. Corse, 1792-1804)   89
5 janvier. S. Julien, commandant de vaisseau, au ministre de la marine (Id.)   90
6 janvier. Marius Peraldi au ministre de la guerre (Id.). . . .   90
7 janvier. Le ministre de la guerre au général Brunet (Id.) . .   91
7 janvier. Le général Paoli à Colonna-Cesari (A. D.— L. 8, cart. n° 11).   92
9 janvier. Casabianca au général Paoli (A. M. G. cart. Corse, corr. 1792-1797)   92
9 janvier. Le général Brunet au ministre de la guerre (A. M. G. cart. Corse, 1792-1804)   94
9 janvier. Luigi Goti au général Paoli (A. D. — L. 8, cart. n° 11).   94
Janvier. Le général Paoli nomme Colonna-Cesari commandant de la contre-attaque sur l'île de la Madeleine (Id.)   95
10 janvier. Le général Paoli au ministre de la guerre (A. M. G. cart. Corse, 1792-1804)   96

11 janv. Lettre de Colonna-Cesari à XX. (A. D. - L. 8. cart. n° 11).Pag. 97
13 janvier. Bourdon-Gramont au ministre de la marine (A. M. G. cart. Corse, 1792-1804) 97
13 janvier. Le général Paoli au ministre de la guerre (A. M. G. cart. Corse, corr. 1792-1797) 100
13 janvier. Le général Dhiller à Paoli (A. M. G. cart. Corse, 1792-1804) 101
14 janvier. Arena au ministre des affaires étrangères (Id.) . . . 103
15 janvier. Don Grazio Rossi au général Paoli (A. M. G. cart. Corse, corr. 1792-1797) 104
16 janvier. Le général Paoli au ministre de la guerre (Id.) . . . 105
16 janvier. Jadart, commissaire-ordonnateur, à Paoli (Id.) . . . 109
17 janvier. Le général Paoli au ministre de la guerre (Id.) . . . 110
17 janvier. Le ministre de la guerre à Paoli (Id.) 111
17 janvier. Le commissaire Bertin au ministre de la marine (A. M. G. cart. Corse, 1792-1804) 111
19 janvier. Vincent, ordonnateur civil de la marine, au ministre de la marine (Id.) 114
19 janvier. Rapport du capitaine Martin sur les fortifications de Cagliari (Id.) 115
Janvier. Traduction d'une pièce en vers italiens (Id.). . . . 117
20 janvier. Le commissaire Bertin au ministre de la marine (Id.) . 119
25 janvier. Le général Paoli au ministre de la marine (A. M. G. cart. Corse, corr. 1792-1797) 121
26 janvier. Le commissaire Pourcel au ministre de la marine (A. M. G. cart. Corse, 1792-1804) 122
28 janvier. Le général Biron au ministre de la guerre (A. M. G. cart. Corse, corr. 1792-1797) 123
28 janvier. Extrait d'une lettre de M. Naillac au ministre Lebrun (A. M. G. cart. Corse. 1792-1804) 123
30 janvier. Séance du Comité de défense générale (Registre). . . 405
31 janvier. Décret du Conseil exécutif (Id.) 124
Janvier. Mémoire pour servir d'instruction au contre-amiral Truguet (Id.) 125
1er février. Séance de la Convention nationale. 406
3 février. Le ministre de la guerre au général Biron (Id.) . . . 127
4 février. Extrait d'une lettre de M. Naillac au ministre des affaires étrangères (Id.) 128
4 février. Le commissaire Bertin au ministre de la marine (Id.) . 128
4 février. Séance du Comité de défense générale (Registre). . . 406

5 février. Le lieut.-colonel Perrot au ministre de la guerre (Id.). Pag. 131
6 février. Extrait de la séance de la Convention nationale (Moniteur du 7 février 1793) 131
7 février. Le général Biron au ministre de la guerre (A. M. G. cart. Corse, 1792-1804) 133
8 février. Les commissaires aux côtes de la Méditerranée au Comité de défense générale (A. N. D. § 1, 31). 407
6 janvier au 10 février. Extrait du journal du vaisseau *Le Patriote* (Id.) 133
10 février. Conseil exécutif provisoire (Registre) 409
12 février. Le ministre des affaires étrangères à Arena (Id.). 138
14 février. Le Comité de défense générale aux commissaires aux côtes de la Méditerranée. (A. N. D. § 1, 31) 410
16 février. Les commissaires aux côtes de la Méditerranée à la Convention (Id.). 411
18 février. Chaillan, administrateur du port de Nice, au ministre de la marine (Id.) 138
18 février. Le général Biron au ministre de la guerre (Id.) . . . 139
18 février. Le commissaire Pourcel au ministre de la marine (Id.) 139
10 février au 19 février. Correspondance du contre-amiral Truguet avec Latouche Tréville (Id.) 140
28 janvier au 15 février. Extrait du journal de la bombarde *La Sensible* (Id.) 153
19 février. Colonna-Cesari à Paoli (A. D. — L. 8, cart. n° 11). 155
22 février. Rapport du général Casabianca au ministre de la guerre (Id.) 157
22 février. Le commissaire Berlin au ministre de la marine (Id.) 162
22 février. Le contre-amiral Truguet à sa mère (Id.) 163
22 février. Arena au ministre des affaires étrangères (Id.). . . 164
22 février. Adresse du Conseil général du département de la Corse (A. M. G. cart. Corse, corr. 1792-1797) 165
22 février. Conseil exécutif provisoire (Registre) 412
23 février. Le ministre de la guerre au général Biron (Id.) 168
30 janvier au 26 février. Extrait du journal du vaisseau *Le Languedoc* (A. M. G. cart. Corse, 1792-1804). 168
25 février. Le Conseil général du département au ministre de la guerre (A. M. G. cart. Corse, corr. 1792-1797) 183
25 février. Le ministre de la guerre à Paoli (Id.) 185
Note sur l'expédition de Sardaigne présentée par le général Casabianca (A. M. G. cart. Corse, 1792-1804) 185
28 février. Comité de défense générale (Registre). 412

1er mars. Essai sur la conduite du citoyen Pierre-Paul Colonna-Cesari, texte italien (A. D. — L. 8, cart. n° 11) . . . . Pag. 189
1er mars. Id. texte français (A. M. G. cart. Corse, 1792-1804). 193
25 février. Déclaration du commandant et des officiers de la corvette *La Fauvette* (Id.). 197
28 février. Déclaration des officiers des différents corps de l'armée (Id.) 199
25 février. Lettre de Colonna-Cesari à Quenza (A. D. — L. 8, cart. n° 11). 200
1er mars. Déclaration des officiers du 52° régiment d'infanterie (Id.). 201
(Sans date précise). Questions à faire aux officiers chargés de l'expédition de Sardaigne (A. M. G. cart. Corse, 1792-1804). 202
1er mars. Le ministre de la guerre au général Biron (Id.). 218
1er mars. Le contre-amiral Latouche au ministre de la marine (Id.). 219
1er mars. Les Commissaires aux côtes de la Méditerranée au Comité de défense générale (A. N. D. § 1, 31). 413
1er mars. Les mêmes à la Convention (Id.) 414
2 mars. Chaillan au ministre de la marine (Id.) 220
3 mars. Le général Biron au ministre de la guerre (Id.) 221
3 mars. Le général Biron au ministre des affaires étrangères (Id.) . 222
3 mars. Chaillan au ministre de la marine (Id.) 222
Lettre enlevée chez le Consul d'Angleterre à Livourne (Id). 223
3 mars. Les commissaires aux côtes de la Méditerranée au président de la Convention (Id.). 415
4 mars. Rapport du contre-amiral Truguet sur l'expédition de Sardaigne (Id.) 225
4 mars. Les commissaires à la Méditerranée à la Convention (Id.) . 415
5 mars. Le lieutenant colonel Sailly au ministre de la guerre (Id.). 242
5 mars. Les commissaires aux côtes de la Méditerranée au Comité de la défense générale (Id.). 415
6 mars. Le général Biron au ministre de la guerre (A. M. G. cart. Corse, corr. 1792-1797). 242
10 mars. Relation d'Arena sur l'expédition de Sardaigne (A. M. G. cart. Corse, 1792-1804). 243
10 mars. Le général Paoli au ministre de la guerre (Id.) 250
11 mars. Le général Biron au ministre de la guerre (Id.) 251
12 mars. Bourdon-Gramont au ministre de la guerre (Id.) 252
14 mars. Sailly au ministre de la guerre (Id.) 253
15 mars. Le général Paoli au ministre de la guerre (A. M. G. cart. Corse, corr. 1792-1797) 255

16 mars. Le ministre de la guerre au général Casabianca (A. M. G. cart. Corse, 1792-1804) 255
(Sans date précise). Dispositions prises par l'amiral Truguet pour l'île Saint-Pierre (Id.) 256
18 mars. Le ministre de la guerre à Costantini (Id.) 259
18 mars. Les commissaires aux côtes de la Méditerranée au Comité de la défense générale (A. N. — A. F., II, 255) 416
26 mars. Extrait des Nouvelles de Leyde (A. M. G. cart. Corse, 1792-1804). 259
29 mars. Le général Brunet au ministre de la guerre (Id.) . . . 261
Fragment des Mémoires de Colonna-Cesari relatif à l'expédition de Sardaigne (Réimpression). 262
31 mars. Les commissaires en Corse au Conseil exécutif provisoire (A. N. — A. F., II, 7) 416
4 avril. Le général Biron au ministre de la guerre (A. M. G. cart. Corse, corr. 1792-1797). 291
5 avril. Le général Paoli au ministre de la guerre (Id.) . . . 293
8 avril. Le général Paoli au ministre de la guerre (Id.) . . . 294
10 avril. Proclamation des Commissaires nationaux envoyés en Corse (A. N. — D. § 1, 16). 295
11 avril. Lettre des Commissaires au Comité de Salut Public (Id.) 298
16 avril. Adresse de la Société des Amis de la Liberté et de l'Egalité de la ville de Bastia au peuple corse (Id.) 299
17 avril. Saliceti et Lacombe S. Michel au général Maudet (A. M. G. cart. Corse, corr, 1792-1797) 301
23 avril. Le général Maudet aux Commissaires (Id.) 301
28 avril. Extrait du procès-verbal de la séance de la Société des Amis de la Liberté et de l'Egalité de Bastia (Id.) 308
(Sans date précise). Protestation contre le décret de la Convention rendu contre le général Paoli (Réimpression) 309
9 mai. Le général Brunet au ministre de la guerre (A. M. G. cart. Corse, corr. 1792-1797) 316
11 mai. Lacombe S. Michel au ministre de la guerre (Id.) . . . 317
13 mai. Les commissaires au ministre de la guerre (Id.) . . . 322
15 mai. Le Conseil général du département de la Corse aux commissaires Delcher et Lacombe S. Michel (Réimpression) 324
16 mai. Séance du Conseil général. Exposé des motifs qui rendent urgente la convocation d'une assemblée des communes à Corte, etc. (Réimpression) 330
16 mai. La Société des Amis de la Liberté et de l'Egalité de Bastia aux citoyennes de cette ville (Réimpression) 337

17 mai. Le ministre de la guerre au Comité du Salut Public
(A. M. G. cart. Corse, corr. 1792-1797) . . . . . Pag. 335
17 mai. Les commissaires au ministre de la guerre (Id.). . . . 336
17 mai. Costantini au ministre de la guerre (A. M. G. cart. Corse,
corr. 1792-1797) 339
18 mai. Extrait des registres des délibérations du Conseil exécutif (Id.) 339
24 mai. Delcher au Comité du Salut Public (Id.) 340
25 mai. Le général S. Martin au ministre de la guerre (Id.). . . 342
25 mai. Capitulation de l'île Saint Pierre (A. M. G. cart. Corse,
1792-1804) 347
5 juin. Tilly, chargé d'affaires à Gênes, au ministre des affaires
étrangères (Id.) 348
14 juin. Sailly au ministre de la guerre (Id.) 349
26 juin. Tilly au commandant en chef de l'armée du Var (Id.) . . 350
26 mai. Les représentants du peuple près l'armée d'Italie au Comité
du Salut Public (A. M. G. cart. Corse. 1792-1797). . . . 351
26 mai. Exposé historique des faits et motifs qui ont donné lieu à
l'assemblée générale tenue à Corte le 26 mai 1793 (Réimpression). 351
27-29 mai. Articles arrêtés par l'assemblée générale des mandataires du peuple Corse (Réimpression) 358
27 mai. Procès-verbal de la Consulte générale du département de la
Corse, etc. (Réimpression) 366
28 mai. Procès-verbal de la Consulte générale, etc. (Réimpression). 378

ERRATA

	Au lieu de	*Lire*
p. 28, l. 15	année	armée
p. 102, l. 4	aborder; les	aborder. Les
p. 102, l. 5	couvertures. J'ai	couvertures, j'ai
p. 111, l. 16	le 16 de Janvier	le 6 de Janvier
p. 115, l. 4	il ne lui pas	il ne lui a pas
p. 133, l. 10	avaient faite,	avaient faites,
p. 255, l. 2	le 11 mars	le 15 mars
p. 317, l. 30	de sa porte	de sa perte
p. 330, l. 17	Assenti: GIACOMONI, MUCCHIELLI	Assente : GIACOMONI
p. 348, l. 5 et 15	BORGA	BORGIA
p. 351 (note)	Voir page 401	Voir page 223.

TABLE

p. 422. *Au lieu de* : 3 février. Le ministre de la guerre au général Biron (Id.)
  Lire : 3 février. Le ministre de la guerre au général Biron (A. M. G. cart. Corse, 1792-1804).

p. 423. *Au lieu de* : 5 février. Le lieutenant-colonel Perrot au ministre de la guerre (Id.)
  Lire : Le lieutenant-colonel Perrot au ministre de la guerre (A. M. G. cart. Corse, 1792-1804).

p. 423. *Au lieu de* : 6 janvier au 10 février. Extrait du journal du vaisseau *Le Patriote* (Id.)
  Lire : 6 janvier au 10 février. Extrait du journal du vaisseau *Le Patriote* (A. M. G. cart. Corse, 1792-1804).

p. 423. *Au lieu de* : 12 février. Le ministre des affaires étrangères à Arena (Id.)
Lire : 12 février. Le ministre des affaires étrangères à Arena (A. M. G. cart. Corse, 1792-1804).

p. 423. *Au lieu de* : 18 février. Chaillan, administrateur du port de Nice, au ministre de la marine (Id.)
Lire : 18 février. Chaillan etc. (A. M. G. cart. Corse, 1792-1804).

p. 423. *Au lieu de* : 23 février. Le ministre de la guerre au général Biron (Id.)
Lire : Le ministre de la guerre etc. (A. M. G. cart. Corse, corr. 1792-1797).

p. 424. *Au lieu de* : 9 mars. Chaillan au ministre de la marine (Id.)
Lire : Chaillan etc. (A. M. G. cart. Corse, 1792-1804).

p. 424. *Au lieu de* : 3 mars. Les commissaires aux côtes de la Méditerranée au président de la Convention (Id.).
Lire : Les commissaires etc. (A. N. D. § I, 31).

p. 424. *Au lieu de* : 4 mars. Rapport du contre-amiral Truguet sur l'expédition de Sardaigne (Id.)
Lire : Rapport etc. (A. M. G. cart. Corse, 1792-1804).

Au lieu de : 4 mars. Les commissaires à la Méditerranée à la Convention (Id.)
Lire : Les commissaires etc. (A. N. D. § I, 31).

Au lieu de : Le lieutenant-colonel Sailly au ministre de la guerre (Id.)
Lire : Le lieutenant etc. (A. M. G. cart. Corse, 1792-1804).

Au lieu de : 5 mars. Les commissaires aux côtes de la Méditerranée au comité de défense générale (Id.)
Lire : Les commissaires etc. (A. N. D. § 1, 31).

Histoire de la Corse (dite de Filippini), traduction de M. l'abbé Letteron, 1er vol., XLVII-504 pp. — 2e vol., XVI-332 pp. — 3e vol., XX-412 pp.

Deux Documents inédits sur l'Affaire des Corses à Rome, publiés par MM. L. et P. Lucciana, 1 vol., 442 pages.

Deux visites pastorales, publiées par MM. Philippe et Vincent de Caraffa, Conseiller, 1 vol., 240 pp.

BULLETIN

DE LA

SOCIÉTÉ DES SCIENCES HISTORIQUES ET NATURELLES DE LA CORSE

PRIX DU BULLETIN :

Pour les membres de la Société, un an . . . . **10** fr.

ABONNEMENTS :

Pour la Corse et la France, un an . . . . . **12** fr.
Pour les pays étrangers compris dans l'union postale, un an. . . . . **13** fr.
Pour les pays étrangers non compris dans l'union postale, un an . . . . **15** fr.

NOTA. — Tout abonnement est payable d'avance, et se prend à l'année, du mois de janvier au mois de décembre.

S'adresser pour les abonnements à M. CAMPOCASSO, Trésorier de la Société, ou à la librairie OLLAGNIER, à Bastia.

Prix du fascicule : **3** francs

www.ingramcontent.com/pod-product-compliance
Lightning Source LLC
Chambersburg PA
CBHW050915230426
43666CB00010B/2170